O ESSENCIAL DE HOWARD GARDNER SOBRE EDUCAÇÃO

G226e Gardner, Howard.
O essencial de Howard Gardner sobre educação / Howard Gardner ; tradução : Gisele Klein ; revisão técnica : Rogério de Castro Oliveira. – Porto Alegre : Penso, 2026.
xiii, 342 p. ; 23 cm.

ISBN 978-65-5976-081-7

1. Educação. 2. Inteligências múltiplas. 3. Criatividade. 4. Currículo. I. Título.

CDU 37.013

Catalogação na publicação: Karin Lorien Menoncin – CRB 10/2147

HOWARD GARDNER

O ESSENCIAL DE HOWARD GARDNER SOBRE EDUCAÇÃO

Tradução
Gisele Klein

Revisão técnica
Rogério de Castro Oliveira
Doutor em Educação pela Universidade Federal do Rio Grande do Sul (UFRGS).

penso

Porto Alegre
2026

Obra originalmente publicada sob o título
The Essential Howard Gardner On Education, 1st Edition
ISBN 9780807769829

First published by Teachers College Press, Teachers College, Columbia University, New York, New York USA.

Gerente editorial
Alberto Schwanke

Coordenadora editorial
Cláudia Bittencourt

Editor
Lucas Reis Gonçalves

Capa
Paola Manica | Brand&Book
Ilustração da capa desenvolvida com auxílio de inteligência artificial (ChatGPT)

Preparação de originais
Ildo Orsolin Filho

Leitura final
Nathália Bergamaschi Glasenapp

Editoração
AGE – Assessoria Gráfica Editorial Ltda.

(Penso é um selo editorial do GA EDUCAÇÃO LTDA.)
Rua Ernesto Alves, 150 – Bairro Floresta
90220-190 – Porto Alegre – RS
Fone: (51) 3027-7000

SAC 0800 703 3444 – www.grupoa.com.br

IMPRESSO NO BRASIL
PRINTED IN BRAZIL

AUTOR

Howard Gardner é professor pesquisador Hobbs de Cognição e Educação da Escola de Pós-graduação em Educação de Harvard. É um dos principais pensadores em educação, desenvolvimento humano e cognição. Em 30 livros, traduzidos para mais de 30 idiomas, Gardner escreveu extensivamente sobre inteligência, criatividade, liderança e ética profissional. Recebeu títulos honorários de 31 faculdades e universidades, incluindo instituições na Bulgária, no Canadá, no Chile, na Grécia, em Hong Kong, na Irlanda, em Israel, na Itália, na Coreia do Sul e na Espanha. Foi agraciado com o MacArthur Prize Fellow em 1981 e recebeu o Grawemeyer Award in Education em 1990, o Prince of Asturias Prize in Social Science em 2011, o Brock International Prize in Education em 2015 e o AERA Distinguished Contributions to Research in Education Award em 2021.

Nos últimos anos, Gardner concluiu um estudo nacional sobre ensino superior. *The Real World of College,* em coautoria com Wendy Fischman, foi publicado em 2022. Gardner também dirigiu um estudo internacional sobre a United World Colleges, uma rede de escolas de ensino médio. Com Wendy Fischman e William Kirby, coorganizou uma coleção sobre inovações no ensino superior ao redor do mundo. Outros livros recentes incluem *Good Work, Changing Minds, The Development and Education of the Mind, Multiple Intelligences: New Horizons, O verdadeiro, o belo e o bom redefinidos* e *The App Generation*, em coautoria com Katie Davis. Seu livro de memórias intelectuais, *A Synthesizing Mind*, foi publicado em 2020. Marcando seu 70º aniversário, foi homenageado com um livro que está disponível *on-line* em howardgardner.com. Blogueiro assíduo e comprometido, Gardner compartilha seus pensamentos sobre bom trabalho, inteligências múltiplas e síntese em seu *site*.

SUMÁRIO

Introdução 1

INFLUÊNCIAS

1. **Projeto Zero de Harvard: uma história pessoal** 8
   - Eventos que cercam o início do Projeto Zero 9
   - O início do Projeto Zero 11
   - Transição de liderança 14
   - Comentários 16
   - A mudança para a reforma educacional 17
   - Uma fatídica viagem de carro 18
   - Década de 1990: tornando-se nacional e internacional 19
   - Comentário 21
   - Além de 2000: nova governança, novas oportunidades, novos desafios 21
   - Considerações finais: os "sintomas" do Projeto Zero 22
   - Referências 23
2. **As cem linguagens da reforma educacional bem-sucedida** 24

CHINA: A CHAVE NO SEU COMPARTIMENTO

3. **A chave no seu compartimento: criatividade com uma chave chinesa** 30
   - I. Um incidente recorrente 30
   - II. Criação de filhos na China: comentários gerais 31
   - III. A vida como *performance* 33
   - IV. As artes como belas e boas 35
   - V. A importância da hierarquia 38
   - VI. Formando e moldando desde o nascimento 39
   - VII. Habilidades básicas antes da criatividade 41
   - Rumo a uma síntese produtiva 42
   - Agradecimentos 44

FILOSOFIA EDUCACIONAL

Progressismo — o verdadeiro, o belo e o bom ... 45

4. **A era da inocência reconsiderada: preservando o melhor das tradições progressistas em psicologia e educação** ... 47

Uma visão canônica em psicologia e educação na metade do século ... 47
Novas percepções ... 49
A abordagem dos sistemas de símbolos ... 53
A visão da educação ... 57
Fechando o ciclo: a inocência recapturada ... 63
Referências ... 64

5. **Educar para o verdadeiro, o belo e o bom** ... 65

Verdade ... 66
Beleza ... 67
Bondade ... 68
Ameaças ... 70
Vilões e heróis ... 70
Seguindo em frente ... 71
Referência ... 71

6. **As tensões entre educação e desenvolvimento** ... 72

I. Memórias de Larry Kohlberg ... 72
II. A relação entre desenvolvimento e educação ... 73
III. Parâmetros do problema ... 76
IV. Três principais maneiras de representar o conhecimento ... 77
V. As disjunções entre as formas de conhecer ... 79
VI. Possíveis pontes entre formas díspares de conhecimento ... 83
VII. Considerações finais ... 84
Agradecimentos ... 86
Referências ... 86

INTRODUZINDO AS INTELIGÊNCIAS MÚLTIPLAS: ALEGAÇÕES, CRÍTICAS E IMPLICAÇÕES EDUCACIONAIS

Visão geral da teoria das inteligências múltiplas 88
Referências 89

7. **Além do QI: desenvolvendo o espectro das inteligências humanas** 90
Referências 99

8. **Reflexões sobre os mitos e as mensagens das inteligências múltiplas** 100
I. Quebrando uma década de silêncio 101
II. Mitos das inteligências múltiplas 102
III. Mensagens sobre as inteligências múltiplas na sala de aula 106
Referência 111

9. **"Inteligências múltiplas" não são "estilos de aprendizagem"** 112

10. **A experiência cristalizadora: descobrindo um dom intelectual** 115
Joseph Walters e Howard Gardner
As biografias 121
As entrevistas 127
Experiências cristalizadoras 128
A questão do talento 130
Conclusão 133
Referências 135

EXPERIMENTOS EDUCACIONAIS NO ESPÍRITO DAS INTELIGÊNCIAS MÚLTIPLAS

11. **Inteligências múltiplas ao redor do mundo** 138
O *meme* das inteligências múltiplas 138
A natureza do solo 140
Por que as inteligências múltiplas germinam em certos solos 142
O nível de políticas 143
Nota final: o pessoal e o político 144

IDENTIFICAÇÃO E ESTIMULAÇÃO DE INTELIGÊNCIAS NA PRIMEIRA INFÂNCIA

Projetos estudantis nos "*pods*" da Key School 146
As inteligências artísticas podem ser dominadas e medidas na adolescência? 146
Referências 147

12. A abordagem Spectrum na avaliação: estimulando inteligências na primeira infância 148
Mara Krechevsky e Howard Gardner
A abordagem Spectrum na avaliação 150
Implementação da abordagem Spectrum 151
Resultados iniciais 153
Estilos funcionais 155
Uma comparação de pontos de vista: pais, professores e Spectrum 157
Uma comparação dos resultados do Spectrum com a Escala de Inteligência Stanford-Binet 159

13. Projetos durante os anos iniciais 165
Uma escola de inteligências múltiplas 165
Avaliação do projeto 168
Projeto Andaime 171
Referências 173

14. Arts PROPEL 174
Investigação disciplinada no ensino médio: uma introdução ao Arts PROPEL 174
Aproveitando a teoria das inteligências múltiplas 175
Ênfases alternativas na educação artística 175
Investigação disciplinada no ensino médio: uma introdução ao Arts PROPEL 176
A abordagem do Projeto Zero para a educação artística 177
Arts PROPEL 180
Dois veículos educacionais 181

CURRÍCULO, PEDAGOGIA E AVALIAÇÃO

Nota 193
Referências 194

15. A mente não escolarizada: por que até mesmo os melhores alunos nas melhores escolas podem não compreender 195
Referência 212

16. Ensinar para a compreensão dentro e entre as disciplinas 213
Howard Gardner e Veronica Boix-Mansilla
Compreensão dentro das disciplinas 214
Do senso comum ao estudo interdisciplinar 216
Poderes e limitações disciplinares 218
Avaliação dentro e entre as disciplinas 219
Do conhecimento disciplinar ao conhecimento pessoal 220

17. Avaliação em contexto: a alternativa aos testes padronizados 221
Binet, a sociedade dos testes e a visão "uniforme" da escolaridade 223
Fontes para uma abordagem alternativa da avaliação 225
A necessidade de uma perspectiva desenvolvimentista 226
O surgimento de uma perspectiva símbolo-sistema 227
Emergência de uma perspectiva de inteligências múltiplas 228
Uma busca por capacidades criativas humanas 229
O desejo de avaliar a aprendizagem em contexto 230
Localizando competência e habilidade fora da cabeça do indivíduo 231
Características gerais de uma nova abordagem de avaliação 232
Rumo à sociedade avaliadora 238
Referências 242

ENSINO SUPERIOR

18. Se projetássemos uma nova faculdade 245
Wendy Fischman e Howard Gardner
1. Por que faculdade? 246
2. Menos é mais 247
3. Mais semelhantes do que diferentes 248

Considerações finais ... 248
Referência ... 249

19. **Por que deveríamos exigir que todos os alunos fizessem dois cursos de filosofia** ... 250

DESAFIOS E OPORTUNIDADES CONTEMPORÂNEOS

20. **A educação na era dos aplicativos** ... 257
Katie Davis e Howard Gardner
Aplicativos para um mundo melhor ... 266
Referências ... 268

21. **As cinco mentes para o futuro** ... 270
Cultivando novas formas de pensar para alcançar objetivos sociais importantes ... 270
A mente disciplinada ... 270
A mente sintetizadora ... 271
A mente criativa ... 273
A mente respeitosa ... 274
A mente ética ... 274
A tensão existe ... 276
Chamadas de despertar ... 276
Dando o exemplo ... 277

22. **Síntese 1.0: algumas dicas essenciais ... 279**

23. **Mudando mentes** ... 283
80/20 e os sete Rs ... 283
Referências ... 291

24. **Sobre a educação para as três virtudes: uma abordagem hegeliana** ... 293
Rumo a uma síntese ... 298
A beleza da busca da verdade ... 298
A concepção do bom ... 299
Da síntese à ação ... 300

Questões persistentes 302
Nota final........ 305
Referências 306

25. Os mitos em "neuromitos" 307
Referências 309

26. Tornando-se uma boa pessoa, um bom trabalhador, um bom cidadão em uma sociedade democrática 310
O desafio........ 310
Estrutura 311
As lentes da psicologia........ 313
Um curso de ação recomendado........ 316
Referência........ 320

27. Para um aspirante a pesquisador: doze conselhos 321
Um experimento de pensamento 322
Agradecimentos 330

Lista de publicações originais 331
Lista de referências........ 331

Índice 335

Permissões 343

INTRODUÇÃO

Desde a mais tenra infância atuo na área da educação. Isso é verdade no sentido literal, desde que frequentei a escola da tia Eunice e do tio Gar para crianças de 3 a 4 anos em Scranton, Pensilvânia (hoje, chamaríamos de pré-escola). Além disso, quando era criança, eu fantasiava sobre um dia lecionar para todas as séries, do jardim de infância ao ensino médio (a faculdade ainda não estava no meu radar — ou no da minha família). De fato, treinei escoteiros para obter alguns distintivos de mérito e ensinei piano de modo informal e intermitente no ensino médio, na faculdade e na pós-graduação. Fui tutor de ciências sociais para alunos de graduação no Harvard College e trabalhei um período como professor aprendiz em uma sala de aula do jardim de infância em Newton, Massachusetts. O Projeto Zero, meu principal lar intelectual desde 1967, está localizado na Escola de Pós-graduação em Educação de Harvard. Enfim, meu "CV" exibe muitas credenciais em educação.

Minha vida profissional é marcada por uma divisão acentuada. Na pós-graduação, tornei-me um pesquisador empírico dedicado e, durante 15 anos após obter meu título de doutorado, fui pesquisador em tempo integral em psicologia do desenvolvimento e neuropsicologia. Minha identidade mudou aos poucos somente depois que aceitei o cargo de professor em uma escola de educação: de pesquisador em psicologia do desenvolvimento e neuropsicologia, tornei-me professor e pesquisador em educação — o que permaneço desde então.

Meu envolvimento em educação tem sido amplo. Como acadêmico que gosta de passar tempo em escolas, trabalhei em educação pré-escolar (Spectrum), ensino básico (ATLAS e Projeto Zero de Harvard) e superior (The Real World of College); examinei e escrevi sobre educação em áreas que vão das artes à tecnologia; considerei aspectos de currículo, pedagogia e avaliação. Também tive o privilégio de visitar escolas e interagir com acadêmicos da área de educação em muitas partes do mundo. Esses diversos interesses e experiências são explorados e representados nesta coleção.

Em termos de filosofia educacional, vejo-me na tradição de John Dewey e Jerome Bruner, geralmente considerados educadores progressistas nos Estados Unidos. (Eu frequentei escolas públicas americanas tradicionais em Scranton, mas meus quatro filhos frequentaram escolas consideradas progressistas.) Também fui influenciado significativamente por minha conexão de décadas com a educação infantil na cidade de Reggio Emilia, no norte da Itália — e, por meio dos líderes de Reggio, fui exposto às ideias dos "educacionalistas" continentais, como Friedrich Froebel, Nikolaj Grundtvig, Maria Montessori, Johann Pestalozzi e Jean-Jacques Rousseau. Não é de surpreender que minha mãe estivesse estudando para se tornar professora de jardim de infância quando sua vida foi destruída pela ascensão de Hitler e pela necessidade de encontrar um refúgio seguro fora da Alemanha nazista. Poderíamos dizer que a educação estava em meus genes, bem como em meu ambiente — familiar e cultural.

Contudo, embora eu possa ser considerado um defensor ferrenho da educação progressista, algumas das minhas ideias são mais tradicionais, mais conservadoras, mais acadêmicas. Acredito firmemente na importância do pensamento disciplinar, tanto por seus próprios méritos quanto como um predecessor necessário e um ingrediente indispensável do pensamento interdisciplinar e da síntese intelectual. Eu aprecio a proposta de expor crianças pequenas a ideias poderosas, mas não acredito que as principais ideias e métodos disciplinares sejam compreendidos com facilidade ou prontamente aceitos. As crianças pequenas têm fortes preconceitos e estereótipos que interferem em formas de pensamento mais complexas e menos intuitivas. E embora eu espere que todas as crianças venham a encontrar emprego remunerado e se tornem cidadãos atenciosos em sua comunidade, acredito que os materiais e objetivos acadêmicos são fundamentais na educação formal; caso contrário, não precisaríamos de entidades separadas chamadas escolas, faculdades e universidades. (Ainda não sabemos como essa missão será afetada por instrumentos de inteligência artificial cada vez mais poderosos.) Podemos pedir às escolas — de jardins de infância a universidades — que façam muitas coisas, mas não podemos esperar que façam tudo. (Além disso, nós nos beneficiaríamos se as famílias, as organizações comunitárias, as crenças religiosas, os valores humanísticos e os vários meios de comunicação fossem consensuais em relação aos objetivos educacionais, em vez de criar desafios e perturbações adicionais à realização deles.)

Neste livro, apresento minhas principais ideias sobre educação: seus objetivos animadores, bem como os currículos, as pedagogias e as avaliações específicas que abracei. (Tenho outro livro que se concentra em minhas pesquisas e opiniões sobre a mente humana, interpretada de forma mais ampla.) Não pretendo cobrir toda a educação; nem mesmo uma escola de pós-graduação em educação pode atingir essa aspiração ambiciosa! No entanto, reflito sobre várias áreas do currículo, às vezes com atenção especial às artes, pelas quais sou apaixonado. Além disso, apresento as lições que aprendi em décadas de trabalho na educação norte-americana (da pré-escola à faculdade), bem como percepções adquiridas com minhas experiências na China, no norte da Itália, na Escandinávia e em outros lugares.

Embora a educação continue a ser uma parte vital da experiência humana, o terreno muda de forma rápida e imprevisível. Concluo com reflexões sobre a educação em uma era global. Em uma época em que a tecnologia (incluindo a inteligência artificial) se torna cada vez mais importante, a busca por valores e práticas humanas poderosas e positivas é essencial.

INFLUÊNCIAS

Quando comecei a faculdade, meus colegas de quarto ficaram surpresos ao descobrir que meus pais tinham sotaque estrangeiro. Eu me parecia com a grande maioria dos meus colegas da faculdade, um típico jovem americano, mas, na verdade, meus pais eram judeus refugiados da Alemanha nazista, que partiram bem a tempo (chegaram à cidade de Nova York na famosa Kristallnacht, ou Noite dos Cristais Quebrados). Cresci com o alemão como minha primeira língua (quando cheguei ao jardim de infância, era fluente em inglês, mas com sotaque bávaro). Meu núcleo familiar, minha família estendida e seu círculo de amigos tinham valores culturais europeus de longa data.

Não é surpresa que eu tenha me sentido atraído por disciplinas, *hobbies* e professores com origens semelhantes: estudei história, música, ciências sociais — áreas povoadas por indivíduos de origem europeia e/ou judaica. (Isso não seria verdade uma geração antes, quando os professores das principais universidades eram em grande parte ianques de origem protestante, e seria menos verdade em outras áreas do currículo, como ciências clássicas ou engenharia.)

Eu me beneficiei de estudar com professores e acadêmicos excepcionais, mas noto com pesar que poucos deles eram mulheres, pessoas de cor ou pessoas de outras partes do mundo além da Europa e dos Estados Unidos. Felizmente, a situação melhorou nas últimas décadas, embora não tão rápida ou completamente quanto deveria. O ensino que encontrei (embora muitas vezes excelente) também era bastante convencional: aulas de uma hora, raramente com tempo para perguntas e respostas; seções lideradas por alunos de pós-graduação, alguns dos quais estavam tão no escuro quanto seus alunos; e provas escritas padrão de meio de semestre e de fim de semestre. Eu era um bom aluno em testes e tirava notas altas, mas, olhando para trás, gostaria de ter tido uma educação mais aventureira.

No início da pós-graduação, eu já era casado, e Judy e eu tivemos nosso primeiro filho no meio dos meus anos de pós-graduação. Eu estava lendo bastante sobre muitas áreas e começando a conduzir pesquisas empíricas, primeiro em psicologia do desenvolvimento, depois em neuropsicologia (para amostras desse trabalho, veja *The essential Howard Gardner on mind*). Contudo, somente depois de uma década de estudo e pesquisa é que fui desafiado de outras maneiras.

Graças a uma generosa bolsa da Fundação Bernard Van Leer, da Holanda, tive a oportunidade de viajar bastante. De fato, visitei lugares na Europa, na América Latina, na África e em vários países asiáticos. Embora essas viagens fossem normalmente curtas e vinculadas a missões específicas, tive a oportunidade de assistir a aulas de vários tipos e de me encontrar com acadêmicos, principalmente da área de educação.

No entanto, o que abriu minha mente de verdade foram as visitas a duas sociedades que não poderiam ser mais distintas uma da outra em termos educacionais. De um lado, estavam os centros para bebês e crianças pequenas em Reggio Emilia, uma cidade rica no norte da Itália. As escolas de Reggio eram progressistas no melhor sentido da palavra: elas levavam o pensamento e o sentimento das crianças muito a sério; criavam oportunidades de aprendizado atraentes para esses jovens; e integravam a educação na comunidade tão perfeitamente que suas escolas teriam encantado John Dewey. (Eu continuei visitando essas escolas e me nutri desses encontros ao longo das décadas.)

Por outro lado, havia escolas na China no início e em meados da década de 1980, da pré-escola ao ensino médio, que eram consideradas excelentes em qualidade, mas a excelência era totalmente diferente. Os professores e os currículos eram roteirizados por completo — minuto a minuto, ao que parecia — e seguiam essencialmente o mesmo roteiro rígido das salas de aula de todas as cidades que visitei. Seja desenho ou exercício físico, seja matemática ou educação política (moral), havia objetivos claros, cuidadosamente descritos, rotinas seguidas de forma meticulosa e exames que determinavam com precisão o que havia sido dominado ou não.

Nem preciso dizer que eu simpatizava mais com a abordagem de Reggio. É por isso que voltei lá tantas vezes e recomendei uma visita a Reggio a vários amigos e colegas (e céticos!). No entanto, foi importante e salutar testemunhar uma abordagem radicalmente diferente — uma que resistiu ao teste do tempo e estava permitindo que a China se tornasse outra vez um grande ator no cenário mundial. (Devo acrescentar que meu antigo aluno Xin Xiang documentou todo o espectro de abordagens educacionais na China contemporânea, desde o que vi há 35 anos até o que se pode ver agora em escolas progressistas nos Estados Unidos e na Europa Ocidental.) Além disso, no meu livro *To open minds: Chinese clues to the dilemma of American education,* concluí que era possível e talvez desejável reunir as melhores características de ambas as abordagens: abordagens flexíveis para o domínio das disciplinas, bem como uma oscilação entre exploração e disciplina.

Ensaio 1

PROJETO ZERO DE HARVARD

Uma história pessoal

Até meados da década de 1950, a educação pré-universitária na América era principalmente uma questão local. Contudo, em 1957, os soviéticos lançaram o satélite Sputnik. As democracias são lentas em antecipar, mas quando eventos que chamam a atenção acontecem, essas nações tendem a reagir, e muitas vezes exageram. Temendo que os soviéticos estivessem prestes a conquistar a Terra (ou até o espaço sideral!), o governo federal dos Estados Unidos da América (EUA) lançou uma campanha cara e agressiva para melhorar a educação pré-universitária. Assim como no início do século XXI, a ênfase recaiu muito sobre ciência, engenharia e tecnologia (o que hoje chamamos de tópicos STEM, do inglês *science, technology, engineering and mathematics*). Muitas pessoas, inclusive eu, foram beneficiárias de fundos adicionais para educação, especialmente nas ciências.

Em 1959, como parte do foco renovado na educação, o psicólogo Jerome Bruner reuniu um grupo distinto de cientistas, psicólogos e educadores em um centro de conferências em Woods Hole, Massachusetts. Já crítico do behaviorismo skinneriano e da teoria da aprendizagem tradicional, Bruner e colegas se concentraram em uma abordagem mais construtivista, de busca de problemas, bem como de resolução de problemas.

A "virada disciplinar" defendida por Bruner não se restringiu às ciências. Em 1965, o educador artístico Manual Barkan convocou uma conferência na Pennsylvania State University, na qual desenvolveu explicitamente as ideias de Bruner. Barkan sustentou que a educação artística (às vezes chamada de educação estética) também era uma disciplina e deveria ser ensinada e avaliada com base nisso. Esse argumento deu origem, décadas mais tarde, a uma abordagem explícita, financiada pelo J. Paul Getty Trust, sediado na Califórnia, denominada "educação artística baseada na disciplina" (DBAE, do inglês *discipline-based art education*). Por uma estranha reviravolta do destino, o trabalho no Projeto Zero duas décadas depois foi enquadrado ou reenquadrado, em parte, como uma crítica ao DBAE.

EVENTOS QUE CERCAM O INÍCIO DO PROJETO ZERO

Pouco depois da conferência de Woods Hole, com seu colega em psicologia George Miller, Jerome Bruner lançou o Centro de Estudos Cognitivos de Harvard, que logo se tornou um local único. Acadêmicos de destaque de diversas disciplinas e de grande parte do ocidente vieram para Cambridge para um ano ou mais de pesquisa e discussão como parte do que agora chamamos de "virada cognitiva" na psicologia. No início da década de 1960, três acadêmicos fizeram residências no Centro: Paul Kolers, um psicólogo experimental brilhante, com interesses tanto em percepção visual quanto em linguagem; Nelson Goodman, um filósofo muito respeitado, com foco em epistemologia; e Noam Chomsky, já o principal teórico iconoclasta da linguística e psicologia, embora ainda não fosse um intelectual muito conhecido pelo público (anos antes, foi um aluno premiado de Goodman na University of Pennsylvania).

Afastando-se do foco puro na pesquisa psicológica, Bruner iniciou um grande esforço curricular para as séries intermediárias. Em Man: a course of study, ele apresentava ideias-chave da psicologia, da linguística, da antropologia e de outras disciplinas sociocientíficas de formas intelectualmente respeitáveis e que, ainda assim, podiam ser compreendidas por crianças de 10 anos. Comecei a trabalhar para Bruner nesse currículo no verão de 1965, semanas depois de me formar em Harvard.

Enquanto isso, na Escola de Pós-Graduação em Educação de Harvard, o reitor Theodore Sizer refletia sobre como as artes e a educação artística poderiam se tornar mais centrais em uma escola de pós-graduação em educação. Por coincidência, enquanto isso, Nelson Goodman, que havia se mudado da Filadélfia para a região de Boston, estava descontente com a Brandeis University. Ele esperava retornar para sua *alma mater* de graduação e pós-graduação, Harvard, e juntar-se ao corpo docente do renomado Departamento de Filosofia. Supondo que tal posição pudesse ser financiada, Goodman se mudou temporariamente para a Escola de Pós-Graduação em Educação em 1967.

Como estudante de pós-graduação em psicologia do desenvolvimento, descobri que um professor da Brandeis, Nelson Goodman, estava procurando assistentes de pesquisa para um projeto nas artes. Eu já havia ficado impressionado com a escassez, na psicologia do desenvolvimento, de *qualquer* interesse no desenvolvimento artístico em comparação ao científico e, consequentemente, empreendi um estudo sobre criatividade nas artes e nas ciências. Então, em um desses episódios que podem transformar a vida de uma pessoa, dirigi até o *campus* da Brandeis em Waltham, Massachusetts, para conhecer Nelson Goodman.

Embora já fosse um dos filósofos de língua inglesa mais estimados do mundo, Nelson Goodman mal era um nome conhecido. Ainda que fossem mais jovens que Goodman, Noam Chomsky e Jerome Bruner já eram muito mais conhecidos entre os círculos intelectuais. Naquela época, sem mecanismos de busca, não era fácil obter informações sobre Goodman.

Criado na região de Boston, Goodman tinha uma paixão mista por filosofia e matemática, por um lado, e pelas artes, especialmente as artes visuais, por outro. De fato, nos 13 anos entre a conclusão de sua graduação (1928) e a conclusão de seu doutorado em filosofia (1941), Goodman administrou a galeria de arte de seu pai, considerada a primeira galeria na região de Boston a exibir as obras do outrora controverso Pablo Picasso.

Goodman nunca abandonou seu interesse pelas artes. Ele era casado com Katherine Sturgis Goodman, uma pintora de algum renome na Nova Inglaterra. Ele colecionava obras de arte de diversos estilos e gêneros e frequentava regularmente feiras de arte. Na década de 1960, ele direcionou sua inteligência filosófica muito mais diretamente do que antes para a natureza do conhecimento e da prática artística. Suas palestras sobre John Locke, dadas em Oxford em 1962, transfiguraram-se em uma monografia, *Languages of art* (Goodman, 1968), considerada uma das principais contribuições à estética na metade do século passado. (Por alguns anos, nós do Projeto Zero nos referimos a esse livro como "a Bíblia".) Sem dúvida, esse compromisso profissional reavivado com as artes catalisou o desejo de Goodman de lançar um projeto focado no conhecimento artístico e na educação artística. Essa imersão foi prevista nas páginas finais de *Languages of art*:

> Uma vez que as artes e as ciências são vistas como algo que envolve trabalhar com — inventar, aplicar, ler, transformar, manipular — sistemas de símbolos que concordam e diferem de certas maneiras específicas, talvez possamos empreender uma investigação psicológica pontual sobre como as habilidades pertinentes inibem ou melhoram umas às outras. O resultado pode exigir mudanças

> na tecnologia educacional. Nosso estudo preliminar sugere, por exemplo, que alguns processos necessários para uma ciência são menos semelhantes entre si do que alguns requisitos para uma arte. Mas deixemos de lado conclusões precipitadas. Resultados firmes e utilizáveis são muito necessários; e chegou a hora, neste campo, de o falso truísmo e a platitude plangente darem lugar ao experimento elementar e à hipótese hesitante (Goodman, 1968, p. 265).

Não é um preâmbulo ruim para o Projeto Zero, e é uma boa amostra do estilo literário afiado e provocativo de Goodman.

Goodman tinha uma personalidade desafiadora. Mesmo assim, nos demos muito bem. Ele serviu como um dos meus poucos "pais intelectuais". Goodman era um trabalhador incansável e, embora tenha me ensinado muito sobre delegação, não negligenciou seus alunos nem suas obrigações como chefe de um projeto de pesquisa. Acima de tudo, sua devoção às artes era clara. Numa época em que o assassinato de John F. Kennedy ainda estava vívido na mente das pessoas, Goodman costumava brincar: "Não pergunte o que as artes podem fazer por você; pergunte o que você pode fazer pelas artes".

Falando em piadas, isso pode explicar por que escolhemos o nome Projeto Zero. Como ex-militar, Goodman pensava em termos de projetos finitos. Ele também não gostava de criar expectativas. Assim, em vez de escolher um nome descritivo, como Research on Arts Education and Practice (Pesquisa em Educação e Prática Artística), que poderia ser abreviado para REAP, ele escolheu um nome que não comunicava nada e não prometia nada. Ao ser questionado sobre o nome, Goodman dizia: "Bem, há muita tradição sobre educação artística, mas o conhecimento geral comunicável sobre educação artística é zero". Goodman continuava explicando que muitos praticantes de educação artística sabiam o que estavam fazendo e pareciam fazê-lo com eficiência. Contudo, não era fácil compartilhar esse conhecimento com outros na prática, nem saber quais práticas poderiam levar a princípios gerais. Então, na verdade, Goodman concluiu: "estamos começando do zero".

O INÍCIO DO PROJETO ZERO

No outono de 1967, o Projeto Zero foi lançado (sem nenhum alarde) na Escola de Pós-Graduação em Educação de Harvard (HGSE, do inglês Harvard Graduate School of Education). A palavra "na" quer dizer com uma parte do orçamento da escola, mas nunca tivemos uma casa permanente e mudávamos com frequência, às vezes uma vez por ano e muitas vezes sem qualquer aviso prévio. Como moradores de meio período de uma escola na qual a educação artística quase nunca era central ("invisível" seria mais próximo da verdade), nossa moradia era uma prioridade muito baixa, o que me permite citar uma anedota:

> Naquela época, como agora, não era fácil conseguir móveis na escola. Houve uma época em que tínhamos um tapete extremamente surrado, caindo aos pedaços, malcheiroso, uma monstruosidade. Tentamos substituí-lo durante meses. O burocrata a quem imploramos por uma substituição tinha um nome dickensiano, Wormser. Após a enésima tentativa inútil de conseguir um novo tapete, o membro fundador do Projeto Zero, Paul Kolers, perguntou: "Nelson, isso testa sua fé na natureza humana?" Nelson imediatamente respondeu: "Não, Paul, isso *confirma*".

Nos quatro anos seguintes (1967–1971), o Projeto Zero funcionou como um grupo de reflexão pouco coeso. Na época, no máximo havia cerca de uma dúzia de pessoas associadas ao projeto. (Em 2024, há várias dezenas de membros e centenas, ou até milhares, de ex-alunos. Essa associação fundadora incluía David "Dave" Perkins em inteligência artificial e eu em psicologia do desenvolvimento.)

O que fazíamos? Nós nos reuníamos regularmente, às vezes até uma vez por semana ("prontamente", dizia Nelson, e ele falava sério!), para discutir questões que atravessavam as disciplinas e as artes, como o significado e a natureza do estilo, da metáfora, do ritmo, da expressão e outros conceitos-chave que abrangiam algumas ou até mesmo todas as artes. A maioria dessas questões eram de interesse de Goodman, questões que ele havia levantado e explorado, pelo menos inicialmente, em *Languages of art*. Realizamos experimentos em pequena escala; por exemplo, Dave Perkins investigou quais pistas visuais nos permitem perceber cantos cúbicos, e eu examinei o desenvolvimento da sensibilidade a estilos artísticos em crianças pequenas. Com foco mais explícito na educação nas artes, convocamos especialistas, pessoas com conhecimento sobre educação de crianças pequenas, educação em academias de artes e museus e educação no ensino médio, e fizemos visitas ocasionais a locais altamente conceituados de educação nas artes.

Um encontro foi especialmente significativo para mim. No início de 1969, Goodman e eu nos interessamos por uma pesquisa sobre a divisão de trabalho entre os dois hemisférios cerebrais (o que hoje chamamos de pensamento do "cérebro direito" e do "cérebro esquerdo"). O interesse de Goodman se concentrava nos meios pelos quais diferentes tipos de sistemas de símbolos são codificados e decodificados. Meu interesse era como os artistas conseguem orquestrar as muitas habilidades envolvidas na criação e na percepção de obras de arte.

Decidimos convidar como palestrante Norman Geschwind, um conhecido neurologista com interesse especial em funções corticais superiores (pensamentos, não reflexos). No início da tarde, Geschwind fez uma palestra fascinante sobre as sequelas de diferentes tipos de imagens cerebrais. Por exemplo, ele falou sobre o que aconteceu com o compositor Maurice Ravel e o pintor Lovis Corinth depois de terem sofrido ferimentos no cérebro. Precisei ir para casa jantar, mas a discussão continuou até altas horas da noite.

No final daquele dia, comecei a repensar meu futuro curso de estudos. Em vez de buscar uma posição de professor em psicologia, eu tentaria garantir apoio para um trabalho de pós-doutorado com Geschwind na unidade neurológica local especializada no estudo e na reabilitação de vítimas de derrame. Eu classificaria a noite estimulante com Geschwind e os 15 anos de estudo e colaboração que se seguiram como tão importantes para meu desenvolvimento acadêmico quanto meu envolvimento com meu mentor em psicologia, Jerome Bruner, e meu mentor em filosofia, Nelson Goodman. De fato, tive o privilégio de dedicar livros a cada um desses três notáveis acadêmicos-mentores.

Não estive muito envolvido na obtenção de financiamento para o Projeto Zero durante suas fases iniciais. Os arquivos de Harvard registram um conjunto de correspondências entre Ted Sizer, da HGSE, e Ernie Brooks, da Old Dominion Foundation. Sizer nunca recebeu tanto dinheiro quanto pediu, mas houve apoio suficiente para dar uma base modesta para o Projeto Zero. Eu costumava brincar que Perkins e eu éramos assistentes não remunerados, "uma tradição que mantivemos até o presente". No entanto, achei divertido descobrir que nosso *status* não remunerado ("voluntário" era o substituto politicamente correto para "estagiário") estava consagrado na correspondência entre Brooks e Sizer. Perto do fim do mandato de Goodman como diretor fundador, também havia recursos financeiros modestos do Departamento de Educação dos EUA.

A outra atividade pela qual o Projeto Zero se destacou durante os primeiros anos não foi reconhecida e divulgada o suficiente. Goodman acreditava profundamente que as formas artísticas de conhecimento eram tão importantes, preciosas e desafiadoras quanto o conhecimento nas ciências e em outros campos. Nesse sentido, ele foi um seguidor fiel dos filósofos de orientação epistemológica Susanne Langer e Ernst Cassirer. Ele também acreditava, e provavelmente estava certo, que a maioria dos alunos da HGSE (e, na verdade, da universidade em geral) tinha pouca compreensão das práticas e dos processos artísticos.

Assim, sem alarde e com a disposição de fazer a maior parte do trabalho pesado sozinho (nem Perkins nem eu estávamos muito interessados em ser empresários), Nelson lançou uma série memorável de 12 palestras na HGSE. Em cada uma delas, um artista conhecido convidava o público, que geralmente era bem grande, para os bastidores, a fim de que os participantes pudessem entender o pensamento profundo e complexo envolvido na produção e na *performance* artística de qualidade. A série era deliberadamente ampla: I. A. Richards (professor universitário de literatura) sobre poesia; Ladji Camara sobre percussão; Jacques Lecoq sobre mímica; Ina Hahn e Martha Gray Armstrong sobre dança; George Hamlin e outros sobre direção de teatro (com Christopher Reeve, então estudante do ensino médio, como um dos atores); Alfred Guzzetti sobre fotografia; Leon Kirchner sobre composição. Esse tipo de atividade, se tivesse sido realizada no recém-inaugurado Lincoln Center, poderia ter um orçamento total de milhões, mas Goodman organizou as palestras com muito pouco dinheiro, e aqueles que compareceram (inclusive eu) foram profundamente impactados. Foi Nelson Goodman no seu melhor!

Devo mencionar alguns "produtos" (passamos a usar o termo ainda mais mortal "resultados") dos primeiros anos do Projeto Zero.

O relatório final da primeira fase do Projeto Zero, coautorado por Goodman, Perkins, Vernon Howard e eu (Goodman; Perkins; Gardner, 1972), teve importância singular. Ele forneceu uma visão sinótica das diversas atividades realizadas durante os quatro anos da era Goodman e é um documento essencial para qualquer futuro historiador. O segundo é um livro, publicado alguns anos depois e editado por Perkins e Barbara Leondar, chamado *The arts and cognition* (Perkins; Leondar, 1977). Os colaboradores foram outros "diretores" do Projeto Zero e, assim como o "relatório final", esse volume fornece uma excelente (e um pouco menos técnica) pesquisa dos tópicos e conclusões alcançados durante a primeira fase. Por fim, há um artigo acadêmico coautorado por David Perkins, Vernon Howard e eu, denominado *Symbol systems: a philosophical, psychological and educational investigation* (Gardner; Howard; Perkins, 1974). Integrantes do Projeto Zero também deram um curso na HGSE.

TRANSIÇÃO DE LIDERANÇA

Em 1971, Goodman estava bem estabelecido no Departamento de Filosofia de Harvard. Acho que ele sentia que o Projeto Zero havia sido lançado com sucesso, e não estava mais interessado nos detalhes empíricos e práticos da educação artística. Então, de forma característica e epigramática, ele disse a Dave Perkins e a mim: "Vocês podem ficar com o projeto". Como ele ressaltou com alegria, isso significava que dali em diante *nós* tínhamos de levantar fundos.

Durante um ano, enquanto eu iniciava meus estudos de pós-doutorado com Norman Geschwind e outros no Boston Veterans Administration Medical Center, Dave foi o único diretor do Projeto Zero. Em 1972, juntei-me a ele como codiretor e, pelos 28 anos seguintes (até 2000), permanecemos no comando da organização. Dave e eu não trabalhávamos em projetos conjuntos com proximidade, mas nos mantínhamos mutuamente informados sobre nossas atividades, solicitávamos fundos para o Projeto Zero, compartilhávamos uma secretária e, ocasionalmente, trabalhávamos em projetos de escrita e palestras. Em várias ocasiões, também organizamos seminários e almoços informais nos quais visitantes ou membros do Projeto Zero conversavam. Embora tentássemos fazer essas discussões de tempos em tempos, elas nunca funcionaram de forma tão eficaz, ou por tanto tempo, quanto as sessões semanais lideradas por Goodman no final da década de 1960. Lamento isso — Goodman talvez tivesse uma genialidade para convocar pessoas que nos faltava.

A década da psicologia

Qualquer divisão do período de mais de 50 anos de 1972 até o presente seria até certo ponto arbitrária. Parece justo dizer que tanto Perkins quanto eu continuamos interessados em questões conceituais e analíticas, mas nenhum de nós se via principalmente como filósofo, e nossas contribuições para a literatura filosófica, se houve alguma, foram incidentais, não focais. Durante a década após a renúncia de Goodman, Dave e eu atuamos principalmente como psicólogos, dirigindo pequenos grupos de pesquisa. Em algum momento daquela década, iniciamos uma divisão informal do trabalho. Dave liderou o grupo de "habilidades cognitivas", que se concentrava em processos cognitivos envolvidos na criatividade, na percepção e na produção artística, bem como em outras áreas do pensamento. Eu chefiei o grupo de "desenvolvimento". Meu grupo se concentrou no desenvolvimento, em crianças comuns e superdotadas, de várias formas de competências artísticas e simbólicas e, em menor grau, em sua decomposição sob várias formas de patologia.

Com o fim do apoio da Old Dominion Foundation (que havia se transformado na Mellon Foundation), esperava-se que Dave e eu aprimorássemos nossas próprias habilidades empreendedoras. Às vezes, pedíamos apoio conjunto ao governo para pesquisa. Tínhamos um fã na National Science Foundation (NSF), o psicólogo Henry Odbert, e um amigo no National Institute of Education, Martin Engel, e eles nos deram apoio suficiente na década de 1970 para nos manter à tona. Um projeto de pesquisa nas artes financiado pela NSF... como os tempos mudaram!

A década de 1970 viu a primeira de várias crises no Projeto Zero. Em 1972, Sizer renunciou ao cargo de reitor da HGSE e tornou-se chefe da Phillips Academy, em Andover. Seu lugar foi ocupado por Paul Ylvisaker, que nunca tinha sido acadêmico (e, sem que soubéssemos, já estava bastante doente). Ylvisaker também herdou uma das crises financeiras periódicas da HGSE. Ele não via sentido em ter um projeto de pesquisa nas artes, principalmente um liderado por dois jovens pesquisadores sem nomeações docentes. Então, ele começou a tomar medidas para nos calar.

Fomos salvos por duas pessoas. Uma delas foi o professor de filosofia Israel Scheffler, que, embora nunca tenha sido um membro ativo do Projeto Zero, era leal a Goodman e nos via como uma força positiva na Escola de Educação. Na verdade, ele disse ao reitor Ylvisaker: "Esses são caras brilhantes que estão trazendo prestígio para a escola. Por que frustrá-los? Apenas deixe-os em paz". A segunda foi a própria irmã do reitor, Barbara Y. Newsome, que trabalhou no setor de artes para uma das instituições filantrópicas dos Rockefeller. O reitor Ylvisaker enviou a Barbara algumas informações sobre nosso projeto e, embora ela não tenha nos dado um endosso retumbante, ficou entusiasmada o suficiente para contribuir, ainda que involuntariamente, para nossa sobrevivência.

Essa década foi um período em que Perkins e eu estávamos construindo nossos currículos como pesquisadores em psicologia, num sentido amplo. Se ensinávamos, era algo bem incidental. Não reproduzimos o trabalho de Goodman em filosofia nem adotamos sua agenda educacional prática, como suas palestras-performáticas. Eu comecei a trabalhar com vários jovens pesquisadores promissores, incluindo Dennie Wolf, Laurie Meringoff (que conheceu seu marido, o famoso autor de livros infantis Marc Brown, enquanto conduzia uma pesquisa sobre a compreensão das crianças sobre a mídia) e Ellen Winner, que trabalhou comigo no pensamento metafórico e com quem me casei em 1982.

COMENTÁRIOS

Vale notar que, embora Dave e eu nunca tenhamos colaborado em livros não editados, os assuntos pelos quais nos interessamos muitas vezes eram paralelos, e isso provavelmente não foi uma coincidência. Nós dois tínhamos interesses de longa data no tópico da criatividade nas artes e nas ciências. Ambos criamos teorias originais e iconoclastas na área da inteligência. Nós dois estudamos e escrevemos sobre liderança, com interesses tanto em líderes individuais quanto na direção de organizações. Tínhamos um interesse contínuo sobre percepção artística, produção e educação. À medida que o tempo passou, nos interessamos por questões éticas e morais: meu grupo de pesquisa analisava o "bom trabalho", Dave e colegas se concentravam em estudos sobre a paz.

Embora o interesse na educação nas artes ainda existisse, Dave e eu nos afastamos desse foco. Dave, por exemplo, trabalhou em percepção visual padrão, em raciocínio cotidiano e em criatividade em todo o espectro. Eu estava observando o desenvolvimento e o colapso (como resultado de danos cerebrais) de toda a gama de capacidades cognitivas, não apenas aquelas nas artes. Quase todos os que vieram trabalhar no Projeto Zero tinham alguma experiência em artes, e acho que é possível identificar um "toque artístico" e uma "atitude artística" mesmo em trabalhos que não estão explicitamente relacionados às artes.

A MUDANÇA PARA A REFORMA EDUCACIONAL

Assim como o lançamento do Sputnik em 1957 catalisou uma crise na política educacional americana, a publicação, em 1983, do relatório federal *A Nation at risk* pela Comissão Nacional de Excelência em Educação galvanizou reflexões sobre a condição da educação básica nos Estados Unidos. Também gerou um aumento da atuação do governo federal e mais financiamento de fundações, bem como tentativas mais ativas de influenciar o currículo, a pedagogia e a avaliação em nível nacional. É impossível dizer se o Projeto Zero teria avançado cada vez mais para a reforma educacional, particularmente na educação básica, se não fosse pela publicação desse relatório influente. Contudo, de qualquer forma, na década de 1980 e depois, o Projeto Zero envolveu-se muito mais na teorização educacional e na prática educacional. Mais uma vez, nossos dois grupos trabalharam em conjunto, em vez de juntos, mas ambos estavam muito mais envolvidos nas escolas, muito mais envolvidos com os professores e muito mais envolvidos no currículo e na avaliação do que nos anos anteriores.

Esse período marcou o início de uma colaboração sustentada entre nossas equipes de pesquisadores. A pedido do historiador Lawrence Cremin, então influente presidente da Spencer Foundation, iniciamos um longo exame do que viemos a chamar de “Ensino para a compreensão”. Em parte conceitual, em parte envolvendo pesquisa-ação em escolas, buscamos reformular o que significa entender conceitos, tópicos e disciplinas e conceitualizar “compreensão como desempenho”. Esse esforço forneceu um ponto central muito rico para exploração. Além disso, nas últimas décadas, tornou-se talvez o produto educacional mais conhecido do Projeto Zero. (Ver Ensaio 16.)

Quando Ronald Reagan se tornou presidente, em 1981, eu brinquei que nosso financiamento do governo tinha acabado, pois Reagan pensava que a ciência social era socialismo (ele já havia dito isso). Independentemente de essa observação ser verdadeira ou falsa, o fato é que quase todo o nosso financiamento mais recente veio de outras fontes, seja de fundações, seja de indivíduos ricos. Dave e eu começamos a adquirir um novo conjunto de habilidades.

Há muito tempo sustento que o Projeto Zero realiza projetos que atendem a dois requisitos: (a) os projetos são de interesse do(s) pesquisador(es); e (b) os pesquisadores podem conseguir dinheiro para executá-los. Se você observar a longa lista de projetos realizados depois de 1980, verá uma conexão entre o interesse do financiador e o trabalho que realizamos. Contudo, nunca respondemos a contratos (e raramente a RFPs, do inglês *requests for proposal*) e não alteramos nosso trabalho apenas para agradar um financiador. Isso nos coloca em uma categoria muito pequena de empreendimentos de pesquisa.

UMA FATÍDICA VIAGEM DE CARRO

No final da década de 1980, participei de uma conferência sobre reforma educacional em um hotel em Cambridge. Não me lembro do conteúdo da conferência, e a conferência em si não foi muito memorável.

Exceto por uma coisa.

Após o término da conferência, um participante que ficou quieto durante o evento perguntou se poderia pegar uma carona comigo até seu hotel na Harvard Square. Eu respondi que sim. No caminho para o hotel, Ray Handlan me disse que estava interessado em nosso trabalho e que talvez pudesse ajudar com o financiamento. Como alguém que tentou arrecadar dinheiro por mais de meio século, posso garantir que essa é uma mensagem raramente ouvida pelos peticionários.

O fato é que Ray representava uma fundação desconhecida do público, tão secreta que eu não soube seu nome por algum tempo. Chamada de Atlantic

Philanthropies, a organização financiou trabalhos em muitas áreas, incluindo educação, e o fez generosamente, com a única condição de que sua identidade fosse mantida em segredo. Por quase uma década, seus beneficiários mantiveram a aura de segredo, até que o nome Atlantic Philanthropies e o de seu financiador, Charles Feeney, foram revelados em uma matéria de capa no *New York Times* (Miller, 1997).

Como eu queria ter certeza de que não estava aceitando fundos de lavagem de dinheiro, consultei os responsáveis de Harvard, e eles me garantiram que a Atlantic Philanthropies era uma organização sem fins lucrativos válida e que eu podia aceitar seu apoio. Meu grupo foi fiel à diretriz da fundação, tanto que nos referimos a Ray Handlan como "Rex Harrison", à nossa diretora de programa Angela Covert como "Agatha Christie" e à própria fundação como AF (de "*anonymous funder*", ou "financiador anônimo"). Muitos outros beneficiários eram menos obedientes, embora eu não saiba de nenhum beneficiário que tenha sido penalizado com uma retirada de financiamento.

Continuamos a garantir algum financiamento de outras fontes, mas o Projeto Zero foi fundamentalmente transformado — na minha opinião, de modo positivo — pelo apoio da Atlantic Philanthropies.

DÉCADA DE 1990: TORNANDO-SE NACIONAL E INTERNACIONAL

Em meados da década de 1980, tendo passado a maior parte da minha vida adulta no Projeto Zero e começando uma carreira como membro do corpo docente em tempo integral na HGSE, procurei Tom James, o presidente fundador da Spencer Foundation (que apoiou o Projeto Zero por 40 anos!), e pedi um conselho sobre o Projeto Zero. Ele respondeu, de forma prática: "Ou internacionalize-o ou dê-lhe um enterro decente". Por mim, eu não teria seguido nenhum desses conselhos, mas o financiamento da Atlantic Philanthropies, que durou uma década e muitas vezes rendeu 1 milhão de dólares por ano, alterou fundamentalmente nossa organização. Houve um aumento na nossa capacidade organizacional, e nasceu uma base para uma estabilidade de longo prazo.

Pela primeira vez, montamos um verdadeiro secretariado. Antes disso, Dave e eu dividíamos uma secretária ou trabalhávamos com um ou mais assistentes estudantis (agora pagos!). Depois disso, conseguimos contratar pessoas responsáveis por finanças, recursos humanos, tecnologia, publicações e outras necessidades básicas de uma organização, passando de cerca de 15 a 20 pessoas para algo em torno de 50 a 60. Sem dúvida, o suporte extra nos permitiu focar muito mais na pesquisa em si.

É claro que uma grande organização não se administra sozinha, mesmo quando você tem condições de contratar vários tipos de especialistas. Assim, durante a década de 1990, experimentamos diferentes variações de governança. Dave e eu mantivemos nossos papéis principais, mas testamos vários tipos de gerentes e equipes de gestão. Nenhum deles foi desastroso, mas nenhum funcionou perfeitamente (nem deveríamos esperar que funcionassem). Então, Dave e eu começamos a pensar sobre a sucessão da liderança da organização.

A segunda grande mudança do Projeto Zero foi o desafio de tornar nosso trabalho, em especial nosso trabalho na educação, mais conhecido, tanto nacional quanto internacionalmente. Na maior parte do tempo, no tratamento das organizações que financiou, a Atlantic Philanthropies foi admiravelmente prática. Nossos valiosos responsáveis pelo programa não nos disseram o que estudar ou como estudar. No entanto, nosso responsável pelo programa deixou claro que não bastava "realizar pesquisa pela pesquisa".

Essa diretiva causou uma das poucas crises genuínas na história do Projeto Zero. Como principal contato com a Fundação — alguém a par de seu pensamento —, recomendei que iniciássemos um seminário de verão, onde poderíamos apresentar nossas ideias e práticas a um grande grupo de educadores.

Para minha surpresa, essa sugestão levou a uma oposição quase unânime. Até hoje, não entendo muito bem a natureza ou a veemência da oposição, o que me sugere que ela teve origem em muitas causas, desde o ressentimento pela força que eu exercia em uma organização notoriamente horizontal até o sentimento de que cada um de nós deveria poder fazer o que quisesse, não importando o que o financiador (ou qualquer outra pessoa) solicitasse.

De qualquer forma, fiquei tão frustrado que anunciei: "Se vocês não quiserem se juntar a mim na criação do seminário, eu mesmo o farei". Por alguma razão, essa imposição de limites acalmou as pessoas e, no final, quase todos cooperaram. Levamos alguns anos para resolver vários problemas, mas logo nossos seminários e *workshops* se tornaram muito bem-sucedidos. Agora realizamos eventos todos os anos nos Estados Unidos. Eles são nossa principal fonte de renda, e realizamos conferências no exterior há quase uma década. (Infelizmente, essas conferências presenciais precisaram ser suspensas durante a pandemia de 2020 a 2022, mas quando você ler isso, elas já terão sido retomadas, junto com muitas outras disponíveis *on-line*.)

COMENTÁRIO

Seria mentira afirmar que as ideias e práticas do Projeto Zero venceriam um plebiscito em qualquer lugar. Gostamos de pensar que isso ocorre porque nossas ideias são muito sutis, muito progressistas e talvez muito sofisticadas para muitos educadores e pais, e que nossas ideias estão destinadas a ceder hegemonia a maneiras mais simplistas de pensar sobre aprendizagem e ensino.

Mas essa é uma análise egoísta. Cheguei à conclusão de que, em quase qualquer jurisdição educacional, haveria uma parcela de membros que consideraria atraentes as ideias e práticas do Projeto Zero. Em vez de tentar converter os resistentes, é melhor tentar ajudar aqueles indivíduos e instituições, muitas vezes os primeiros a se adaptarem, que já têm alguma simpatia por nossos objetivos e métodos.

Em vários momentos, criamos mapas de onde nossas ideias criaram raízes. Nos Estados Unidos, nossas ideias são mais conhecidas e admiradas nas áreas costeiras. Contudo, se há algo que podemos dizer é que as nossas ideias têm mais adeptos fora dos Estados Unidos, em particular em partes da América Latina, na Escandinávia, na Austrália, na Nova Zelândia e, surpreendentemente, em regiões da China e da Índia. É claro que os dois últimos países são tão populosos que não podem ser comparados à Colômbia ou à Dinamarca.

ALÉM DE 2000: NOVA GOVERNANÇA, NOVAS OPORTUNIDADES, NOVOS DESAFIOS

Em 2000, Dave e eu passamos as rédeas do Projeto Zero para Steve Seidel, um pesquisador de longa data do Projeto Zero que logo se tornaria chefe do programa de Artes na Educação na escola. Montamos um pequeno comitê de direção: nós três e vários gerentes presentes em caráter *ad hoc*. Shari Tishman logo se juntou ao comitê de direção e, em 2008, tivemos uma transição tranquila da liderança de Steve para a de Shari. Em 2015, tivemos outra transição tranquila para a liderança de Daniel Wilson (e sua administradora-chefe, Faith Harvey), que aumentou o alcance do Projeto Zero e estabeleceu mais conexões entre pesquisadores e projetos de pesquisa em andamento atualmente.

Com minha insistência, o Projeto Zero recentemente colocou em prática um mecanismo mais formal para escolher líderes e linhas de pesquisa. Em 2023, as pesquisadoras de longa data Liz Duraisingh e Carrie James tornaram-se codiretoras, e eu me aposentei voluntariamente do comitê executivo na mesma época.

Eu brinco que mudamos de um modelo do Politburo para um modelo dos Artigos da Confederação. Talvez, quando você ler estas palavras, o Projeto Zero tenha estabelecido um modo bem consolidado de escolher líderes e linhas de trabalho.

CONSIDERAÇÕES FINAIS: OS "SINTOMAS" DO PROJETO ZERO

Segundo Nelson Goodman, ao tentar especificar o que torna uma obra ou uma experiência "artística", não faz sentido estabelecer uma definição única e rígida. Em vez disso, deve-se pensar em certas características que, quando estão todas presentes, sugerem que estamos no reino das artes; quando todas estão ausentes, sinalizam que não estamos envolvidos nas artes.

Ao longo dos anos, as tentativas de criar uma declaração de missão concisa para o Projeto Zero nunca tiveram sucesso. O Projeto Zero é uma confederação de pesquisadores e profissionais muito livre, e está muito sujeito aos caprichos das prioridades nacionais e das preferências de financiamento para se prestar a uma formulação simples, como pode ser o caso do Centro de Criogenia ou do Centro de Crescimento Populacional, ou, mais recentemente, do Centro de Prosperidade Digital sediados no Projeto Zero. Nesse sentido, o nosso "zero" é tanto um benefício quanto uma maldição.

Dito isso, estou disposto a arriscar e delinear os sintomas, livremente agrupados, que caracterizaram nossos esforços ao longo das décadas:

- Concentrar-se na cognição de alto nível (p. ex., na resolução de problemas e na descoberta de problemas, e não na identificação do alfabeto ou na capacidade de diferenciar cores).
- Trabalhar com conceitos claros; criar *frameworks* que possam ser aplicados de forma flexível.
- Evitar vínculos com faixas etárias específicas ou disciplinas específicas; ser inerentemente multidisciplinar.
- Aproveitar o pensamento e as análises artísticas, mas sem se limitar às artes.
- Ter ressonância com educadores, especialmente aqueles com uma mentalidade progressista.

- Desenvolver ideias e dar-lhes um impulso na direção certa (não administramos escolas ou museus, mas damos informações úteis a muitos deles ao redor do mundo).
- Estar aberto à colaboração com muitos indivíduos e organizações, mas insistir em parcerias de qualidade.
- Evitar uma linha partidária; cada um é livre para estudar o que quiser, e ninguém legisla sobre as descobertas ou suas interpretações.
- Executar projetos sucintos (às vezes caricaturados como "projectitis") e certificar-se de que estejam bem documentados.
- Escolher alguém que esteja disposto a assumir a liderança na obtenção de financiamento e na condução de cada projeto.
- Preferir suporte aberto em vez de vinculado a contratos e "resultados".

Enquanto escrevo, Ellen Winner lançou um estudo de três anos sobre o impacto das ideias e práticas do Projeto Zero ao redor do mundo. Fique ligado!

REFERÊNCIAS

GARDNER, H.; HOWARD, V.; PERKINS, D. Symbol systems: a philosophical, psychological and educational investigation. *In:* OLSON, D. R. (ed.). *Media and symbols*: the forms of expression, communication, and education. Chicago: National Society for the Study of Education, 1974. p. 27-55.

GOODMAN, N. *Languages of art:* an approach to a theory of symbols. Indianapolis: Bobbs-Merrill, 1968.

GOODMAN, N.; PERKINS, D.; GARDNER, H. *Basic abilities required for understanding and creation in the arts*. Washington: Office of Education, 1972.

MILLER, J. He gave away $600 million, and no one knew. *The New York Times,* 23 Jan. 1997. Disponível em: www.nytimes.com/1997/01/23/nyregion/he-gave-away-600-million-and-no-one-knew.html. Acesso em: 3 mar. 2025.

PERKINS, D.; LEONDAR, B. (ed.). *The arts and cognition*. Baltimore: Johns Hopkins University, 1977.

Ensaio 2

AS CEM LINGUAGENS DA REFORMA EDUCACIONAL BEM-SUCEDIDA

Há muitas maneiras de mediar esses impulsos e tensões humanas. Na minha opinião, nenhum lugar no mundo contemporâneo teve tanto sucesso quanto as escolas de Reggio Emilia, no norte da Itália. Quando a revista americana Newsweek, *de forma discreta(!), publicou "As dez melhores escolas do mundo", em dezembro de 1991, Reggio Emilia foi a escolhida na categoria Primeira Infância, o que foi totalmente apropriado. Reggio é, para mim, o exemplo de uma educação eficaz e humana; seus alunos passam por um aprendizado contínuo em humanidade, que pode durar a vida toda.*

Como diz o ditado: o sucesso tem mil pais, enquanto o fracasso é órfão. Segundo todos os relatos, as creches e escolas da infância do município de Reggio Emilia são um sucesso singular. De fato, eles são justificadamente respeitados em todo o mundo; milhares os admiraram de perto, e dezenas de escolas foram criadas à sua imagem. Ao caracterizar as escolas dessa forma, é importante lembrar que a maioria dos experimentos educacionais falha sem deixar vestígios (de onde vem seu *status* de órfãos). Além disso, mesmo aqueles experimentos que têm algum sucesso não duram muito e/ou não conseguem afetar instituições educacionais em outros lugares. Assim, o grupo de escolas iniciado por Loris Malaguzzi e seus colegas próximos na década de 1960 é importante para abordar o que torna um experimento educacional bem-sucedido, como tais experimentos podem ser replicados e, mais preocupante, por que o desejo por tais escolas existe em uma minoria relativamente pequena da população mundial.

As circunstâncias que cercaram o empenho inicial de Reggio não eram favoráveis. No final da década de 1940, Malaguzzi retornou a uma parte da

Itália que havia sido devastada pela guerra, com poucos bens tangíveis e uma população significativamente desmoralizada. Embora americanos acomodados possam ter aderido aos filmes neorrealistas italianos do final da década de 1940, a vida sombria capturada neles dificilmente sugeria o potencial de novas escolas revolucionárias.

Em qualquer empreendimento bem-sucedido, vários elementos separados precisam ser reunidos. Ao ler as evidências, havia o idealismo prático (ou a prática idealista) de Malaguzzi; a tradição de escolas inovadoras no norte da Itália e partes da Europa Central e Ocidental; um conjunto de jovens educadores, quase todos mulheres, que foram atraídos pela visão de um novo tipo de educação; a disposição dos governos locais e regionais de Reggio — em grande parte comunistas ou, para ser menos provocativo, comunitários — de investir generosamente e por um longo tempo nessas escolas; uma tradição da sociedade civil, assim como certos hábitos e atitudes do catolicismo, que há muito marca essa região do mundo; a prosperidade gradual do norte da Itália. Sem dúvida, havia muitos outros fatores, alguns identificáveis com facilidade, outros perdidos na história ou na mitologia. (Agora em 2024, eu acrescentaria o apelo, mas também as limitações, das escolas inspiradas pela educadora italiana Maria Montessori.)

Seria instrutivo saber os pontos de inflexão do experimento de Reggio, tanto os positivos quanto os negativos. Entre eles, será que estavam os primeiros sinais de interesse internacional na década de 1970? O lançamento de periódicos influentes na mesma época? A eleição de um prefeito, *assessore* (vereador) ou conselho municipal específico? Também seria importante saber o que deu errado, ou poderia ter dado errado. Foi a perda de um aliado estratégico? Críticas públicas constantes de personalidades ou políticos? A raiva em torno das Brigadas Vermelhas, por vezes violentas? Um impulso para a introdução formal de currículos estaduais nos anos pré-escolares? Isso só para citar alguns possíveis vilões.

Meu colega Dave Perkins propôs uma fórmula para uma inovação educacional bem-sucedida. Ele propõe a necessidade de três tipos de visionários: um visionário *teórico*, que desenvolve as ideias-chave, como os contornos básicos dos currículos, a pedagogia, a missão e os valores; um visionário *prático*, que faz essas ideias ganharem vida na prática; e um visionário *político*, que fornece os recursos e a proteção para que os outros visionários possam seguir com seu trabalho. Pelo que sei e observei, suspeito que Loris Malaguzzi era principalmente um visionário teórico. No entanto, as escolas não teriam sido bem-sucedidas se ele não tivesse sido um dos principais contribuidores para as práticas funcionais e não tivesse conseguido atrair e manter colegas de trabalho que queriam praticar (e teorizar) ao lado dele. Além disso, embora ele gostasse de resistir ao *establishment* político — na verdade, desafiar qualquer tipo de *establishment* —, suspeito que ele era hábil em alinhar as forças políticas necessárias para garantir que os experimentos educacionais em Reggio fossem bem-sucedidos.

Agora, talvez a razão mais importante para o sucesso das escolas de Reggio: tanto a visão quanto a realidade são impressionantes. As escolas são lindas de se ver, refletindo uma requintada sensação de espaço e materiais. Os instrutores principais, chamados *pedagogistas* e *atelieristas*, são bem treinados, realizam seu trabalho com excelência e se dedicam incansavelmente — na verdade, monasticamente — à sua tarefa. Os pais e a comunidade ao redor fornecem apoio tangível regular, bem como críticas úteis. As técnicas que foram desenvolvidas — aprendizagem em grupo, documentação, projetos de longo prazo, integração na comunidade, só para citar algumas — são inovações que funcionam de verdade.

Mais importante ainda, há a concepção ampla e inspiradora das crianças como:

- espíritos jovens ativos, engajados e exploradores;
- capazes de permanecer investigando perguntas e temas por muitas semanas;
- capazes de trabalhar ao lado de colegas e adultos; e
- abertas à oportunidade de se expressar em muitas "linguagens", de criar novas linguagens e de apreender e acessar os modos de expressão moldados por companheiros da mesma idade.

Suspeito que essa concepção pode ser o legado mais importante de Loris Malaguzzi. Certamente foi isso que me trouxe a Reggio no início dos anos 1980 e catalisou muitas viagens memoráveis desde então, assim como comoveu muitos outros visitantes.

Não estou dizendo que essa visão foi somente de Loris Malaguzzi. É provável que o mesmo sentimento de solidariedade, colaboração e invenção mútua que caracteriza as escolas de hoje — tanto professores quanto alunos — caracterizou Reggio desde seus primeiros dias. Não há dúvidas de que Malaguzzi podia ser difícil e teimoso às vezes. Talvez, como muitos de nós, ele tenha ganhado mais crédito do que realmente tinha. As escolas cresceram e prosperaram nas décadas depois de sua morte, o que demonstra tanto sua capacidade de criar uma instituição que sobreviveria a ele quanto a enorme capacidade de seus colegas mais próximos.

Como educador norte-americano, fico impressionado com certos paradoxos. Nos Estados Unidos, temos orgulho de focar nas crianças, mas não prestamos atenção suficiente ao que elas realmente estão fazendo e expressando. Apelamos à aprendizagem cooperativa entre as crianças e, no entanto, raramente temos uma cooperação sustentada ao nível do professor e do administrador. Clamamos por obras artísticas, mas raramente criamos ambientes que possam apoiá-las e inspirá-las de verdade. Aceitamos o envolvimento dos pais, mas detestamos compartilhar o domínio, a responsabilidade e o crédito com pais apoiadores. Reconhecemos a necessidade de comunidade, mas muitas vezes ficamos paralizados em grupos de interesse, imóveis em trincheiras individuais. Aclamamos o método de descoberta, mas não temos confiança para permitir que as crianças sigam seus próprios narizes e palpites. Apelamos ao debate, mas muitas vezes o rejeitamos. Apelamos à escuta, mas preferimos falar. Somos ricos, mas não protegemos os recursos que nos permitem continuar assim e promover a riqueza dos outros.

Reggio tem muito a ensinar nesses aspectos. Em vez de usar *slogans*, os educadores em Reggio trabalham incansavelmente para resolver muitos desafios pedagógicos e institucionais.

Por que, devo perguntar outra vez, se tantos educadores informados cantam os louvores das escolas de Reggio, há relativamente poucos exemplos bem-sucedidos de tais escolas em outras partes do mundo? Uma razão, sem dúvida, é que tais escolas são difíceis de estabelecer; elas exigem muito capital financeiro e ainda mais capital humano para se sustentar. Contudo, eu afirmo que há uma razão mais profunda.

Embora a visão das crianças e da natureza humana incorporada nas escolas de Reggio seja, sem dúvida, estimulante, ela também pode ser ameaçadora. Isso significa que você confia nas crianças, confia nos professores, confia nos poderes da imaginação. Isso significa que você abandona uma abordagem da vida que é puramente instrumental, puramente financeira, puramente darwiniana, se preferir, em favor de uma que reconhece os direitos das crianças e as obrigações da humanidade.

Uma visão tão generosa da natureza humana tem sido até agora minoritária em todo o mundo, e embora haja sinais disso na Escandinávia, na Escócia e talvez em outros lugares, certamente não é a tendência nos Estados Unidos, na Inglaterra ou em grande parte do resto do mundo "desenvolvido" e "em desenvolvimento". Por enquanto, as escolas de Reggio continuam sendo mais uma prova de existência do que um prenúncio de coisas que acontecerão no mundo todo. Contudo, elas são muito mais do que uma simples prova de existência; são testemunhos do que pode ser uma educação de qualidade na primeira infância.

CHINA: A CHAVE NO SEU COMPARTIMENTO

Na década de 1980, tive a oportunidade inestimável de visitar a China diversas vezes. Na primeira viagem, em 1980, a China tinha acabado de sair da terrível experiência da Revolução Cultural e buscava estabelecer laços com o Ocidente, particularmente em áreas como artes e educação artística. Por causa do meu próprio trabalho (e do Projeto Zero) em educação artística, eu estava especialmente preparado para fazer comparações com práticas ocidentais. Por uma combinação de circunstâncias, logo me tornei o líder americano de um intercâmbio intercultural nas artes.

Em uma viagem com meu filho Benjamin, observei algo aparentemente casual: a reação dos cidadãos chineses à exploração lúdica de Ben com uma chave de hotel. Como acontece de vez em quando, esse incidente abriu meus olhos para diferenças significativas entre a China e os Estados Unidos (e outras sociedades ocidentais) nas atitudes em relação às artes e à educação.

Até certo ponto, este ensaio é um texto de época. A China mudou muito desde 1980. Contudo, por isso mesmo, parece valioso tentar capturar esse momento e observar de que maneiras a China mudou, bem como refletir sobre de que maneiras nossos laços sociais estão mais próximos e de que maneiras eles se distanciaram.

Ensaio 3

A CHAVE NO SEU COMPARTIMENTO

Criatividade com uma chave chinesa

I. UM INCIDENTE RECORRENTE

No Jinling, um hotel confortável em Nanquim, a chave do nosso quarto estava presa a um grande bloco de plástico com o número do quarto gravado nele. Ao sair do hotel, os hóspedes eram incentivados a entregar a chave a um atendente na recepção ou colocá-la em um compartimento. Como o compartimento da chave era retangular e estreito, a chave e seu pingente de plástico tinham de ser cuidadosamente alinhados à mão para caber no compartimento.

Meu filho Benjamin, de 20 meses (adotado em Taiwan um ano antes), adorava carregar a chave e sacudi-la. Ele também gostava de tentar colocar a chave no compartimento. Quando minha esposa ou eu nos aproximávamos do balcão da portaria do hotel com Benjamin nos braços, ele levava a chave até a proximidade da fenda e tentava enfiá-la no buraco. Devido à sua pouca idade e compreensão limitada, ele geralmente não conseguia inseri-la no compartimento. Essa falta de sucesso não incomodou Benjamin. Ele adorava bater a chave na fenda e escutar o som que ela fazia, junto com a sensação cinestésica que isso produzia.

Minha esposa Ellen e eu ficávamos muito felizes em deixar Benjamin bater a chave perto do compartimento dela, mas logo observei um fenômeno interessante. Com frequência, quando havia uma atendente chinesa por perto, e às vezes até mesmo quando havia apenas um chinês nas proximidades, essa pessoa vinha olhar Benjamin. Assim que a observadora viu o que nosso filho estava fazendo e notou sua falta de sucesso imediato, ela tentou intervir. Em geral, ela segurava a mão dele e, gentilmente, mas com firmeza, a guiava para a fenda, reorientava-a conforme necessário e então pressionava a mão que segurava a chave para dentro do compartimento. Em seguida, ela sorria com certa expectativa para Ellen ou para mim, como se esperasse um agradecimento.

Infelizmente, não ficávamos muito gratos por essa intervenção. Afinal, não era como se Benjamin estivesse correndo por todo lado sem supervisão; claramente, nós — seus pais — sabíamos o que ele estava fazendo e não intervimos. No entanto, também ficou claro que estávamos lidando com um conjunto muito diferente de atitudes — suposições não apenas sobre o que as crianças devem fazer (ou não fazer), mas também sobre o papel adequado de outros adultos em sua socialização. Talvez, de fato, esse incidente recorrente fosse parte essencial dos mistérios da educação artística que havia nos levado à China.

II. CRIAÇÃO DE FILHOS NA CHINA: COMENTÁRIOS GERAIS

Durante os meses que passamos na China, ficou claro para nós que bebês são "alvo de zombaria" na China. Adultos (e até mesmo adolescentes) não hesitam em intervir no processo de criação dos filhos. Também ficou claro que os chineses tinham um consenso sobre o que era certo ou errado na maioria das situações; em seus encontros casuais com Benjamin, eles estavam apenas exibindo suas crenças comuns.

Depois de entender o que estava acontecendo, comecei a incorporar essa pequena anedota sobre o compartimento da chave em minhas conversas com professores, pais e administradores chineses. Eu relatava o que tinha acontecido e buscava reações do público. Com pouquíssimas exceções, meus informantes chineses compartilhavam as opiniões dos hóspedes e atendentes do hotel. Eles colocavam desta forma: já que os adultos sabem como colocar a chave na ranhura, já que esse é o propósito final (se não o único) de se aproximar da ranhura, e já que o bebê não tem idade (ou inteligência) o suficiente para consumar a ação sozinho, o que se ganha ao fazer o bebê se debater? Por que não mostrar a ele o que fazer? Ele ficará feliz (os que estão ao redor também ficarão felizes). Ele aprenderá a fazer isso mais cedo e então poderá progredir para atividades mais complexas. Concordamos que às vezes é importante mostrar à criança o que fazer e que com certeza não queríamos frustrá-la, mas também ressaltamos que Benjamin raramente ficava frustrado com suas tentativas de inserir a chave na fenda; o prazer era sua reação mais comum. Então, tentamos comunicar aos nossos anfitriões chineses que tínhamos uma visão bem diferente sobre o significado do comportamento do nosso filho.

Em primeiro lugar, não nos importávamos se ele havia conseguido inserir a chave na ranhura; isso não era importante. Ele estava se divertindo e explorando, o que nós gostamos. Aqui está o ponto mais importante: estávamos tentando ensinar a Benjamin, no processo, que muitas vezes é possível resolver um problema sozinho. Essa lição reflete um valor fundamental da criação de filhos na classe média norte-americana: enquanto for mostrado à criança exatamente como fazer algo — seja colocar uma chave na ranhura, seja desenhar um galo —, é menos provável que ela descubra sozinha como fazê-lo. É menos provável que ela chegue a uma maneira original de fazer isso. Em geral, é menos provável que ela veja a vida — como nós vemos — como uma série de situações nas quais é preciso aprender a pensar por si mesma.

Ao refletir sobre o cenário recorrente, tive *insights* sobre algumas das diferenças fundamentais entre a sociedade chinesa e a norte-americana da época. Descrevo essas diferenças em termos de cinco pontos ou suposições. Vejo esses cinco pontos como interconectados e talvez inseparáveis, uma série de conceitos interligados que se fundem em um todo maior, quase confucionista. Poderíamos discuti-los em qualquer ordem e chegar ao restante do conjunto por vários caminhos. Juntos, eles ajudam a explicar não apenas as diferenças que observamos continuamente na educação artística, mas também diferenças mais abrangentes, que influenciam várias atividades na sociedade.

É claro que essas diferenças são relativas, e encontramos exemplos de suposições opostas em cada sociedade. Apresento sucintamente os cinco pressupostos da sociedade chinesa e, em seguida, reviso cada um deles com mais detalhes e nuances:

1. A vida deve se desenrolar como uma *performance*, com papéis cuidadosamente delineados.
2. Toda arte deve ser bela e levar ao bom comportamento.
3. O controle é essencial e deve emanar de cima.
4. A educação deve ocorrer por meio de uma modelagem cuidadosa e contínua.
5. Habilidades básicas são fundamentais e devem preceder qualquer esforço para incentivar a criatividade.

III. A VIDA COMO *PERFORMANCE*

O alto valor atribuído à *performance* na China remonta há muito tempo. Dois mil e quinhentos anos atrás, Confúcio apresentou um retrato composto — em palavras e com seu próprio exemplo — de como um cavalheiro deveria se comportar. Procedimentos para estudo, transmissão de conhecimento e condução de uma vida adequada foram cuidadosamente estabelecidos. A tradição de indicar as dimensões exatas de uma *performance* desejável sobreviveu na China ao longo dos séculos. De fato, na época da dinastia Ming (1368–1644), esperava-se que *performances* prescritas fossem realizadas por cavalheiros ou literatos cultos; era preciso ser capaz de executar música, pintar, compor poemas e fazer caligrafia de acordo com padrões culturalmente acordados, e também era preciso demonstrar respostas adequadas a essas *performances*.

No entanto, apenas falar sobre comportamentos esperados ou papéis a serem cumpridos não chega nem perto de transmitir o comprometimento chinês com a *performance*. Quase tudo o que o visitante vê publicamente na China parece ser uma *performance* muito refinada e bem acabada. Tudo parece planejado com antecedência: as crianças sentadas com as mãos cruzadas em suas carteiras ou entrando ritmicamente em uma sala; a diretora descrevendo sua escola com detalhes meticulosos em um *briefing* matinal; o aluno respondendo perguntas com expressividade vívida em uma discussão com visitantes. Enquanto as crianças se apresentam, os adultos sentam-se e repetem as mesmas palavras e gestos, como se quisessem garantir a existência de um modelo para qualquer criança confusa consultar. Além disso, o arranjo e o leiaute dessas cenas poderiam ser o cenário de uma peça — ou algo a ser transmitido ao vivo na TV. Todos sabem mais ou menos o que esperar e como tudo deve parecer. Qualquer desvio é notado com facilidade e causa desconforto àqueles que "encenaram" as apresentações.

Esse compromisso com uma *performance* elegante e bem executada levou os chineses a corrigirem Benjamin. O fato de ele bater na chave de forma desordenada atrapalha o desejo de uma *performance* harmoniosa. O objetivo dos adultos ao corrigi-lo é facilitar seu caminho para uma *performance* bem executada de encaixe de chaves o mais rápido possível — uma *performance* que todos possam admirar.

Ficamos impressionados com as *performances* que encontramos constantemente, não apenas nas aulas de artes, mas também ao longo de nossa jornada pelo sistema educacional. Contudo, também ficamos frustrados. Para levar a cabo a nossa missão de pesquisa, queríamos ver como as *performances* refinadas eram alcançadas. Em outras palavras, queríamos espiar os bastidores, ver alguns ensaios a caminho da versão final, aprender sobre seleção, planejamento e avaliação de currículos. Vimos casos de crianças chinesas aprendendo coisas novas que, nesse sentido, não eram *performances*. Meu palpite é que não foi fácil para os chineses nos mostrarem esses momentos, pois isso nos permitiu ver os "bastidores".

É claro que a ênfase na *performance* não é necessariamente algo isolado ou ruim. Antigamente, nossa sociedade tinha uma dimensão muito maior de "*performance* pública". Durante a era da nobreza, o Ocidente apresentava personalidades públicas tão estilizadas quanto aquelas percebidas hoje na China, mas hoje há muito mais ênfase na informalidade. Muitas culturas asiáticas continuam a apresentar essa propensão à *performance*, bem descrita pelo antropólogo Clifford Geertz em seus estudos sobre a Indonésia. Os chineses instruídos costumam gostar de ler romances europeus, como os de Jane Austen, ou romances americanos, como os de Edith Wharton, talvez porque essas obras documentam sociedades que davam grande valor às *performances*.

Acredito que é bom estimular habilidades de atuação e de falar em público nas crianças, mas habilidades performáticas não são o mesmo que uma sociedade performática. Os estudantes norte-americanos geralmente são melhores em situações informais e em discussões críticas. Ao contrário dos chineses, eles costumam se sentir confortáveis ao conversar com estranhos e criticar seus próprios trabalhos e os de outros alunos. Essas são situações que, por sua natureza, não podem ser ensaiadas. Contudo, alguns professores norte-americanos, embora concordem comigo, ressaltam que os estudantes chineses dominam o material factual muito melhor e o memorizam com maior precisão.

Em muitas sociedades ocidentais, pode-se contrastar *performance* com *compreensão*. Queremos, acima de tudo, que nossos alunos explorem a fundo e se tornem capazes de compreender o significado, incluindo o significado subjacente, de escritos, textos, princípios científicos e obras de arte. Essa ênfase remonta a Sócrates (quase um contemporâneo de Confúcio), que valorizava o conhecimento e a argumentação acima de todas as coisas, era desleixado e não se importava com questões de *performance* "superficiais" (embora fosse um artista eficaz), mas era obcecado pela qualidade do pensamento e do raciocínio.

Não é de surpreender que eu enfatize os aspectos cognitivos e de "compreensão" da educação em geral e da arte em particular. Sou um psicólogo cognitivo comprometido que vê a arte como uma questão da mente. Também sou um ocidental convicto — e lembro-me da definição irônica de um colega sobre o Ocidente como o lugar onde Sócrates é um herói cultural. A compreensão, é claro, não é inerentemente inconsistente com a *performance*, e ambas as sociedades promovem ambas as práticas, mas a compreensão e a *performance* parecem, a princípio, puxar em direções diferentes. Se alguém seguir a direção de seus poderes cognitivos e se concentrar na compreensão e na incompreensão, poderá se encontrar em rota de colisão com certos padrões de *performance* que sobreviveram por muito tempo, mas não são baseados na razão.

Ao apresentar essa imagem da China como uma sociedade performática, estou bem ciente de uma crítica que poderia ser dirigida a mim. Eu era um visitante de alto nível na China. Talvez as *performances* que testemunhei tivessem pouca relação com o que acontece normalmente na China, na ausência de observadores do exterior. Claro que não posso conduzir o experimento de estar na China sem estar lá!

No entanto, por duas razões, sinto que minha caracterização não é meramente uma função das condições particulares em que minha família visitou a China. Primeiro, os chineses fizeram tanto esforço para garantir que tudo o que víamos fosse polido que, com isso, revelaram o grande valor que davam à *performance*. (Apesar de enormes esforços, os norte-americanos não conseguiriam igualar essas *performances*.) Segundo, estou descrevendo o que considero ser um estado ideal, um estado pelo qual se luta, e não um estado que é alcançado com regularidade. Assim como nós, no Ocidente, hoje valorizamos a informalidade, a casualidade e a franqueza, os chineses parecem, em comparação, valorizar papéis e rituais primorosamente realizados.

IV. AS ARTES COMO BELAS E BOAS

O foco na arte como *performance* combina perfeitamente com uma visão da arte como algo que envolve beleza e comportamento adequado. É certo que os chineses não são os únicos com essa visão. A maioria dos indivíduos em qualquer lugar do mundo, quando questionados sobre o propósito das artes, diria que elas se dedicam à beleza e daria exemplos; poucos se oporiam às tentativas de vincular o verdadeiro, o belo e o bom.

No entanto, mais uma vez, assim como os chineses de hoje levam a *performance* mais longe do que a maioria dos outros povos, eles também têm uma concepção de beleza mais precisamente delineada e mais agressivamente invocada em questões artísticas. Podemos ver desde cedo que pais e professores chineses transmitem aos seus filhos ideias muito claras sobre como uma pintura deve ser, como uma história deve ser contada, como um instrumento deve ser tocado, como um passo de dança deve ser executado, como uma caligrafia deve ser completada. Existe uma maneira certa (ou talvez um pequeno conjunto de maneiras certas) e muitas maneiras erradas; a maneira certa é bonita e deve ser adotada, enquanto as maneiras erradas são feias e devem ser rejeitadas. Os alunos são tão doutrinados nessas práticas que continuam a realizá-las mesmo quando recebem liberdade total para agir.

Vemos essas visões em ação no incidente de Benjamin com a chave. Existe uma maneira correta de colocar a chave na ranhura, e essa maneira é a bonita. Esses cânones de beleza precisam ser incutidos cedo e por completo para que a criança não seja tentada a realizar atividades de forma feia ou perturbadora (p. ex., bater a chave na ranhura).

Também tivemos *insights* sobre o porquê de apenas certas formas de arte serem sancionadas na China contemporânea. Enquanto a arte for representativa, enquanto a música se referir a conteúdos e circunstâncias identificáveis, os censores podem garantir que as obras sigam cânones evidentes. Contudo, se a arte abstrata fosse permitida, como alguém poderia julgá-la e determinar se ela era bela e boa? Em vez de abrir a caixa de Pandora da ausência de normas, é muito melhor restringir a arte a coisas que todos podem perceber e sobre as quais julgamentos consensuais de beleza podem ser emitidos com facilidade. É claro que nem todos os artistas na China endossam essa visão sem criticá-la, mas eles correm riscos se a desafiarem publicamente.

Em contraste com a visão chinesa da arte como beleza, o que os ocidentais defendem? Consistente com meu argumento de que nós, no Ocidente, assumimos uma postura cada vez mais cognitiva, afirmo que agora se espera que a arte seja interessante, poderosa, atraente — e que a arte exista, em primeira instância, para permitir que os indivíduos vejam, ouçam e concebam elementos de maneiras novas e talvez inicialmente perturbadoras.

O que buscamos (e encontramos) em nossos artistas mais estimados não é — ou não é apenas — a exemplificação de alguma forma de beleza, ou de não beleza, em algum sentido fixo ou preordenado. Os cânones não podem ser transmitidos. Afinal, o que há de bonito em uma cena militar de Goya ou em uma ruína bombardeada de Picasso? T. S. Eliot e James Joyce escrevem sobre assuntos bonitos e usam uma linguagem rebuscada? *A sagração da primavera* de Stravinsky ou os quartetos de cordas de Bartok são belos de uma forma convencional?

Quando apresentei algumas dessas ideias na China, fui chamado de formalista, alguém interessado apenas em questões formais abstratas e despreocupado com conexões com a vida. Como disse um grupo: "Na América, você se interessa por arte pela arte; na China, nós nos interessamos por arte pela vida". Eu tinha uma resposta para esse cavalheiro. "Na verdade", ressaltei, "não estamos interessados na arte pela arte; estamos interessados na arte pela mente". Expliquei então que muitos observadores ocidentais consideram a arte um esforço cognitivo e uma outra maneira de expandir nosso conhecimento sobre o que o mundo pode ser e o que poderia ser — de certa forma, mais próximo da ciência do que da natureza. Também procurei explicar nosso interesse em unir, na educação, as habilidades de produzir, perceber e refletir, como um meio melhor de coordenar as várias formas de conhecimento que fluem da experiência artística (ver o Ensaio 14).

A propensão chinesa de vincular arte e moralidade — o belo e o bom — não tem paralelo no Ocidente contemporâneo. Como colegas chineses tentaram me explicar, o envolvimento com as artes faz parte de ser uma boa pessoa. Se você faz belas pinturas ou belos sons com um instrumento, essas *performances* contribuem para que você se torne uma pessoa digna. Aparentemente, há uma relação indireta entre o envolvimento com as artes e o desenvolvimento de um tipo de pessoa desejável. Assim, no passado, os mesmos cavalheiros confucionistas que pintavam e se apresentavam bem também eram bons seres humanos.

Como um ocidental contemporâneo (e às vezes sarcástico), não pude resistir a criticar essas alegações. Ressaltei que muitos indivíduos que são grandes artistas eram indivíduos desprezíveis e imorais, e que indivíduos sem propensão estética podem ser muito morais. Enquanto meus colegas chineses ouviam minhas opiniões, logo percebi que meus comentários não tinham importância. Não estamos lidando aqui com uma afirmação empírica, mas com um sistema de crenças: uma convicção de que existe uma certa noção de uma vida boa, que inclui arte e moralidade, e que essas coisas devem andar, e de fato andam, juntas. Muito mais do que os intelectuais ocidentais, e talvez mais como os fundamentalistas religiosos, os chineses acreditam que todas as boas características se juntam e que, se alguém não tem uma característica em particular, é improvável que se destaque em outra. A educação deve desenvolver integralmente o corpo, o conhecimento, o senso de beleza e a moralidade de um indivíduo; ela falha se não atingir tudo isso. Na verdade, não é possível desenvolver uma virtude sem as outras.

V. A IMPORTÂNCIA DA HIERARQUIA

As duas próximas concepções mostram a estrutura desejada da sociedade e a maneira de transmitir informações e padrões de desempenho de uma geração para outra. Qualquer observador da sociedade chinesa ao longo dos milênios deve ficar impressionado com o grau de organização hierárquica dela. Exceto em tempos de revolta, sempre ficou claro quem está à frente da sociedade — geralmente um imperador ou um senhor de guerra — e onde todos os outros se encaixam em relação ao centro e ao apogeu do poder. Junto com esse senso de estrutura organizacional vem a convicção educacional de que os indivíduos precisam ser cuidadosamente moldados desde o início para se adequarem aos valores e às práticas sociais.

Na China, tradicionalmente, o " povo" deve olhar em duas direções: para cima, em direção àqueles que detêm autoridade; e para trás, para as tradições do passado. Essas duas orientações estão juntas na adoração aos antepassados: olha-se para cima, para quem detém poder na hierarquia familiar; olha-se para trás, para quem veio antes. A única direção para a qual os chineses não costumam olhar é para fora, já que, por tradição, a China é considerada o centro do mundo — o Império Médio.

A estrutura da escola, tanto profissional quanto politicamente, reflete essas noções. Na sala de aula, os professores são considerados o centro de todas as atividades, e os comportamentos e as palavras dos alunos são direcionados a eles. Como eu disse, o professor é o sol, e os alunos são os planetas que giram em torno desse corpo celeste. Presume-se que todo conhecimento existiu no passado chinês, e o trabalho do professor é transmitir esse conhecimento aos seus alunos da forma mais fiel e eficiente possível. Os provérbios onipresentes, as listas enumeradas e as frases congeladas são apenas destilações eficientes desse conhecimento. Algumas vezes, como um experimento mental, perguntei a professores o que eles fariam se não pudessem modelar o comportamento ou apresentar a resposta certa; suas dificuldades em responder indicavam o quão estranhas eram essas noções "progressistas" de educação em um contexto não ocidental.

Embora os clássicos confucionistas não dominem mais o currículo, relembrar o passado continua sendo uma prática comum na maioria das salas de aula chinesas. O fardo do passado é avassalador. Certa vez, tive uma discussão prolongada com uma professora e questionei por que ela fazia certas coisas; ela encerrou a conversa afirmando: "Bem, fazemos isso há tanto tempo que *sabemos* que é o certo".

A existência na China contemporânea de um currículo único ao qual todos devem aderir — e a extrema dificuldade de introduzir mudanças nele — reflete o fato de que os chineses se sentem membros de uma família ou um clã gigantesco (o povo Han, que constitui mais de 90% da população). É importante que todos os membros desse grupo possam compartilhar experiências e uma herança comum. Até certo ponto, essa semelhança é impressionante e permite que todos os chineses (pelo menos em princípio) se sintam em harmonia com seus compatriotas. (Hoje, muitos americanos lamentam a ausência, ou a perda, de uma cultura comum semelhante em nosso país.) A situação, no entanto, não é tão agradável para os membros das cerca de 50 minorias, nem é palatável para indivíduos que queiram sugerir algumas melhorias ou mudanças na atual ordem social ou educacional. Até mesmo sugerir mudanças é difícil, porque, como em algumas organizações paramilitares norte-americanas, só é permitido endereçar sugestões ao nível imediatamente superior e, por consequência, não há meios de alcançar pessoas próximas ao topo. As opções que temos na América, como escrever um artigo público ou mudar para outra organização, não estão prontamente disponíveis na China.

VI. FORMANDO E MOLDANDO DESDE O NASCIMENTO

Uma das realizações mais impressionantes do sistema educacional e de treinamento chinês tem sido sua capacidade de pegar até mesmo a atividade mais complexa, dividi-la em suas partes componentes, fazer a criança começar na parte mais simples, fazê-la aperfeiçoar tal parte e então avançar de forma gradual, mas inexorável, para desempenhos mais complexos e impressionantes. É claro que todo sistema educacional usa esse procedimento, mas poucos o aplicaram tão implacavelmente quanto os chineses.

Assim, quando nossos bem-intencionados observadores chineses no hotel Jinling foram em socorro de Benjamin, eles não empurraram sua mão para baixo de forma desajeitada, hesitante ou abrupta, como eu poderia ter feito. Em vez disso, eles o guiaram com extrema facilidade e gentileza na direção desejada. Esses chineses não estavam moldando e dando forma à *performance* de Benjamin de qualquer maneira; na melhor tradição chinesa, eles estavam "*ba je shou jiao*" (ensinando enquanto segura sua mão), tanto que ele voltava feliz para mais moldagens. Tomando emprestado outro ditado chinês, eles estavam induzindo mudanças por meio do chocolate oferecido em uma mão — mas, se necessário, teriam usado o chicote que tradicionalmente é segurado na outra mão.

Por trás dessas práticas de modelagem, inspirando-as, está o procedimento há muito estabelecido para dominar a caligrafia, algo assustadoramente complexo que, no entanto, foi adquirido milhões, ou até bilhões, de vezes ao longo dos séculos. Como esse curso de treinamento funcionou tão bem para uma invenção da qual os chineses se sentem justificadamente orgulhosos, ele deveria ser utilizado para tantos outros objetivos e em tantas outras circunstâncias quanto possível.

Em geral, a criação dos filhos na China ocorre como se seguisse um capítulo dos escritos de behavioristas como B. F. Skinner. Recompensa, ou reforço positivo, é o modo preferido de criação, embora a punição (ou reforço negativo) certamente não seja desconhecida. O "chicote" é de fato infligido de forma bastante brutal quando crianças mais velhas não estudam, não obedecem ou não praticam seus instrumentos musicais. (Todo esse modo de punir ocorre muito "nos bastidores" e não faz parte da *performance* pública chinesa.) Em última análise, após anos de estudo supervisionado, espera-se que os indivíduos chineses internalizem esses métodos e continuem a estudar (mais amplamente, a se cultivar) por conta própria pelo resto de suas vidas.

De acordo com uma influente visão ocidental, a infância é uma época muito especial, e cada criança exibe uma forma de genialidade por um tempo. As crianças já nascem sabendo certas coisas e, mais importante, elas foram equipadas pela natureza para saber como descobrir as coisas, como construir conhecimento com base em suas explorações. As crianças passam por uma série de estágios, também preordenados. Em cada estágio, elas percebem o mundo de uma maneira diferente, mas intelectualmente respeitável. Os responsáveis pela criação dos filhos devem respeitar esses estágios e permitir que as crianças se desenvolvam à sua maneira e no seu próprio ritmo.

Consistente com essa psicologia existe um regime educacional. As escolas devem suprir e nutrir, mas não devem tentar ditar ou moldar. Tais intrusões da civilização podem ser brutais e imbecilizantes. A criança tem seu próprio gênio criativo, que deve ter permissão para florescer. Há estrutura suficiente na mente da criança e química suficiente no contato entre a criança e um material interessante, de modo que não há necessidade de intervir. Portanto, Benjamin pode ser deixado sozinho para brincar com a chave; ele descobrirá as coisas importantes no seu devido tempo.

Essas visões, que eu aprecio, são em grande parte estranhas à China. (Devo acrescentar que elas também são pouco difundidas nos Estados Unidos, mas muitas boas escolas as endossam e tentam implementá-las.) Esses rabiscos engenhosos e metáforas iniciais para os quais permaneci alerta em minha própria pesquisa são tipicamente descartados na China como erros que devem ser ignorados ou corrigidos. A escola é importante porque exorciza esses elementos maliciosos, imprevisíveis, improdutivos e possivelmente perniciosos o mais rápido possível. A escola também é importante porque é a maneira mais confiável de a sociedade garantir o controle de qualidade e concretizar o tesouro confucionista de uma sociedade social e politicamente harmoniosa. O aprendizado que ocorre nos Estados Unidos — por meio de exemplos de colegas e por meio de mídias como livros, histórias em quadrinhos, filmes e televisão — é considerado muito menos confiável. Claro, sempre que possível, esses materiais de mídia são retrabalhados pelo Estado na China, para que sejam consistentes, e não antagônicos, às lições promulgadas na escola.

Há alguns sinais de que uma forma de ensinar e moldar que funcionou mais ou menos bem por vários milhares de anos pode não ser a mais apropriada para lidar com um futuro incerto. Essa percepção pode ter levado ao interesse, por parte dos educadores chineses nas décadas de 1920 e 1930, pelas obras de John Dewey, ao surgimento de diversas escolas e programas experimentais ao longo dos anos, e ao desejo por programas de intercâmbio como aquele do qual eu e outros tivemos o privilégio de participar. Em 2024, infelizmente, essa abertura está menos evidente.

VII. HABILIDADES BÁSICAS ANTES DA CRIATIVIDADE

Tentativas de mudar a estrutura básica da sala de aula chinesa, ou da sociedade chinesa, tocam na questão que trouxe nossa família para a China e que permaneceu central em nossa agenda durante toda a nossa estadia: a importância relativa e a relação entre habilidades básicas e criatividade.

Existem poucas questões sobre as quais as atitudes diferem tão acentuadamente. Nos Estados Unidos, muitos aspectos da sociedade são projetados para incentivar a inovação e a criatividade. Desde a sua fundação, os Estados Unidos têm olhado para suas fronteiras e para sua juventude para forjar novas e inesperadas formas de vida e tipos de conhecimento. Embora as escolas do país não sejam as instituições mais inovadoras, o setor educacional há muito tolera experimentos de vários tipos. Ainda, na opinião de muitos norte-americanos, as escolas são apenas uma das influências socializadoras, assim como pais, irmãos, colegas, vários meios de comunicação e a vida na sociedade em geral. Cada uma dessas influências pode transmitir suas próprias mensagens idiossincráticas.

Por ser a civilização mais antiga do mundo, a China testemunhou inovações ao longo de séculos, e não de décadas. Orientados pela tradição, os educadores chineses geralmente se esforçam para aderir ao que foi ensinado antes. Mesmo sob um novo sistema político (de certa forma) radical, as continuidades com o passado são marcantes, principalmente nas instituições conservadoras chamadas escolas.

À medida que ocorrem mudanças em cada sociedade, o modo preferido também difere. Nos Estados Unidos, como em outras partes do Ocidente, damos importância às mudanças radicais em relação ao passado recente e, pelo menos ao longo do tempo, honramos os Beethovens, Picassos, Joyces e Einsteins que, em uma única vida, alteraram radicalmente nossa visão de mundo. Um fato curioso é que alguns desses mesmos indivíduos também são reverenciados na China, mas o tipo de iconoclastia que eles personificam não é valorizado da mesma maneira e é ativamente desencorajado durante as frequentes oscilações políticas para a esquerda.

Embora ninguém nomeie o acontecimento de Benjamin com a chave como um protótipo de comportamento criativo, esse pequeno incidente captura algo revelador sobre atitudes em relação à criatividade. A abordagem chinesa a essa tarefa é direta: para Benjamin ter sucesso, ele precisa adquirir habilidades básicas de manipulação, orientação e posicionamento. Como os meios para adquiri-las são bem conhecidos e não apresentam problemas, elas devem ser repassadas a ele da forma mais eficiente e construtiva possível. Se ele quiser, mais tarde, fazer pequenas modificações em sua forma de ataque, tudo bem também. Na verdade, essa tolerância a pequenas modificações se aproxima da minha noção de como a "criatividade" é entendida na China: não como uma deslocação massiva nem como uma reconceitualização radical, mas como uma alteração modesta de esquemas ou práticas existentes.

Uma maneira de resumir a posição norte-americana: valorizamos mais a criatividade e adiamos prontamente a aquisição de habilidades básicas. Mas também se pode argumentar que, para nós, outras habilidades são básicas — por exemplo, elaborar um novo problema, analisar o próprio trabalho de forma crítica ou recorrer aos próprios sentimentos. As habilidades de uma sociedade podem ser resíduos de outra sociedade.

RUMO A UMA SÍNTESE PRODUTIVA

Supondo que o argumento que desenvolvi tenha alguma validade e que o fomento de habilidades e da criatividade sejam objetivos valiosos, a questão importante se torna esta: podemos extrair, dos estudos de caso chinês e norte-americano, uma maneira superior de abordar a educação, talvez com um equilíbrio ideal entre os polos da criatividade e das habilidades básicas?

Começarei minha resposta sugerindo que cada país provou que seu método pode dar certo. Há amplas evidências nos Estados Unidos de que é possível começar a promover a criatividade em um ambiente progressista e, ainda assim, formar indivíduos que dominam completamente as habilidades básicas e têm sucesso de forma inovadora em algum domínio cultural. Com base em minhas experiências na China, posso garantir que também é possível seguir um regime rigoroso de desenvolvimento de habilidades e, ainda assim, criar produtos muito diferenciados e criativos. Observei isso no caso de alunos e professores, e muitos de nós no Ocidente convivemos com estudantes chineses que, embora tenham sido criados em um ambiente voltado para habilidades, tornam-se artistas criativos, cientistas ou executivos de negócios.

Uma primeira resposta, então, é que não é essencial começar de uma maneira ou de outra. Enquanto a sociedade quiser desenvolver tanto as habilidades básicas quanto a criatividade, ela pode ter ambas. É importante que a abordagem alternativa seja mantida em mente, para que uma orientação exclusiva para a criatividade ou um comprometimento total com o desenvolvimento de habilidades não impeça a possibilidade de desenvolver o outro aspecto. Desde que tais extremos sejam evitados, não parece haver vantagem necessária em nenhuma abordagem.

No entanto, não fico satisfeito com uma resposta tão simples como "qualquer abordagem serve". Minha opinião, baseada em estudos gerais em psicologia do desenvolvimento e em minhas observações nesses e em outros países, é que existe uma sequência preferível ou ideal. Acho preferível dedicar os primeiros anos de vida — *grosso modo*, até os 7 anos — a uma orientação relativamente desestruturada ou criativa, em que os alunos têm ampla oportunidade de proceder como desejarem e explorar a mídia por conta própria, desde que não prejudiquem a si mesmos ou aos outros. (Na China tradicional, alguns indivíduos aparentemente tinham visões semelhantes, mas nunca ouvi falar delas durante minhas viagens para lá.) Depois disso, dada a inclinação crescente da criança em direção ao aprendizado de regras, é apropriado e aconselhável inculcar habilidades básicas. Esse é um momento em que as crianças adquirem habilidades com facilidade e têm alguma noção dos motivos para isso.

Com o advento da adolescência, especialmente em nossa sociedade, os jovens querem poder colocar suas habilidades em uso público e talvez pessoal também. A essa altura, eles já adquiriram habilidades suficientes para não ficarem desapontados ou envergonhados por seus próprios esforços.

Com base na experiência inicial com exploração desimpedida e à luz do aprimoramento subsequente de habilidades, eles devem estar em uma posição favorável para criar novos produtos que façam sentido para eles e que também possam conversar com outras pessoas em sua cultura.

A ideia de uma mudança de ênfase em algum ponto do desenvolvimento é central para o meu caso. É possível que os chineses prefiram começar com mais ênfase no desenvolvimento de habilidades (como já fazem) e depois mudar para períodos de exploração mais livres (o que raramente fazem). Menos desejável é uma ênfase exclusiva em uma extremidade do *continuum*. Se houver uma inclinação muito grande na direção da criatividade desenfreada — o risco norte-americano —, a criança pode acabar sem habilidades e, portanto, ser capaz de se comunicar apenas consigo mesma. Por outro lado, se houver foco ininterrupto no desenvolvimento de habilidades — o perigo chinês —, a criança pode acabar sendo incapaz de se afastar dos modelos que absorveu.

Na busca por adquirir um portfólio pedagógico mais equilibrado, cada país pode aprender com o outro. Muitos esforços de treinamento em criatividade na China estão fadados ao fracasso porque são baseados em uma compreensão superficial de como manter uma atmosfera lúdica, uma disposição para desafiar a sabedoria recebida e uma receptividade genuína a novas ideias em um ambiente educacional. Por outro lado, muitas tentativas de instituir o treinamento de habilidades básicas nos Estados Unidos podem falhar porque subestimam o grau de treinamento e dedicação necessário tanto por parte do professor quanto por parte do aluno para que uma habilidade complexa seja dominada por completo. Para que as tentativas não sejam caricaturas, elas precisam ser baseadas em estudo rigoroso e prática paciente. Intercâmbios como aquele em que tivemos o privilégio de participar fornecem um excelente meio para entender as técnicas de outra cultura e por que elas funcionam com tanta eficácia.

AGRADECIMENTOS

A preparação deste capítulo foi possível graças ao apoio do Rockefeller Brothers Fund ao Projeto Zero de Harvard e ao Center for US-China Arts Exchange da Columbia University. Sou grato a vários colegas nos Estados Unidos e na China também.

FILOSOFIA EDUCACIONAL

PROGRESSISMO — O VERDADEIRO, O BELO E O BOM

No Wyoming Seminary, minha escola secundária no nordeste da Pensilvânia, havia um lema bem visível: "*Verum, Pulchrum, Bonum*" — latim para "Verdade, Beleza e Bondade". Até minha 40ª reunião do ensino médio, em 2001, eu tinha esquecido que essa frase era o lema da escola, embora eu não tivesse esquecido as palavras.

A frase não apenas permaneceu comigo, como também tem sido meu objetivo tácito para a educação. Como aspirante a acadêmico — primeiro historiador e depois cientista social —, sempre valorizei a busca pela verdade. *Veritas* é o *slogan* da Harvard University, onde passei mais de 60 anos, e o livro de Sissela Bok, de 1978, *On lying* — uma crítica devastadora à noção de que alguém deve mentir ou prevaricar por conveniência — teve uma influência considerável no meu pensamento.

Como pesquisador por muitos anos no Projeto Zero — nosso projeto de pesquisa que começou como um estudo de "pesquisa básica em artes e educação artística" —, eu estudei formalmente o reino da beleza. Desde a infância, toco piano e, por uma década, dei aulas de piano. Trabalhei bastante em museus de arte e até participei por décadas do conselho e de vários comitês do Museu de Arte Moderna de Nova York. A busca e a reflexão sobre a beleza estão no meu sangue, por assim dizer.

Então, o bom. Venho de uma família muito ética, em que fazer a coisa certa era uma palavra de ordem. Cabe aos outros determinar se eu mesmo me comportei de forma moral e ética. Contudo, nas últimas décadas, muito do meu pensamento, pesquisa e escrita se concentrou no que é bom em nosso complexo mundo contemporâneo e na melhor forma de alcançá-lo.

Então aqui está a minha palavra de ordem educacional, um objetivo principal para a educação: incutir em todos os indivíduos, e especialmente nos jovens, um senso de e uma aspiração por compreender e alcançar essas três virtudes. É claro que esse objetivo pode ser alcançado, ou prejudicado, de muitas maneiras. Tanto as democracias ocidentais quanto as civilizações asiáticas duradouras (p. ex., China, Índia, Japão) têm noções distintas das três virtudes e de como inculcá-las. Elas também têm concepções dos vícios correlatos e de como evitá-los. Grande parte da educação no século XXI será uma luta entre essas concepções concorrentes de educação baseada em virtudes.

Há também a questão de "como" educar, tão controversa quanto "o que" significa ser educado. Minha própria formação educacional foi bastante tradicional e conservadora; talvez como reação, meus filhos (e agora meus netos) seguiram, de um modo geral, o caminho de uma educação progressista e mais liberal. É claro que, com o tempo, deve-se notar que as conotações de "conservador" e "progressista" mudam. Por exemplo, nos Estados Unidos, no século XX, poder falar e escrever livremente era uma virtude progressista. No século XXI, é mais provável que essa liberdade seja defendida por conservadores, enquanto a "polícia da linguagem" tende a ser formada por indivíduos da esquerda. Não é preciso dizer que há misturas de atitudes em todo o espectro político. O pêndulo educacional oscila para frente e para trás de maneiras raramente previsíveis.

Tenho uma relação mais complexa com o progressismo: admiro seus objetivos, mas questiono algumas de suas principais premissas psicológicas, bem como alguns de seus métodos preferidos. Assim, neste capítulo, escrito em coautoria com meus valiosos alunos (agora colegas) Bruce Torff e Tom Hatch, dou um passo para trás e falo sobre como preservar e desenvolver os melhores aspectos do progressismo — o que chamamos de "o novo progressismo".

ENSAIO 4

A ERA DA INOCÊNCIA RECONSIDERADA

Preservando o melhor das tradições progressistas em psicologia e educação

Coautoria de Bruce Torff e Thomas Hatch

UMA VISÃO CANÔNICA EM PSICOLOGIA E EDUCAÇÃO NA METADE DO SÉCULO

Tanto a passagem do tempo quanto as exigências da escrita acadêmica podem conspirar para produzir um passado que parece atraentemente simples. Sucumbindo a essa pressão, é possível compor visões da criança e da educação que sejam otimistas em tom e estejam em harmonia entre si. Embora dificilmente sejam incontestáveis, tais visões associadas a uma época anterior contribuíram muito para definir as discussões atuais sobre a natureza da infância e o melhor caminho para a educação.

Da disciplina da psicologia do desenvolvimento — que surgiu, em grande parte, de uma tradição rousseauniana —, emergiu uma visão da criança como um espírito relativamente independente, destinado a passar, na plenitude do tempo, por uma série de estágios preordenados. Presumindo apenas um ambiente não abusivo, a criança piagetiana aprenderia primeiro sobre o mundo por meio de ações espontâneas e naturais no mundo físico; então, com um conjunto de estruturas cognitivas mais complexas de forma preordenada, essa criança poderia realizar operações mentais de abstração e poder crescentes sobre as representações do mundo que havia construído.

Paralelamente, a criança eriksoniana enfrentaria um conjunto de tensões psicossexuais e psicossociais; então, assumindo um ambiente relativamente favorável, ela emergiria confiável, autônoma, competente e um membro viável da comunidade.

Uma tradição intelectual relacionada fundamenta essa visão de educação que tem sido particularmente celebrada entre aqueles com profundo interesse na infância. John Dewey e, talvez ainda mais, seus sucessores progressistas viam a criança como a peça central do firmamento educacional. As crianças aprendem melhor por meio da exploração do mundo que as rodeia; a oportunidade de perseguir seus próprios interesses em seu próprio ritmo é um ingrediente crucial. Baseado na tradição do desenvolvimento, Dewey afirmou que os jovens devem construir seus próprios significados a partir das experiências diárias na escola e na comunidade.

Armado com uma visão social mais determinada do que a do desenvolvimentista prototípico, Dewey enfatizou a importância do apoio de outros seres humanos, especialmente professores bem treinados, e da conveniência de aprender sobre os papéis e as práticas apresentados na comunidade. No entanto, ele não questionou fundamentalmente a necessidade de educar os jovens nas principais disciplinas. Ele presumiu que haveria uma progressão natural — e, em geral, sem grandes problemas — das atividades mais centradas em projetos na comunidade para o regime mais escolar das disciplinas acadêmicas.

Embora essas tradições educacionais e de desenvolvimento tenham evoluído de forma relativamente independente, é importante ressaltar sua compatibilidade. Ambas se concentravam nos interesses das crianças e em atividades pessoalmente iniciadas, e ambas esperavam um progresso relativamente tranquilo em direção ao domínio escolar e à cidadania plena na comunidade. Embora cada perspectiva reconhecesse que as crianças diferiam umas das outras, tanto em interesses quanto em potencial intelectual nativo, nenhuma se debruçou sobre essas diferenças: "a criança" era uma forma mais natural de falar do que "as crianças". E talvez não seja surpreendente que ambas as tradições refletissem os ambientes onde foram concebidas; ambientes que hoje podem ser vistos como confortavelmente de classe média e inseridos em uma sociedade democrática, seja um cantão suíço piagetiano, seja um vilarejo deweyiano da Nova Inglaterra.

Como aqui assumimos uma postura um tanto crítica em relação a essa visão canônica, é importante indicar os tipos de concepções contra os quais essas visões progressistas estavam reagindo. No estudo da criança, acadêmicos como Piaget e Erikson criticavam formas fortes de ambientalismo, por um lado, e determinismo biológico, por outro. Contra os empiristas da "tábula rasa" *à la* filósofo John Locke ou psicólogo B. F. Skinner, eles estavam reconhecendo restrições orgânicas/biológicas nas formas como os seres humanos se desenvolvem. Contra os hereditários convictos, eles estavam enfatizando a necessidade de interações com um ambiente específico, bem como a possibilidade de que o desenvolvimento não ocorresse necessariamente em um ritmo adequado ou na direção desejada.

De forma mais positiva, esses desenvolvimentistas do século XX viam a criança como alguém que passava por um conjunto de estágios ordenados, mas qualitativamente diferentes, cada um com sua própria organização e integridade. As crianças não eram apenas adultos menores ou menos inteligentes; elas tinham visões particulares da realidade e enfrentavam problemas cognitivos e emocionais de maneiras apropriadas para sua situação de vida. De fato, era importante ver as várias facetas da criança — cognitiva, emocional, social — trabalhando juntas para produzir uma pessoa integrada.

De forma análoga, educadores "centrados na criança" estavam envolvidos em respostas características a perspectivas anteriormente prevalentes. Eles se opuseram à visão dos assim chamados "psicólogos docentes", que viam a criança como uma coleção de habilidades mentais separadas, cada qual a ser desenvolvida de forma independente. Eles também rejeitaram as visões atomísticas dos pedantes, que buscavam apresentar os currículos como um conjunto de fatos isolados ou habilidades díspares. Particularmente problemático, do ponto de vista deles, era o modelo de educação fabril, em que as crianças eram submetidas a um processo de aprendizagem acelerado para que pudessem ser classificadas em seus devidos papéis em uma sociedade cada vez mais industrializada. Os progressistas rejeitaram a sala de aula na qual um adulto — com a cabeça cheia de informações — buscava transmitir o máximo de informações da forma mais eficiente possível para a pequena, mas crescente, cabeça da criança. No lugar disso, os progressistas buscavam criar espaços educacionais nos quais as crianças explorassem os materiais de maneira ativa, trabalhando com outros jovens em um ambiente socialmente apoiado, como um ensaio para a vida em uma sociedade democrática.

NOVAS PERCEPÇÕES

Foi importante delinear as forças contra as quais os progressistas psicológicos e pedagógicos estavam alinhados, pois nós (os autores) compartilhamos a antipatia deles por visões adultocêntricas das crianças e por uma visão de transmissão da educação. Continuamos a valorizar muito da visão que foi forjada no século passado por acadêmicos como Dewey e Piaget. No entanto, nas décadas seguintes à consolidação da visão canônica "inocente" pela primeira vez, um conjunto de novas perspectivas surgiu (ou, para dizer de forma menos grandiosa, algumas perspectivas anteriores receberam nova atenção).

A seguir, listamos primeiro o conjunto de ideias que surgiram nas últimas décadas. Apresentamos então uma nova abordagem — a abordagem dos sistemas de símbolos — que pretende preservar os pontos fortes da visão canônica ao mesmo tempo que se baseia em percepções de tempos mais recentes. Examinamos como as visões do desenvolvimento humano e as abordagens à educação podem ser reformuladas à luz da abordagem dos sistemas de símbolos, produzindo uma nova e talvez mais poderosa síntese intelectual e prática.

Entre as perspectivas que surgiram nas últimas décadas, destacamos seis que apontaram o caminho para uma nova perspectiva.

1. A existência de domínios além dos universais

O amplo espectro de trabalho em psicologia do desenvolvimento começou, talvez apropriadamente, examinando concepções e domínios que são parte integrante da experiência de cada ser humano. Assim, Piaget se concentrou no desenvolvimento de concepções no que poderia ser chamado de domínios kantianos, como tempo, espaço e causalidade. Outros estudiosos, como Lawrence Kohlberg e Rudolf Arnheim, investigaram outros domínios supostamente universais, como a moralidade e as artes.

Entretanto, muito do que é mais valorizado dentro de uma cultura não é necessariamente estimado ou mesmo compartilhado por outras culturas. Essa alfabetização que é praticamente necessária na cultura ocidental não era conhecida até pouco tempo em muitas culturas indígenas (Olson, 1994). Já outras atividades, que vão desde jogar xadrez até dominar cálculo e executar várias danças e rituais, são restritas a culturas ou subculturas específicas. Graças ao trabalho de Feldman (1980), estamos muito mais conscientes dos domínios que, embora importantes em uma ou várias culturas, não são valorizados universalmente; eles podem ter cursos de desenvolvimento bastante distintos.

2. A importância do conhecimento e da experiência específicos

Assim como há um reconhecimento crescente da existência de domínios que vão além do universal, há um ceticismo crescente sobre a existência de conhecimento geral e habilidades gerais. Em vez de haver habilidades de "pensamento geral" e "resolução geral de problemas", acredita-se hoje que a maioria das habilidades são muito mais específicas de cada tarefa, sendo a transferência rápida entre contextos questionável, na melhor das hipóteses. Os indivíduos adquirem experiência trabalhando regularmente por longos períodos de tempo em tarefas e habilidades em domínios específicos, e a obtenção de altos níveis de habilidade em um domínio não é garantia de qualquer nível significativo de habilidade em outros domínios, a menos que tais domínios estejam intimamente relacionados entre si.

3. A necessidade de explicar as diferenças individuais

A preocupação com a diferença entre domínios e tarefas tem sido acompanhada por um interesse nas diferenças entre indivíduos. Embora as diferenças entre indivíduos sempre tenham sido notadas tanto nos círculos leigos quanto nos científicos, elas geralmente eram vistas em uma única dimensão (mais ou menos inteligente) ou de uma forma muito geral (os indivíduos têm personalidades, temperamentos, estilos e outras características distintas).

De especial importância para o nosso trabalho é a possibilidade de que os indivíduos possam diferir em seus perfis de pontos fortes intelectuais. A teoria das inteligências múltiplas postula que os indivíduos podem desenvolver conjuntos bastante diferentes de habilidades mentais, com diferentes pontos fortes e fracos. Estes, por sua vez, são importantes para entender como os indivíduos aprendem e quais tipos de realizações criativas ou especializadas eles podem alcançar.

4. A existência de conceitos errôneos potentes e duradouros

Parte do legado duradouro de Piaget foi sua demonstração de que crianças pequenas costumam exibir concepções bastante distintas do mundo, incluindo algumas que são pungentemente animistas, artificiais ou egocêntricas. Como Piaget estava preocupado com domínios universais, ele foi capaz de documentar o desaparecimento espontâneo desses conceitos errôneos.

Trabalhos recentes sobre a aquisição de conhecimento disciplinar estabeleceram um fenômeno inquietante. Em suma, com exceção dos especialistas, a maioria dos indivíduos continua aderindo a conceitos errôneos iniciais, mesmo diante de considerável instrução e contraevidências. Assim, até mesmo estudantes universitários de física muitas vezes mantêm noções aristotélicas de força e diligência, assim como estudantes avançados de humanidades e ciências sociais continuam a aderir a formas mais simplistas de pensamento estereotipado. Os movimentos pedagógicos necessários para dissolver esses conceitos errôneos e colocar em seu lugar visões mais bem fundamentadas, complexas e abrangentes são bastante exigentes. (Ver Ensaio 16.)

5. O papel crítico das experiências contextuais e mediadas

Todo cientista comportamental e cognitivo faz nem que seja um discurso simplista sobre a importância do contexto. Entretanto, na tradição do desenvolvimento progressivo, tais contextos eram discutidos apenas em termos mais amplos, por três razões: propriedades universais eram de interesse primário; diferenças entre contextos eram consideradas (e talvez fossem) de menor consequência; e não existia um aparato conceitual para analisar influências contextuais em detalhes ou com precisão.

Estimulados pelo trabalho de Lev Vygotsky e outros contextualistas, os pesquisadores agora têm documentação convincente de que os seguintes aspectos exercem uma enorme influência no tipo de pessoa que cada criança se torna: a sociedade na qual ela nasce, os estilos e valores de sua família, os procedimentos das instituições culturais e educacionais de sua comunidade e, especialmente hoje, as mensagens transmitidas pela mídia dominante. É claro que certos marcos cognitivos e emocionais universais tendem a diferir pouco entre contextos. Contudo, quando se começa a prestar atenção aos valores defendidos pelos indivíduos, a como tais indivíduos organizam, refletem e simbolizam suas experiências e a como interagem com os outros, o papel predominante desempenhado por fatores contextuais e mediados não pode ser ignorado.

6. A aplicação de padrões no julgamento do trabalho

Em meio à confusão de fatores e agentes contextuais que cercam cada ser humano em desenvolvimento, um aspecto merece ser destacado. Referimo-nos aqui àqueles indivíduos e instituições — por vezes chamados de "campo circundante" — que emitem julgamentos sobre a aceitabilidade e a qualidade do trabalho humano. Cada cultura transmite sinais explícitos e implícitos sobre os produtos e comportamentos que valoriza, e esses valores permeiam escolas e outras instituições educacionais e culturais. Contudo, dentro dessas instituições, há indivíduos específicos — desde professores-mestres a agentes de admissão, outorgantes de prêmios e escritores de enciclopédias

— que exercem enorme influência sobre quem e o que é reconhecido. O conjunto de padrões e valores adotados pela próxima geração é determinado, em grande parte, pelas ações dos membros do campo na geração atual. Como exemplo, considere um manual acadêmico que representa um esforço para controlar os sinais ou "*s*" que estarão disponíveis para digestão pela próxima geração de pesquisadores e educadores.

* * *

Essas seis percepções, junto com outras que poderiam ter sido mencionadas, constituem o legado que uma nova geração de trabalhadores deve enfrentar, dominar e avaliar. Para usar uma analogia piagetiana, é possível assimilar essas linhas de trabalho a uma estrutura educacional ou psicológica existente. No entanto, também é possível usar essas novas percepções como base para criar uma nova síntese, que pode ser mais adequada para a pesquisa e questões práticas de hoje e de amanhã.

A ABORDAGEM DOS SISTEMAS DE SÍMBOLOS

Apresentamos aqui uma abordagem ao estudo do desenvolvimento humano que surge da tradição canônica esboçada acima, mas que, em nossa opinião, é mais capaz de fazer uso das novas linhas de investigação e mais adequada para construir uma abordagem educacional válida para os nossos tempos. Chamamos nossa abordagem de abordagem dos sistemas de símbolos e apresentamos aqui suas premissas e implicações básicas.

Por mais de um século, reconhece-se que uma das propriedades distintivas dos seres humanos — talvez *a* propriedade distintiva — é a capacidade cognitiva da espécie de empregar vários tipos de sistemas de símbolos: elementos físicos ou nocionais que referenciam, denotam, expressam ou transmitem vários tipos de informação e linhas de significado. A princípio, o interesse dos estudiosos centrou-se nos símbolos da linguagem e da lógica — conjuntos coerentes de sistemas que tornam possível a comunicação cotidiana e a maestria dos domínios cruciais da matemática e das ciências. Contudo, desde os escritos seminais de Ernst Cassirer, Susanne Langer e Nelson Goodman, a existência de outros tipos de sistemas de símbolos também foi reconhecida. Embora os sistemas de símbolos artísticos possam não ter a precisão e a clareza dos sistemas de símbolos mais convencionais, seu potencial para criar e transmitir significados poderosos e de outra forma inexprimíveis é agora apreciado pela comunidade acadêmica. Além disso, os estudiosos se tornaram mais atentos não apenas às propriedades sintáticas e semânticas dos sistemas de símbolos, mas também aos seus usos — sua pragmática. Ainda, eles passaram a observar tanto o potencial de combinar os sistemas de símbolos entre si quanto as capacidades dos seres humanos de criar novos sistemas de símbolos pessoais ou mesmo públicos.

Mencionar sistemas de símbolos para psicólogos do desenvolvimento é invocar um fenômeno amplamente reconhecido. Quase todos reconhecem como marco crucial na vida da criança o momento em que ela se torna capaz de capturar e transmitir significados não apenas por meio do contato físico direto ou da consideração pessoal, mas por meio de veículos mediados, como palavras, imagens, números e similares.

Tanto trabalho foi feito sobre a natureza da simbolização em geral, e sobre a ontogênese e o desenvolvimento da simbolização em domínios particulares, que alguém poderia reescrever a psicologia do desenvolvimento — ou pelo menos a psicologia cognitiva do desenvolvimento — em termos do domínio dos sistemas de símbolos. (Ver "Developmental Psychology After Piaget" em *The Essential Howard Gardner on Mind*.) Ainda assim, estranhamente, a natureza crucial dos sistemas de símbolos e suas implicações para a forma como pensamos sobre crianças, desenvolvimento e educação não foram ponderadas o suficiente.

O foco na simbolização faz profundo sentido tanto do ponto de vista substantivo quanto analítico. Em certo sentido, pode-se falar do bebê como pré-simbólico: tanto suas interações com o mundo físico quanto suas relações com o mundo de outros seres humanos ocorrem principalmente em termos de contato direto e sem mediação, usando mecanismos que, presumimos, foram programados na espécie. No entanto, no final do primeiro ano de vida, processos abertamente simbólicos começam a vir à tona e permanecem predominantes pelo resto da vida. Algumas dessas formas de criação de significado são distintamente pessoais: cada criança, cada família, pode desenvolver maneiras idiossincráticas de transmitir mensagens e significados. Contudo, a grande maioria das formas simbólicas é pública, refletindo modos de criação de significados que evoluíram ao longo de muitos séculos dentro e entre culturas e que todas as crianças devem internalizar aos poucos.

Até mais ou menos os 5 anos de idade, presumindo-se um ambiente rico o suficiente, o desenvolvimento da competência dentro de sistemas simbólicos ocorre sem a necessidade de muita instrução direta ou mediação elaborada. As crianças são estruturadas como membros de uma espécie de tal forma que aprendem com facilidade as diversas línguas expressas ao seu redor, então começam a usá-las de forma produtiva e fluente. Os pesquisadores divergem sobre a extensão em que endossam uma história única e abrangente de simbolização — uma chamada "trilha semiótica" —, em oposição a um relato que invoca diferenças instrutivas e reveladoras nas trajetórias de diferentes competências simbólicas. (Nossa visão é que os caminhos de desenvolvimento são bastante distintos em questões de sintaxe, mas têm paralelos mais fortes em suas dimensões semântica e pragmática.) Contudo, seja você unitarista ou pluralista, é difícil contestar a crescente dominação dos códigos simbólicos durante a primeira infância.

O desenvolvimento simbólico continua durante toda a infância, mas assume cores diferentes após os primeiros anos de vida, especialmente em uma cultura letrada. A educação no domínio dos sistemas de símbolos mais importantes passa a ocorrer em ambientes mais formais — em estágios, na aprendizagem de ofícios, no treinamento religioso e, claro, nas instituições chamadas escolas. Parte da educação consiste em um refinamento dos sistemas de símbolos de primeira ordem, mas as culturas letradas são definidas pelo emprego de sistemas de símbolos de segunda ordem — anotações/marcas que se referem a códigos simbólicos de primeira ordem. No ensino superior, sistemas de símbolos cada vez mais sutis e de ordem superior passam a ser utilizados, um fenômeno exemplificado por sistemas matemáticos e computacionais complexos.

Até aqui, ignoramos uma ambiguidade importante no uso do nosso termo "sistemas de símbolos". Na verdade, o termo tem dois significados e histórias disciplinares distintas. Na área da filosofia — e em disciplinas aliadas, como semiótica e linguística —, um sistema de símbolos é um conjunto de marcas publicamente examináveis, cuja sintaxe e semântica podem ser identificadas e dissecadas por analistas treinados. Códigos que vão da linguagem escrita à notação de dança e diagramas científicos funcionam como sistemas de símbolos externos.

Em contraste, na psicologia e em várias disciplinas orientadas cognitivamente, os sistemas de símbolos são pensados principalmente em termos internos — como representações cognitivas em algum tipo de "mentalês" ou linguagem de pensamento. Ainda há um debate acirrado sobre a natureza exata e a especificidade dessa representação simbólica interna, mas a existência de algum tipo de código mental tem sido uma suposição definidora da ciência cognitiva.

Ao observar o contraste interno/externo em qualquer discussão sobre sistemas de símbolos, passamos a uma discussão sobre o papel analítico que pode ser assumido por uma perspectiva de sistemas de símbolos. As disciplinas acadêmicas desempenham um papel importante — na verdade, indispensável — em nossas investigações e em nossa vida institucional. No entanto, poucos questionariam a afirmação de que muitas questões importantes não respeitam os limites disciplinares; na verdade, um objetivo fundamental da pesquisa é criar conexões apropriadas entre perspectivas disciplinares.

É aqui que afirmamos que uma abordagem de sistemas de símbolos exibe virtudes especiais. Qualquer compreensão completa da mente da criança e do processo de educação deve abranger a herança biológica e evolutiva humana, por um lado, e a operação de instituições e práticas culturais humanas, por outro. No entanto, a distância entre os genes e os deuses é grande demais para ser transposta casualmente.

Considere, todavia, o papel que pode ser desempenhado em tal conversa disciplinar pela construção analítica de "sistemas de símbolos". Como espécie, os seres humanos são programados em seus genes e equipados em seus sistemas nervosos para se tornarem criaturas que usam símbolos. No entanto, em vez de postular uma única capacidade cognitiva geral, achamos mais útil pensar no sistema nervoso como propício ao desenvolvimento de vários sistemas cognitivos diferentes que processam diferentes tipos de informação. Podemos chamar esses sistemas de inteligências múltiplas. (Ver Ensaios 7 a 11.)

As inteligências múltiplas começam como um conjunto de potenciais neurobiológicos não comprometidos. Elas se cristalizam e se mobilizam pela comunicação que ocorre entre os seres humanos e, em especial, pelos sistemas de construção de significados que já existem em uma determinada cultura. É a existência da linguagem falada, da música cantada e dos sistemas numéricos comunitários que converte potenciais linguísticos, musicais e numéricos em inteligências que operam e interagem com independência. Aqui, o encontro do cérebro humano com sons, imagens ou marcas no mundo provoca uma dialética entre sistemas de símbolos externos — presentes para todos contemplarem — e sistemas de símbolos internos — as variantes particulares da linguagem mental que permitem que os indivíduos participem, usem e até mesmo revisem os sistemas de símbolos evoluídos de suas culturas.

Considere a seguinte afirmação: a cultura funcional deve garantir que ela continue a existir — a sobrevivência dos *memes* é tão importante para a cultura quanto a sobrevivência dos genes é para as espécies. A cultura não pode observar genes, cérebros ou mesmo inteligências, mas pode observar a presença e o uso de símbolos externos. E, de fato, a cultura determina a extensão de sua sobrevivência ao criar instituições que monitoram se, em que extensão e quão apropriadamente os sistemas de símbolos estão sendo aprendidos, absorvidos, utilizados e transformados pelos membros mais jovens da sociedade. Em termos mais concretos, adultos responsáveis observam nas crianças em crescimento a aparição (ou não) dos mitos, ditados populares, rituais, trabalhos artísticos, práticas científicas e sistemas filosóficos da comunidade.

Aqui, então, podemos começar a ver o poderoso papel analítico que pode ser desempenhado pelos sistemas de símbolos em qualquer ciência humana abrangente. Em termos mais diretos, os sistemas de símbolos servem como um *tertium quid* indispensável para o analista — um meio-termo seguro, respeitado e sagrado entre os genes e os deuses. Para analisar isso esquematicamente, considere a localização dos sistemas de símbolos dentro do *continuum* das ciências humanas:

Simbolização representada em diferentes áreas do conhecimento

Biologia	Psicologia	Sociologia/Antropologia
Genes, cérebro (conhecimento representado no sistema nervoso)	A mente opera em sequências de símbolos (p. ex., leitura de palavras, notação musical, sinais de trânsito)	Papéis culturais que apresentam o uso de símbolos ou que fazem julgamentos sobre como os indivíduos usam símbolos (p. ex., professores, curadores, juízes de competições)

A VISÃO DA EDUCAÇÃO

De um ponto de vista, argumentou-se que as descobertas científicas — incluindo as da psicologia — não são estritamente relevantes para a prática educacional. Quase todas as descobertas ou perspectivas científicas sociais abrigam uma série de possíveis implicações educacionais, nem todas necessariamente consistentes entre si. Além disso, dificilmente os profissionais da educação precisam ler revistas científicas, evitando a sala de aula até que tenham assimilado as últimas descobertas do estudo do teórico ou do laboratório do experimentalista. A Academia de Platão introduziu noções educacionais bastante poderosas sem nenhuma "base de pesquisa"; John Locke e Jean-Jacques Rousseau (os ancestrais da prática educacional atual) jamais conduziram um experimento; e a maioria dos educadores confia tanto na observação cuidadosa de suas próprias práticas (e das dos outros) quanto em palestras ou monografias.

No entanto, mesmo que não haja (e talvez não devesse haver) um caminho unidirecional dos *insights* psicológicos para a prática educacional, representantes de ambas as linhas de trabalho participam de forma legítima de conversas constantes sobre princípios e práticas. Devemos pensar em psicólogos e educadores como reflexos das tendências intelectuais predominantes de sua época. Nesse espírito, muitas ideias psicológicas contemporâneas, incluindo aquelas sobre simbolização, passaram a influenciar as crenças e práticas dos educadores.

Tentamos criar uma abordagem para a prática educacional que se baseie na força do movimento progressista, ao mesmo tempo que valorizamos características de abordagens mais tradicionais e ficamos atentos a novos *insights* emergentes sobre o funcionamento cognitivo humano. Essas ideias foram elaboradas, em parte, no nível teórico, mas elas também foram testadas dentro das escolas — como parte de programas experimentais que nós e nossos colegas criamos; como parte de programas escolares modelo, instituídos por profissionais da área; e pelo trabalho colaborativo com outros reformadores educacionais, mais especialmente no projeto ATLAS, uma colaboração do nosso grupo de pesquisa e desenvolvimento com a Coalizão de Escolas Essenciais de Theodore Sizer na Brown University, o Programa de Desenvolvimento Escolar de James Comer na Yale University e o Centro de Desenvolvimento Educacional, dirigido por Janet Whitla.

Considerando o ideal, quais são as principais características do "novo progressismo" na educação? Para começar, as metas e os processos a serem adotados por uma escola ou sistema escolar precisam ser negociados pelas principais partes interessadas — educadores, famílias e membros da comunidade. É improvável que as escolas sejam eficazes se não refletirem a contribuição e o "interesse" dos responsáveis pela vida da comunidade. Essas partes — neste caso, o "campo" — precisam concordar sobre quais tipos de conhecimento, habilidades e entendimentos devem ser exibidos pelos alunos quando concluírem sua educação. Em nossos termos, deve haver uma conversa prolongada e, por fim, um consenso sobre as competências simbólicas a serem alcançadas e exibidas. E "exibição" é aqui um trabalho operativo. Pode-se dizer que os alunos são educados quando são capazes de demonstrar *publicamente,* com um nível aceitável de realização, o que conseguiram entender e dominar, seja tocando uma nova composição no piano, seja criando um mapa de uma região desconhecida de uma comunidade.

É claro que a adoção de exibições como ocasiões para avaliação pressupõe pelo menos duas condições: a existência de uma comunidade que tenha desenvolvido um senso do que constitui um desempenho aceitável; e a constituição de um grupo de juízes que possa aplicar padrões de forma confiável. (Ver o Ensaio 13 sobre projetos na Key School.)

Qual deve ser o foco de tal educação? Como vemos, todos os seres humanos são motivados a entender melhor certas questões e perguntas básicas: quem somos? A que grupo pertencemos? De onde viemos? Para onde vamos? Como nosso grupo se relaciona com os outros? Do que é feito o mundo físico? E quanto aos mundos biológico e social? O que é verdade, o que é belo, o que é bom? Os jovens trazem versões dessas perguntas para a escola, e tanto os indivíduos graduados quanto os mais velhos esperam conseguir encontrar respostas satisfatórias e gratificantes para essas perguntas essenciais.

Até mesmo a mente de uma criança de 5 anos já construiu uma abordagem para essas perguntas, mas, como observamos, essa abordagem é limitada e falha. Ao longo dos séculos, os seres humanos desenvolveram abordagens mais sofisticadas para essas perguntas essenciais e, de diversas maneiras, criaram respostas mais abrangentes e satisfatórias. O caminho principal para essas abordagens privilegiadas é por meio da maestria de disciplinas e domínios — abordagens organizadas ao conhecimento, concebidas ao longo dos séculos, que usam os sistemas de símbolos existentes e que, quando necessário, revisam esses sistemas ou concebem novos.

Um dos principais objetivos da escola — na verdade, diríamos, *o* principal objetivo da escola — é adquirir facilidade e fluência em relação ao uso dos sistemas de símbolos disciplinares, seus movimentos e sua compreensão. Não por si só — embora o cultivo de tal habilidade possa ser recompensador —, mas porque essa sabedoria acumulada representa os esforços arduamente conquistados pelos seres humanos para ganhar influência em questões e problemas profundos e sutis. Os indivíduos demonstram sua educação exibindo entendimento das abordagens e resoluções que foram alcançadas ao longo dos séculos e, na medida do possível, apresentando suas próprias respostas mais pessoais (embora ainda baseadas em disciplinas) a essas questões. Ao seguir esse caminho, eles dominam os processos e produtos simbólicos criados por aqueles que trabalharam dentro e entre as disciplinas.

Até agora, esse regime educacional parece bastante tradicional — não pedimos desculpas por isso. Negar a tradição é dar as costas ao melhor trabalho feito por inúmeros indivíduos ao longo de centenas de anos. No entanto, embora o programa de domínio disciplinar seja aquele ao qual aderimos, temos pouca simpatia por muitas das medidas pedagógicas estabelecidas, como sequências de palestras, memorização de textos e emissão de testes de respostas curtas como medida da aprendizagem do indivíduo.

De fato, revisitamos com prazer algumas das principais práticas do movimento progressista, embora com uma nova abordagem. Para começar, os jovens têm interesses diferentes que devem ser levados a sério se quisermos envolvê-los integralmente nas experiências cruciais de exploração dos mundos físico e simbólico. Da mesma forma, eles também subscrevem diferentes crenças e teorias causais, sustentadas com diferentes graus de explicitude, e elas também devem ser consideradas. Por fim, os jovens aprendem de diferentes maneiras, exibindo diferentes perfis e combinações de inteligências, o que resulta em diferentes representações de conjuntos de conhecimento. Em todos esses sentidos, a educação deve ser personalizada.

Após o romantismo de um momento inicial, nas palavras do filósofo Alfred North Whitehead, durante o qual primeiros interesses começam a se cristalizar, nada poderá substituir anos subsequentes de treinamento disciplinar. O aprendizado clássico, em que um indivíduo trabalhava por vários anos aos pés de um mestre artista ou artesão, continua sendo um caminho inigualável para o domínio de uma disciplina. Ainda assim, não há razão alguma para que essa experiência de aquisição de habilidades seja tediosa ou enfadonha. Os indivíduos podem adquirir habilidades disciplinares (e interdisciplinares) trabalhando com outras pessoas, envolvendo-se em projetos enriquecedores ou expondo publicamente sua compreensão, acompanhada de *feedback* informativo e de apoio. O aprendizado tem muitas variantes. Há tanto a aprender com o tempo gasto em um museu infantil quanto com as horas passadas na escola, na igreja ou na fábrica tradicionais. O poder da personalização, o milagre da motivação, pode ser canalizado para o domínio disciplinar.

A maestria também não precisa ocorrer às custas da criatividade e da individualidade. Embora existam elementos comuns que precisam ser dominados por cada indivíduo, há rotas alternativas para o domínio, bem como custos e benefícios para cada caminho percorrido e cada caminho rejeitado. Enquanto alunos e mestres permanecerem cientes dessas pluralidades e compensações, o objetivo da criatividade pode continuar ao lado do objetivo do desenvolvimento de habilidades e do domínio disciplinar.

Mesmo ambientes educacionais bem organizados, com materiais interessantes e professores estimulantes, podem não ser suficientes para produzir compreensões genuínas. Pesquisas sobre concepções errôneas documentaram a robustez das concepções iniciais e os obstáculos às vezes esmagadores para a compreensão disciplinar genuína. (Ver Ensaios 15 e 16.)

Ninguém descobriu um caminho real para a compreensão genuína, mas nossa pesquisa sugeriu uma série de indicadores. Para começar, os indivíduos devem ser confrontados com suas concepções errôneas e seus estereótipos — eles devem ser expostos repetidas vezes às implicações absurdas de crenças mantidas de forma acrítica. Ao mesmo tempo, eles precisam de múltiplas oportunidades para desenvolver noções mais complexas e ver como essas concepções abordam mais adequadamente as questões e os problemas levantados. Uma combinação de exposição a modelos de compreensão e oportunidades regulares para descobrir as consequências das próprias crenças e concepções parece ser um pré-requisito necessário para uma compreensão mais profunda.

Em trabalho colaborativo com nossos colegas do Projeto Zero, desenvolvemos uma abordagem explícita para o ensino da compreensão. (Ver Ensaio 15.) Essa abordagem começa com o reconhecimento de objetivos de compreensão (de um tipo geral) e com a identificação de desempenhos de compreensão específicos, que por si só podem revelar até que ponto a compreensão está realmente evoluindo. Há cuidado na seleção de questões e problemas que tenham se mostrado produtivos para os alunos e que possam ser abordados de maneiras que se conectem com os motivos, às vezes idiossincráticos, e estilos intelectuais dos alunos. Assim, pode-se pedir a jovens músicos que inventem uma notação para um conjunto exótico de sons, ou a geógrafos iniciantes que criem mapas do espaço sideral.

Em paralelo a instâncias publicamente reconhecidas de desempenhos de compreensão, também solicitamos uma avaliação regular e contínua. Tanto os produtos simbólicos a serem emulados quanto os meios simbólicos para avaliá-los precisam permear o meio educacional. Só é possível obter compreensões mais profundas ao longo do tempo em circunstâncias em que todos os membros da comunidade estão cientes dos padrões que estão sendo honrados, das várias abordagens válidas para a obtenção dessas normas e do sucesso dos desempenhos atuais em relação a esse padrão.

Se alguém deseja ensinar para compreender, deve aceitar uma verdade dolorosa: *simplesmente não é possível cobrir tudo*. Na verdade, talvez o maior inimigo da compreensão seja a "cobertura extensiva". Só é possível alcançar essas compreensões genuínas se alguém estiver disposto a escolher certos tópicos como dignos de exploração e, então, dedicar o tempo necessário para explorá-los em profundidade e a partir de múltiplas perspectivas.

Até agora, pode parecer que evitamos a questão mais incômoda do currículo: quais tópicos devem ser abordados, quais livros devem ser lidos, quais disciplinas são obrigatórias, quais são opcionais, quais são dispensáveis? Principalmente quando pedimos uma redução drástica da cobertura, pode parecer negligente evitar a listagem dos tópicos, assuntos e temas mais importantes.

Aqui, adotamos uma abordagem claramente não tradicional. Uma vez que as literacias básicas tenham sido adquiridas, uma vez que os indivíduos se sintam confortáveis nos sistemas de símbolos cruciais da leitura, da escrita e do cálculo, *não vemos necessidade de dar uma importância especial a um assunto em detrimento de outro (biologia* versus *química; história americana* versus *história mundial)*, muito menos a tópicos específicos (luz *versus* gravidade) ou obras literárias (Homero *versus Hamlet*). Muito mais importante, em nossa opinião, é a experiência de abordar com profundidade alguns tópicos ou temas-chave nas áreas disciplinares mais amplas — matemática e ciências, história e filosofia, literatura e artes. Os alunos precisam aprender a aprender e a se aprofundar em um ou outro tópico. Depois de obterem esses *insights* preciosos, eles poderão continuar sua própria educação pelo tempo que quiserem. E se eles não dominarem essas lições, todos os fatos, factoides e testes obrigatórios não salvarão suas almas. A avaliação deve buscar evidências de compreensão profunda; o professor e o aluno devem ter ampla liberdade no tópico a ser avaliado.

A educação progressista, em sua inocência, tinha uma visão muito otimista da educação, dando origem à crença de que todos os alunos poderiam aprender sem muita estrutura. Ela ignorou os obstáculos conceituais no caminho e, muitas vezes, minimizou a necessidade de domínio disciplinar, desenvolvimento de habilidades e marcos e marcadores ao longo do caminho. Por cometerem esses pecados de omissão, podemos lançar um olhar crítico sobre alguns dos nossos antecessores. No entanto, no contexto geral — a necessidade de estabelecer interesse, a abertura a várias formas de aprendizagem, a convicção de que é possível se beneficiar de um trabalho sustentado em projetos ricos e inseridos em contexto, a relação percebida numa sociedade democrática entre as condições de aprendizagem e as condições de cidadania —, John Dewey e seus associados chegaram a verdades profundas e duradouras.

FECHANDO O CICLO: A INOCÊNCIA RECAPTURADA

No final das contas, o que esperamos ter alcançado? A erudição e a prática devem muito aos gigantes do nosso mundo: há muito a construir sobre as obras de Jean Piaget e John Dewey, que habitaram o mesmo século e esferas intelectuais adjacentes. Embora tenhamos dedicado pelo menos a mesma energia à crítica, confiamos que tal crítica não mascarou nosso profundo respeito por suas realizações.

Talvez como penitência, talvez como prova, sugerimos que os desenvolvimentistas e pedagogos de tempos mais recentes não rejeitariam a imagem que apresentamos aqui. Talvez modificassem algo, discutissem aqui e ali, levantassem algumas objeções e apontassem algumas novas direções, mas não a desafiariam de forma fundamental. Isso porque, em geral, os novos *insights* sobre a natureza humana e as sensibilidades mais entusiasmadas com a complexidade educacional não contradizem de forma alguma a imagem forjada em meados do século XX — em vez disso, eles a aprofundam e a complexificam de maneiras relativamente simpáticas. Além disso, a dialética emergente entre pesquisadores e pessoal escolar é, em seus aspectos mais profundos, compatível com a visão de sociedade e conhecimento que foi adotada por Piaget, Dewey e seus associados.

Ao propor a abordagem do sistema de símbolos — como uma perspectiva privilegiada para a ampla compreensão do desenvolvimento humano e como um elemento central na conceituação dos propósitos da educação —, não reivindicamos uma mudança revolucionária de direção. Tanto a tradição psicológica quanto a educacional têm sido sensíveis à importância dos veículos e sistemas simbólicos. No entanto, acreditamos que a imagem de simbolização apresentada aqui tem o potencial de trazer um maior grau de ordem e uma síntese mais confiável de conhecimento e prática do que a disponível até agora.

Acreditamos profundamente que a mente humana vem preparada — poderíamos até dizer bem preparada — para estar aberta a novas ideias. É obrigação de qualquer sociedade na qual escolhemos viver manter essa abertura e facilitar os caminhos para novos *insights* e novas compreensões. Nós nos opomos àquelas abordagens psicológicas e educacionais que ameaçam essa abertura ou ousam negar sua importância e até mesmo sua existência. As abordagens que escolhemos desenvolver são aquelas que partilham conosco esse tema fundamental, essa "hipótese mundial". Por acreditarmos que a criatividade não é possível na ausência de disciplinas e disciplina, e que o novo conhecimento deve ser baseado em um profundo domínio da tradição, buscamos fermentar os aspectos mais inocentes do progressismo — para melhor preservar sua visão central.

REFERÊNCIAS

FELDMAN, D. *Beyond universals in cognitive development.* Norwood: Ablex, 1980.

GARDNER, H. Developmental psychology after Piaget: an approach in terms of symbolization. *Human Development*, v. 22, n. 2, p. 73-88, 1979.

GARDNER, H. Developmental psychology after Piaget: an approach in terms of symbolization. *In*: GARDNER, H. *The essential Howard Gardner on mind.* New York: Teachers College, 2024. cap. 12.

OLSON, D. R. *The world on paper.* Cambridge: Cambridge University, 1994.

ENSAIO **5**

EDUCAR PARA O VERDADEIRO, O BELO E O BOM

Conforme observado na introdução desta seção, há muito tempo sou assombrado pela ideia de uma educação que valoriza o verdadeiro, o belo e o bom. É quase uma palavra de ordem, um artigo de fé. E, no entanto, talvez porque esteja tão presente em meus ossos, em minha corrente sanguínea, em minhas redes neurais, levou décadas até que eu pudesse dar um passo para trás, recorrer ao meu conhecimento e aprendizado e tentar esboçar minhas crenças sobre essas três virtudes humanas e como elas poderiam se tornar centrais para a educação ao longo do tempo e em todo o mundo.

O prolífico antropólogo francês Claude Lévi-Strauss certa vez brincou que, ao escrever livros, há apenas três momentos de prazer puro: (1) quando o autor tem a ideia para o livro; (2) quando o manuscrito é concluído; e (3) quando o autor pode segurar o livro físico em suas mãos. Embora endosse o testemunho de Lévi-Strauss, eu acrescentaria um quarto momento: quando o autor tem a oportunidade de reintroduzir a obra ao público — neste caso, introduzindo uma nova edição da obra.

De muitas maneiras, *O verdadeiro, o belo e o bom redefinidos* é meu livro mais pessoal. Eu destaco questões com as quais tenho lutado e apresento as soluções a que cheguei. É também um livro muito geral: abordo questões que afetam a vida de todos os indivíduos, embora em muitos casos não sejam questões com as quais eles estejam lidando conscientemente.

Todos os dias, todos nós precisamos decidir em quais afirmações acreditar e quais questionar; quais cenas, músicas e histórias valorizar e quais rejeitar; como nos comportar em relação aos outros e como julgar o comportamento dos outros em relação a nós mesmos.

Até maio de 2011, um mês depois da publicação do livro, eu não percebi o quão pessoal ele era. Minha esposa Ellen e eu voltamos para minha antiga escola — Wyoming Seminary, uma pequena escola particular no nordeste da Pensilvânia — para minha reunião de 50 anos. Estávamos andando por salas de aula das quais eu mal me lembrava quando Ellen disse: "Olha, olha, está ali". Exibida em uma parede estava a frase "*Verum, Pulchrum, Bonum.*"

Embora meu latim esteja enferrujado, reconheci imediatamente as palavras do título do meu livro: *verdade, beleza e bondade*. Se tivessem me perguntado qual era o lema da minha escola, eu não me lembraria dessas palavras em nenhuma língua. De fato, por um tempo, fiquei cético de que elas tivessem sido codificadas na minha época. No entanto, um pouco de pesquisa confirmou que esse era mesmo um lema venerável. Independentemente de eu ter consciência disso ou não na época, é provável que isso me afetou. Talvez eu pudesse até brincar que o *slogan* era verdadeiro, bonito e bom!

Não tenho intenção de alterar o *título* do livro, mas na segunda edição de *O verdadeiro, o belo e o bom redefinidos*, optei por mudar o *subtítulo*. No lugar do incolor *Educando para as virtudes no século XXI* (em tradução livre), introduzi o mais vívido *Educando para as virtudes na era da verdade e do Twitter* (em tradução livre). Meu subtítulo é muito mais "tuitável" — o termo que agora podemos usar para descrever frases curtas, vívidas e, espera-se, memoráveis.

Além disso, a nova edição desse livro me ajuda a apresentar de forma mais sucinta minhas definições, exemplos importantes e recomendações educacionais. E aqui vai...

VERDADE

A *verdade* é a propriedade das declarações. Qualquer afirmação pode ser julgada como verdadeira, falsa ou indeterminada. Nenhuma verdade — nem mesmo verdades matemáticas — pode ser considerada segura para sempre. No entanto, com o tempo, e com a abertura proporcionada pela internet, temos uma probabilidade maior de estabelecer verdades do que em qualquer outra época da história humana.

Embora a verdade seja propriedade das declarações, também podemos falar das verdades da prática. Em qualquer área de habilidade — desde relatórios até microcirurgia —, os indivíduos chegam a maneiras de operar a ponto de realizar o trabalho com maestria. Muitas vezes, elas são detectadas pela observação, mas, pelo menos potencialmente, elas podem ser expressas como declarações, e o valor da verdade dessas declarações pode ser determinado.

Como ajudamos alunos, colegas ou nós mesmos a avaliar a veracidade das declarações? Compreendendo os métodos que os emissores de proposições usam para apoiar suas declarações.

Ao contemplarmos o trabalho de um historiador, de um economista, de um cirurgião ou de um repórter, precisamos entender como esses profissionais realizam sua ocupação diária de modo que possam, com alguma confiança, apresentar uma proposição que acreditam ser verdadeira. Se não nos dermos ao trabalho de entender o método — digamos, o de um blogueiro *versus* o de um repórter treinado, ou o de um barbeiro *versus* o de um cirurgião certificado —, nossas chances de descobrir a verdade serão drasticamente reduzidas.

BELEZA

A *beleza* é a propriedade das experiências. Temos a tendência de aplicar o termo "belo" a obras de arte ou cenas da natureza, mas, na verdade, quase qualquer experiência — uma viagem, uma conversa, uma refeição — pode ser considerada bela.

Para ser considerada bela, uma experiência deve apresentar três características: deve ser *interessante* o suficiente para ser vista; deve ter uma forma *memorável*; e deve *convidar à revisitação*. Muitas coisas inicialmente interessantes perdem o interesse com rapidez; muitas coisas interessantes são apenas armazenadas como conteúdo, e sua forma é rapidamente esquecida; e algumas experiências interessantes e memoráveis não convidam à revisitação, seja porque são muito horríveis, seja porque seu conteúdo foi esgotado. Para aquelas belas experiências que sobrevivem aos três testes, há uma recompensa especial: um formigamento prazeroso.

A verdade é marcada pela convergência; com o tempo, devemos estar cada vez mais confiantes sobre o que é verdade e o que não é. Em contraste, a beleza é marcada pela divergência; o conjunto de experiências bonitas de cada pessoa tende a se tornar cada vez mais personalizado, idiossincrático e até mesmo único. Na minha opinião, essa é uma situação abençoada.

Duas implicações educacionais decorrem dessa caracterização. Primeiro, é útil que cada pessoa mantenha um portfólio de suas experiências de beleza. Esse portfólio pode ser físico, virtual ou até mesmo estar na cabeça de alguém, mas seu objetivo é traçar a maneira como as experiências mais queridas de cada um mudam ao longo do tempo. Em princípio, não há razão para que a galeria de experiências bonitas de alguém precise mudar, mas, na prática, a vida seria monótona se encontrássemos as mesmas experiências repetidamente e nunca ampliássemos nosso cânone pessoal. (É claro que, se visitas subsequentes aprofundarem ou alterarem nossas concepções e avaliações, elas passarão a se assemelhar a novas experiências.)

Segundo, precisamos ter razões pelas quais consideramos uma experiência bonita e outra não. Não precisamos colocar essas razões em palavras — na verdade, grande parte da beleza é inefável ou pelo menos difícil de articular em proposições. No entanto, de alguma forma legítima, precisamos ser capazes de demonstrar a nós mesmos — e, quando necessário, aos outros — que há razões palpáveis e fatores que diferenciam uma experiência que consideramos bonita de uma que não atende aos três critérios que apresentei.

A culinária oferece uma analogia útil. Toda criança de 10 anos tem preferências alimentares, e isso é bom. Esses gostos podem permanecer ao longo dos anos (p. ex., uma vida devorando hambúrgueres, rosquinhas e *milk-shakes*). Contudo, em uma sociedade de qualquer complexidade, os indivíduos são expostos a uma variedade de culinárias do mundo todo. A maioria de nós acolhe essa experiência: buscamos novos alimentos, registramos o que desejamos e o que não apreciamos mais. E, pelo menos em princípio, deveríamos ser capazes de apontar as diferenças entre um vinho, uma fruta ou um pão por que ansiamos e um que não desejamos mais.

BONDADE

O *bom* descreve as relações entre os seres humanos. Devemos aspirar a ter boas relações com os outros e vice-versa, e devemos rejeitar relações desiguais, repugnantes e tóxicas. Todos nós gostaríamos de viver em uma sociedade composta de boas pessoas, bons trabalhadores e bons cidadãos, e todos nós preferiríamos fugir de uma sociedade com pessoas más, trabalhadores que promovem apenas a si mesmos e cidadãos egoístas ou indiferentes.

Ao discutir o bom, introduzo uma distinção importante para o meu argumento e que, ainda assim, não é imediatamente intuitiva: a diferença entre *a moralidade do próximo* e *a ética dos papéis*. Graças à evolução humana e à evolução cultural, estamos preparados para ser bons vizinhos. Os Dez Mandamentos e a Regra de Ouro nos pedem para sermos gentis com nossos vizinhos, ajudá-los, evitar roubar, cometer adultério, mentir e matar. Essas restrições são bem conhecidas por quase todas as pessoas, embora, é claro, isso não signifique que todas as pessoas sejam boas vizinhas.

Em qualquer sociedade moderna razoavelmente complexa, os indivíduos precisam ir além de serem bons vizinhos e boas pessoas. Os indivíduos — e isso significa *todos nós* — precisam ser bons trabalhadores e bons cidadãos. Desempenhar essas funções significa que somos competentes (somos excelentes), que nos importamos com essas funções (somos engajados) e que desempenhamos essas funções de forma responsável (somos éticos).

Aqui está a chave: embora tenhamos uma preparação considerável para sermos boas pessoas, somos menos preparados como espécie para sermos bons trabalhadores ou bons cidadãos. Muitos dos papéis que desempenhamos hoje são relativamente novos, e quase todos os papéis exigem ações e compreensões que não eram necessárias nas gerações passadas. Da mesma forma, embora os seres humanos pertençam a comunidades há milhares de anos, o papel do cidadão é relativamente novo, vivenciado por poucos nos tempos clássicos e por um número cada vez maior a partir da Revolução Gloriosa do século XVII, das revoluções americana e francesa do século XVIII e de suas encarnações mais recentes em muitas nações emergentes.

Em suma, temos pouca preparação para cumprir a ética dos papéis. No caso ideal, nos tornamos bons trabalhadores e bons cidadãos observando modelos positivos, nos tornando seus aprendizes, experimentando coisas, aprendendo com nossos erros e nos esforçando para nos tornarmos melhores trabalhadores e melhores cidadãos. Para nos ajudar a atingir esses papéis desejáveis, recomendo o estabelecimento de espaços comuns — territórios reais ou virtuais onde trabalhadores e cidadãos podem falar abertamente sobre seus esforços, onde tiveram sucesso, onde erraram e como podem melhorar no futuro. Como nenhum indivíduo tem todas as respostas, os espaços comuns são aqueles onde os indivíduos recorrem às suas próprias experiências e as compartilham com os outros, na esperança de que todos sejam esclarecidos por essa troca — mesmo que seja improvável que os outros concordem com tudo em todos os casos. A moderação ou curadoria qualificada desses recursos é crucial.

* * *

Esses são meus resumos executivos das três virtudes e de como penso sobre elas. Grande parte da minha pesquisa e escrita anterior e posterior foi dedicada à exploração desses conceitos e a como eles podem ser melhor estimulados nos jovens e sustentados ao longo da vida.

Agora é hora de apresentar as duas ameaças às virtudes, bem como os vilões e heróis dessa empreitada.

AMEAÇAS

Em um livro anterior, *The disciplined mind*, apresentei uma agenda educacional simples: ajudar os alunos a entender e agir com base no que é verdadeiro, no que é belo e no que é bom. Eu acreditava, e ainda acredito, nessa agenda. Entretanto, nos anos seguintes, convenci-me de que minha conduta era ingênua.

Em particular, o trio de virtudes passou a ser ameaçado por duas forças. Do lado filosófico, tanto o pós-modernismo quanto o relativismo levaram muitas pessoas a desafiar as próprias noções de verdade, beleza e bondade. Ou esses conceitos eram tão vagos que deveriam ser abandonados, ou alguém poderia continuar a usá-los, mas perceber que indivíduos e grupos poderiam defini-los de outra forma. Era inútil ou impossível desafiar essas formulações alternativas.

Do lado tecnológico, houve o surgimento das novas mídias digitais: a internet, a *web*, os jogos multiusuários, as redes sociais, as compras eletrônicas, os *smartphones*, inúmeros aplicativos, grandes instrumentos de linguagem e muitas outras formas de *hardware* e *software*.

No mínimo, essas entidades digitais inicialmente tornaram cada vez mais difícil determinar a verdade, a beleza e a bondade. E talvez a mudança digital tenha sido tão revolucionária, tão marcante, que esses conceitos precisassem ser abandonados completamente ou reformulados.

Não é bem assim! No final, concluí que o núcleo da verdade, da beleza e da bondade pode — e, de fato, deve — ser preservado. A maioria de nós não gostaria de viver em um mundo desprovido do verdadeiro, do belo e do bom, assim como não gostaríamos de viver em um mundo marcado por falsidade, experiências repulsivas e males de todos os tipos. A maneira como esses núcleos podem ser reformulados e revigorados é o cerne de *O verdadeiro, o belo e o bom redefinidos*. É uma história vital e dramática.

VILÕES E HERÓIS

Qualquer drama de respeito tem seus vilões e heróis. Para mim, um vilão vem do campo da biologia — especificamente, da psicologia evolucionista, que tenta explicar muito do comportamento humano em termos do nosso passado evolutivo (que é em grande parte desconhecido e, portanto, solo fértil para especulações egocêntricas). O outro vilão vem do campo da economia — especificamente, as afirmações de que os indivíduos (e as organizações) se comportam de acordo com um cálculo racional e que, se deixados às suas próprias operações sem regulamentação, os mercados acabarão produzindo resultados positivos. Alguém poderia pensar que os eventos recentes ao redor do mundo lançariam sérias dúvidas sobre o fundamentalismo de mercado, mas pelo menos até agora ele parece não ter um sucessor amplamente aceito.

Na minha opinião, a busca por virtudes tem seus heróis. Esses são os indivíduos, grupos, organizações e, às vezes, sociedades inteiras que — diante de possíveis restrições biológicas ou poderosas forças econômicas — se esforçam para fazer a coisa certa, a melhor coisa; para servir ao verdadeiro, ao belo e ao bom. É certo que essas diligências individuais nem sempre têm sucesso, mas quando isso acontece, elas tentam se reagrupar, aprender com seus erros e continuar lutando a boa luta. Não devemos nos cansar de repetir uma frase do nosso tempo que devemos à antropóloga Margaret Mead: "Nunca duvide que um pequeno grupo de pessoas comprometidas pode mudar o mundo. Na verdade, é a única coisa que sempre existiu."

SEGUINDO EM FRENTE

Aqui tive a oportunidade de expor meu caso brevemente. (Para argumentos detalhados e implicações educacionais, leia *O verdadeiro, o belo e o bom redefinidos* e o Ensaio 16 deste livro). Minha esperança mais fervorosa é que os leitores — individualmente ou em grupos — se envolvam com essas questões. Espero ver grupos de cidadãos estabelecerem o tipo de "espaços comuns" que defendi aqui. Nos ensaios desta obra, sei que não forneci as respostas definitivas, mas continuo confiante de que fiz as perguntas certas.

REFERÊNCIA

GARDNER, H. *The disciplined mind*. New York: Simon & Schuster, 2000.

ENSAIO 6

AS TENSÕES ENTRE EDUCAÇÃO E DESENVOLVIMENTO

Com a formulação da teoria das inteligências múltiplas, comecei uma transição gradual, mas longa: de ser principalmente um pesquisador em psicologia do desenvolvimento e neuropsicologia para me tornar um investigador e, às vezes, um "guru" em educação, bem como um professor de alunos que escolheram a educação como profissão.

*Meus colegas na Escola de Pós-Graduação em Educação de Harvard eram em grande parte psicólogos ou cientistas sociais que também estavam fazendo essa transição (Kurt Fischer, Carol Gilligan, Gerald Lesser, Robert LeVine, Catherine Snow e Sheldon White, para citar alguns), assim como talvez o mais proeminente, Lawrence Kohlberg, um especialista em desenvolvimento moral, em termos gerais, na tradição piagetiana. Após a morte prematura de Kohlberg em 1987, fui convidado a fazer um discurso em sua homenagem. Aproveitei a ocasião para refletir sobre a tensão entre os dois campos que havíamos escolhido... ou, como ele poderia ter brincado que nos escolheram!**

I. MEMÓRIAS DE LARRY KOHLBERG

Tive a honra e o prazer de conhecer Larry Kohlberg por quase 20 anos. Não há necessidade de comentar sobre meu uso da palavra "honra". Larry foi um dos acadêmicos mais atenciosos, originais e incisivos da nossa era. Sua influência foi muito além das fronteiras da psicologia, mesmo quando essas

* Texto da terceira palestra anual em memória de Lawrence Kohlberg, proferida na 15ª Conferência Anual da Associação de Educação Moral, na Notre Dame University, em 9 de novembro de 1990.

fronteiras foram definidas de forma generosa, e foi muito além dos Estados Unidos, abrangendo grande parte do mundo.

Mas houve inúmeras reuniões, almoços e conversas no corredor ou no elevador nos anos seguintes; foram elas que me transmitiram o que havia de mais especial em Larry. Ele era um especialista em desenvolvimento moral, uma área sobre a qual eu sabia pouco. Meu maior interesse era na área das artes, uma área na qual Larry tinha algum interesse, mas pouca preocupação profissional. Ele costumava brincar que Piaget estava preocupado com o Verdadeiro, eu (como estudante e aficionado pelas artes) estava preocupado com o Belo, e ele (Larry) estava preocupado com o Bom. Apesar da distância entre nossos principais interesses de pesquisa, achávamos fácil conversar sobre quase tudo. A maioria das pessoas que conheciam Larry teve a mesma experiência com esse conversador talentoso, genuinamente curioso e preocupado.

Um dos temas principais das nossas conversas foi a teoria do desenvolvimento e sua relação com a prática, em particular na área da educação. Era compreensível que nos interessássemos por esse tópico. Nós dois fomos treinados como psicólogos do desenvolvimento, mas estávamos trabalhando em uma escola de pós-graduação em educação e tendo preocupações cada vez mais práticas, no que alguns especialistas de Harvard chamavam de "mundo real". Nessas conversas, Larry era claramente o professor, o especialista, enquanto eu era, no máximo, um debatedor casual. Contudo, Larry tinha o dom de me tornar um parceiro integral nessas conversas. Essa manobra teve um efeito revigorante: comecei a pensar mais profundamente, trabalhar ainda mais duro, para levar a cabo minha parte da conversa. Foi, portanto, uma experiência de aprendizado socrática, no sentido pleno desse termo usado em demasia.

II. A RELAÇÃO ENTRE DESENVOLVIMENTO E EDUCAÇÃO

Expressa de forma simples, a questão clássica da relação entre desenvolvimento e educação é uma questão da relação entre a natureza humana e a educação cultural. Como estudantes do desenvolvimento humano, estamos preocupados com a natureza dos organismos humanos: sua dotação inicial, suas principais linhas de crescimento, as opções que eles enfrentam em vários estágios, os potenciais que eles podem colocar em prática.

Todos, exceto os deterministas genéticos mais radicais, reconhecem que o desenvolvimento ocorre em um contexto cultural e que as linhas de desenvolvimento refletem as regularidades e idiossincrasias da cultura na qual ele ocorre. No entanto, ao mesmo tempo, o fardo peculiar do desenvolvimentista — como Piaget, Freud, Kohlberg, Werner e seus seguidores viam o papel — era olhar além dos acidentes da diversidade cultural e tentar descobrir os princípios subjacentes incorporados ao genoma. Nessa análise, o desenvolvimentista busca os principais estágios e leis da cognição, do julgamento moral, da avaliação estética e coisas semelhantes, na esperança de que eles tenham pelo menos uma semelhança familiar entre a miríade de meios culturais.

Em contraste com os desenvolvimentistas que seguem ditames científicos universalistas, os educadores devem lidar com os desafios e as oportunidades oferecidos pela cultura específica em que se encontram. Obrigados a aceitar qualquer restrição que a natureza humana possa impor, os educadores devem se concentrar nas várias formas de conhecimento, compreensão, habilidade e valores importantes em sua cultura. A tarefa deles é determinar como aqueles que crescem dentro da cultura podem dominar da melhor maneira essas compreensões, esses conjuntos de conhecimento e essas habilidades. Também devem determinar como esses indivíduos podem utilizar sua educação de maneiras que façam sentido para eles e para sua cultura.

Dito assim, pode parecer que não há tensão genuína entre o desenvolvimentista e o educador. O desenvolvimentista, assumindo o papel de pesquisador científico, fornece uma visão ampla do desenvolvimento em domínios específicos — como ciência, moralidade ou estética —, com essa visão sendo o menos manchada possível pelas rugas de cenários culturais específicos.

O educador, assumindo o papel de engenheiro social, ajuda a estruturar ambientes de aprendizagem para que os indivíduos sob sua responsabilidade atinjam os mais altos níveis possíveis de competência nesses domínios. Sobreposta a essas trajetórias específicas de domínio pode haver uma visão mais geral do que significa ser uma "pessoa desenvolvida" e uma "pessoa educada". Seguindo a tradição Dewey-Kohlberg, alguns trabalhadores têm como objetivo cultivar indivíduos para que eles sejam tão completamente desenvolvidos e educados quanto possível.

Embora essa relação harmoniosa entre desenvolvimento e educação seja um cenário possível, não é de forma alguma o único. Tradicionalmente, é possível considerar pelo menos quatro outras possibilidades.

1. *Desenvolvimento como fator predominante.* Nessa posição, claramente articulada por Jean-Jacques Rousseau, o gênio da natureza humana é codificado em leis intrínsecas de desenvolvimento. É melhor permitir que esses princípios se desenvolvam com a menor interferência possível da sociedade externa, uma diligência nefasta que fornece correntes em vez de cordas-guia.

No máximo, o educador é um servo que mantém a sociedade destrutiva sob controle, permitindo que os processos naturais de desenvolvimento se desenrolem.

2. *A educação como fator predominante.* Oposta a essa posição está a visão da natureza humana como fundamentalmente insuficiente, falha ou mesmo má. Nessa visão hobbesiana ou lockeana, indivíduos deixados à própria sorte destruirão a si mesmos ou aos outros. A única esperança de sobrevivência reside em uma sociedade educada de forma inteligente. O educador mais sábio esboça o aluno proficiente na "lousa limpa" (tábula rasa) juvenil ou tenta reformar o "anjo caído".

3. *Desenvolvimento como internalização de invenções culturais.* Essa visão popular, associada em particular ao psicólogo soviético Lev Vygotsky, reconhece os princípios básicos do desenvolvimento biológico no organismo. Ao mesmo tempo, porém, enfatiza os muitos artefatos, ferramentas e inovações culturais que foram criados pelas culturas humanas ao longo dos milênios. Na visão vygotskyana, grande parte do desenvolvimento e da educação está na internalização gradual, pelo organismo jovem, de técnicas, estratégias e percepções que foram inicialmente encontradas em interações com outros membros da espécie. No início, a criança precisa de apoio considerável no uso desses materiais, mas com o tempo e a experiência, ela internaliza as compreensões o suficiente para que possa exibi-las mesmo na ausência de suporte externo e, eventualmente, transmiti-las aos seus próprios descendentes.

4. *Desenvolvimento como fim da educação.* Em um artigo justificadamente bem conhecido, Kohlberg e Mayer (1972) articulam uma posição nova e intrigante sobre a relação entre desenvolvimento e educação. Com base principalmente nos escritos cruciais de John Dewey, Kohlberg e Mayer argumentam que a educação deve ser moldada de modo a resultar no desenvolvimento mais completo do indivíduo humano. Nessa análise, descobrimos, por meio de exames abertos e abrangentes do desenvolvimento humano, como é para o indivíduo atingir os estágios mais elevados em áreas como racionalidade, moralidade e compreensão científica. Esses estados finais devem servir como pontos de orientação para educadores. As abordagens com maior probabilidade de atingir tais ápices de desenvolvimento são aquelas que permitem que o organismo em desenvolvimento interaja totalmente com os materiais e as pessoas da cultura. Em vez de tentar transmitir ou impor "respostas corretas" ou "bolsas de virtude" ao aluno, o professor oferece oportunidades múltiplas e variadas pelas quais o aluno pode fazer descobertas e consolidar o conhecimento por meio de interações ricas com seu mundo.

Uma característica de cada uma dessas posições é que elas não detectam nenhum conflito necessário entre desenvolvimento e educação. Classicamente, elas apenas dividem o trabalho entre dois domínios profissionais complementares: com Rousseau, elas colocam toda a responsabilidade no processo de desenvolvimento; com Locke, elas colocam toda a responsabilidade no educador; com Vygotsky, elas veem a educação como forma de enriquecer e informar o desenvolvimento; com Kohlberg e Mayer, elas veem a educação como o meio de realizar o desenvolvimento.

No entanto, meus próprios estudos sugerem que a relação entre desenvolvimento e educação pode não ser tão tranquila quanto estudiosos anteriores acreditavam ou desejavam. De fato, evidências consideráveis sugerem que os processos de desenvolvimento podem seguir uma direção bem diferente daquela que normalmente caracteriza as forças educacionais. Pode haver uma forte tensão entre desenvolvimento e educação; e para que essa tensão seja reduzida, é essencial que ela seja bem compreendida e confrontada diretamente. Um esforço inicial de identificação, compreensão, confronto e resolução sustenta o restante deste capítulo.

III. PARÂMETROS DO PROBLEMA

Como David Feldman (1980) salientou, a maior parte da teoria clássica do desenvolvimento tem se preocupado com o posicionamento de estados finais, estágios e processos que são universais — tal teoria clássica lida com aqueles eventos que podem ocorrer em qualquer indivíduo razoavelmente normal que viva em qualquer cultura razoavelmente favorável. Quase todo o trabalho de Piaget descreve compreensões sensório-motoras, simbólicas e concreto-operacionais que algum dia ocorrerão em qualquer ser humano. Com exceção de condições de grande privação, é difícil pensar em uma cultura na qual a esmagadora maioria dos indivíduos não consiga atingir esses marcos. Ter a permanência do objeto, ser capaz de brincar simbolicamente, apreciar a conservação de líquidos e números — ao final da primeira década de vida, essas realizações são praticamente sinônimos de ser humano.

Embora Piaget tenha se concentrado no pensamento lógico-científico, aqueles que analisaram outros domínios do desenvolvimento — aqueles não tratados na *Crítica da razão pura* de Kant — ainda estão preocupados principalmente com as características universais do desenvolvimento. Assim, o desenvolvimento do raciocínio moral, da habilidade gráfica, da competência linguística ou da negociação social é concebido como realização essencialmente universal.

Talvez seja apropriado, e certamente justificável, que uma ciência do desenvolvimento humano comece com um retrato dessas realizações universais. No entanto, seria muito limitado permanecer nesse ponto. Grande parte do que valorizamos na cultura contemporânea consiste em aquisições que seriam inconcebíveis há algumas centenas, quanto mais milhares, de anos: competências não universais, como alfabetização, matemática, habilidade em jogos específicos, conhecimento de artefatos culturais, como computadores, seus programas cada vez mais poderosos e coisas do gênero.

Em contraste com a inevitabilidade virtual das aquisições universais, não é razoável esperar que a maioria das pessoas adquira competências não universais por conta própria. Mesmo habilidades tão comuns como ler e escrever são difíceis de adquirir na ausência de algum treinamento formal.

Aqui, é claro, entram em cena as instituições chamadas escolas. As escolas foram criadas no mundo todo para muitos propósitos, durante muitas eras. Entretanto, em primeira instância, são instituições que demonstraram ser bem-sucedidas em inculcar nas crianças hábitos mentais que permitem a aquisição e o uso de literacias. Além disso, em especial no século passado, as escolas também serviam como o principal local onde as crianças adquiriam conceitos disciplinares formais, diversos sistemas de notação e formas de raciocínio e argumentação que são valorizadas em disciplinas que vão da física à filosofia, passando pela crítica literária e análise histórica.

Podemos falar, então, de uma divisão grosseira do trabalho. Formas universais de conhecimento são adquiridas fora da escola e, em grande parte, nos anos anteriores à escola. Em contraste, formas não universais de conhecimento são adquiridas em instituições comunitárias e, principalmente, nas escolas, nos anos seguintes à primeira infância. Pelo menos em teoria, esse processo poderia se desenrolar sem problemas, com a escola assumindo o controle quando as competências relativamente universais fossem alcançadas. No entanto, argumentarei que a relação entre o conhecimento "pré-escolar" e "escolar" não é de modo algum isenta de tensão.

IV. TRÊS PRINCIPAIS MANEIRAS DE REPRESENTAR O CONHECIMENTO

Meu trabalho recente sugeriu que seres humanos criados em uma sociedade relativamente complexa e escolarizada serão expostos a pelo menos três maneiras diferentes de representar o conhecimento. Cada uma dessas formas de conhecimento é poderosa e vale ser adquirida e, em princípio, elas podem trabalhar juntas de uma forma poderosa. Minha conclusão, no entanto, é que, na prática, essas formas de conhecimento raramente funcionam juntas. Grande parte da tensão entre desenvolvimento e educação, conforme conceitualizada aqui, decorre dessa falta de harmonia.

Em virtude de seu direito de nascença, cada criança humana normal passa a conhecer o mundo de uma certa maneira antes dos anos de escolaridade. Durante a infância e depois dela, como Piaget demonstrou, a criança adquire uma grande quantidade de conhecimento por meio de seus vários sentidos e de sua atividade motora. Nos anos seguintes à infância, esse conhecimento sensório-motor é complementado pelo conhecimento simbólico de primeira ordem — a capacidade de conhecer e descrever o mundo em termos de palavras, imagens, gestos, numerais e outros veículos simbólicos comuns e facilmente aprendidos.

Por volta dos 5 a 7 anos, época em que a "escolaridade séria" começa em todo o mundo, a criança pequena já adquiriu considerável competência tanto nas formas sensório-motoras quanto nas formas simbólicas de conhecimento. Como já disse algumas vezes, ela atingiu um domínio de "primeiro rascunho" de histórias, poemas, desenhos, danças e outros veículos simbólicos, sendo capaz tanto de apreciar quanto de criar instâncias desses gêneros.

Além disso, como passamos a entender recentemente, a criança terá desenvolvido teorias sólidas (embora não necessariamente precisas) sobre o mundo — *teorias sobre como a mente funciona* (as pessoas têm intenções, mas nem sempre elas são diretas sobre elas); *teorias sobre a matéria* (objetos flutuam, a menos que sejam muito pesados; algo mais pesado cairá mais rápido do que algo leve; uma bola rolará até que esgote a energia ou a força que a impulsiona); *teorias sobre a vida* (seres vivos são entidades que se movem; sobrevivemos porque podemos comer alimentos); e *teorias sobre o eu* (sou tímido em situações novas; fico com raiva com frequência; nunca serei bom em desenho).

Armada com essas teorias e compreensões intuitivas — algumas precisas, outras equivocadas —, a criança entra na escola. Nesse novo ambiente, ao longo da próxima década, aproximadamente, a criança é exposta a um conjunto totalmente novo de compreensões e formas de conhecimento, que aqui chamarei de conhecimento escolar. Além das habilidades de notação já mencionadas, a criança aprenderá sobre os significados precisos de termos que costumam ser usados de forma leviana nas ruas: o que significa "centenas a mais" ou "dezenas a menos" em termos estritamente quantitativos? Como o tempo ou a distância são calculados com precisão? O que é um estado ou um país? A criança também aprenderá sobre novos conceitos: gravidade, massa, aceleração, evolução, revolução. Ainda, como observado, a criança começará a perceber que a informação e o conhecimento são selecionados e organizados de diferentes maneiras, dependendo do assunto ou da disciplina em questão.

Em qualquer cultura, existe também um terceiro conjunto de estruturas de conhecimento, que complementa as formas sensório-motoras universais e as de conhecimento escolar. Eu chamo essas estruturas de *habilidades culturalmente valorizadas*, que são as capacidades e os papéis altamente valorizados em uma cultura específica e transmitidos do modo mais eficaz possível para a geração mais jovem. Esses papéis abrangem aqueles virtualmente universais (como o dos pais), aqueles compartilhados por uma parcela significativa da população (como caçadores ou fazendeiros) e aqueles muito mais restritos (como mágico, tecelão, cirurgião, geógrafo, farmacêutico, terapeuta).

Dois pontos cruciais caracterizam habilidades valorizadas culturalmente. Primeiro, sua utilidade se manifesta para um observador no momento em que são encontradas. Segundo, os profissionais especialistas que demonstram habilidades valorizadas culturalmente usam a variedade de formas de conhecimento existentes na sociedade. Portanto, numa sociedade pré-letrada, um tecelão habilidoso usa conhecimento sensório-motor e simbólico de primeira ordem; numa sociedade "escolarizada" mais avançada, o tecelão recorrerá também ao conhecimento notacional, literário, pictórico e gráfico. Em ambos os casos, os indivíduos mais jovens têm a oportunidade — raramente disponível dentro dos muros da escola — de observar o adulto competente no trabalho e notar como as várias formas de conhecimento são utilizadas em sinergia para a execução bem-sucedida das tarefas associadas à função.

V. AS DISJUNÇÕES ENTRE AS FORMAS DE CONHECER

Nas últimas décadas, pesquisadores com orientação educacional analisaram a gama de disciplinas escolares e chegaram a uma descoberta surpreendente. Em termos mais diretos, enquanto os alunos forem examinados nas escolas, de acordo com as formas como foram ensinados, eles parecerão bem-educados — isto é, parecerão ter compreendido razoavelmente bem as lições da escola.

No entanto, quando os alunos são questionados sobre os mesmos tipos de questões em um contexto um pouco diferente, eles revelam um quadro muito menos feliz. O conhecimento escolar parece estritamente vinculado aos ambientes escolares. Quando os alunos são questionados sobre os mesmos tipos de questões em outros lugares, eles abandonam os conceitos e as formas de raciocínio que pareciam dominar na escola e retornam às suas formas básicas e universais de conhecimento e às teorias da mente e da matéria já mencionadas, que aparentemente estavam arraigadas de maneira profunda. É como se o novo conhecimento tivesse sido sobreposto a formas mais antigas de conhecimento. Uma vez que os suportes que cercam o novo conhecimento são removidos, os alunos recorrem às compreensões mais antigas e aparentemente mais robustas. (Para detalhes, ver Ensaio 16.)

Os exemplos mais dramáticos de disjunção entre duas formas de conhecimento vêm do campo da física. Estudantes de universidades de primeira linha, como a Johns Hopkins University e o Massachusetts Institute of Technology (MIT), que recebem notas altas em cursos de física revelam as mesmas concepções básicas (erradas) sobre fenômenos físicos que estudantes muito mais jovens que nunca estudaram física. É como se as teorias sólidas da matéria, que se consolidaram originalmente na primeira infância, viessem à tona quando a aula de física termina. Assim, encontramos estudantes que exibem concepções errôneas, como: um objeto que segue uma trajetória curvilínea enquanto gira através de um tubo circular continuará a seguir a mesma trajetória quando entrar em queda livre; um objeto apoiado sobre uma mesa está sujeito apenas à força que vem de cima, e não a uma força de suporte equivalente que vem de baixo; e um objeto seguirá na direção em que acabou de ser chutado, independentemente de sua velocidade anterior. É como se os alunos tivessem aprendido a dizer, em resposta à pergunta de um professor em sala de aula, que a Terra é redonda, mas continuassem a acreditar que, na realidade, ela é tão plana quanto parece para uma criança de 5 anos!

Cada disciplina tem suas próprias configurações e, portanto, talvez não seja surpresa que cada disciplina exiba sua própria forma de concepção errônea por parte dos alunos. Em álgebra, os alunos têm um desempenho adequado em problemas verbais desde que as frases imitem a sintaxe da expressão algébrica correta. Uma vez que a ordem usual é alterada, a capacidade do aluno de montar a equação corretamente muitas vezes equivale ao resultado esperado (estatisticamente) de tentativas ao acaso, ou ainda menos. Estudantes de pós-graduação em estatística demonstram a mesma propensão a ignorar taxas de referência que indivíduos que nunca ouviram falar do conceito de probabilidade. Estudantes de graduação nas melhores universidades avaliam poemas com os mesmos critérios duvidosos que indivíduos sem escolaridade, classificando rimas e temas superficialmente alegres como melhores do que arranjos habilidosos de palavras ou reflexões profundas sobre questões preocupantes de vida ou morte. Músicos que aprenderam a ler notações não conseguem captar os ritmos e as expressões subjacentes aos quais os jovens não treinados continuam sensíveis. E os mesmos estudantes de história que recebem nota A por indicar as origens multicausais complexas da Primeira Guerra Mundial invocam cadeias causais lineares simples quando tentam explicar eventos igualmente incômodos que foram relatados recentemente no jornal diário. É mais fácil culpar um líder tirânico.

Por que esse quadro sombrio? Não pode ser apenas porque nossos professores estão falhando. Afinal, pelo menos alguns dos alunos estão se saindo muito bem nos instrumentos de realização que nossa sociedade endossa. As dificuldades também não podem ser atribuídas a uma simples perda de conhecimento, porque grande parte da pesquisa ocorre no período em que os alunos estão na escola. Talvez se possa dizer que os alunos enfrentam sérios problemas na transferência de conhecimento escolar para fora do ambiente escolar, mas essa afirmação apenas reafirma o problema. A questão é: por que existe esse problema de aplicar o conhecimento aprendido na escola depois que se sai da sala de aula?

Na minha opinião, a chave para essa aparente ignorância está na persistência não contaminada de formas separadas de conhecimento. Quando os alunos adquirem novas formas e representações de conhecimento na escola, eles se mostram capazes de usá-las em ambientes escolares. No entanto, em geral, essas formas são apresentadas de uma forma totalmente descontextualizada, o que dificulta a possibilidade de os alunos discernirem quando e onde essas formas de conceitualizar o conhecimento podem ser ativadas e implementadas fora da escola. Por essa e outras razões, eles nunca acharam necessário examinar as possíveis contradições ou inconsistências entre o conhecimento escolar e outras formas de conhecimento que trouxeram para a escola ou que podem observar em ação em profissionais competentes fora da escola. Sem esse confronto, essas formas de conhecimento coexistem sob o mesmo teto, como dois inquilinos que moram no mesmo prédio por anos, mas que nunca falaram um com o outro.

Em outras palavras: há uma mente de criança de 5 anos lutando para sair e se expressar em quase todos os alunos. É difícil silenciar essa mente, mas muito domínio disciplinar exige precisamente esse silenciamento total ou uma transformação completa. Acredito que as disjunções às quais me referi aqui têm sido relativamente invisíveis para professores e administradores, bem como para pesquisadores educacionais e científicos. No passado, a impressionante disjunção entre diferentes maneiras de representar o mundo era subestimada nos mundos da educação e da psicologia educacional — tão despercebida e ignorada quanto a diferença entre paradigmas científicos nos anos anteriores à importante publicação de Thomas Kuhn sobre a origem das revoluções científicas.

Até aqui, evitei fazer referência aos domínios do pensamento moral e da ação moral (doravante abreviados como domínio moral). Como já indiquei, minha própria experiência é distante da de Larry Kohlberg; seria presunçoso da minha parte afirmar que minha análise, mesmo que apropriada para as esferas cognitivas mencionadas, necessariamente ocorreria no domínio da moralidade.

Dito isso, espero que me seja permitido fazer algumas especulações.

Parece-me que a área do pensamento moral e da ação moral pode representar um híbrido entre domínios universais, como a competência linguística, e domínios claramente não universais, como a física ou o xadrez. Por um lado, indivíduos em todas as culturas precisam lidar com questões do bem e do mal, e parece haver uma sequência que, pelo menos em seus estágios iniciais, é universal. No entanto, também é verdade que os códigos morais variam radicalmente entre as culturas, e a orientação moral final de um indivíduo sempre refletirá os valores e critérios específicos implícitos em sua cultura.

Se minha análise estiver correta, e se ela puder ser estendida à esfera moral, eu esperaria uma situação mais ou menos como a seguinte: durante a infância, as crianças desenvolvem concepções muito fortes de moralidade, profundamente limitadas por fatores neurobiológicos e culturais universais. À medida que crescem, entram na escola e são expostas a códigos morais culturalmente elaborados, elas descobrem que é esperado que dominem preceitos morais mais específicos e vinculados à cultura. Enquanto os alunos permanecerem dentro do contexto onde esses procedimentos e práticas são propostos, eles serão capazes de recitá-los e segui-los (p. ex., conhecer o juramento do escoteiro, não espiar o trabalho dos outros, falar sobre direitos e responsabilidades). No entanto, quando são removidos do ambiente escolar, princípios e práticas morais anteriores, mais robustos e profundamente arraigados, retornam com rapidez.

Meu relato até agora não entra em conflito direto com o retrato de Kohlberg sobre o desenvolvimento moral, já que ele sempre desconfiou de visões de moralidade do tipo "bolsas de virtude", da aprendizagem mecânica, de desempenhos exibidos por causa de padrões de recompensa e punição. Kohlberg solicitava confrontos regulares e diretos entre perspectivas morais alternativas; ele acreditava que, sob tais circunstâncias, os estágios universais superiores finalmente emergiriam e triunfariam. É claro que essa visão do desenvolvimento moral está distante da abordagem escolar de aprendizagem que critiquei.

Ainda assim, é possível que nossas visões finais sobre esses assuntos possam ter divergido. Minha análise sugere que as primeiras formas de moralidade são provavelmente mais robustas e mais difíceis de minar do que se poderia imaginar. Ela sugere, ainda, que as formas anteriores de pensamento e ação moral nunca são totalmente apagadas, e que, sob circunstâncias ativadoras apropriadas, elas podem muito bem ressurgir com força total. A mente do moralista de 5 anos pode ser tão duradoura quanto a mente do teórico da matéria ou da mente, também aos 5 anos. Pode ser que apenas os verdadeiros "especialistas" no domínio moral — apenas aqueles indivíduos que regularmente confrontam, lutam e têm de aplicar os seus princípios morais de forma consistente — transcendam por completo a moralidade da primeira infância.

VI. POSSÍVEIS PONTES ENTRE FORMAS DÍSPARES DE CONHECIMENTO

Se minha análise das dificuldades de aprendizagem estiver correta em algum nível, enfrentamos um quadro muito inquietante em nossas escolas. Os processos mais profundos do desenvolvimento humano, sustentados por milênios de evolução e milhares de anos de desenvolvimento em uma variedade de culturas humanas, parecem estar em desacordo básico com as formas de conhecimento que foram dolorosamente construídas por acadêmicos (e outros praticantes) no passado mais recente. Certamente, o sucesso de nossas instituições educacionais e a possibilidade de sintetizar fatores educacionais e de desenvolvimento dependem de nossa capacidade de abordar essa disjunção com sucesso.

Vários esforços promissores foram feitos nos últimos anos; eles podem inspirar uma abordagem educacional mais convincente em termos de desenvolvimento. Nessa visão de "imersão", os jovens estudantes precisam ter amplas experiências práticas com materiais relevantes ao esforço acadêmico antes de serem apresentados diretamente a conceitos acadêmicos, notações e formas de argumentação. Assim, em vez de ser instruído em notações musicais, o jovem é encorajado a desenvolver sua própria notação e, então, apreciar as considerações que entram na criação de qualquer notação. Da mesma forma, os alunos desenvolvem suas próprias teorias de peso e densidade, de calor e temperaturas, antes de se depararem com a análise desses conceitos pelos cientistas.

Uma segunda abordagem também permeou os escritos de Larry Kohlberg. A noção saliente na perspectiva da "contradição" é que o desenvolvimento é estimulado pelo encontro e tratamento construtivo do conflito. De acordo com essa análise, o progresso intelectual ocorre quando os alunos são encorajados a fazer previsões e, então, a confrontar diretamente as situações em que suas previsões não se concretizam; ou quando os alunos apresentam suas próprias visões fundamentadas e precisam defendê-las contra opiniões defendidas por colegas mais sofisticados.

Embora reconheça ambos os tipos de intervenções educacionais, minhas predileções pessoais estão na implementação de programas de aprendizagem para estudantes. Nessa abordagem, o jovem tem a oportunidade de observar uma gama de habilidades e conhecimentos relevantes à medida que eles são aplicados em uma disciplina ou domínio valorizado na cultura. Presumindo-se um mestre competente, a criança ou o jovem é introduzido aos poucos à habilidade em seu nível atual de desenvolvimento e pode avançar em um ritmo confortável.

Em uma aprendizagem efetiva, a disjunção entre as formas de conhecimento escolar e universal deve ser reduzida. Por um lado, o jovem testemunha um modelo que aprecia (na verdade, incorpora) as situações em que várias formas de uso e representação do conhecimento são apropriadas. Por outro lado, o próprio jovem tem a oportunidade de começar com formas universais de conhecimento e, então, perceber como formas mais adaptadas academicamente podem aprimorar, suplementar, revisar ou substituir por completo as formas de conhecimento arraigadas.

Tendo em vista a série de descobertas empíricas perturbadoras às quais me referi, seria panglossiano supor que qualquer abordagem única à educação pode ser uma panaceia. Espero que continuem a existir tensões entre as formas de conhecimento baseadas universalmente e aquelas vinculadas a instituições culturais específicas, em especial as escolas. Ainda assim, se pudéssemos combinar alguns dos pontos fortes das abordagens de imersão, contradição e aprendizagem, seria possível construir um sistema educacional que fosse muito mais compatível com os processos de desenvolvimento do que tem sido o caso, e que resultasse em compreensões robustas e precisas.

VII. CONSIDERAÇÕES FINAIS

Como imaginei esta palestra como parte de um diálogo contínuo com Larry Kohlberg, faço uma pausa neste ponto. Qualquer diálogo que venha a ocorrer, deve acontecer ou na minha própria mente, ou com aqueles que fazem parte do enorme legado intelectual que ele nos deixou. Suspeito que Larry acharia os resultados sobre concepções errôneas interessantes, mas não muito surpreendentes. Suspeito, ainda, que ele os atribuiria à reconhecida baixa qualidade de muitas escolas, tanto aqui, nos Estados Unidos, quanto no exterior.

Ele talvez salientasse que nem todas as formas de conhecimento são universais, e que essas compreensões disciplinares, embora importantes em certas culturas para certos propósitos, são de uma ordem diferente das formas amplas estudadas por Piaget e pelo próprio Kohlberg. Ele enfatizaria que o desenvolvimento é um processo que consome tempo e que não pode ser iniciado rapidamente por uma única exposição a um novo conceito ou paradigma. Por fim, ele afirmaria que, em um ambiente educacional fértil, que se esforçasse para melhorar o desenvolvimento humano em todas as suas variedades, não encontraríamos as enormes disjunções que me atormentaram. Sabendo o quão persuasivo Larry pode ser, e sabendo que, afinal, alguns indivíduos conseguem preencher a lacuna, estou meio inclinado a concordar com ele e deixar o assunto de lado.

Mas não exatamente. Como Larry seria o primeiro a concordar, o progresso em questões científicas ou filosóficas tem mais probabilidade de ocorrer quando posições contrastantes são expostas com clareza, defendidas da melhor forma possível e, então, analisadas, classificadas e avaliadas. Seria errado, ou pelo menos prematuro da minha parte, retirar minha linha de argumentação neste momento inicial.

Então, deixe-me encerrar este ensaio com a sugestão de que, em todos os domínios da vida — seja na ciência (o Verdadeiro), na moralidade (o Bom) ou na estética (o Belo) —, há compreensões profundamente arraigadas que todos os indivíduos trazem desde cedo até seus anos de maturidade. Parte do fardo das nossas instituições educacionais é desafiar, quando apropriado, essas compreensões profundamente arraigadas. Tais instituições tentarão substituí-las por formas mais sofisticadas de conhecimento, que podem muito bem entrar em conflito com as formas mais básicas e universais. Mesmo quando essas instituições são criadas com sensibilidade, elas nem sempre conseguem transformar as formas precoces de conhecimento: a mente de uma criança de 5 anos é uma força poderosa. Essa incapacidade de transformar nem sempre é uma situação indesejável: afinal, formas básicas de sobrevivência, ou até de sabedoria, estão incorporadas nessas visões iniciais do mundo. No entanto, quando totalmente informadas sobre os obstáculos e as restrições que acompanham até mesmo as formas comuns de aquisição de conhecimento, as instituições educacionais podem fazer muito para promover uma reaproximação entre formas díspares de conhecimento. Nesse sentido, elas podem ajudar a realizar o sonho que Larry Kohlberg articulou tão bem: uma educação para o desenvolvimento humano mais pleno.

AGRADECIMENTOS

Vários colegas forneceram comentários úteis em um rascunho inicial deste ensaio. Gostaria de agradecer aos Drs. William Damon, David Feldman, Deanna Kuhn e Robert Selman.

REFERÊNCIAS

FELDMAN, D. *Beyond universals in cognitive development.* Norwood: Ablex, 1980.

KOHLBERG, L.; MAYER, R. Development as the aim of education. *Harvard Educational Review,* v. 42, p. 449-496, 1972.

INTRODUZINDO AS INTELIGÊNCIAS MÚLTIPLAS

ALEGAÇÕES, CRÍTICAS E IMPLICAÇÕES EDUCACIONAIS

VISÃO GERAL DA TEORIA DAS INTELIGÊNCIAS MÚLTIPLAS

Se você tivesse falado comigo em meados da década de 1970 e perguntado sobre minha identidade profissional, eu provavelmente teria dito: "Sou o codiretor do Projeto Zero, sediado na Escola de Pós-Graduação em Educação de Harvard; sou pesquisador em psicologia do desenvolvimento e neuropsicologia". Naquela época, meus interesses em educação eram em grande parte pessoais — reflexões sobre os pontos fortes e fracos da minha própria educação e a preocupação de que nossos próprios filhos tivessem os melhores aspectos da nossa educação, evitando os aspectos menos positivos.

Cerca de uma década depois, minha resposta teria sido totalmente diferente. Isso se deve à pesquisa que conduzi para o Project on Human Potential (Projeto sobre o Potencial Humano) e ao livro que surgiu dessa pesquisa, *Estruturas da mente: a teoria das inteligências múltiplas.* Naquele livro, que já tem mais de 40 anos, eu desafiei a hegemonia da palavra "inteligência" na pesquisa psicológica. Eu também desafiei a primazia, a hegemonia, do teste de quociente de inteligência (QI) — uma tentativa de documentar, com base nas respostas a algumas dezenas de perguntas de respostas curtas, o quão inteligente/educável uma pessoa é.

Sem dúvida, o conceito psicológico de inteligência e o instrumento psicológico, o teste de QI, têm seu lugar. Contudo, como uma tentativa de transmitir todo o alcance e potencial da cognição humana, a "trilha da inteligência" é estreita e míope. Muitas pessoas poderiam ter escrito um livro sobre a mente humana que pluralizasse suas capacidades; de fato, algumas o fizeram. No entanto, eu fiz três adições cruciais:

1. Propus sete faculdades humanas diferentes. Em destaque estavam as capacidades linguísticas e lógicas — aquelas normalmente exploradas em testes de inteligência. Mas ao lado havia pelo menos cinco outras

"faculdades": espacial, musical, corporal-cinestésica, interpessoal e intrapessoal. Essas outras formas de intelecto faziam sentido para indivíduos reflexivos em muitos lugares e com muitas atividades.

2. Não apenas listei essas faculdades humanas; forneci amplas evidências de sua existência e operação por meio de estudos de antropologia, psicologia do desenvolvimento, psicometria, neurociência e genética. De fato, eu havia escrito um livro de quase 400 páginas, com centenas de notas de rodapé, publicado por uma editora respeitável, com muitas resenhas (geralmente favoráveis) na mídia popular e profissional.
3. Decidi chamar essas faculdades humanas de "inteligências" e apelidei o coletivo de "inteligências múltiplas". *Essa escolha aparentemente simples e lexical fez uma enorme diferença.* Esse trabalho não teria se tornado tão conhecido se eu tivesse usado outros descritores, como "talentos", "faculdades" ou "dispositivos computacionais". Para reforçar esse ponto, Daniel Goleman não teria recebido renome se não tivesse escrito sobre "*inteligência* emocional" (Goleman, 1995) e se a revista *Newsweek* não tivesse apresentado a abreviatura evocativa de quociente emocional (QE) (Brant, 2005).

Palavras e rótulos importam, talvez até demais!

E assim minha vida realmente mudou. O propósito de *Estruturas da mente* não era declaradamente educacional — no início da década de 1980, eu me via dirigindo-me principalmente a colegas psicólogos e ao público instruído em geral. Contudo, foram as reações imediatas e totalmente acolhedoras de educadores em todo o mundo que me levaram cada vez mais a pensar sobre questões educacionais, iniciar projetos em educação e escrever para públicos educacionais. E assim, décadas depois, aqui estão as leituras "essenciais" reunidas.

REFERÊNCIAS

BRANT, M. Why emotional intelligence matters. *Newsweek*, 13 June 2005.

GOLEMAN, D. *Emotional intelligence.* New York: Bantam Books, 1995.

ENSAIO 7

ALÉM DO QI

Desenvolvendo o espectro das inteligências humanas

Permita-me transportar todos nós para a Paris de 1900 — La Belle Époque. Por volta de 1900, os líderes da cidade de Paris abordaram o psicólogo Alfred Binet com um pedido incomum: ele poderia criar algum tipo de medida que previsse quais jovens teriam sucesso e quais seriam reprovados nas séries iniciais das escolas de Paris?

Como é bem sabido, Binet teve sucesso. Ele produziu um conjunto de itens de teste que poderia prever com alguma precisão o sucesso ou o fracasso de uma criança na escola. Em pouco tempo, sua descoberta passou a ser chamada de "teste de inteligência", e sua medida, de "QI". Assim como outras modas parisienses, o QI logo chegou aos Estados Unidos, onde obteve um sucesso modesto até a Primeira Guerra Mundial. Depois, foi usado para testar mais de 1 milhão de recrutas militares norte-americanos, e realmente fez sucesso. Daquele dia em diante, o teste de QI pareceu o maior sucesso da psicologia — uma ferramenta científica útil de verdade.

Que visão levou ao entusiasmo pelo QI? Pelo menos no Ocidente, as pessoas sempre confiaram em avaliações intuitivas sobre quão inteligentes outras pessoas eram. Agora, a inteligência parecia ser quantificável. Assim como era possível medir a altura real ou potencial de alguém, agora parecia possível medir a inteligência real ou potencial de alguém. Finalmente tínhamos uma única dimensão de capacidade mental na qual podíamos classificar cada pessoa.

A busca pela medida mais perfeita de inteligência prossegue a todo vapor. Aqui estão, por exemplo, algumas citações de um anúncio de um teste amplamente utilizado:

Precisa de um teste individual que forneça rapidamente uma estimativa estável e confiável de inteligência em quatro ou cinco minutos por formulário? Ele tem três formas. Não depende de produção verbal ou pontuação subjetiva. Pode ser usado com pessoas com deficiência física grave (mesmo paralisadas), desde que possam sinalizar sim ou não. Lida com crianças de dois anos e adultos com ensino superior com a mesma série curta de itens e o mesmo formato. Apenas US$ 16,00, pacote completo.

Essa sim é uma afirmação e tanto. O psicólogo Arthur Jensen sugere que poderíamos observar o tempo de reação para avaliar a inteligência: quando um conjunto de luzes se acende, quão rapidamente o sujeito consegue reagir? O psicólogo Hans Eysenck sugere que os pesquisadores da inteligência devem observar diretamente as ondas cerebrais.

Existem também, é claro, versões mais sofisticadas do teste de QI. Um deles é chamado de Teste de Aptidão (ou Avaliação) Escolar (SAT, do inglês Scholastic Aptitude Test). Ele pretende ser um tipo de medida semelhante e, se você somar as pontuações verbais e matemáticas de uma pessoa, como geralmente é feito, você pode classificá-la nessa dimensão. Programas para superdotados, por exemplo, costumam usar esse tipo de medida.

Sugiro que, junto com essa visão unidimensional de como avaliar a mente das pessoas, venha uma visão correspondente da escola, que chamarei de visão uniforme. Na escola uniforme, há um currículo básico: um conjunto de fatos e processos que todos devem saber, além de poucas disciplinas eletivas. Os melhores alunos, provavelmente aqueles com QI mais alto, podem ter permissão para fazer cursos que exigem leitura crítica, cálculo e habilidades de pensamento. Na escola uniforme, há avaliações regulares, usando papel e lápis, do tipo QI ou *Scholastic Assessment Test* (SAT).* Elas produzem classificações confiáveis de pessoas; os melhores e mais brilhantes ingressam nas melhores faculdades e talvez — mas somente talvez — também obtenham classificações melhores na vida. Não há dúvida de que essa abordagem funciona bem para certas pessoas. Como esse sistema de medição e seleção parece meritocrático em certos aspectos, há algo nele que merece consideração.

Contudo, permitam-me apresentar uma visão alternativa, baseada numa perspectiva radicalmente diferente da mente e que produz uma visão muito diferente da escola. É uma visão pluralista da mente, reconhecendo muitas facetas diversas e discretas da cognição, considerando que as pessoas

---

* N. de E. Exame de admissão para universidades nos Estados Unidos. Semelhante ao Exame Nacional do Ensino Médio (Enem) no Brasil.

têm diferentes pontos fortes cognitivos, bem como estilos cognitivos contrastantes. Deixe-me também apresentar o conceito de uma escola centrada no indivíduo, que leva a sério essa visão multifacetada da inteligência. Esse modelo de escola é baseado, em parte, em descobertas de ciências que eram desconhecidas na época de Binet: ciência cognitiva (o estudo da mente) e neurociência (o estudo do cérebro).

Uma dessas abordagens eu chamei de minha "teoria das inteligências múltiplas". Agora, falarei sobre suas fontes, alegações e implicações educacionais para uma possível escola do futuro.

A insatisfação com o conceito de QI e com as visões unitárias de inteligência tem sido bastante generalizada — pense, por exemplo, nos trabalhos de L. L. Thurstone, J. P. Guilford e outros críticos. Do meu ponto de vista, porém, essas críticas não são suficientes. Todo o conceito precisa ser desafiado; na verdade, ele precisa ser substituído.

Eu defendo que deveríamos abandonar por completo os testes e as correlações entre testes. Em vez disso, deveríamos procurar fontes de informação mais naturalistas sobre como as populações ao redor do mundo desenvolvem habilidades importantes para seu modo de vida. Pense, por exemplo, nos marinheiros dos Mares do Sul, que encontram seu caminho em meio a centenas ou até milhares de ilhas ao observar as constelações de estrelas no céu, sentir a maneira como o barco passa sobre a água e notar alguns pontos de referência espalhados. Uma palavra para inteligência em uma sociedade formada por esses marinheiros provavelmente se referiria a esse tipo de habilidade de navegação.

Pense em cirurgiões e engenheiros, caçadores e pescadores, dançarinos e coreógrafos, atletas e treinadores esportivos, chefes tribais e feiticeiros. Todos esses diferentes papéis precisam ser levados em conta se aceitarmos a maneira como defino inteligência: "a capacidade de resolver problemas ou de criar produtos que são valorizados em um ou mais contextos culturais".

No momento, não estou dizendo se há uma dimensão, ou mais de uma dimensão, de inteligência; se a inteligência é inata ou desenvolvida. Em vez disso, enfatizo a capacidade de resolver problemas e criar produtos. No meu trabalho, busco os blocos de construção das inteligências usadas pelos marinheiros, cirurgiões e feiticeiros (e acadêmicos) mencionados.

A ciência nesse empreendimento, na medida em que existe, envolve tentar descobrir a descrição correta das inteligências. O que é uma inteligência?

Para responder a essa pergunta, meus colegas e eu pesquisamos um amplo conjunto de fontes que, até onde sei, nunca foram consideradas juntas antes. Uma fonte é o que já sabemos sobre o desenvolvimento de diferentes tipos de habilidades em crianças normais. Outra fonte, muito importante, é a informação sobre como essas habilidades se deterioram sob várias condições de dano cerebral. Quando alguém sofre um derrame ou outro tipo de dano cerebral, várias habilidades podem ser destruídas ou poupadas, isoladamente de outras habilidades. Essa pesquisa com pacientes com danos cerebrais produz um tipo de evidência muito poderoso: parece refletir a maneira como o sistema nervoso evoluiu ao longo dos milênios para produzir certos tipos discretos de competências intelectuais.

Meu grupo de pesquisa também analisou outras populações especiais: prodígios, pessoas com síndrome de Savant, crianças autistas e crianças com dificuldades de aprendizagem, todas com perfis cognitivos muito irregulares — perfis extremamente difíceis de explicar em termos de uma visão unitária da inteligência. Examinamos a cognição em diversas espécies de animais e em culturas muito diferentes. Por fim, consideramos dois tipos de evidências psicológicas: correlações entre testes psicológicos, do tipo obtido por uma análise fatorial de uma bateria de testes, e os resultados de esforços de treinamento de habilidades. Quando você treina uma pessoa na habilidade A, esse treinamento é transferido para a habilidade B? Por exemplo, o treinamento em matemática melhora as habilidades musicais de alguém, ou vice-versa?

Obviamente, depois de examinar todas essas fontes — informações sobre desenvolvimento, colapsos nervosos, populações especiais e coisas do tipo —, acabamos com uma cornucópia de informações. O ideal seria realizar uma análise de fatores, inserindo todos os dados em um computador e observando os tipos de fatores ou inteligências que são extraídos. Infelizmente, esse tipo de material não existia em uma forma suscetível à computação, então tivemos de realizar uma análise fatorial mais subjetiva. (Nota: Hoje, em 2024, eu chamaria isso de "síntese", e poderia alimentá-la em um Large Language Instrument.) Na verdade, nós apenas estudamos os resultados da melhor forma possível e tentamos organizá-los de um modo que fizesse sentido para nós e, com sorte, para leitores críticos também. Minha lista resultante de sete inteligências é uma tentativa preliminar de organizar essa massa de informações.

Aqui estão as sete inteligências que identificamos, juntamente com um ou dois exemplos de cada uma. A *inteligência linguística* é o tipo de habilidade exibida em sua forma mais plena, talvez, pelos poetas. A *inteligência lógico-matemática*, como o nome indica, é uma habilidade lógica e matemática, manifestada especialmente por cientistas e engenheiros. Jean Piaget, o grande psicólogo do desenvolvimento, pensava que estava estudando toda a inteligência; eu afirmo que ele estava, na verdade, focando no desenvolvimento da inteligência lógico-matemática.

Embora eu cite primeiro as inteligências linguística e lógico-matemática, não penso que elas sejam as mais importantes. Na verdade, acredito que todas as sete inteligências têm igual direito à prioridade. Em nossa sociedade, no entanto, colocamos as inteligências linguística e lógico-matemática, figurativamente, em um pedestal. Muitos dos nossos testes são baseados nessa alta valorização das habilidades verbais e matemáticas. Se você se sair bem em linguagem e lógica, provavelmente se sairá bem em testes de QI e SAT, e poderá entrar em uma faculdade de prestígio. No entanto, se você se sairá bem ou não depois de deixá-la provavelmente dependerá muito de quanto você possui e usa as outras inteligências, aquelas às quais proponho dar igual atenção (e, claro, também dependerá de como você emprega as inteligências que tem — ver os Ensaios 24 e 26 sobre bons exemplos).

A *inteligência espacial* é a capacidade de formar um modelo mental de um mundo espacial e manobrar e operar usando esse modelo. Marinheiros, engenheiros, cirurgiões, escultores e pintores — para citar apenas alguns exemplos — têm inteligência espacial altamente desenvolvida. A *inteligência musical* é a quarta categoria de habilidades que identificamos: o compositor e maestro Leonard Bernstein tinha muita inteligência musical; Mozart, presumivelmente, tinha ainda mais. A *inteligência corporal-cinestésica* é a capacidade de resolver problemas ou criar produtos usando todo o corpo ou partes do corpo. Dançarinos, atletas, cirurgiões e artesãos exibem inteligência corporal-cinestésica altamente desenvolvida.

Por fim, proponho duas formas de inteligência pessoal — não bem compreendidas, difíceis de estudar, mas imensamente importantes. A *inteligência interpessoal* é a capacidade de entender outras pessoas: o que as motiva, como elas funcionam, como trabalhar em cooperação com elas. Vendedores, políticos, professores, médicos e líderes religiosos bem-sucedidos provavelmente são indivíduos com altos graus de inteligência interpessoal. A *inteligência intrapessoal*, o sétimo tipo de inteligência, é uma habilidade correlativa, voltada para dentro. É a capacidade de formar um modelo preciso e verídico de si mesmo e ser capaz de usar esse modelo para operar com efetividade na vida. Ela é desafiadora de estudar. Talvez um terapeuta seja a pessoa mais equipada para avaliar a compreensão que um paciente tem de si mesmo.

Observe que as inteligências pessoais estão mais próximas do que Daniel Goleman chamou de inteligência emocional. Contudo, Goleman acrescentou um componente de valor — a inteligência emocional é desejável —, enquanto eu vejo minhas inteligências como livres de valor; qualquer inteligência pode ser usada de forma benigna ou maligna.

Essas são, então, as sete inteligências que descrevemos em nossa pesquisa. Essa é uma lista preliminar, como eu disse; obviamente, cada forma de inteligência pode ser subdividida, ou a lista pode ser reorganizada. Mais tarde, adicionei uma inteligência e discuti a plausibilidade de ainda mais inteligências (ver os Ensaios 9 e 19 em *The essential Howard Gardner on mind*).

O ponto essencial: defender a pluralidade do intelecto.

Além disso, acredito que os indivíduos podem diferir nos perfis de inteligência específicos com os quais nascem, e que certamente diferem nos perfis com os quais acabam. Penso nas inteligências como potenciais biológicos brutos que podem ser vistos em forma pura apenas em indivíduos que são, no sentido técnico, aberrações. Em quase todos os outros, as inteligências trabalham juntas para resolver problemas e produzir vários tipos de estados finais culturais — vocações, aptidões e coisas do gênero.

Essa é, de forma condensada, minha teoria das inteligências múltiplas. Na minha opinião, o propósito da escola deve ser desenvolver inteligências e ajudar as pessoas a atingir objetivos vocacionais e pessoais que sejam apropriados ao seu espectro específico de inteligências. Acredito que as pessoas que recebem ajuda para fazer isso se sentem mais engajadas e competentes e, portanto, mais inclinadas a servir a sociedade de forma construtiva.

Esses pensamentos, assim como a crítica a uma visão universalista da mente com a qual comecei, levam à noção de uma escola *centrada no indivíduo*, voltada para a compreensão e o desenvolvimento ideais do perfil cognitivo de cada aluno. Essa visão contrasta com a da escola uniforme que descrevi.

O projeto da minha escola ideal do futuro é baseado em duas suposições. A primeira é que nem todas as pessoas têm os mesmos interesses e habilidades; nem todos nós aprendemos da mesma maneira. (E agora temos as ferramentas para começar a abordar essas diferenças individuais na escola.)

A segunda suposição é preocupante: é a suposição de que hoje em dia nenhuma pessoa consegue aprender tudo o que há para aprender. Nós, como homens e mulheres da Renascença, gostaríamos de saber tudo, ou pelo menos acreditar no potencial de saber tudo, mas esse ideal claramente não é mais possível.

A escolha é, portanto, inevitável. Eu afirmo que as escolhas que fazemos por nós mesmos e pelos jovens sob nossa responsabilidade também podem ser escolhas informadas. Uma escola centrada no indivíduo seria rica em avaliações de habilidades e propensões individuais. Ela buscaria adequar os indivíduos não apenas às áreas curriculares, mas também às formas específicas de ensinar essas disciplinas. Depois das primeiras séries, a escola também buscaria adequar os indivíduos aos vários tipos de vida e opções de trabalho disponíveis naquele momento em sua cultura.

Deixe-me propor um conjunto de papéis para educadores que podem tornar essa visão uma realidade. Em primeiro lugar, poderíamos ter o que eu chamaria de especialistas em avaliação. O trabalho desses profissionais seria tentar entender, da forma mais sensível possível, as habilidades e os interesses dos alunos de uma escola. No entanto, seria muito importante que os especialistas em avaliação utilizassem instrumentos "justos em termos de inteligência". Queremos ser capazes de olhar de modo específico e direto para as habilidades espaciais, para as habilidades pessoais e coisas do tipo — *não* através das lentes usuais das inteligências linguística e lógico-matemática.

Até agora, quase todas as avaliações dependem indiretamente da medição dessas habilidades; se os alunos não forem fortes nessas áreas, suas habilidades em outras áreas podem ser obscurecidas. Quando começarmos a tentar avaliar outros tipos de inteligência diretamente, estou confiante de que alunos específicos revelarão pontos fortes em áreas bem diferentes, e a noção de brilhantismo geral desaparecerá ou será bastante atenuada.

Na verdade, estou envolvido com colegas em duas colaborações, por meio das quais estamos tentando determinar como a avaliação poderá ser no futuro. Um desses esforços está ocorrendo em uma pré-escola local com a qual estamos trabalhando em estreita colaboração. Nós equipamos a escola com uma riqueza de materiais que devem envolver a gama de inteligências dos alunos, e chamamos nosso esforço de Projeto Spectrum. As crianças podem gravitar naturalmente em torno de uma grande variedade de jogos, quebra-cabeças e outros materiais; elas podem nos mostrar, por meio de suas atividades lúdicas, quais são suas combinações particulares de interesses e pontos fortes. No final do ano letivo, apresentamos o que chamamos de perfil de espectro de cada criança aos seus pais e professores. O perfil de espectro é uma descrição clara do perfil cognitivo particular de uma criança, juntamente com algumas sugestões concretas do que pode ser feito em casa, na escola e na comunidade em geral para ajudar essa criança a desenvolver seus interesses e suas habilidades. (Para detalhes, ver os Ensaios 12 e 13.)

Nossa segunda colaboração de pesquisa envolve o ensino de artes e humanidades para estudantes pré-adolescentes e adolescentes. Nesse projeto, denominado Arts PROPEL, em colaboração com o Educational Testing Service, estamos desenvolvendo maneiras de descobrir os pontos fortes de alunos do ensino fundamental e médio nas artes e humanidades. Concordamos que, independentemente da utilidade dos testes de papel e lápis em outras áreas, eles não são a maneira ideal de revelar as habilidades latentes ou emergentes dos alunos nas artes e humanidades. No Arts PROPEL, os alunos estão trabalhando de uma forma muito mais holística em projetos de grande escala, que serão então reunidos em portfólios para avaliarmos. Espero que um perfil de aluno baseado em tais avaliações possa servir pelo menos como um complemento aos testes padronizados, ou até mesmo como uma alternativa aos testes. (Ver Ensaios 14 e 17.)

Além do especialista em avaliação, a escola do futuro pode ter o mediador aluno-currículo, cujo trabalho seria ajudar a adequar os perfis, objetivos e interesses dos alunos a currículos e abordagens específicos de aprendizagem. As tecnologias interativas são promissoras nessa área.

Também deveria haver, penso eu, um mediador escola-comunidade, que relacionaria os alunos a oportunidades de aprendizagem na comunidade em geral. Seria trabalho dessa pessoa encontrar situações na comunidade — particularmente opções não disponíveis na escola — para crianças que exibem perfis cognitivos distintos ou incomuns. Tenho em mente oportunidades para aprendizes, mentorias, estágios em organizações, "irmãos mais velhos", "irmãs mais velhas" — indivíduos e organizações com os quais esses alunos possam trabalhar para garantir uma percepção de diferentes tipos de papéis vocacionais e aptidões na sociedade.

Não estou preocupado com os jovens que são bons em tudo — se é que eles realmente existem! (Tipos como Leonardo da Vinci são bem-vindos, mas não são comuns!) É provável que eles se saiam bem. Estou preocupado com aqueles que não se destacam em testes padronizados e que, portanto, tendem a ser descritos como pessoas sem nenhum tipo de talento. O mediador escola-comunidade poderia identificar esses jovens e encontrar posições na comunidade que lhes oferecessem oportunidades de melhorar e, talvez, brilhar.

Há amplo espaço nessa visão também para professores e professores-mestres. Na minha opinião, os professores teriam liberdade para fazer o que devem fazer: ensinar sua matéria da maneira que preferirem. O trabalho de professor-mestre seria exigente. Ele envolveria, em primeiro lugar, supervisionar os professores novatos e orientá-los, mas o professor-mestre também buscaria garantir que a complexa equação aluno-avaliação-currículo-comunidade fosse equilibrada adequadamente. Se a equação estivesse muito errada, os professores-mestres interviriam e sugeririam maneiras de melhorar.

É claro que o que estou descrevendo é uma tarefa árdua; poderia até ser chamada de utópica. E há um grande risco nesse programa, do qual estou bem ciente. É o risco da acomodação prematura; o risco de dizer: "Bem, Johnny tem quatro anos, ele parece ser musical, então vamos mandá-lo para a Juilliard School, em Nova York, e abandonar todo o resto". Contudo, não há nada inerente à abordagem que descrevi que exija essa sobredeterminação precoce — muito pelo contrário. A identificação precoce de pontos fortes pode ser muito útil para indicar os tipos de experiências das quais as crianças podem se beneficiar, mas a identificação precoce de pontos fracos pode ser igualmente importante. Se uma fraqueza for identificada cedo, há uma chance de lidar com ela antes que seja tarde demais e de encontrar maneiras alternativas de ensinar ou abordar uma habilidade ou área de conteúdo importante.

Agora temos os recursos tecnológicos e humanos para implementar uma escola centrada no indivíduo. Alcançar isso é uma questão de vontade, incluindo a vontade de suportar as enormes pressões atuais em direção à uniformidade e às avaliações unidimensionais. Atualmente, há fortes pressões para comparar alunos, professores, estados e até países inteiros com uma dimensão ou critério, uma espécie de criptoavaliação de QI.

Claramente, tudo o que descrevi está hoje em oposição direta a essa visão particular do mundo. De fato, esta é minha intenção: fazer uma acusação contundente a esse pensamento unilateral. Eu recomendaria aos leitores a série de livros e artigos *Finnish lessons*, do educador Pasi Sahlberg (2014), que descreve uma abordagem fundamentalmente diferente para a educação básica.

Acredito que, em nossa sociedade, sofremos de três preconceitos, que apelidei de "ocidentalista", "testista" e "melhorista". O ocidentalista envolve colocar certos valores culturais ocidentais, que remontam a Sócrates, em um pedestal. O pensamento lógico e a racionalidade, por exemplo, são importantes, mas não são as únicas virtudes.

O preconceito "testista" sugere uma tendência a focar nas habilidades ou abordagens humanas facilmente testáveis. Às vezes, parece que não vale a pena prestar atenção se algo não puder ser testado. Acredito que a avaliação pode ser muito mais ampla, muito mais humana do que é agora, e que os psicólogos deveriam gastar menos tempo classificando as pessoas e mais tempo ajudando-as.

O preconceito "melhorista" é uma referência não muito velada ao livro *The best and the brightest*, de 1972, do jornalista David Halberstam. No livro, Halberstam trata com ironia figuras como os membros do corpo docente de

Harvard que foram trazidos para Washington no início da década de 1960 para ajudar o presidente John F. Kennedy e, no processo, iniciaram a Guerra do Vietnã (que eles se mostraram incapazes de enfrentar com sucesso). Qualquer crença de que todas as respostas para um determinado problema estão em uma determinada abordagem, como o pensamento lógico-matemático, pode ser muito perigosa.

Uma mensagem: as atuais visões hegemônicas do intelecto precisam ser temperadas com outros pontos de vista.

É de suma importância que reconheçamos e alimentemos todas as variadas inteligências humanas e todas as combinações de inteligências. Nós diferimos significativamente uns dos outros porque temos diferentes combinações de inteligências. Se reconhecermos isso, acredito que teremos uma chance melhor de lidar da maneira adequada com os muitos problemas que enfrentamos no mundo. Se pudermos mobilizar o espectro de habilidades humanas, as pessoas não apenas se sentirão melhor consigo mesmas e mais competentes, mas também poderão se sentir mais engajadas e mais capazes de se juntar ao resto da comunidade mundial no trabalho pelo bem maior. Talvez, se pudermos mobilizar toda a gama de inteligências humanas e aliá-las a um senso ético, possamos ajudar a aumentar a probabilidade de nossa sobrevivência neste planeta, e talvez até contribuir para nossa prosperidade.

REFERÊNCIAS

HALBERSTAM, D. *The best and the brightest*. New York: Random House, 1972.

SAHLBERG, P. *Finnish lessons 2.0*: what can the world learn from educational change in Finland? New York: Teachers College, 2014.

ENSAIO **8**

REFLEXÕES SOBRE OS MITOS E AS MENSAGENS DAS INTELIGÊNCIAS MÚLTIPLAS

Mesmo depois de 40 anos, a maior parte da minha correspondência "não solicitada" é sobre a teoria das inteligências múltiplas. Entre essas mensagens, um tópico favorito é a designação de inteligências adicionais: religiosa, financeira, tecnológica, profissional, lúdica, entre outras.

Agora, é claro, qualquer um pode jogar o jogo "diga sua inteligência". Contudo, qualquer um que tenha lido Estruturas da mente *ou outros escritos sabe que eu tinha um conjunto rigoroso de critérios para o que conta como inteligência e o que não conta. Levei vários anos para analisar várias informações de possíveis inteligências candidatas e escolher aquelas que se qualificavam.*

Dito isso, acho legítimo contemplar inteligências adicionais. De fato, em um ano sabático (1994–1995), concluí que havia evidências suficientes para adicionar a "inteligência naturalista". Eu não estava convencido de que existisse uma inteligência "religiosa" ou "espiritual", embora possa haver uma "inteligência existencial" — a inteligência das "grandes questões". (Ver o Ensaio 19 em The Essential Howard Gardner on Mind.*)*

Não tive tempo (ou, para ser franco, motivação) para analisar evidências de inteligências candidatas, embora outros sejam bem-vindos para se envolver nessa atividade exigente e demorada. Acredito que é possível defender a inteligência pedagógica *— a capacidade de ensinar os outros e de ajustar o conteúdo e o modo adequadamente. Também dei licença a outros para falarem informalmente sobre outras inteligências — desde que o conceito entrou em domínio público, não tenho o direito nem a necessidade de ser o árbitro final. Dito isso, antes de declarar uma nova inteligência, encorajo as pessoas a verem se os pensamentos e as ações podem ser adequadamente explicados pelo conjunto existente de oito inteligências distintas.*

Na década seguinte à publicação de Estruturas da mente, *houve considerável discussão sobre as vantagens da abordagem, especialmente por parte de educadores, bem como críticas consideráveis, especialmente da comunidade psicológica e psicométrica. No entanto, também fiquei impressionado com uma série de mal-entendidos recorrentes sobre o que eu havia afirmado e o que isso significava.*

Assim, dei um passo atrás para considerar os principais problemas — chamei-os de "mitos" — e para corrigir esses mal-entendidos, apresentando o que chamei de "realidades" complementares. Indiquei as áreas em que eu próprio tenho alguma culpa e reformularia algumas das alegações. Além disso, forneci algumas implicações educacionais. Acredito que este seja meu artigo mais reimpresso, e talvez seja o mais traduzido e o mais citado.

I. QUEBRANDO UMA DÉCADA DE SILÊNCIO

Às vezes, um silêncio de uma década é uma boa ideia. Publiquei *Estruturas da mente,* uma introdução à teoria das inteligências múltiplas (IM), em 1983. Como eu criticava as visões atuais sobre inteligência dentro da disciplina da psicologia, esperava controvérsia entre meus colegas psicólogos. Não fiquei desapontado!

Eu não estava preparado para a grande reação majoritariamente positiva à teoria entre os educadores. Claro, fiquei satisfeito com essa resposta e fui estimulado a empreender alguns projetos que exploravam as implicações da teoria das IM. Também fiquei satisfeito — e ocasionalmente comovido — com as muitas tentativas de instituir uma abordagem de IM para a educação em escolas e salas de aula. No geral, porém, exceto por algumas respostas diretas às críticas, não me manifestei sobre novos pensamentos relativos à teoria em si.

Nos anos desde que *Estruturas da mente* foi publicado, ouvi, li e vi centenas de interpretações diferentes do que é a teoria das IM e de como ela pode ser aplicada nas escolas. (Ver *Howard Gardner under fire,* Schaler, 2006). Até agora, tenho me contentado em deixar a teoria das IM assumir vida própria. Na minha opinião, eu havia emitido um conjunto de ideias (ou "*memes*") para o mundo exterior, e estava inclinado a deixar que esses *memes* se defendessem sozinhos. No entanto, à luz das minhas próprias leituras e observações, acredito que chegou a hora de lançar um conjunto de novos *memes* meus.

A seguir, discuto sete mitos que surgiram sobre inteligências múltiplas. Ao apresentar sete "realidades" complementares, tento esclarecer os fatos. Então, ao refletir sobre minhas observações de experimentos de IM nas escolas, descrevo três maneiras de aprimorar a educação por uma perspectiva de inteligências múltiplas.

Não faço nenhuma tentativa de isolar a teoria das IM da prática das IM. As inteligências múltiplas começaram como uma teoria, mas quase imediatamente foram colocadas em prática. O vaivém entre teoria e prática tem sido constante, contínuo e, na maior parte, produtivo.

II. MITOS DAS INTELIGÊNCIAS MÚLTIPLAS

Mito nº 1: Agora que diversas inteligências foram identificadas (desde 1995), é possível — e talvez seja necessário — criar diversos testes e garantir sete pontuações.

Realidade nº 1: A teoria das IM representa uma crítica à psicometria que conhecemos. A ideia de uma bateria de testes de IM é inconsistente com os principais fundamentos da teoria.

Comentário: Meu conceito de inteligências é um resultado do conhecimento acumulado sobre o cérebro humano e as culturas humanas; não é um resultado de definições *a priori* nem de análises fatoriais de pontuações de testes. Como tal, as inteligências devem ser avaliadas de formas que sejam "justas em termos de inteligência", de formas que examinem a inteligência diretamente, e não através das lentes da inteligência linguística ou lógica (como os testes comuns de papel e lápis costumam fazer).

Portanto, se alguém quiser observar a inteligência espacial, deve permitir que um indivíduo explore um terreno por um tempo e ver se ele consegue se orientar nele de forma confiável. Ou se alguém quiser examinar a inteligência musical, deve expor um indivíduo a uma nova melodia em um idioma razoavelmente familiar e ver quão facilmente ele pode aprender a cantá-la, reconhecê-la, transformá-la e coisas do tipo.

Avaliar inteligências múltiplas não é uma prioridade em todos os cenários. Contudo, quando é necessário ou aconselhável avaliar as inteligências de um indivíduo, é melhor fazê-lo em um ambiente confortável, com materiais (e com papéis culturais) que sejam familiares a esse indivíduo. Essas condições estão em desacordo com nossa concepção geral de testes, como um exercício descontextualizado usando materiais cujo *design* é desconhecido. Contudo, em princípio, não há razão para que um conjunto de medidas "justo em termos de inteligência" não possa ser concebido. A produção dessas ferramentas úteis tem sido nosso objetivo em vários projetos descritos em outras partes deste livro.

Mito nº 2: Uma inteligência é o mesmo que um domínio ou uma disciplina.

Realidade nº 2: Uma inteligência é um novo tipo de constructo e não deve ser confundida com um domínio ou uma disciplina.

Comentário: Devo assumir uma boa parte da culpa pela propagação desse mito. Ao escrever *Estruturas da mente,* não fui tão cuidadoso quanto deveria em distinguir inteligências de outros conceitos relacionados. Como agora entendi, em grande parte por meio de interações com meus colegas Mihaly Csikszentmihalyi e David Feldman, uma inteligência é um potencial biológico e psicológico. Esse potencial pode ser realizado em maior ou menor grau como consequência dos fatores experienciais, culturais e motivacionais que afetam uma pessoa.

Em contraste, um domínio — também chamado de disciplina — é um conjunto organizado de atividades dentro de uma cultura, tipicamente caracterizado por um sistema de símbolos específico e suas operações associadas. Qualquer atividade cultural em que os indivíduos participem de forma mais do que casual e em que graus de especialização podem ser identificados e cultivados deve ser considerada um domínio. Assim, física, xadrez, jardinagem e *rap* são domínios da cultura ocidental. Qualquer domínio pode ser realizado por meio do uso de uma variedade de inteligências. Assim, o domínio da *performance* musical envolve as inteligências corporal-cinestésica e pessoal, bem como a musical. Da mesma forma, uma inteligência específica, como a inteligência espacial, pode ser colocada em prática em uma infinidade de domínios, que vão da escultura à navegação, do *Minecraft* às investigações neuroanatômicas.

Por fim, o campo consiste no conjunto de indivíduos e instituições que julgam a aceitabilidade e a criatividade de produtos criados por indivíduos (com suas inteligências características) dentro de domínios estabelecidos ou novos. Julgamentos de qualidade não podem ser feitos separadamente da operação dos membros de um campo, embora seja importante notar que tanto os membros de um campo quanto os critérios que eles empregam podem mudar, e realmente mudam, ao longo do tempo.

Mito nº 3: Uma inteligência é o mesmo que um "estilo de aprendizagem", um "estilo cognitivo" ou um "estilo de trabalho".

Realidade nº 3: O conceito de estilo designa uma abordagem geral que um indivíduo pode aplicar da mesma forma a todo conteúdo concebível. Em contraste, uma inteligência é uma capacidade, com seus processos componentes, voltada para um conteúdo específico no mundo (como sons musicais ou padrões espaciais). (Para mais explicações, ver o Ensaio 9.)

Mito nº 4: A teoria das IM não é empírica.

Variante do Mito nº 4 : A teoria das IM é empírica e foi refutada.

Realidade nº 4: A teoria das IM é baseada inteiramente em evidências empíricas e pode ser revisada com base em novas descobertas empíricas.

Comentário: Qualquer um que apresente o Mito nº 4 não abriu — e muito menos leu — *Estruturas da mente.* Literalmente, centenas de estudos empíricos foram revisados naquele livro, e as inteligências reais foram identificadas e delineadas com base em descobertas empíricas. As sete inteligências descritas em *Estruturas da mente* representaram meu melhor esforço para identificar habilidades mentais mínimas que pudessem ser facilmente discutidas e criticadas.

Nenhuma teoria com base empírica é estabelecida permanentemente. Todas as afirmações estão em risco à luz de novas descobertas. Na última década, coletei e refleti sobre evidências empíricas relevantes para as alegações da teoria das IM, versão de 1983. Assim, o trabalho sobre o desenvolvimento de uma "teoria da mente" em crianças, bem como o estudo de patologias nas quais um indivíduo perde o senso de julgamento social, forneceram novas evidências da importância e independência da inteligência interpessoal. Em contraste, as descobertas de uma possível ligação entre o pensamento musical e o espacial me fizeram refletir sobre as possíveis relações entre faculdades que antes eram consideradas independentes. Muitas outras linhas de evidências poderiam ser mencionadas aqui. O ponto importante é que a teoria das IM é — e deve ser — regularmente reconceitualizada à luz de novas descobertas de laboratório e de campo (ver também Mito nº 7).

É verdade que a teoria das IM não pode ser provada ou refutada por experimentos. É uma obra de síntese. (Ver os Ensaios 22 e 24 neste livro, bem como os Ensaios 17 a 21 em *The essential Howard Gardner on mind.*)

Mito nº 5: A teoria das IM é incompatível com "*g*" (o termo técnico para inteligência geral), com relatos hereditários ou com conteúdos ambientais (culturais).

Realidade nº 5: A teoria das IM questiona não a *existência* , mas a proveniência e o poder explicativo de "*g*". Da mesma forma, a teoria das IM é neutra quanto à questão da hereditariedade de inteligências específicas, enfatizando, em vez disso, a centralidade das interações entre genes e ambientes.

Comentário: O interesse em "*g*" vem principalmente daqueles que estão investigando a inteligência escolar e daqueles que transitam nas correlações entre as pontuações dos testes. (Recentemente, tem havido interesse nos possíveis fundamentos neurofisiológicos de "*g*", bem como nas possíveis consequências sociais de "baixo *g*".) Embora eu tenha sido crítico de muitas das pesquisas na tradição de "*g*", não considero o estudo de "*g*" um tabu científico, e estou disposto a aceitar a utilidade de "*g*" para certos propósitos teóricos. Meu interesse, obviamente, centra-se nas inteligências e nos processos intelectuais que não são abrangidos por "*g*".

Embora uma grande força motivadora na psicologia tenha sido o estudo da hereditariedade da(s) inteligência(s), minhas investigações não foram orientadas nessa direção. Não duvido que as habilidades humanas e as diferenças entre os humanos tenham uma base genética. Algum cientista sério pode questionar isso na era do genoma? E acredito que estudos de genética comportamental, em particular de gêmeos idênticos criados separadamente, podem esclarecer certas questões. No entanto, assim como a maioria dos cientistas informados sobre biologia, rejeito a dicotomia herdado *versus* aprendido; em vez disso, enfatizo a interação, desde o momento da concepção, entre fatores genéticos e ambientais.

Mito nº 6: A teoria das IM amplia tanto a noção de inteligência que inclui todos os constructos psicológicos e, portanto, invalida a utilidade e a conotação usual do termo.

Realidade nº 6: Essa afirmação está simplesmente errada. Na minha opinião, é a definição padrão de inteligência que *restringe extremamente* nossa visão. Ela trata uma certa forma de desempenho escolar como se abrangesse a gama de capacidades humanas e desdenha aqueles que não são brilhantes do ponto de vista da psicometria. Além disso, rejeito a distinção entre talento e inteligência. Na minha opinião, o que chamamos de "inteligência" na linguagem coloquial é simplesmente um certo conjunto de talentos nas esferas linguística e/ou lógico-matemática.

Comentário: A teoria das IM trata do intelecto, da mente humana em seus aspectos cognitivos. Acredito que um tratamento em termos de várias inteligências semi-independentes apresenta uma concepção mais sustentável da cognição humana do que uma que propõe uma única curva de sino do intelecto.

Note, no entanto, que a teoria das IM não pretende lidar com questões que vão além do intelecto. A teoria das IM *não* é, e não pretende ser, sobre personalidade, vontade, moralidade, atenção, motivação e outros constructos psicológicos muito comentados. Observe também que a teoria das inteligências múltiplas não está conectada a nenhum conjunto de moral ou valores. Uma inteligência pode ser usada para um uso ético ou antissocial. O poeta e dramaturgo Johann Wolfgang von Goethe e o propagandista nazista Joseph Goebbels eram mestres da língua alemã, mas suas proezas linguísticas eram usadas de formas muito distintas!

Mito nº 7: Existe uma 8ª (ou 9ª ou 10ª) inteligência.

Realidade nº 7: Não está nos meus escritos, até agora. Mas estou trabalhando nisso.

Comentário: Pelas razões sugeridas acima, achei sensato não tentar revisar as principais alegações da teoria das inteligências múltiplas antes que a versão de 1983 da teoria tivesse sido debatida. Contudo, recentemente, voltei minha atenção para possíveis adições à lista. Se eu fosse reescrever *Estruturas da mente* hoje, eu acrescentaria uma 8ª inteligência: a inteligência do naturalista. (Ver o Ensaio 19 em *The essential Howard Gardner on mind.*) Parece-me que o indivíduo que é capaz de reconhecer prontamente a flora e a fauna, de fazer outras distinções consequentes no mundo natural e de usar essa habilidade produtivamente (na caça, na agricultura, na biologia) está exercendo uma inteligência importante que não está adequadamente abrangida na lista inicial. Indivíduos como Charles Darwin e Barbara McClintock personificam a inteligência naturalista, e, em nossa cultura de consumo, os jovens exploram sua inteligência naturalista ao fazerem discriminações refinadas entre carros, tênis e/ou penteados.

Li em várias fontes secundárias que existe uma inteligência espiritual e que eu endossei sua existência. Essa afirmação não é verdadeira. No entanto, pode, de fato, haver uma inteligência existencial: a inteligência que permite aos seres humanos formular e refletir sobre grandes questões.

III. MENSAGENS SOBRE AS INTELIGÊNCIAS MÚLTIPLAS NA SALA DE AULA

Se continuássemos a adicionar mitos à lista, um promissor seria:

Existe uma única abordagem educacional baseada na teoria das IM.

Espero ter deixado claro que não concordo com esse mito. Pelo contrário, a teoria das IM não é de forma alguma uma prescrição educacional. Há sempre um abismo entre as afirmações psicológicas sobre como a mente funciona e as práticas educacionais, e esse abismo é especialmente aparente em uma teoria que foi desenvolvida sem objetivos educacionais específicos em mente. Assim, nas discussões educacionais, sempre assumi a posição de que os próprios educadores estão na melhor posição para determinar os usos que a teoria das IM pode e deve fazer.

De fato, ao contrário de muito do que foi escrito, a teoria das IM *não* incorpora uma "posição" sobre rastreamento, educação para superdotados, currículos interdisciplinares, leiaute do dia escolar, duração do ano letivo ou muitas outras questões educacionais polêmicas. Tentei encorajar certos "esforços de IM aplicados", mas, em geral, meu conselho ecoou o tradicional ditado chinês "Deixe cem flores florescerem". Muitas vezes fiquei surpreso e encantado com a fragrância de algumas dessas plantas incipientes — por exemplo, o uso de um "currículo de inteligências múltiplas" para facilitar a comunicação entre jovens oriundos de diferentes culturas, ou a transmissão de princípios essenciais em biologia ou estudos sociais por meio de uma *performance* dramática projetada e encenada por alunos.

No entanto, convenci-me de que, embora não exista uma "maneira certa" de conduzir uma educação sobre inteligências múltiplas, alguns esforços atuais vão contra o espírito da minha formulação e incorporam um ou mais dos mitos esboçados acima. Deixe-me mencionar algumas aplicações que me deixaram perplexo:

- *A tentativa de ensinar todos os conceitos ou assuntos usando todas as inteligências.* Como indico a seguir, a maioria dos tópicos pode ser abordada de diversas maneiras, mas não faz sentido presumir que cada tópico pode ser abordado efetivamente de pelo menos sete maneiras, e é perda de tempo e esforço tentar fazer isso.
- *A crença de que basta, por si só, apenas se movimentar para exercitar uma certa inteligência.* Assim, tenho visto aulas em que as crianças são encorajadas apenas a mover os braços ou a correr, partindo do princípio de que exercitar o corpo representa, em si, algum tipo de declaração de IM. Não me entenda como se eu estivesse dizendo que exercício físico é algo ruim, porque não é, mas movimentos musculares aleatórios não têm nada a ver com o cultivo da mente... e talvez nem mesmo do corpo!
- *O uso de materiais associados a uma inteligência simplesmente como pano de fundo.* Em algumas aulas, as crianças são incentivadas a ler ou a fazer exercícios de matemática enquanto ouvem música de fundo. Eu mesmo gosto de trabalhar com música de fundo. Contudo, a menos que eu me concentre na *performance* (nesse caso, a composição não serve mais apenas como pano de fundo), é improvável que a função da música seja diferente daquela de uma torneira pingando ou de um ventilador zumbindo.
- *O uso de inteligências principalmente como dispositivos mnemônicos.* Pode ser que seja mais fácil lembrar de uma lista se a cantarmos, ou mesmo se dançarmos enquanto a recitamos. Não tenho nada contra esses

auxílios à memória. No entanto, esses usos do "material" de uma inteligência são essencialmente triviais. O que não é trivial — como argumento a seguir — é pensar musicalmente ou recorrer a alguns aspectos estruturais da música para iluminar conceitos como evolução biológica ou ciclos históricos.

- *A fusão de inteligências com outros desiderатos.* Essa prática é particularmente notória quando se trata de inteligências pessoais. A *inteligência interpessoal* tem a ver com compreender outras pessoas, mas muitas vezes é mal interpretada como uma licença para aprendizagem cooperativa ou aplicada a indivíduos extrovertidos. A *inteligência intrapessoal* tem a ver com a compreensão de si mesmo, mas muitas vezes é distorcida como justificativa para programas de autoestima ou aplicada a indivíduos solitários ou introvertidos. Quem usa esses termos dessa forma promíscua parece nunca ter lido meus próprios escritos sobre inteligência.
- *A avaliação direta (ou mesmo a classificação) de inteligências, sem levar em conta contexto ou conteúdo.* As inteligências devem ser vistas em ação quando os indivíduos realizam atividades produtivas que são valorizadas em uma cultura ou subcultura. É assim que o relato de aprendizagem e domínio deve ocorrer, em geral. Não vejo muito sentido em classificar indivíduos em termos de quão "linguísticos" ou quão "corporal-cinestésicos" eles supostamente são; é provável que tal prática introduzirá uma nova e desnecessária forma de rastreamento e rotulagem. Como pai (e como defensor da educação na comunidade onde resido), estou interessado nos usos que são feitos da inteligência das crianças; os relatos devem ter esse foco.

Observe que é razoável, para certos propósitos, indicar que uma criança parece ter uma força relativa em uma inteligência e uma fraqueza relativa em outra. No entanto, essas descrições devem ser usadas para ajudar os alunos a terem um melhor desempenho em atividades significativas, e talvez até para mostrar que uma rotulagem foi prematura ou errônea.

Tendo ilustrado algumas aplicações problemáticas da teoria das IM, deixe-me agora indicar três maneiras mais positivas de como as IM podem ser — e têm sido — usadas nas escolas:

1. *O cultivo de estados finais desejados.* As escolas devem cultivar as habilidades e capacidades que são valorizadas na comunidade e na sociedade em geral. Algumas dessas funções desejadas provavelmente destacarão inteligências

específicas, incluindo aquelas que muitas vezes recebem pouca atenção nas escolas. Se, por exemplo, a comunidade acredita que as crianças devem ser capazes de tocar um instrumento musical, então o cultivo da inteligência musical para esse fim se torna um valor da escola. Da mesma forma, é provável que a ênfase em estados finais como considerar os sentimentos dos outros, ser capaz de planejar a própria vida de forma reflexiva ou ser capaz de encontrar o caminho em um território desconhecido resultará em uma ênfase no cultivo das inteligências interpessoal, intrapessoal e espacial, respectivamente.

2. Abordar um conceito, assunto ou disciplina de diversas maneiras. Assim como muitos outros reformadores, estou convencido de que as escolas tentam cobrir muito material, o que resulta em compreensões superficiais (ou não compreensões). Faz muito mais sentido dedicar uma quantidade significativa de tempo a conceitos-chave, ideias generativas e questões essenciais, e então permitir que os alunos se familiarizem por completo com essas noções e suas implicações.

Uma vez tomada a decisão de dedicar tempo a itens específicos, torna-se possível abordar esses tópicos ou noções de diversas maneiras. Não necessariamente de sete, muito menos de setenta maneiras, mas de diversos modos que sejam pedagogicamente apropriados para o tópico em questão. É aqui que entram as inteligências múltiplas. Como argumento em "A mente não escolarizada" (Ensaio 15 deste livro), quase todos os tópicos podem ser abordados de várias maneiras, desde contar uma história por meio de um argumento formal até uma exploração artística ou algum tipo de experimento prático ou simulação. Essas abordagens pluralistas devem ser incentivadas.

Quando um tópico é abordado de diversas perspectivas, três resultados desejáveis ocorrem. Em primeiro lugar, como as crianças não aprendem da mesma maneira, mais crianças são alcançadas — eu chamo esse estado desejável de "múltiplas janelas que levam à mesma sala".

Em segundo lugar, os alunos adquirem uma noção do que é ser um especialista quando observam que um professor pode representar o conhecimento de diversas maneiras e que eles, mesmo alunos, também são capazes de construir mais de uma representação de um conteúdo específico.

Por fim, como a compreensão também pode ser demonstrada de mais de uma maneira, uma abordagem pluralista abre a possibilidade de que os alunos possam demonstrar suas novas compreensões — bem como suas dificuldades contínuas — de maneiras que sejam confortáveis para eles e acessíveis aos outros.

Exames e exibições baseados em desempenho são feitos sob medida para destacar as múltiplas inteligências do aluno.

3. *A personalização da educação.* Sem dúvida, uma das razões pelas quais a teoria das IM atraiu a atenção da comunidade educacional é por causa de seu forte endosso a um conjunto de proposições: não somos todos iguais; não temos o mesmo tipo de mente; a educação funciona mais efetivamente para a maioria dos indivíduos se essas diferenças de mentalidade e pontos fortes forem consideradas em vez de negadas, deploradas ou ignoradas.

Sempre acreditei que o cerne da perspectiva das IM — na teoria e na prática — é inseparável de *levar extremamente a sério as diferenças cognitivas entre os seres humanos*. No nível teórico, reconhece-se que os indivíduos não podem ser agrupados de forma proveitosa em uma única dimensão intelectual. No nível prático, reconhece-se que qualquer abordagem educacional uniforme provavelmente atenderá apenas uma minoria de crianças.

Quando visito uma "escola de IM", procuro evidências de personalização: evidências de que todos os envolvidos no encontro educacional levam essas diferenças entre os seres humanos muito a sério; evidências de que eles constroem currículos, pedagogia e avaliação, na medida do possível, à luz dessas diferenças. Todas as postagens sobre IM, ou todas as referências a mim pessoalmente, pouco adiantam se os jovens continuarem a ser tratados de forma homogeneizada. Da mesma forma, independentemente de os membros da equipe terem ou não ouvido falar da teoria das IM, eu ficaria feliz em enviar meus filhos ou netos a uma escola com as seguintes características: as diferenças entre os jovens são levadas a sério; o conhecimento sobre as diferenças é compartilhado com as crianças e os pais; os alunos gradualmente assumem responsabilidade por seu próprio aprendizado; e os materiais que valem a pena conhecer são apresentados de maneiras que oferecem a cada aluno a oportunidade máxima de dominar esses materiais e mostrar aos outros (e a eles mesmos) o que aprenderam e compreenderam.

* * *

Muitas vezes perguntam minha opinião sobre escolas que estão engajadas em esforços de IM. A pergunta implícita pode muito bem ser: "Você não fica chateado com algumas das aplicações que são feitas em seu nome?"

Na verdade, não espero que os esforços iniciais para aplicar qualquer ideia nova sejam surpreendentes. A experimentação humana é lenta, desafiadora e cheia de zigue-zagues, por isso espero que as aplicações iniciais de qualquer conjunto de ideias inovadoras sejam, às vezes, pouco entusiasmadas, superficiais e até mesmo equivocadas.

Para mim, a questão crucial diz respeito ao que aconteceu em uma escola (ou classe) nos anos após ela ter assumido um compromisso inicial com uma abordagem de IM. Muitas vezes, a iniciativa já estará esquecida há muito tempo — o destino, para o bem ou para o mal, da maioria das experimentações educacionais. Às vezes, a escola fica presa na rotina, repetindo os mesmos procedimentos iniciados nos primeiros dias, sem tirar uma lição positiva ou negativa desse exercício. Nem preciso dizer que não fico feliz com nenhum desses resultados.

Eu valorizo um ambiente educacional onde discussões e aplicações de IM tenham catalisado uma consideração mais fundamental da escolaridade: seus propósitos abrangentes, suas concepções de como será uma vida produtiva no futuro, seus métodos pedagógicos e seus resultados educacionais, em particular no contexto dos valores daquela comunidade específica. Essas discussões geralmente levam a uma educação mais ponderada. Intercâmbios com outras escolas e formas mais amplas de *networking* entre entusiastas (e críticos) de IM são parte importante desse processo de construção. Se essas discussões e experimentos resultarem em uma educação mais personalizada, concluirei que o cerne da teoria das IM foi incorporado. Se essa personalização for combinada com um comprometimento com a obtenção de conhecimentos educacionais valiosos (e atingíveis) para todas as crianças, então a base para uma educação poderosa terá sido lançada de fato.

O empreendimento das IM é contínuo e mutável. Ao longo dos anos, surgiram novos pensamentos sobre a teoria, novos entendimentos e mal-entendidos e novas aplicações, algumas muito inspiradas, outras nem tanto. Especialmente gratificante para mim foi a demonstração de que esse processo é dinâmico e interativo: ninguém, nem mesmo seu criador, tem o monopólio da sabedoria ou da tolice das IM. A prática é enriquecida pela teoria, assim como a teoria é transformada à luz dos frutos e das frustrações da prática. O florescimento de uma comunidade que leva as questões de IM a sério não é apenas uma fonte de orgulho para mim, mas também a melhor garantia de que a teoria continuará viva nos próximos anos.

REFERÊNCIA

SCHALER, J. (ed.). *Howard Gardner under fire:* the rebel psychologist faces his critics. Chicago: Open Court, 2006.

ENSAIO 9

"INTELIGÊNCIAS MÚLTIPLAS" NÃO SÃO "ESTILOS DE APRENDIZAGEM"

Já faz décadas que desenvolvi a noção de inteligências múltiplas (IM). Fiquei satisfeito com o interesse demonstrado por essa ideia e com as maneiras como ela tem sido usada em escolas, museus e empresas ao redor do mundo. Contudo, uma consequência inesperada me perturbou: a tendência de muitas pessoas, incluindo algumas que eu prezo, de atribuírem a mim a noção de "estilos de aprendizagem", ou de confundirem "inteligências múltiplas" com estilos de aprendizagem. Já passou da hora de aliviar minha dor e esclarecer as coisas.

Mesmo antes de eu escrever, falar e escrever mais sobre "IM", o termo "estilos de aprendizagem" já estava sendo discutido nos círculos educacionais. A ideia, bastante razoável à primeira vista, é que todas as crianças (na verdade, todos nós) têm mentes e personalidades distintas. Portanto, faz sentido querer saber mais sobre os alunos e ensiná-los e nutri-los de maneiras que sejam apropriadas, que eles valorizem e, acima de tudo, que sejam eficazes.

Dois problemas. Primeiro, a noção de "estilos de aprendizagem" não é coerente. Aqueles que usam esse termo não definem os critérios para um estilo, nem de onde os estilos vêm, nem como eles são reconhecidos/avaliados/explorados/alterados. Digamos que Johnny tem um estilo de aprendizagem "impulsivo". Isso significa que Johnny é impulsivo em relação a tudo? Como sabemos disso? O que isso quer dizer sobre o ensino? Devemos ensinar "impulsivamente" ou devemos compensar essa impulsividade "ensinando de modo reflexivo"? Que tal um estilo de aprendizagem que seja "do lado direito do cérebro", ou visual, ou tátil? Os mesmos tipos de problemas se aplicam.

Problema nº 2: quando os pesquisadores tentaram identificar estilos de aprendizagem, ensinar de forma consistente com esses estilos e examinar os resultados, não tiveram evidências convincentes de que a análise do estilo de aprendizagem produz resultados mais eficazes do que uma abordagem única para todos. É claro que a análise do estilo de aprendizagem pode ter sido inadequada – ou, mesmo que estivesse correta, o fato de uma intervenção não ter funcionado não significa que o conceito de estilos de aprendizagem seja fatalmente falho; outra intervenção poderia ter se mostrado eficaz. A ausência de evidências não prova a inexistência de um fenômeno; ela sinaliza aos pesquisadores educacionais: "de volta ao rascunho".

Aqui está meu julgamento ponderado sobre a melhor maneira de analisar sintaticamente esse terreno lexical:

Inteligência: Todos nós temos múltiplas inteligências. No entanto, destacamos, como inteligência forte, uma área onde a pessoa tem considerável poder computacional. Sua capacidade de vencer regularmente em um jogo que destaca o pensamento espacial é um sinal de forte inteligência espacial. Sua capacidade de falar bem uma língua estrangeira depois de apenas alguns meses de imersão é sinal de forte inteligência linguística.

Estilo ou estilo de aprendizagem: Um estilo é uma hipótese de como um indivíduo aborda a gama de conteúdos. Se um indivíduo tem um "estilo reflexivo", supõe-se que ele seja reflexivo sobre toda a gama de conteúdos. Não podemos presumir que a reflexão na escrita necessariamente sinalize reflexão na interação com os outros. Contudo, se a reflexão realmente prevalecer em todos os níveis, os educadores devem levar esse estilo a sério.

Sentidos: Às vezes, as pessoas falam sobre um aprendiz "visual" ou um aprendiz "auditivo". A implicação é que algumas pessoas aprendem por meio dos olhos, outras por meio dos ouvidos.

Essa noção é incoerente. Tanto a informação espacial quanto a leitura ocorrem com os olhos, mas elas usam faculdades cognitivas totalmente diferentes. Da mesma forma, tanto a música quanto a fala ativam os ouvidos, mas, novamente, essas são faculdades cognitivas distintas.

Reconhecendo esse fato, o conceito de inteligências não se concentra em como as informações linguísticas ou espaciais chegam ao cérebro — não importa se via olhos, ouvidos, mãos. O que importa é o poder do computador mental, a inteligência, que atua sobre a informação sensorial captada.

Essas distinções são importantes. Meu objetivo aqui não é dar uma aula de psicologia, fisiologia ou física, mas garantir que não nos enganemos e, tão importante quanto isso, que não sejamos injustos com nossos filhos. Se as pessoas querem falar sobre "um estilo impulsivo" ou "um aprendiz visual", isso é prerrogativa delas. No entanto, elas devem reconhecer que esses rótulos podem ser inúteis, na melhor das hipóteses, ou mal concebidos, na pior.

Em contraste, há fortes evidências de que os seres humanos têm uma gama de inteligências e que a força (ou fraqueza) de uma inteligência não prevê a força (ou fraqueza) de outra. Todos nós exibimos perfis irregulares de inteligências. Existem maneiras sensatas de avaliar nossa própria inteligência e, se parecer apropriado, podemos fazer uma bateria de testes mais formal. Então, como professores, pais ou autoavaliadores, podemos decidir a melhor forma de usar essas informações.

Como educador, descrevo três lições principais para os educadores:

1. Individualize seu ensino o máximo possível. Em vez de adotar uma abordagem única para todos, aprenda o máximo que puder sobre cada aluno e ensine cada pessoa de maneiras que pareçam confortáveis e permitam um aprendizado eficaz. Claro que isso é mais fácil de conseguir com turmas menores, mas aplicativos permitem que isso seja individualizado para cada um.
2. Pluralize seu ensino. Ensine conteúdos importantes de várias maneiras, não apenas de uma (p. ex., por meio de histórias, obras de arte, diagramas, dramatizações). Dessa forma, você pode alcançar alunos que aprendem de maneiras diferentes. Além disso, ao apresentar conteúdos de várias maneiras, você transmite o que significa compreender bem algo. Se você só consegue ensinar de uma maneira, sua compreensão provavelmente será limitada.
3. Abandone o termo “estilos”. Isso confundirá os outros e não ajudará nem você nem seus alunos.

ENSAIO **10**

A EXPERIÊNCIA CRISTALIZADORA

Descobrindo um dom intelectual

Joseph Walters e Howard Gardner

Um dos aspectos mais gratificantes das novas linhas de pesquisa são as perguntas que elas geram. Como a teoria das IM é bem transmitida pelos casos de indivíduos que se destacam em um domínio (os raros Pablo Picasso ou Toni Morrison), surgem questões sobre as origens desses talentos: eles são inatos, facilmente motivados por oportunidades iniciais ou devido à pressão de pais ou professores ambiciosos?

Para esclarecer essa questão, com meu colega e amigo, o falecido Joseph Walters, explorei a noção de experiências cristalizadoras — o momento e as circunstâncias em que um talento surge. Analisamos essa questão tanto biograficamente (observando criadores renomados em música, matemática e desenho) quanto contemporaneamente (por meio de entrevistas com professores-mestres). O quadro resultante foi complexo, mas apontou para a interação integral de múltiplos fatores.

De acordo com a história matemática padrão, Évariste Galois (1811–1832) foi inicialmente educado em casa por sua mãe e entrou na escola pública aos 11 anos. Sua disposição imprevisível e atitude teimosa impediam qualquer sucesso formal como aluno, então precisou descobrir o mundo da matemática por conta própria. Por acaso, ele encontrou um livro didático de geometria escrito por Legendre:

> O livro despertou seu entusiasmo; não era um livro didático escrito por um picareta, mas uma obra de arte feita por um matemático criativo. Uma única leitura

> foi suficiente para revelar toda a estrutura da geometria elementar com uma clareza cristalina ao menino fascinado. Ele a havia dominado (Bell, 1965, p. 364).

Galois então se voltou para a álgebra e, por não encontrar um livro didático adequado, começou a estudar as obras dos mestres matemáticos Abel, Legrange e Gauss no original. Depois do ensino médio, Galois foi reprovado duas vezes no exame de admissão para o Instituto Politécnico de Paris (presumivelmente por outros motivos além de sua habilidade matemática). Ele foi morto em um duelo aos 21 anos. Até o dia de sua morte, ele estudou matemática por conta própria. Seus artigos coletados, muitos deles publicados postumamente, serviram de base para um novo campo da matemática, agora chamado de teoria de Galois.

O compositor Claude Debussy (1862–1918) iniciou seus estudos formais de música no Conservatório de Paris aos 10 anos e, aos 14, ganhou o prêmio de piano. Durante esses primeiros anos, ele não demonstrou interesse em composição e, na verdade, odiava as aulas de harmonia. Isso mudou, no entanto, quando ele começou a estudar teoria musical com o jovem instrutor Lavignac:

> [...] Lavignac apresentou Debussy à música de Wagner. Lemos nas memórias de [um colega] que, numa noite de inverno, depois da aula, foi tocada no piano a partitura do prelúdio de *Tannhauser,* a obra que recentemente havia criado um escândalo notório na Ópera de Paris. [...] Aqui [Debussy] é confrontado pela primeira vez com a obra do compositor que logo exerceria a influência mais poderosa em sua vida criativa. A experiência foi avassaladora.
>
> O jovem professor e seu ávido aluno ficaram tão absortos nas novas harmonias wagnerianas que perderam a noção de tempo. Quando finalmente decidiram sair, eles se viram trancados e foram obrigados a procurar uma saída, de braços dados, descendo as escadas precárias e os corredores escuros do prédio escolar decadente (Lockspeiser, 1962, p. 32).

Como aprendiz de decorador de porcelana, Pierre-Auguste Renoir (1841–1919) demonstrou uma habilidade com um pincel que lhe rendeu um salário de adulto aos 12 anos. Apesar dessa proficiência técnica útil, ele demonstrou pouco interesse ou sensibilidade às qualidades estéticas das artes visuais. Durante seus anos como aprendiz, ele fez viagens regulares ao Louvre para esboçar as obras-primas, mas apenas com a intenção de usar esses esboços na criação de porcelanas.

Um dia, durante seu aprendizado, teve esta experiência:

> [...] ele fez uma descoberta importante: a Fonte dos Inocentes, do século XVI. "Parei fascinado", disse ele depois. Ele desistiu da ideia de almoçar em um restaurante e, em vez disso, comprou uma linguiça em uma loja próxima e voltou para a fonte. Andou em volta dela lentamente, estudando o grupo de estátuas de todos os ângulos. A partir daquele momento, ele sentiu uma afinidade particular com o escultor Jean Goujon; sua obra tinha tudo o que ele amava: graça, solidez e elegância, com a sensação de carne viva. "Goujon sabia como fazer com que o drapeado se agarrasse às figuras. Até então eu não tinha percebido como o drapeado realça a forma" (Hanson, 1968, p. 15).

Esses três eventos — cada um crucial para a vida de um indivíduo criativo em particular — compartilham uma série de características comuns. Em cada caso, o indivíduo descobriu um aspecto importante e até então pouco apreciado de um campo específico de esforço. Ao ler Legendre, Galois se deparou com um mundo de descobertas matemáticas cheio de desafios. Por meio da ópera de Wagner, Debussy percebeu o potencial criativo da composição em contraste com a *performance* musical. A experiência de Renoir na Fonte dos Inocentes cristalizou a noção do poder da escultura para transcender o mundo limitado da decoração.

As três anedotas também compartilham o fato de que cada evento ocorreu em relativo isolamento, separadamente ou antes da instrução formal. Galois leu Legendre fora da aula de matemática. A descoberta de Wagner por Debussy ocorreu somente após seu primeiro estudo sistemático de composição. Renoir começou a dar aulas de arte quando tinha 18 anos, vários anos depois de sua experiência na fonte. Em cada caso, esses jovens indivíduos traziam certas expectativas, habilidades ou predisposições para os três eventos, algo aparentemente não adquirido por meio de experiências anteriores com os domínios, como se tivessem sido "preparados" para esses domínios de alguma maneira especial.

Seguindo o trabalho de nosso colega David Feldman, designaremos esses encontros incomuns entre uma pessoa em desenvolvimento e um campo específico de esforço como "experiências cristalizadoras". Conforme as definimos, tais experiências envolvem contato notável e memorável entre uma pessoa com talento ou potencial incomum e os materiais do campo em que esse talento será manifestado. Conforme ilustrado em nossos três exemplos, essas experiências cristalizadoras podem aparecer antes do treinamento formal. Em todo caso, sua natureza dramática concentra a atenção do indivíduo em um tipo específico de material, experiência ou problema. Além disso, o indivíduo é motivado a revisitar essas ocasiões em um futuro indefinido e a reformular seu autoconceito com base nessas experiências.

Nosso interesse na existência e na estrutura dessas experiências cristalizadoras surgiu com a teoria das inteligências múltiplas (IM). De acordo com essa visão, todos os indivíduos normais são capazes de pelo menos sete formas independentes de habilidade intelectual. A princípio, essas inteligências existem como potenciais biológicos; elas se manifestam nos primeiros anos de vida como capacidades de processar certos tipos de informação (p. ex., sons padronizados) de certas maneiras (p. ex., análise de tom, análise fonológica). Quando o indivíduo se torna capaz de comportamento simbólico, as inteligências se manifestam na utilização de vários sistemas de símbolos (como linguagem natural, desenho, cartografia, costumes religiosos e similares). Ainda mais tarde no desenvolvimento, as inteligências formam as capacidades centrais envolvidas em todos os papéis culturais, que vão da criação dos filhos à fabricação de ferramentas e à prática da ciência. (Para mais detalhes sobre a teoria das IM, ver os Ensaios 7 a 9.)

Em condições normais ou razoavelmente enriquecidas, pode-se esperar que um ser humano se envolva ou alcance algum grau de competência em cada um desses domínios intelectuais. As conquistas finais, no entanto, variam muito entre indivíduos e entre inteligências específicas ou grupos de inteligências. Uma fonte de variação é provavelmente a propensão genética, mas a precocidade da exposição a um campo e a quantidade de prática e treinamento fazem contribuições igualmente decisivas. Pode-se atingir alta habilidade musical por meio de uma forte herança biológica (considere o exemplo de algumas crianças autistas), por meio de treinamento intensivo (o método Suzuki) e, felizmente, por meio da interação epigenética dessas características, como no caso de Mozart.

Uma experiência cristalizadora, então, é a reação evidente de um indivíduo a alguma qualidade ou característica de um domínio: a reação produz uma mudança imediata, mas também de longo prazo, no conceito que esse indivíduo tem sobre o domínio, em seu desempenho nele e em sua visão de si mesmo. Restringimos o termo "experiência cristalizadora" àquelas experiências que exibem o conjunto de índices descritos anteriormente. É claro que não é possível identificar uma experiência cristalizadora no momento de sua ocorrência. Apenas retrospectivamente, após o comportamento do indivíduo no período pós-cristalização ter sido observado, é possível destacar uma experiência como tendo cristalizado atividades subsequentes.

Em nossa opinião, experiências cristalizadoras podem assumir várias formas. Por exemplo, algumas experiências cristalizadoras, que chamamos de "iniciais", ocorrem no início da vida e sinalizam uma afinidade geral entre um indivíduo e algum domínio de larga escala em sua cultura. Um exemplo seria a descoberta de Galois da empolgação envolvida na prova matemática. Outras experiências cristalizadoras, que chamamos de "aprimoradoras", ocorrem bem depois que um indivíduo passa por uma atração inicial por um domínio. Nesses casos de aprimoramento, um indivíduo descobre um instrumento, estilo ou abordagem específica dentro de um campo com o qual ele está especialmente sintonizado. Tanto o episódio de Renoir quanto o de Debussy podem ser considerados experiências cristalizadoras aprimoradoras.

A teoria das inteligências múltiplas não prescreve a existência ou a importância de experiências cristalizadoras, mas sugere que tais experiências podem ocorrer em uma variedade de domínios. Além disso, fornece uma explicação de por que elas podem exercer efeitos poderosos e de longo prazo sobre o indivíduo. É consistente com a teoria de que muitos indivíduos (se não a maioria) experimentarão a fase afetiva de tais experiências. No entanto, a menos que um indivíduo seja "promissor" dentro de uma inteligência ou domínio específico, é improvável que as experiências tenham um efeito duradouro e resultem em uma redefinição final do *self*.

Em suma, experiências cristalizadoras não são necessárias nem suficientes para a realização final dentro da área, mas, ao mesmo tempo, são um constructo útil para explicar como certos indivíduos talentosos podem primeiro descobrir sua área de superdotação e então prosseguir para alcançar a excelência dentro da área. Nossa investigação atual sobre o constructo de experiências cristalizadoras ajuda, portanto, a avaliar a utilidade das inteligências múltiplas e coloca essa teoria em contato com questões mais amplas, como a natureza da superdotação e a conquista de talento.

Várias perguntas empíricas podem ser feitas sobre o constructo de experiências cristalizadoras. Um conjunto de perguntas diz respeito à frequência de tais experiências: por exemplo, elas são típicas ou bastante atípicas? E se forem típicas, elas são restritas àqueles com dons intelectuais ou são encontradas em toda a população? Outro conjunto de questões diz respeito às possíveis explicações para tais experiências cristalizadoras: por que elas ocorrem, como ocorrem e quais são suas consequências?

Por fim, surge um conjunto de questões a partir da perspectiva das inteligências múltiplas. Estamos interessados em determinar como as experiências cristalizadoras podem diferir entre as várias inteligências. Por exemplo, elas aparecem na infância?

Neste ensaio, realizamos uma investigação empírica do fenômeno de experiências cristalizadoras e, então, oferecemos nossas próprias reflexões sobre por que esse tipo singular de evento pode se desenrolar da maneira que ocorre.

É claro que existem outras abordagens possíveis para a questão das experiencias cristalizadoras. Uma delas é questionar a legitimidade desses relatórios. Por exemplo, para os pesquisadores que acreditam que as diferenças nos resultados se devem principalmente à quantidade de treinamento recebido (Bloom, 1985), as experiências cristalizadoras, como nas situações de Galois ou Renoir, podem ser tratadas como anomalias, exageros ou justificativas/racionalizações retrospectivas. Nessa visão, o exemplo tirado de Debussy levanta a questão do talento *versus* treinamento, porque aqui a experiência cristalizadora aparece após uma quantidade considerável de treinamento.

Para ilustrar esse ponto, podemos contrastar a perspectiva das IM com uma teoria de treinamento estrito. De acordo com a explicação do treinamento, crianças altamente talentosas como Mozart são anomalias. Não se pode diagnosticar o talento de uma criança até que ela tenha recebido uma quantidade razoável de treinamento; ainda assim, o que aparece nos comportamentos da criança são manifestações não de "talento" ou "dom" inatos, mas da eficácia de um conjunto particular de experiências de treinamento.

Na visão das IM, por outro lado, crianças superdotadas são uma variedade especial de seres humanos: crianças com um alto grau de inteligência "bruta" ou não mediada em um campo específico devem, sob certas circunstâncias, demonstrar evidências dessa inteligência antes mesmo de se envolverem em qualquer tipo de regime de treinamento. Em contraste com o relato de treinamento, as IM preveem um número pequeno, mas mensurável, de crianças superdotadas em cada um dos campos identificados.

Com nossa própria abordagem de experiências cristalizadoras e essas visões alternativas como pano de fundo, realizamos uma investigação empírica projetada para avaliar a frequência das experiências cristalizadoras e coletar informações sobre como elas podem ocorrer.

Utilizamos duas fontes de dados em nosso estudo. Primeiro, revisamos a literatura biográfica e autobiográfica nos três domínios mencionados: matemática, música e artes visuais. Escolhemos um total de 25 pessoas nessas três áreas, e os materiais biográficos disponíveis foram revisados para cada ramo do conhecimento. Registramos as experiências que consideramos cristalizadoras, bem como qualquer outra evidência que documentasse o talento incomum de um indivíduo quando criança. Por fim, qualquer informação sobre a natureza dos talentos fora do domínio, incluindo sucesso ou fracasso na escola ou em outras áreas, também foi anotada. Na segunda parte do estudo, incluímos entrevistas com professores de alunos especialmente talentosos nas mesmas três áreas.

AS BIOGRAFIAS

Músicos

Nosso estudo indica que 10 dos 11 compositores e intérpretes musicais renomados incluídos na análise eram muito talentosos quando crianças ou demonstraram experiências cristalizadoras. Três indivíduos que foram reconhecidos como talentosos ainda jovens não tiveram experiências cristalizadoras: Mozart, Beethoven e Mendelssohn anunciaram seu talento muito cedo, mas a cristalização desse talento aparentemente ocorreu sem alarde ou autorreconhecimento.

Mozart e Beethoven vieram de famílias musicais, e sua imersão total no mundo da música pode ser atribuída aos esforços de outros, mas nem sempre é esse o caso. Por exemplo, os pais de Mendelssohn lhe deram a oportunidade de ter aulas particulares de música, mas também lhe permitiram o aprendizado de outras disciplinas. Mais tarde, ele estudou Direito na universidade e se dedicou à música apenas como atividade paralela. Na verdade, para a rica e privilegiada família Mendelssohn Bartholdy, a musicalidade e a vida no palco eram consideradas degradantes.

O pianista Arthur Rubinstein também veio de uma família não musical. Ele demonstrou seu talento no que pode ser considerada uma experiência cristalizadora aos três anos de idade, quando a família comprou um piano:

> A sala de estar se tornou meu paraíso. [...] Meio por diversão, meio a sério, aprendi a conhecer as teclas pelos seus nomes e, de costas para o piano, eu dizia as notas de qualquer acorde, mesmo os mais dissonantes. A partir daí, tornou-se mera "brincadeira de criança" dominar as complexidades do teclado, e logo eu estava tocando qualquer música que chamasse minha atenção (Rubinstein, 1973, p. 4-5).

A família reconheceu o talento extraordinário do filho e conseguiu uma audição com Joseph Joachim, um renomado músico do século XIX, que orientou sua carreira e conseguiu patrocinadores para ele. Parece, então, que o talento infantil, como exemplificado por Mendelssohn e Rubinstein, pode ser reconhecido até mesmo por pais não treinados em música.

As experiências cristalizadoras que aparecem nas biografias dos músicos são de dois tipos distintos. Primeiro, há as primeiras experiências com música, experiências que revelam um talento bruto. A reação do violinista Yehudi Menuhin aos 3 anos de idade ao som do violino de Louis Persinger se enquadra nessa categoria, assim como a resposta do compositor Stravinsky à orquestra de Glinka. A anedota relatada na citação de Rubinstein também pode ser considerada um exemplo, embora não tenha o mesmo sentido de percepção imediata. Por fim, a reação do compositor de óperas Richard Wagner ao canto de *Fidelio* quando adolescente também pode ser incluída nessa categoria, embora ele fosse consideravelmente mais velho. Essas experiências sugerem que as mentes desses músicos foram preparadas de alguma forma para a experiência de ouvir o violino, a orquestra ou a voz.

Um segundo tipo de experiência cristalizadora ocorre mais tarde no desenvolvimento e pressupõe um indivíduo que já esteja sintonizado com a área da música. Nesse caso particular, a "experiência cristalizadora aprimorada" guia o indivíduo para *aquela área do domínio musical* onde seus talentos mais fortes ou suas inclinações mais profundas podem estar.

Nos casos que estudamos, indivíduos que já tinham inclinação musical descobriram que a composição — ou um certo tipo de composição — era a forma apropriada de envolvimento com a música. A experiência de Debussy ao transcrever a ópera de Wagner e a reação de Stravinsky à harmonia e ao contraponto são bons exemplos dessa forma de experiência cristalizadora. Em cada caso, a experiência cristalizadora envolve o reconhecimento das complexidades da composição. A reação não é a da experiência inicial da juventude, na qual a inteligência bruta encontra o domínio em si pela primeira vez. Em vez disso, vemos em ação uma faculdade de resolução de problemas mais madura, que percebe distinções ou potenciais sutis nos conteúdos do domínio. Essa experiência de aprimoramento também serve como uma revelação para o artista, mas de uma forma mais sofisticada do que a experiência inicial anterior.

Quando jovem, o compositor e maestro Pierre Boulez reconheceu na música de Messiaen uma "nova linguagem": "Ali estava a música do nosso tempo, uma linguagem com possibilidades ilimitadas. Nenhuma outra linguagem era possível. Foi a revolução mais radical desde Monteverdi, pois todos os padrões familiares foram abolidos. Com ela, a música saiu do mundo de Newton e entrou no mundo de Einstein" (Peyser, 1976, p. 25-26). Boulez foi treinado em análises tradicionais de harmonia e contraponto, mas sua compreensão dessas dimensões mudou quando ouviu as composições de Olivier Messiaen. Nesse caso, vemos a reação do artista relativamente maduro às deliberações mais sérias e profundas da forma de arte. De acordo com nossa análise, essas percepções não refletem a inteligência bruta ou mesmo a manipulação do sistema de símbolos, mas as habilidades centrais para o domínio ou subdomínio da cultura adulta.

Parece, então, que as experiências cristalizadoras não são iguais. Em vez disso, elas refletem o nível de desenvolvimento do artista (ou cientista) no(s) domínio(s) específico(s) pelo(s) qual(is) ele é atraído.

A lacuna de desenvolvimento entre o jovem Menuhin e Boulez, que era mais velho, fornece uma imagem de um espectro de experiências que vão desde os primeiros contatos na infância — a experiência cristalizadora mais dramática do indivíduo não treinado, mas extremamente talentoso — até as decisões e reflexões mais graduais de jovens artistas e cientistas adultos.

Em vários aspectos, o compositor Franz Joseph Haydn surge como uma anomalia. Ele não recebeu treinamento individual. Ele cantou no Coral de Meninos de Viena, mas durante esse tempo não recebeu instrução sistemática. Seu talento para composição musical se desenvolveu ao longo de muitos anos. Na verdade, seu irmão Michael foi inicialmente considerado um melhor compositor. No entanto, diferentemente de Michael, Franz Joseph se tornou um dos titãs da era clássica e influenciou bastante Mozart e Beethoven.

Matemáticos

Nota: Uma análise semelhante foi realizada com jovens matemáticos e artistas visuais. Aqui apresentamos apenas alguns destaques.

Nascido em uma família pobre na Índia, o matemático Srinivasa Ramanujan demonstrou sua facilidade com números e seu interesse em matemática na escola primária. Sua devoção obsessiva à matemática, no entanto, fez dele um péssimo aluno no geral. Ele não conseguiu concluir nem um ano na universidade, mesmo tendo recebido uma bolsa de estudos por suas habilidades matemáticas. Depois de deixar a universidade, ele conseguiu um emprego como bancário e continuou sua pesquisa matemática por conta própria, publicando vários artigos e recebendo algum incentivo de matemáticos locais. Aos 25 anos, ele escreveu uma carta ao importante matemático inglês G.H. Hardy, na qual anunciou várias de suas descobertas. Hardy ficou tão impressionado com a originalidade e a percepção no trabalho que garantiu uma bolsa de estudos para Ramanujan em Cambridge, onde colaboraram até a trágica morte de Ramanujan aos 32 anos. Ramanujan foi o primeiro indiano eleito para a Royal Academy, recebendo essa honraria aos 28 anos.

A experiência cristalizadora de Ramanujan ocorreu durante a leitura de um livro didático de matemática.

Foi em 1903, em um dia importante para Ramanujan, que um amigo seu conseguiu emprestada para ele uma cópia do *Sinopse da matemática pura*, de Carr. Através do novo mundo aberto para ele, Ramanujan se desenvolveu com deleite. Foi esse livro que despertou seu gênio. Ele se propôs a estabelecer as fórmulas ali contidas. Como ele não tinha a ajuda de outros livros, cada solução consistia em uma pesquisa para ele.

Primeiro, ele criou alguns métodos para construir quadrados mágicos. Depois, dedicou-se à geometria. Ao estudar a quadratura do círculo, ele conseguiu obter um resultado para o comprimento da circunferência equilátera da Terra que diferia do comprimento real apenas por alguns metros. Então, ele voltou sua atenção para a álgebra, onde obteve diversas novas séries.

Esses feitos são ainda mais notáveis quando considerados à luz do texto com o qual Ramanujan estava trabalhando. G.H. Hardy observou:

> Suponho que o livro seja substancialmente um resumo das notas de treinamento de Carr. Se você foi aluno de Carr, você trabalhou nas seções apropriadas do *Sinopse*. [..] O livro enuncia 6.165 teoremas, organizados de forma sistemática e bastante científica, com provas que muitas vezes são pouco mais do que referências cruzadas e que são decididamente a parte menos interessante do livro. Tudo isso é exagerado nos famosos cadernos de Ramanujan (que praticamente não contêm provas), e qualquer estudante dos cadernos pode ver que o ideal de apresentação de Ramanujan foi copiado de Carr (Hardy, 1940, p. 7).

As experiências de Ramanujan com o texto de Carr são relevantes à nossa discussão de duas maneiras. Primeiro, apesar de seu estilo pedagógico incomum e de um mínimo de explicação, o livro revelou a Ramanujan o mundo da matemática; seu intelecto preencheu as lacunas. Segundo, o livro teve um impacto profundo na maneira como Ramanujan seguiu a área quando adulto. Em outras palavras, o interesse de Ramanujan pela matemática foi "cristalizado" pelo *Sinopse* de Carr, e pode-se dizer que também foi tolhido por ele.

A experiência cristalizadora de Hardy foi tão diferente da de Ramanujan quanto sua formação cultural e escolaridade. Enquanto Ramanujan foi autodidata em uma pequena vila na Índia, Hardy foi completamente treinado no sistema escolar inglês de elite. Embora tenha sido um excelente aluno de matemática na escola, ele não desenvolveu uma devoção apaixonada pelo assunto até trabalhar com um professor específico em Cambridge. Essa experiência cristalizou seu senso do assunto, bem como sua visão de si mesmo como um "[...] verdadeiro matemático com sólidas ambições matemáticas" (Hardy, 1967, p. 24).

A relação mencionada entre a experiência cristalizadora e o nível de desenvolvimento reaparece na matemática. As experiências cristalizadoras iniciais anteriores conduziram o rápido desenvolvimento de certos indivíduos talentosos, que atingiram níveis adultos em idade mais precoce (Ramanujan, Rubinstein e Menuhin). Com as crianças mais velhas e os jovens adultos, por outro lado, as experiências cristalizadoras aprimoradoras refletem uma interação entre um talento já florescente e um conjunto de distinções mais sutis, mas cruciais, dentro do domínio (Debussy e Boulez). Em alguns casos, um talento prodigioso aliado a um ambiente inicial altamente favorável retira a oportunidade (ou a necessidade) de uma experiência cristalizadora na infância (Mozart). Encontramos exemplos de autodidatas tanto na matemática quanto na música (Haydn, Ramanujan).

Por fim, em ambos os domínios, a natureza e a extensão das experiências cristalizadoras parecem intimamente relacionadas ao ambiente onde a criança talentosa é criada. Experiências cristalizadoras são mais prováveis em ambientes onde o domínio não é enfatizado ou onde é subutilizado — Ramanujan serve como exemplo.

No entanto, Hardy e Debussy sugerem uma explicação mais complexa. Nesses dois casos, o domínio foi completamente incentivado na infância — Hardy nas escolas inglesas de elite e Debussy no Conservatório — e, consequentemente, as experiências cristalizadoras ocorreram mais próximas da idade adulta, à medida que os indivíduos desenvolveram novas percepções sobre seus respectivos domínios. Por exemplo, a reação cristalizadora de Debussy à música "escandalosa" de Wagner foi em parte uma resposta à atmosfera conservadora, e talvez pouco criativa, que permeava sua teoria e instrução em composição. Por fim, os ambientes que proporcionaram experiências fortes e imediatas no domínio desde tenra idade (Mendelssohn, Mozart) foram os menos propensos a produzir experiências cristalizadoras.

Artistas visuais

O padrão de talento infantil e experiências cristalizadoras que atravessa os domínios da música e da matemática não se repete no domínio das artes visuais.

Uma possível razão para essa distinção entre as artes visuais e os outros dois domínios surge desta consideração: é muito mais provável que um artista inicie a carreira no início da idade adulta do que um músico ou matemático. Van Gogh e Matisse vêm à mente como exemplos. Em nossas entrevistas com professores, perguntamos a um renomado e extremamente instruído professor universitário de matemática se ele conhecia algum aluno que havia ingressado no programa de matemática depois de uma carreira em outra área. Ele respondeu: "É provável que isso tenha acontecido no máximo duas vezes em toda a história da matemática. Realmente não conheço nenhum exemplo disso". Fizemos a mesma pergunta ao diretor de uma faculdade de arte. A sua resposta foi bem diferente:

> Nesta escola, neste ano, tivemos apenas 23 alunos do ensino médio, de um total de cerca de 600 alunos. Temos tendência a ter alunos mais velhos. É uma escola difícil para quem sai do ensino médio, simplesmente porque se os deixamos entrar, eles se atrapalham...
>
> (Você conhece pessoas que largam um emprego para cursar uma escola de arte?) Sim, isso é frequente. Um dos membros da minha equipe era advogado. Agora ele é artista. Ele tinha entre 30 e 40 anos e deu uma reviravolta completa. Levou muito tempo de intensa luta para que ele chegasse a algum lugar, mas agora ele é um artista de verdadeiro mérito.

De uma perspectiva, pode parecer que nossa visão de experiências cristalizadoras é invalidada por essas descobertas das artes visuais. No entanto, paradoxalmente, acreditamos que *essas descobertas podem reforçar um princípio fundamental da teoria das IM*. Nossa pesquisa sugere o seguinte: em vez de o desenvolvimento ocorrer de forma paralela em todos os domínios, uma experiência crítica em certos domínios (p. ex., o surgimento precoce do matemático ou do músico talentoso) mostra-se relativamente sem importância em outro domínio cultural, como as artes visuais.

É difícil dizer por que isso acontece. Pode ser que esses três domínios sejam vistos de uma maneira particular pela cultura ocidental e possam ser vistos de forma diferente por outras culturas. Por exemplo, em Bali, talvez as artes visuais sejam muito enfatizadas no início da vida e, consequentemente, talvez haja mais experiências cristalizadoras e mais exemplos de comportamento prodigioso nesse domínio. Também é possível imaginar uma sociedade na qual a precocidade lógico-matemática não tenha relevância, ou mesmo seja ativamente desencorajada, caso em que não se esperaria encontrar um rápido desenvolvimento nesse domínio.

Outra explicação bastante diferente sugere que os processos mentais envolvidos nas artes visuais (ou plásticas) se desenvolvem em um ritmo diferente e, portanto, são menos suscetíveis às experiências cristalizadoras únicas do que os processos de desenvolvimento rápido e mais digitalizados envolvidos em outros domínios. A matemática e a música, por exemplo, são mais independentes, mais propensas a se desenvolver em relativo isolamento do mundo real, e são relativamente digitais e notacionais. Em contraste, de acordo com essa análise, as artes visuais se relacionam desde o início com o mundo externo e não são, em nenhum sentido, independentes. Além disso, os processos digitais ou notacionais não desempenham papel nas artes visuais, que inerentemente implicam sistemas de símbolos que não são independentes, mas contínuos e "não notacionais". (Comentário em 2024: Claro, a afirmação anterior não é mais verdadeira — grande parte da arte contemporânea envolve produção e exibição digitais.)

AS ENTREVISTAS

Como fonte de dados, as biografias apresentam diversas insuficiências significativas. Primeiro, as biografias são frequentemente derivadas das reminiscências do indivíduo e dos amigos dele após uma carreira de sucesso. As biografias também restringem nossa exploração, pois não dão oportunidade a confrontos.

Foi por isso que complementamos a investigação de biografias com entrevistas de professores-mestres nesses três domínios. Esperávamos que conversas intensivas com professores-mestres fornecessem um suplemento importante (e talvez uma correção necessária) às informações extraídas do gênero de biografia escrita.

Durante as entrevistas, fizemos muitas perguntas. Fizemos uma amostragem ampla por dois motivos: (a) nosso interesse nas questões que cercam a descoberta e o desenvolvimento de talentos em geral; e (b) nosso desejo de não focar diretamente em experiências cristalizadoras. (Como ficará evidente, tivemos muito sucesso em mascarar nosso objetivo de extrair experiências cristalizadoras desses professores!) Entre as perguntas que fizemos estavam se os professores percebiam ou não que alguns de seus alunos eram mais talentosos do que outros; se eles conseguiam reconhecer esse talento de forma rápida e fácil; quais habilidades coocorreram com o talento em questão; e, claro, se os professores tinham ou não observado ou sido informados de qualquer experiência cristalizadora.

Conversamos com professores que haviam trabalhado com alunos superdotados. Os professores de música e arte eram filiados a escolas ou faculdades particulares de música e arte. Os dois professores de matemática eram professores em uma universidade. As entrevistas duraram cerca de uma hora; foram gravadas e, depois, transcritas. As citações foram retiradas dessas fitas, com apenas pequenas edições para manter a continuidade. Como os professores responderam à entrevista com franqueza — mesmo quando as perguntas se referiam ao seu próprio desenvolvimento —, nos referimos a eles apenas pelas suas especialidades: violino, violoncelo, piano, fotografia, teoria dos números e topologia.

EXPERIÊNCIAS CRISTALIZADORAS

Os professores não relataram experiências cristalizadoras por parte de seus alunos. Embora essa descoberta não tenha sido prevista, podemos oferecer uma explicação em retrospecto. Nas biografias, as experiências cristalizadoras foram mais frequentes precisamente nos casos em que houve pouco ou nenhum ensino, ou nos casos em que houve uma descoberta precoce do domínio antes que os professores fossem contatados. Mesmo nos casos em que as experiências cristalizadoras ocorreram relativamente tarde, os indivíduos estavam com frequência sozinhos e envolvidos em autoinstrução quando elas ocorreram. Também pode ser que os próprios indivíduos não reconheçam por completo uma experiência cristalizadora quando ela acontece. Somente em retrospecto é que os indivíduos tomam consciência dela. Por fim, experiências cristalizadoras são, por natureza, intensamente pessoais e privadas; estudantes adolescentes podem relutar em compartilhá-las com outras pessoas, até mesmo com pais e professores de sua confiança.

Embora os professores não tenham observado experiências cristalizadoras em seus alunos, a maioria as relatou ao discutir o desenvolvimento de suas próprias carreiras:

> ***Fotógrafo:*** Quando eu era criança, tive muito pouco contato com arte; visitamos o Metropolitan Museum talvez uma vez. Depois, na Marinha, eu estava deitado no meu beliche lendo o livro *Lust for life,* um romance escrito a partir da vida de Van Gogh, e notei que as pinturas na contracapa estavam no Museu de Arte Moderna de Nova York. Como estávamos ancorados no Brooklyn Navy Yard na época, levantei-me e fui vê-las.
>
> Lembro-me daquele dia como se fosse ontem: o clima, as pessoas na rua. Acho que você poderia dizer que foi uma "epifania". Quando saí da Marinha, tentei conseguir um emprego como segurança em

um museu de arte, pois fui segurança de departamento pessoal na Marinha.

Topólogo: Meu pai era uma pessoa interessante matematicamente. Ele tinha muita facilidade, embora não fosse matemático. Ele havia desenvolvido para si uma série de "truques" interessantes, e posso dar um exemplo de um deles. Você escrevia um número, e ele escrevia imediatamente depois outro número. Quando você somava os dois, a resposta era divisível por 37. Lembro-me dele fazendo esse tipo de truque e de eu ficar muito impressionado e curioso sobre como isso podia funcionar. Fiquei atraído por isso porque era um problema completamente não formulado, não um problema que aparecia em um livro. Ele fazia esse truque sem nenhum treinamento. Como ele descobriu isso? Acho que esse tipo de experiência foi muito importante para mim naquela época.

Embora bastante diferentes, essas duas experiências compartilham uma qualidade em comum: elas servem como um ponto de referência na percepção do indivíduo sobre seu desenvolvimento como artista ou matemático. Para o fotógrafo, a situação representou o primeiro contato com o mundo da arte. Seu impacto foi bastante imediato e profundo, e podemos supor que ele estava "preparado" de alguma forma para essa experiência.

No segundo caso, o que estava cristalizado era a apreciação do topólogo pela matemática como um campo de investigação. Como campo de estudo, a matemática contém muitos problemas que não têm solução aparente; problemas colocados em livros, por outro lado, inevitavelmente têm soluções, e seu estudo não é representativo dos aspectos mais elevados e criativos do campo.

Além disso, os professores discutiram um fenômeno que também pode ser interpretado ao longo de linhas cristalizadoras: a escolha do instrumento no domínio (p. ex., violino, fotografia ou topologia). Percebemos que os professores descreveram essa escolha como se ela fosse predeterminada de alguma forma — como se eles precisassem descobrir o instrumento mais apropriado para eles. Essa descoberta sugere que o talento pode ser ajustado não apenas a um domínio, mas, mais especificamente, a uma abordagem ou instrumento específico dentro desse domínio.

Essas primeiras experiências de "escolha de um instrumento" podem ser consideradas um ajuste fino no domínio — encontrar um nicho dentro do campo. Nesse caso, o professor serve como um importante auxiliar nessa busca pelo instrumento. Na verdade, os professores relatam que uma parte importante do trabalho é proporcionar os tipos certos de experiências que ajudem seus alunos a escolher com sabedoria.

Ao mesmo tempo, porém, várias dessas experiências parecem muito com cristalizações, tal como as formulamos. Nesses casos, o professor não desempenha um papel importante. Tanto Yehudi Menuhin quanto o violinista em nossas entrevistas relataram que o som do violino era diferente para eles quando crianças, antes de qualquer instrução formal. Nesses casos, ouvir violino cristaliza o senso do indivíduo como músico em um momento anterior ao treinamento formal. Consideramos esses tipos de revelações como exemplos legítimos de experiências cristalizadoras.

Esses exemplos de escolha de um instrumento relembram nossa distinção entre experiências cristalizadoras iniciais e aprimoradoras. A escolha do instrumento não serve para cristalizar o jovem no domínio em si, mas aponta para como essa criança provavelmente entrará no domínio. Portanto, é uma experiência cristalizadora situada no momento em que geralmente encontramos as experiências iniciais, mas se parece mais com as experiências aprimoradoras geralmente encontradas mais tarde.

A QUESTÃO DO TALENTO

Como parte do nosso interesse em experiências cristalizadoras, conversamos com professores sobre como eles julgavam os talentos de seus alunos — quais coisas específicas tornavam alguns alunos especiais, quão rápido os professores conseguiam fazer tal distinção, o que especificamente marcava as diferenças entre os alunos, e assim por diante. Estávamos particularmente interessados em determinar se os professores relatariam simplesmente que as crianças são talentosas ou se tais diferenças eram apenas uma questão de horas de prática.

As respostas são bastante instrutivas. Por um lado, os professores descreveram, de forma bastante articulada, diferenças entre seus alunos que podem ser atribuídas a diferenças de talento. Ao mesmo tempo, esses professores *muitas vezes negaram por completo que existisse essa qualidade que operava independentemente do seu ensino*. Por exemplo:

> ***Violinista:*** Às vezes, você consegue perceber uma ótima sensação musical desde o começo. Um aluno pode tocar um pequeno dueto de Bach lindamente, com muita graça e gosto, mas (ainda) ser bastante elementar (em termos de técnica). Ouvi recentemente uma fita de uma menina de 8 anos que toca de modo tão lindo e musical. Ela não é

particularmente avançada para uma criança de 8 anos pelos nossos padrões atuais, mas em sua forma de tocar há um sentimento de todo o seu ser, tão livre e com tanta expressão que pensei ao ouvir a fita: "Hmm, esta é uma criança extraordinária".

Aqui está o testemunho de outro músico:

Violoncelista: Acho que uma das coisas mais importantes é cultivar o amor pela música no jovem. Se você começar a tocar bem cedo e treinar e desenvolver aos poucos, terá tempo para estabelecer a técnica e, ao mesmo tempo, desenvolver o amor por tocar e o amor pela música. Isso, a longo prazo, fará com que a criança queira tocar bem e desenvolva uma alma musical a partir disso.

Teórico dos números: (Pergunta: Em matemática, o que não pode ser ensinado?) Qualquer coisa pode ser ensinada! A diferença está estritamente na motivação existente. Para ser um matemático, você precisa "fazer matemática" 16 horas por dia.

Essas citações sugerem perspectivas contrastantes sobre o sucesso eventual em um domínio — uma qualidade, aptidão ou predileção especial no aluno *versus* uma motivação disciplinada derivada em parte de um ensino bem administrado. No entanto, encontramos vários professores que relataram ambas as perspectivas na mesma entrevista. É claro que as duas perspectivas não são logicamente contraditórias; o sucesso em uma área pode resultar de uma combinação de aptidão natural e bom ensino. Contudo, a maioria dos professores não pareceu adotar essa posição de compromisso e manteve, em vez disso, um polo ou outro.

Há uma explicação para a aparente inconsistência no ponto de vista dos professores. Bons professores têm um alto investimento no ato de ensinar e em seu papel no processo de desenvolvimento do artista ou matemático maduro. Eles acreditam — talvez devam acreditar — que ensinar faz a diferença. Ao mesmo tempo, porém, eles podem procurar ativamente aqueles alunos que demonstram qualidades ou talentos únicos dentro da área, mesmo antes do início das aulas. Isso é igualmente importante para o processo de ensino: por um lado, alunos com essas qualidades especiais têm mais probabilidade de alcançar o sucesso, mas, talvez mais importante, eles têm mais probabilidade de continuar o desenvolvimento de seu talento por um período de tempo mais longo.

Os professores, talvez em especial aqueles da área de música, consideram o tempo que dedicam como um investimento em um aluno específico e são muito cuidadosos ao selecionar aqueles alunos que não desperdiçarão esse investimento. Eles fazem essa escolha com base na motivação e na aptidão. Consequentemente, os professores podem discutir a aptidão em detalhes e podem articular habilidades e comportamentos específicos que procuram como indicadores de aptidão. Essas preocupações levam a uma situação paradoxal: o professor pode, por um lado, afirmar que qualquer coisa pode ser ensinada a qualquer pessoa devidamente motivada, mas, ao mesmo tempo, busca ativamente certos tipos de alunos para receber esse ensino.

Ao escolher os alunos, os professores procuram diversas características muito específicas que, em sua experiência, estão relacionadas ao sucesso no final. Acompanhe este testemunho:

> ***Teórico dos números:*** Outra característica interessante é a "esquiva habilidosa". Algumas pessoas, quando se deparam com um problema, persistem, mesmo que não estejam nem perto de uma solução. Isso é contraproducente. Outras, se forem "evitadoras habilidosas", sabem o suficiente para tentar outra coisa, para abandonar o problema ou para inventar a habilidade que lhes falta. Isso é muito mais adaptável e produtivo.

Um violoncelista que descreveu a necessidade de "amor por tocar" também procurou as seguintes habilidades em crianças pequenas:

> Os talentosos geralmente têm dedos fortes e flexíveis. Essa é a verdadeira chave para tocar. A criança precisa ser forte o suficiente para empurrar a corda para baixo, mas ao mesmo tempo a mão ainda deve ser flexível para que possa obter um som bonito. Eu consigo perceber se vai ser fácil ou difícil para um aluno desde o primeiro mês de aula, ao sentir sua mão.

Os professores de música também mencionaram a capacidade de lidar com diferentes tipos de problemas (p. ex., tom, ritmo, dedilhado) ao mesmo tempo, bem como a capacidade de processar informações rapidamente (em especial a capacidade de leitura da partitura). Os matemáticos mencionaram a capacidade de identificar e focar em uma qualidade particular de um problema. Então, mesmo quando falavam em termos gerais sobre "lirismo", "intuição" ou "vulnerabilidade", os professores também falavam sobre habilidades específicas, como entonação, destreza e resolução de problemas. Não parece que o talento descrito por esses professores resida estritamente em aspectos intangíveis e misteriosos nem nas faculdades técnicas. Em vez disso, o talento compreende ambos os fatores, e talvez eles não possam e não devam ser separados.

A motivação é outra característica à qual os professores prestam muita atenção: o amor por tocar em um jovem músico ou o desejo de fazer matemática 16 horas por dia. Até certo ponto, a motivação está fora do controle direto dos professores, e por isso eles são muito cuidadosos ao avaliar essa característica em seus alunos. Ao mesmo tempo, eles sentem que a motivação pode ser incutida e, até certo ponto, eles podem influenciá-la. Em contraposição, o talento, tal como definido na nossa cultura, está completamente fora do controle dos professores e, mais uma vez, é provável que isso justifique a resposta pouco entusiasmada dos professores ao conceito de "talento".

Embora os professores afirmem que é importante ter motivação, e que isso está sob o controle dos alunos (se não dos professores), *a teoria das inteligências múltiplas sugere uma perspectiva diferente.* Invertendo a fórmula usual, propomos que os indivíduos são, ou se tornam, motivados na medida em que têm (ou podem facilmente adquirir) alguma facilidade dentro de um domínio específico. Ou seja, um matemático talentoso teria mais probabilidade de fazer matemática 16 horas por dia, devido a uma compreensão básica do domínio e dos problemas intrigantes que ele apresenta, do que uma pessoa que não tem esse talento e não entende o domínio dessa forma. A motivação, então, seria a consequência do talento, e não a explicação dele.

CONCLUSÃO

Nas biografias, descobrimos que experiências cristalizadoras ocorrem com frequência, mas há diferenças perceptíveis e provavelmente importantes entre indivíduos e domínios. Por um lado, a natureza de uma experiência cristalizadora depende da idade do indivíduo. As experiências de sujeitos mais jovens estão intimamente relacionadas à inteligência não mediada ou "bruta". Chamamos essas experiências de experiências cristalizadoras iniciais. Com crianças mais velhas e jovens adultos, a experiência cristalizadora reflete um contato mediado com o domínio, no qual se pressupõe algum treinamento nos materiais do domínio — a reação de Debussy a Wagner ou a resposta de Hardy a seu professor de matemática de Cambridge ilustram o que chamamos de experiências cristalizadoras aprimoradoras.

Nossos resultados também sugerem que as experiências cristalizadoras diferem entre os domínios. Elas são mais prevalentes em matemática e música do que nas artes visuais. Talvez nas artes visuais os indivíduos sejam "cristalizados" ao longo de um período de tempo mais longo, por meio de visitas repetidas a museus, por exemplo. Nesse caso, a experiência memorável de Renoir é uma exceção, enquanto o desenvolvimento mais gradual de Cézanne é a regra. Ou pode ser que os artistas visuais estejam menos dispostos a compartilhar suas experiências com os professores e apreciem a experiência cristalizadora apenas em retrospecto.

Os domínios também diferiram no que diz respeito ao aparecimento precoce de talentos. Música e matemática foram caracterizadas por um grande número de crianças talentosas, enquanto as artes visuais não. Da mesma forma, a música e a matemática parecem exigir treinamento disciplinado durante a infância, enquanto as artes visuais normalmente não. Consideramos a possibilidade de essas diferenças refletirem valores culturais contrastantes sobre os vários domínios (p. ex., a matemática inicial sendo mais valorizada do que a arte visual inicial na cultura ocidental), mas elas também podem refletir as diferenças intrínsecas ao domínio (o grau em que o domínio é separado dos outros e pode ser explorado de uma maneira independente das experiências do mundo real).

Algumas dessas descobertas das biografias foram confirmadas por nossas entrevistas com os professores: a exigência de treinamento ou aprendizado precoce em matemática e música, mas não em artes visuais; as experiências pessoais dos professores na descoberta de seus próprios talentos; a maneira pela qual o treinamento acompanha o ritmo geral da inteligência bruta para a inteligência mediada.

No entanto, outros pontos que não apareceram nas biografias surgiram durante as entrevistas. De forma reveladora, *os professores falaram muito sobre motivação em contraste com talento*. Essa perspectiva pode ser vista como um desafio à teoria das inteligências múltiplas ou, como sugerimos, um apelo por dados suplementares. Ademais, além da escolha do instrumento específico, os professores não relataram observações de experiências cristalizadoras em seus alunos, embora as tenham observado em seu desenvolvimento pessoal. Oferecemos diversas explicações retrospectivas para essa aparente discrepância.

Como, então, nossa perspectiva se sai ao explicar o fenômeno das experiências cristalizadoras? Nossa análise sugere fortemente que experiências cristalizadoras são um fenômeno genuíno, embora também confirme diferenças reveladoras entre domínios. Seria difícil sustentar que essas experiências são acidentais ou artificiais, porque isso implica que elas devem ocorrer da mesma maneira e com a mesma frequência em todos os domínios e níveis de desenvolvimento.

Além disso, parece que a experiência cristalizadora é um fenômeno frágil que ocorre principalmente quando as circunstâncias combinam talento inato, autodidatismo e exposição adequada a um conjunto de materiais de uma maneira específica.

Por fim, nas circunstâncias em que há uma forte predisposição para se destacar em um determinado material e em que há algumas oportunidades, desde que não excepcionais, é mais provável que experiências cristalizadoras ocorram.

Neste ensaio, enfatizamos os tipos de experiências que podem acontecer a indivíduos de talento indiscutível e que ajudam a situá-los no curso de suas vidas. Concluindo, questionamos se as experiências cristalizadoras são de fato apenas uma competência dos mais talentosos ou se elas podem ocorrer de maneiras mais mundanas, com indivíduos mais próximos da norma.

O presente estudo não consegue esclarecer isso. Ainda assim, parece ser boa pedagogia — ou apenas bom senso — tratar todas as crianças como se tivessem potencial para ter experiências cristalizadoras e expô-las desde cedo a materiais que possam motivá-las a explorar um domínio. Talvez existam muito mais crianças “superdotadas” do que se poderia esperar nos encontros não planejados que até agora têm sido o principal lócus de experiências cristalizadoras.

REFERÊNCIAS

BELL, E. *Men of mathematics*. New York: Simon & Schuster, 1965.

BLOOM, B. *Developing talent in young people*. New York: Ballantine Books, 1985.

HANSON, L. *Renoir:* the man, the painter, and his world. New York: Dodd, Mead, 1968.

HARDY, G. (1967). *A mathematician's apology*. Cambridge: Cambridge University Press, 1967.

HARDY, G. *Ramanujan*. Cambridge: Cambridge University Press, 1940.

LOCKSPEISER, E. *Debussy:* his life and mind. London: Cassell, 1962. 2 v.

PEYSER, J. *Boulez*. New York: Schirmer, 1976.

RUBINSTEIN, A. *My young years*. New York: Knopf, 1973.

EXPERIMENTOS EDUCACIONAIS NO ESPÍRITO DAS INTELIGÊNCIAS MÚLTIPLAS

ENSAIO 11

INTELIGÊNCIAS MÚLTIPLAS AO REDOR DO MUNDO

Depois de décadas considerando as implicações educacionais da teoria das inteligências múltiplas (IM), concluí que duas delas são primordiais. Primeiro, os educadores que adotam a teoria das IM devem levar a sério as diferenças entre os indivíduos. Tanto quanto possível, eles devem elaborar a educação de modo que cada criança possa ser alcançada da maneira ideal. O advento dos computadores pessoais tornou essa individuação mais fácil do que nunca; o que antes era possível apenas para os ricos (tutoria particular) agora está disponível para milhões de alunos ao redor do mundo.

Em segundo lugar, qualquer disciplina, ideia, habilidade ou conceito significativo deve ser ensinado de várias maneiras. Essas formas devem, com argumentos, ativar diferentes inteligências ou combinações de inteligências. Essa abordagem produz dois dividendos enormes. Primeiro, uma pluralidade de abordagens garante que o professor (ou o material didático) alcance mais crianças. Segundo, uma pluralidade de abordagens sinaliza aos alunos o que significa ter uma compreensão profunda e abrangente de um tópico. Somente indivíduos que conseguem pensar em um tópico de diversas maneiras têm uma compreensão completa desse tópico; aqueles cuja compreensão se limita a uma única demonstração têm um entendimento frágil.

O *MEME* DAS INTELIGÊNCIAS MÚLTIPLAS

Mas, é claro, não sou dono da teoria das IM. Para usar o termo de Richard Dawkins, IM é um *meme* — uma unidade de significado, criada em um determinado lugar e época, que se espalhou amplamente nas últimas décadas.

A princípio, ele se espalhou pelos círculos educacionais nos Estados Unidos, mas logo aventurou-se no exterior e tornou-se um item de discussão e aplicação não apenas em escolas, mas também em lares, museus, parques temáticos, locais de culto, locais de trabalho e *playgrounds*.

Depois que o *meme* das IM foi criado e começou a se espalhar pelos Estados Unidos, a questão era se ele teria vida curta, como tantas modas educacionais, ou se teria uma meia-vida mais longa e, em caso afirmativo, quão ampla ela seria e em quais formas.

Fiquei surpreso e satisfeito ao ver até que ponto o *meme* se espalhou. O *meme* das IM provavelmente se disseminou principalmente por meio de livros — traduções dos meus livros e livros mais práticos, como os escritos em inglês por Thomas Armstrong, Linda e Bruce Campbell, Tom Hoerr, Mindy Kornhaber, David Lazear e muitos outros.

Em 1995, a publicação do livro *Inteligência emocional,* de Daniel Goleman, catalisou uma reviravolta inesperada. O livro de Goleman, que generosamente citou meu trabalho, teve uma influência mundial diferente de qualquer outro trabalho semelhante na memória recente — e qualitativamente maior do que qualquer um dos meus escritos. Suas ideias eram mais acessíveis que as minhas, e muitas vezes nossos trabalhos eram confundidos. Na verdade, às vezes nós mesmos nos confundíamos um com o outro. Na América Latina, com frequência me pediam para autografar cópias do livro de Dan! Toda uma indústria se desenvolveu em torno da avaliação e do treinamento do que veio a ser chamado de "inteligência emocional", ou QE. Na década seguinte, os escritos sobre inteligências múltiplas foram complementados por livros sobre uma gama estonteante de inteligências candidatas: inteligência sexual, inteligência empresarial, inteligência espiritual e inteligência financeira, para citar apenas algumas. De fato, uma vez que os gênios das IM e do QE foram libertados da lâmpada, não havia como limitar os trabalhos escritos, as sessões de treinamento e as apresentações na mídia feitas sob o guarda-chuva de uma visão pluralista da inteligência. (Se você duvida dessa afirmação, teste-a em um mecanismo de busca.)

Indo além dos Estados Unidos, surgiu um grupo seleto de autores nativos. Na China, por exemplo, há dezenas de livros sobre inteligências múltiplas escritos por pessoas que desconheço. Outros escritos, como artigos populares em periódicos e, eventualmente, teses de doutorado (em 1999, de acordo com Clifford Morris, um acadêmico e arquivista canadense, havia mais de 200 teses), também espalharam a sabedoria. Observe que houve discussão em psicologia e outras disciplinas acadêmicas, mas a maior parte da disseminação ocorreu em escritos com orientação educacional, mesmo com as críticas sendo fortemente direcionadas aos meios acadêmicos.

Além da influência de autores ou promotores individuais, os *memes* podem ser disseminados por instituições carismáticas ou práticas poderosas. As autoproclamadas "escolas de IM" nos Estados Unidos e no exterior são uma poderosa placa de Petri para espalhar ideias. Ao longo de sua existência, a Key Learning Community, em Indianápolis, e a New City School, em St. Louis, receberam milhares de visitantes, muitos deles do exterior. Essas visitas podem ter um efeito poderoso. Quando visitantes da Noruega compareceram à inauguração da biblioteca das IM na New City School, eles se comprometeram a abrir uma biblioteca das IM em seu país, e cumpriram sua promessa. A mídia que noticia histórias sobre as IM pode exercer grande influência. Quando a ABC News e a revista *Newsweek* apresentaram a Key Learning Community, milhões de pessoas aprenderam sobre os experimentos educacionais em IM. As publicações e transmissões de Happy Cheung tiveram repercussões semelhantes na China. A existência de instituições baseadas em ideias das IM, como o Explorama, no parque temático Danfoss Universe, expôs famílias e empresários ao modo de pensar das IM — mesmo que esses indivíduos nunca tenham encontrado o *meme* das IM em si. Instrumentos de avaliação — qualitativos, como o Spectrum na Escandinávia, e quantitativos, como o MIDAS no Leste Asiático — espalham o *meme* das IM tão efetivamente quanto livros ou palestrantes de rua.

É relativamente simples fazer um relato de viagem, mencionar os lugares onde as ideias de IM se consolidaram e onde não, e especular sobre os portadores das ideias. Contudo, essa "viagem pelo horizonte" levanta duas questões relacionadas e mais investigativas: por que certas regiões são mais receptivas do que outras, e que mensagens as IM estão levando para esses solos díspares?

A NATUREZA DO SOLO

É útil pensar nas IM como uma nova planta (tendo cuidado para não forçar demais a analogia). Florescida em seu solo natal, suas sementes agora podem ser levadas para terras distantes. O novo solo, no entanto, pode ser tão resistente, tão estranho, que a semente não consegue se fixar e morre.

Pode ser que o solo já esteja tão rico em outras sementes e plantas que não haja espaço para mais flora. Muitas vezes, escolas e instituições estão tão ocupadas, tão autoconfiantes ou tão sobrecarregadas que não demonstram interesse em novas ideias ou práticas.

Ou o solo pode estar tão empobrecido, tão carente de nutrientes, que não consegue absorver matéria viva nova. Suspeito que existem instituições, regiões e até mesmo sociedades inteiras que não têm recursos para tentar algo novo ou para atender a novas ideias ou práticas.

No extremo oposto do *continuum*, algumas sementes crescem naturalmente e com facilidade em um terreno rico, mas até então pouco utilizado. Uma semente das IM tem pouca dificuldade em germinar em um ambiente com muitos recursos e que há muito tempo é receptivo a ideias como diferenças individuais, ensino de várias maneiras ou estilos, foco em artes e atividades criativas e assim por diante. Essas instituições podem adotar ideias de IM, mas podem não ser muito afetadas por elas. Podem dizer com razão: "Já estamos fazendo isso, estamos felizes em usar a bandeira das IM, mas (para cunhar uma expressão!) vocês simplesmente trouxeram tulipas para a Holanda".

Claro, também há falsos positivos. Como Mindy Kornhaber e colegas observaram, muitos lugares alegam estar realizando práticas de IM e podem até exibir faixas, *slogans* e coisas do tipo. Ainda assim, desprovidas de tais acessórios, essas instituições parecem indistinguíveis daquelas que nunca ouviram falar de IM e daquelas que são efetivamente "escolas uniformes" (com uma única forma de ensino e avaliação). Esses lugares podem acreditar que o solo é receptivo, mas na verdade o solo não consegue, por algum motivo, absorver a semente. A semente morre definhando, por assim dizer, mas de alguma forma continua ali, enganando aqueles que não conseguem ver a diferença entre práticas de IM falsas e genuínas.

De maior interesse são aqueles lugares, instituições e líderes que inicialmente resistem à IM ou a entendem da maneira mais superficial. Usando nossa analogia, esses lugares a princípio se mostram bastante resistentes à semente das IM. No entanto, com o tempo, ou o solo se torna mais amigável à semente, ou uma versão mutante da semente de IM se mostra capaz de se estabelecer e, eventualmente, florescer no ambiente antes hostil. Lembro-me de uma anedota comovente sobre Pat Bolanos, a carismática fundadora da Key Learning Community. No 15º aniversário da escola, ela discursou para um grande público apoiador reunido em uma sala de concertos no centro de Indianápolis. Depois de agradecer a todos que apoiaram a Key ao longo dos anos, ela declarou: "E, por fim, gostaria de agradecer aos seis superintendentes que estão no cargo em Indianápolis desde que começamos a pensar na escola. Sem a sua firme oposição, nunca teríamos conseguido nada!"

POR QUE AS INTELIGÊNCIAS MÚLTIPLAS GERMINAM EM CERTOS SOLOS

Como progenitor da ideia de inteligências múltiplas, gostaria de pensar que seu poder, sua beleza e sua verdade intrínsecas foram responsáveis por seu sucesso em vários locais. De fato, gostaria de pensar que muitos defensores da teoria das IM são atraídos pela ideia com base em seus méritos. No entanto, para que uma ideia como as IM se espalhe em várias regiões, indo além da defesa de alguns poucos, deve haver razões que atraiam um grupo maior. Ao revisar minhas próprias experiências e observações nas últimas décadas, identifiquei quatro fatores que se destacam.

Redescoberta de tradições. Em algumas culturas, existe a crença de que certas normas ou práticas valorizadas no passado foram ignoradas ou minimizadas nos últimos anos. No Japão, por exemplo, as escolas formais e os programas de aprendizes de uma época anterior apresentavam muitas artes e ofícios práticos. Da mesma forma, a tradição confucionista na China reconhecia toda uma gama de competências que distinguiam a pessoa educada. O grupo Dine no sudoeste americano costumava homenagear diversas tradições artesanais, e abordagens como o método DISCOVER, idealizado por June Maker, permitem o reconhecimento dessas práticas e de suas faculdades cognitivas e sensoriais associadas.

Às vezes, essa aceitação renovada de valores tradicionais pode levar a efeitos inesperados e até engraçados. Na China, em 2004, tentei descobrir as razões pelas quais a teoria das IM havia se consolidado tanto. O mistério foi esclarecido por um jornalista em Xangai, que me disse: "Dr. Gardner, no Ocidente, quando as pessoas ouvem sobre a ideia de inteligências múltiplas, elas pensam diretamente no que é especial sobre seu filho, para descobrir seu 'gênio único'. Na China, por outro lado, as inteligências múltiplas são simplesmente oito talentos que devemos nutrir em cada criança!" (Ponto de exclamação adicionado.)

Um desejo de ampliar currículos, pedagogia e avaliações. Em muitas regiões do mundo, tem havido um estreitamento constante do currículo, que destaca disciplinas STEM (sigla em inglês para ciência, tecnologia, engenharia e matemática);* pouca atenção é dada às artes, à educação física e a certas ciências humanas e sociais. A teoria das IM pode ser um veículo útil para ampliar o escopo da educação, incluindo disciplinas que abordem as diversas inte-

* N. de R.T. No espírito da "metáfora botânica" introduzida por Gardner, *stem* se refere a ramo, ou talo, a partir do qual a planta cresce.

ligências e modos de pensar, bem como métodos de ensino que abordem as diferenças individuais e avaliações que vão além dos instrumentos tradicionais de lógica e linguagem e de respostas curtas.

Um desejo de alcançar estudantes não atendidos. Embora o currículo obrigatório tenha tendido a se estreitar nos últimos anos, em muitas regiões os currículos são direcionados a alunos médios ou típicos; tem havido relativamente pouco esforço para ajudar alunos que estão fora do padrão. Por consequência, as ideias de IM têm sido amplamente utilizadas na educação especial, na educação de superdotados e na educação de alunos tradicionalmente não atendidos. Infelizmente, esse objetivo louvável pode ser deturpado. Muitas vezes ouvi um grupo étnico ou racial específico descrito como "tendo" certas inteligências e "carecendo de outras". Não há justificativa científica para tal afirmação, e danos consideráveis podem ser causados por ela.

Uma afirmação de práticas e valores democráticos. Hoje, poucos países no mundo declaram que se opõem aos valores democráticos. Até mesmo os países mais autoritários se autodenominam democracias e incorporam a palavra "democracia" ao nome atual do país. No entanto, práticas verdadeiramente democráticas são, muitas vezes, de difícil definição. As escolas com frequência são instituições autoritárias que sufocam o debate, a controvérsia e os pontos de vista individuais, ficando a anos-luz de distância das comunidades democráticas cujos membros participam da tomada de decisões e da governança.

O NÍVEL DE POLÍTICAS

Muitas vezes, essas metas são propostas por indivíduos ou instituições isoladas que apenas querem fazer mudanças em nível local. Mas, como alguns educadores documentam, esforços mais ambiciosos foram lançados para alterar práticas em uma escala mais ampla. Na Inglaterra, na Escócia, na China e na Noruega, por exemplo, as abordagens de IM são explicitamente promovidas como uma alternativa às práticas dominantes, mas são vistas por alguns como limitadas, contraproducentes ou mesmo destrutivas. Às vezes, mesmo nesses países, são anunciadas políticas que parecem mais compatíveis com as abordagens de IM. Não é de surpreender que os apoiadores de IM sejam rápidos em abraçar essas inclinações reformistas (China, Coreia, Escócia, Turquia). Enquanto os ministros da educação ao redor do mundo estiverem focados principalmente no desempenho comparativo dos países nos exames do Programa Internacional de Avaliação de Estudantes (PISA), podemos esperar que os apoiadores de IM façam contra-ataques.

Caso esses apoiadores estejam em posições de formulação de políticas, eles tentarão instituir políticas mais “amigáveis às IM”.

Ainda estou perplexo com um acontecimento. Alguns anos atrás, um colega visitou Pyongyang, capital da Coreia do Norte. Em uma grande biblioteca local, ele viu apenas dois livros em inglês. Um deles foi *Stupid white men*, de Michael Moore. O outro era *Estruturas da mente: a teoria das inteligências múltiplas*. Não posso deixar de me perguntar por que — e como — esses dois *memes* conseguiram se estabelecer em um solo aparentemente tão resistente.

NOTA FINAL: O PESSOAL E O POLÍTICO

A teoria das inteligências múltiplas foi desenvolvida por um psicólogo. A princípio, era uma proposta de como deveríamos conceber as mentes individuais. Essa maneira de pensar inicialmente se mostrou mais adequada para indivíduos que têm uma perspectiva psicológica do mundo e que são estimulados, e não ameaçados, pela ideia de uma pluralidade de diferenças individuais.

Fiquei surpreso ao ver como esse *meme* de “psicologia interna” se espalhou rapidamente para a educação, primeiro nos Estados Unidos e depois no exterior. Fiquei surpreso com a durabilidade do *meme*, e estou surpreso que esse *meme* tenha começado a interessar aqueles que trabalham na área política, fundindo o pessoal e o político. É impressionante que uma ideia que surgiu como um relato de como o cérebro/mente humana evoluiu e como está organizado hoje possa unir forças com movimentos que dão mais voz aos indivíduos e promovem classes, escolas e talvez até sociedades mais democráticas. Gostaria de pensar que essa combinação agradaria a John Dewey, um filósofo e psicólogo americano que esteve sempre enraizado tanto no pessoal quanto no político.

Ainda assim, é salutar lembrar que a ideia de inteligências múltiplas continua sendo uma visão minoritária na psicologia e que a maioria das escolas ao redor do mundo continuam sendo as “escolas uniformes”, onde um grupo restrito de tópicos é ensinado da mesma forma para todas as crianças e onde os modos de avaliação são pouco aventureiros, para dizer o mínimo. Minha opinião — ou talvez, para ser mais preciso, minha esperança — é que a mídia digital permitirá uma educação tão individualizada no futuro que o *meme* das inteligências múltiplas será dado como garantido. Se for esse o caso, meus colegas em muitos cantos do mundo merecerão crédito considerável por sustentar e enriquecer as ideias e práticas das IM nesse ínterim.

IDENTIFICAÇÃO E ESTIMULAÇÃO DE INTELIGÊNCIAS NA PRIMEIRA INFÂNCIA

Depois que a comunidade educacional aprendeu e adotou a teoria das inteligências múltiplas (IM), aplicações logo surgiram — algumas esperadas (escolas que alegavam desenvolver todas as inteligências), algumas exóticas (escolas que serviam comidas e bebidas que supostamente desenvolviam as inteligências).

Na maior parte do tempo, agradeci a esses pioneiros da educação, mas fiquei à margem. Contudo, algumas vezes surgiram oportunidades no Projeto Zero de realizar alguns experimentos educacionais modestos. Nos Ensaios 12 a 14 a seguir, meus colegas e eu descrevemos três desses experimentos — todos colaborações, cada um abordando diferentes faixas etárias de maneiras distintas.

Como uma espécie de provocação, aqui vai um breve resumo:

O Projeto Spectrum surgiu da pergunta: "Se inteligências múltiplas realmente existem, elas podem ser descobertas e estimuladas na tenra infância?" Meu colega David Feldman e eu estávamos interessados nessa questão — e, no final, fomos acompanhados nesse esforço por Jie-Qi Chen, Mara Krechevsky, Janet Stork, Julie Viens e outros colegas.

Talvez muitos dos nossos colegas simplesmente desenvolvessem meia dúzia de testes, aplicassem eles a um grupo representativo de jovens e relatassem as descobertas. No entanto, éramos mais ambiciosos — e talvez mais temerários!

Em vez disso, montamos uma sala de aula inteira na Eliot-Pearson Children's School, uma pré-escola afiliada à vizinha Tufts University. A sala de aula estava equipada com muitos jogos, exercícios, cantos e atividades — todos projetados para evocar a expressão (e o poder) das diversas inteligências. Ao longo de alguns anos, criamos uma variedade de maneiras de identificar e estimular a gama de inteligências múltiplas.

PROJETOS ESTUDANTIS NOS "*PODS*"* DA KEY SCHOOL

A Key School foi a primeira escola do mundo construída em torno da ideia de inteligências múltiplas.

Descritos de forma ampla, os objetivos da Key School eram reconhecer e legitimar a gama de pontos fortes intelectuais humanos; ajudar os alunos a descobrir seus pontos fortes e preferências; e dar a eles ampla oportunidade — dentro e fora da escola — de estimular e desenvolver suas inteligências.

Onde eu e meus colegas do Projeto Zero poderíamos ser úteis? Além de sermos visitantes frequentes de Indianápolis e "parceiros de pensamento" dispostos, selecionamos uma área em que nossa experiência poderia ser útil.

Um importante elemento fundamental da escola era a concepção e execução de projetos pelos alunos. Projetos são uma excelente maneira de exibir interesses, pontos fortes e desafios. Contudo, embora os projetos sejam fáceis de designar e (ao contrário dos testes tradicionais) se prestem à exibição pública, eles não são tão fáceis de avaliar, e ainda mais difícil é dar notas e tomar decisões importantes sobre o que é satisfatório e o que não é. Foi aí que usamos nossas habilidades de pesquisa e análise, buscando ajudar a Key a criar, estimular e avaliar projetos que utilizassem diversas inteligências, sozinhas ou em combinação.

AS INTELIGÊNCIAS ARTÍSTICAS PODEM SER DOMINADAS E MEDIDAS NA ADOLESCÊNCIA?

Considerando meus interesses e os do Projeto Zero, não é surpreendente que tenhamos desenvolvido avaliações preliminares dos perfis de inteligência

* N. de T. *Pods*: opção de ensino domiciliar que reúne alunos em pequenos grupos, sendo uma maneira de compartilhar a supervisão do aprendizado remoto e os deveres de cuidado de crianças entre famílias. Isso funcionou nos Estados Unidos com as aulas *on-line* durante a pandemia de covid-19.

em uma pré-escola na área de Boston (Projeto Spectrum), ou que tenhamos ajudado uma escola pública de ensino fundamental e médio em Indianápolis a avaliar os projetos de seus alunos.

O Arts PROPEL foi uma surpresa — ou melhor, uma enorme surpresa. Para começar, o foco foi o ensino médio, uma época em que a competição por tempo de aula e dever de casa é acirrada. Em segundo lugar, o projeto se concentrou nas artes, uma área do currículo que não tem sido muito valorizada na educação pública americana. Terceiro, e mais surpreendente, envolveu uma colaboração intensiva e extensa com o Educational Testing Service (ETS) em Princeton, Nova Jersey.

No entanto, como alguém que pode registrar muitas colaborações malsucedidas (ver Barendsen *et al.*, 2011), nosso trabalho no Arts PROPEL foi um dos nossos melhores esforços colaborativos em pesquisa educacional. Isso se deve aos nossos colegas do ETS (em especial Drew Gitomer e Alice Sims-Gunzenhauser), à nossa equipe do Projeto Zero (em especial Lyle Davidson, Steve Seidel, Seymour Simmons, Ellen Winner e Dennie Wolf) e à nossa visionária e solidária dirigente do programa na Fundação Rockefeller, Alberta Arthurs.

O nome Arts PROPEL é um acrônimo das três habilidades que consideramos mais importantes nas artes: produção, percepção e reflexão. Devemos mencionar que nossa abordagem foi desenvolvida — deliberadamente — em contraste com uma abordagem mais acadêmica das artes, que destacava disciplinas tradicionais — abordagem histórica, analítica, biográfica. Essa perspectiva tradicional se parecia mais à da típica escola norte-americana (*high school*) do que à própria postura intelectual diante das artes.

Nossa abordagem no PROPEL envolveu amplos aspectos e exigiu vários manuais para ser delineada. No Ensaio 14, apresento os destaques — e estou feliz em dizer que facetas do Arts PROPEL continuam a ser exploradas em várias escolas, tanto nos Estados Unidos quanto no exterior.

REFERÊNCIAS

BARENDSEN, L. *et al. Collaboration in non-profit education:* emerging findings. [*S. l.: s. n.*], 2011. Interim report submitted to John Abele and the Argosy Foundation.

WINGER, P. The best schools in the world. *Newsweek,* 1 Dec. 1991.

ENSAIO 12

A ABORDAGEM SPECTRUM NA AVALIAÇÃO

Estimulando inteligências na primeira infância

Mara Krechevsky e Howard Gardner

Testes padronizados de inteligência têm sido usados para identificar talentos incomuns, e tais instrumentos certamente são capazes de revelar prodígios. No entanto, pense nos indivíduos que não têm um bom desempenho nessas avaliações.

Como podemos avaliar seus pontos fortes, e o que significaria fazer isso?

Jacob é um menino de 4 anos que foi convidado a participar de duas formas de avaliação no início do ano letivo: a Escala de Inteligência Stanford-Binet (4ª ed.) e uma nova abordagem de avaliação denominada Projeto Spectrum. Jacob se recusou a ser testado na Stanford-Binet. Três subtestes foram iniciados e parcialmente concluídos, após os quais Jacob saiu correndo da sala de testes, deixou o prédio e subiu em uma árvore.

Considere, como um contraste marcante, a reação de Jacob à bateria Spectrum, que inclui 15 tarefas diferentes abrangendo uma ampla gama de domínios. Jacob participou da maioria das atividades e demonstrou força extraordinária nas áreas de artes visuais e números. Ele revelou um amor intenso por diferentes materiais e trabalhou com todos os meios possíveis na área da arte. Em outras atividades, mesmo quando ele resistia a se envolver na tarefa em questão, ele quase sempre demonstrava interesse nos materiais com os quais os jogos eram feitos — por exemplo, as pequenas figuras em um quadro de histórias e o metal dos sinos para a atividade musical. Essa paixão pela fisicalidade dos materiais se estendeu a quase todas as áreas: a exploração de Jacob na área de descobertas ou ciências naturais se concentrou em certo ponto no exame de ossos e em como eles se encaixavam, levando a uma escultura notavelmente precisa de um osso feito de argila.

De todas as atividades da bateria Spectrum, Jacob estava menos interessado em movimento e música. No início, ele também resistiu a participar de uma tarefa de números inserida em um jogo de ônibus. No entanto, quando finalmente se engajou, ele pareceu ter prazer especial em descobrir o número correto de pessoas que embarcariam e desembarcariam do ônibus. Aproveitar a compreensão de Jacob sobre números em um contexto que era significativo e familiar para ele pareceu ajudar a despertar habilidades que, de outra forma, poderiam ter permanecido ocultas.

Embora as avaliações Spectrum e Stanford-Binet (ou QI) possam revelar qualidades semelhantes, há vantagens distintas em uma avaliação conduzida ao longo do tempo com materiais ricos no próprio ambiente da criança. O exemplo de Jacob indica quatro maneiras pelas quais o sistema de avaliação Spectrum pode beneficiar as crianças:

Primeiro, o Spectrum envolve as crianças por meio de jogos significativos e contextualizados.

Segundo, o Spectrum torna indistinta a linha entre currículo e avaliação, integrando a avaliação de forma mais eficaz ao programa educacional regular.

Terceiro, a abordagem Spectrum para avaliação torna as medidas "justas em termos de inteligência" ao usar instrumentos que olham diretamente para a inteligência em operação, em vez de através de uma lente linguística ou lógico-matemática intermediária.

Quarto, o Spectrum sugere como os pontos fortes de uma criança podem fornecer acesso a áreas mais desafiadoras nas quais a criança se mostra menos promissora.

Aqui, consideramos a possibilidade de que os talentos excepcionais das crianças possam ser identificados em uma idade precoce e de que o perfil de habilidades exibidas por crianças em idade pré-escolar possa ser claramente distinguido um do outro. Também consideramos algumas das implicações educacionais de uma abordagem que se concentra na identificação precoce de áreas de pontos fortes e fracos. Após uma breve introdução ao contexto teórico da abordagem Spectrum na avaliação, discutimos algumas das descobertas da pesquisa e oferecemos algumas conclusões preliminares.

A ABORDAGEM SPECTRUM NA AVALIAÇÃO

O Projeto Spectrum é uma tentativa inovadora de medir o perfil de inteligências e estilos funcionais de crianças pequenas. Foi realizado por vários pesquisadores do Projeto Zero de Harvard em colaboração com nosso colega David Feldman da Tufts University (agradecemos a Jie-Qi Chen, Elise Iseberg, Valerie Ramos-Ford, Janet Stork e Julie Viens).

O Spectrum começou com a suposição de que toda criança tem o potencial de desenvolver pontos fortes em uma ou mais áreas. O foco do projeto em crianças pré-escolares tem um caráter tanto científico quanto prático. No lado científico, abordamos a questão de como as diferenças individuais podem ser detectadas de forma confiável na primeira infância, bem como o valor preditivo dessa identificação precoce. Do ponto de vista prático, é provável que pais e professores se beneficiem mais de informações sobre as competências cognitivas de seus filhos durante essa fase da infância, quando o cérebro da criança é relativamente plástico, as escolas costumam ser menos rígidas e um componente de livre escolha é normalmente incluído na maioria dos currículos.

Em vez de tentar observar as inteligências em sua forma pura, observamos os domínios de conquista da cultura por meio dos quais essas formas são assimiladas pelas crianças. Por exemplo, abordamos tanto a produção quanto a percepção na música; a narrativa inventada e descritiva na linguagem; e o movimento expressivo e atlético no âmbito corporal-cinestésico. Também usamos a noção de estados finais adultos para nos ajudar a focar nas habilidades e capacidades relevantes para alcançar papéis adultos significativos e gratificantes em nossa sociedade, e não apenas nas habilidades úteis no contexto escolar. Assim, em vez de analisar as habilidades lógico-matemáticas de forma abstrata, examinamos competências que podem culminar em inventividade científica; em vez de examinar a competência de repetir uma série de frases, observamos a capacidade da criança de contar uma história ou fornecer um relato descritivo de uma experiência.

Para capturar por completo a abordagem de uma criança a uma tarefa, achamos importante observar os estilos cognitivos ou funcionais, bem como as meras capacidades intelectuais. O estilo funcional descreve a maneira como uma criança interage com os materiais de uma área de conteúdo, como a capacidade de planejar uma atividade e refletir sobre uma tarefa, e o nível de persistência. Enquanto alguns indivíduos exibem estilos funcionais que determinam como será sua abordagem a qualquer tarefa, independentemente da área de conteúdo, outros têm estilos muito mais específicos do domínio.

IMPLEMENTAÇÃO DA ABORDAGEM SPECTRUM

Em uma sala de aula do Spectrum, as crianças são cercadas todos os dias por materiais ricos e envolventes que evocam o uso de uma variedade de inteligências. Não tentamos estimular inteligências diretamente, com materiais rotulados como "espaciais" ou "lógico-matemáticos". Em vez disso, usamos materiais que incorporam papéis sociais valorizados ou estados finais e que se baseiam em combinações relevantes de inteligências. Assim, por exemplo, há um canto naturalista, onde vários espécimes biológicos são trazidos para os alunos examinarem e compararem com outros materiais. Essa área utiliza capacidades sensoriais, bem como as inteligências naturalista e lógica. Há uma área de contação de histórias, onde os alunos criam contos imaginativos usando um conjunto evocativo de cenários e projetando seus próprios *storyboards*. Essa área evoca faculdades linguísticas, dramáticas e imaginativas. Há um canto onde os alunos podem construir uma maquete de sua sala de aula e manipular fotografias em pequena escala dos alunos e professores na sala. Essa área utiliza as inteligências espacial, corporal-cinestésica e pessoal.

É altamente desejável que as crianças observem adultos competentes ou colegas mais velhos trabalhando ou brincando nessas áreas. Com essa observação, os jovens passam a apreciar facilmente as razões para o uso dos materiais, bem como a natureza das habilidades que permitem que um mestre interaja com os materiais de maneira significativa. Como nem sempre é viável proporcionar um ambiente de aprendiz-mestre, foram construídos centros de aprendizagem nos quais as crianças podem desenvolver alguma instalação a partir de interações regulares com os materiais, sozinhas ou com outros colegas de nível iniciante. Nesse sentido, nosso ambiente de entrada é autossustentável e abriga o potencial de crescimento cognitivo e pessoal.

Ao longo de um ano ou mais nesse ambiente estimulante, as crianças têm ampla oportunidade de explorar as diversas áreas de aprendizagem, cada uma com seus respectivos materiais e seu conjunto único de habilidades e inteligências despertadas. Refletindo a engenhosidade e a curiosidade da mente de uma criança de cinco anos, a maioria das crianças explora facilmente grande parte dessas áreas. Crianças que não se aventuram tão amplamente são incentivadas a experimentar materiais ou abordagens alternativas. Na maioria das vezes, o professor pode observar facilmente os interesses e talentos da criança ao longo do ano, e nenhuma avaliação especial é necessária. No entanto, para cada domínio ou habilidade, criamos jogos ou atividades específicas que permitem uma determinação mais precisa das inteligências de uma criança naquela área.

No final do ano, as informações coletadas sobre cada criança são resumidas pela equipe de pesquisa em um breve ensaio chamado Relatório Spectrum. Esse documento descreve o perfil individual de pontos fortes e fracos da criança e oferece recomendações específicas sobre o que pode ser feito em casa, na escola ou na comunidade em geral para desenvolver pontos fortes e reforçar áreas de relativa deficiência.

Essas recomendações informais são importantes. Em nossa opinião, os psicólogos tradicionalmente se preocupam muito com normas e classificações. Em vez disso, esforços comparáveis ao Relatório Spectrum feitos ao longo dos anos escolares devem ajudar os alunos e suas famílias a tomar decisões informadas sobre seu futuro, com base em uma pesquisa de suas capacidades e opções.

E quanto às medidas reais que criamos? Para não confundir competências, tentamos, tanto quanto possível, não confiar exclusivamente em medidas lógicas e linguísticas. Em vez disso, usamos medidas que eram "justas em termos de inteligência" — medidas que exploram a inteligência diretamente e de forma holística. Também tentamos evitar situações hipotéticas e formulações abstratas. Demos às crianças algo concreto para manipular, independentemente do domínio que estava sendo avaliado. Por exemplo, o modelo de sala de aula descrito acima fornece às crianças pequenas figuras de seus colegas e professores, oferecendo uma estrutura tangível por meio da qual é possível considerar o conhecimento das crianças sobre amigos, papéis sociais e dinâmica de sala de aula. A tarefa de percepção musical fornece às crianças sinos Montessori com os quais elas podem jogar um jogo de correspondência de afinação ou criar sua própria melodia.

As medidas do Spectrum variam de tarefas relativamente estruturadas e direcionadas (p. ex., nos domínios numérico e musical) a medidas relativamente não estruturadas e observações naturais (nos domínios científico e social). Essas medidas são implementadas ao longo de um ano — a sala de aula é equipada com materiais envolventes, jogos, quebra-cabeças e áreas de aprendizagem. A documentação assume uma variedade de formas, desde planilhas de pontuação e listas de verificação de observação até portfólios e gravações. Embora a maioria dos professores não considere prático administrar formalmente todas as 15 medidas para cada criança, usamos esse procedimento para fins de pesquisa.

Além do Relatório Spectrum, os pais recebem um manual de atividades para pais com sugestões de atividades nos diferentes domínios abordados pelo Spectrum. A maioria das atividades usa materiais de fácil acesso e baixo custo. Uma nota de advertência aos pais está incluída em relação à atribuição prematura ou rápida de uma criança a um certo currículo. A ideia não é fazer de cada criança um prodígio em sua área de maior capacidade. Em vez disso, o Projeto Spectrum enfatiza a noção de que cada criança é única. Pais e professores merecem ter uma descrição fiel à criança, bem como sugestões para os tipos de experiências apropriadas à configuração particular de pontos fortes e fracos da criança.

RESULTADOS INICIAIS

E quanto aos resultados da nossa pesquisa inicial? Fizemos três perguntas:

1. As crianças pequenas têm pontos fortes específicos e outros mais gerais?
2. Existe alguma correlação entre desempenhos em diferentes atividades?
3. A capacidade de uma criança em um domínio facilita ou dificulta o desempenho em outros domínios?

A bateria Spectrum foi administrada em duas salas de aula pré-escolares na Escola Infantil Eliot-Pearson. Restringimos nossas análises a 23 crianças de 4 anos.

Observamos os pontos fortes e fracos de cada criança, tanto em relação ao grupo quanto em relação a si mesma. Crianças que pontuaram um desvio padrão ou mais acima da média nas medidas do Spectrum em um domínio foram consideradas como tendo um ponto forte naquele domínio, enquanto crianças que pontuaram um desvio padrão ou mais abaixo da média foram consideradas como demonstrando uma deficiência.

A maioria das crianças revelou um ponto forte em pelo menos um domínio e um ponto fraco em pelo menos um domínio. Algumas crianças exibiram um ou mais pontos fortes nas atividades do Spectrum e nenhum ponto fraco, e algumas crianças não exibiram pontos fortes e um ou mais pontos fracos. Por fim, cada criança exibiu pelo menos um ponto forte e um ponto fraco em relação ao desempenho na maioria das tarefas.

Para determinar o grau de correlação entre os desempenhos nas diferentes atividades, criamos uma matriz das correlações entre pares das 10 atividades. Os resultados indicaram pouca correlação entre as atividades, reforçando a noção de que as medidas do Spectrum identificam uma gama de capacidades não sobrepostas em diferentes áreas de conteúdo. Apenas um par foi significativo no nível de $p < 0{,}01$: as duas atividades numéricas — o jogo do dinossauro e o jogo do ônibus ($r = 0{,}78$). Em contraste, as duas atividades musicais e as duas atividades científicas não foram significativamente correlacionadas ($r = -0{,}07$ e $r = 0{,}08$, respectivamente).

Também houve evidências de que a capacidade de uma criança em uma área pode facilitar o desempenho em outra. Por exemplo, uma criança demonstrou grande sensibilidade às cores e interesse e habilidade na área de artes visuais. Ao brincar de caça ao tesouro, que se concentra em habilidades de inferência lógica, a atenção dessa criança às cores aparentemente a ajudou a identificar a regra que governa a colocação de tesouros sob bandeiras codificadas por cores. Outra criança, que foi identificada como tendo capacidade na produção musical (canto), achou mais fácil, nas sessões de movimento criativo, sincronizar seus movimentos com o ritmo subjacente de um trecho de uma música se cantasse enquanto se movia. Seus talentos musicais também influenciaram seu desempenho na tarefa narrativa inventada: ela criou uma música tema e uma marcha fúnebre para os personagens de sua história.

Uma terceira criança, que demonstrou excelente habilidade em contar histórias, mas permaneceu imóvel nas sessões de movimento criativo, moveu-se com expressividade incomum quando cenários de *storyboard* foram usados como catalisadores em um dos exercícios. Ela também transformou tarefas de artes visuais, análise social e matemática em ocasiões para contar histórias. Seus desenhos na arte com frequência serviam para ilustrar as narrativas que acompanhavam. Sua mãe relatou que ela costumava fazer fantoches e bonecas em casa, usando como modelos os personagens dos livros que ela estava "lendo". Ela também usou o modelo de sala de aula como um *storyboard* baseado na realidade, criando situações com as figuras de seus colegas. No jogo do ônibus, no entanto, ela se envolveu tanto nas motivações para os diferentes personagens embarcarem e desembarcarem do ônibus que se distraiu ao registrar as informações numéricas corretas.

Parece que uma capacidade pronunciada em uma área também pode interferir no desempenho de uma criança. Uma criança demonstrou capacidade extraordinária em artes visuais, com uma sensibilidade incomum à linha, cor e composição. No entanto, sua sensibilidade a sinais visuais a levou a interpretar mal os sinais direcionais ao usar dados que tinham um + e um – em seus lados. Em sua interpretação, as linhas cruzadas (+) significavam que o jogador poderia se mover em duas direções, e a única linha horizontal (–) significava que o jogador poderia prosseguir em apenas uma direção.

ESTILOS FUNCIONAIS

Nota: Embora Howard critique a noção de "estilos de aprendizagem" em dois ensaios neste volume, porque eles não são a mesma coisa que inteligências múltiplas, achamos esse conceito útil para nosso projeto Spectrum.

Conforme observado, além de registrar o desempenho da criança, também registramos o estilo funcional ou a maneira como a criança abordou cada atividade. Estávamos principalmente interessados em duas questões:

1. As crianças utilizam estilos funcionais distintos ao resolver problemas de diferentes domínios? Se sim, qual é a natureza das diferenças nas áreas de alta capacidade e pouca capacidade de uma criança?
2. Alguns estilos funcionais são mais eficazes do que outros em domínios específicos?

Parecia que, para a maioria das crianças, enquanto um ou dois estilos funcionais geralmente eram usados em todos os domínios, outros dependiam mais do conteúdo da área que estava sendo explorada. Cerca de três quartos das crianças da amostra exibiram estilos funcionais gerais que, em casos específicos, foram combinados com um ou dois outros para produzir configurações específicas de domínio. Por exemplo, uma menina demonstrou atenção aos detalhes apenas na atividade do modelo de sala de aula, sua única área forte, e foi impulsiva apenas na atividade de percepção musical, sua área fraca. Outra criança se envolveu facilmente e se mostrou confiante mesmo em áreas de pouca capacidade, desde que a tarefa envolvesse um aspecto de desempenho.

Não é de surpreender que os desempenhos em uma área de alta capacidade fossem tipicamente caracterizados por estilos funcionais "fáceis de se envolver", "confiantes" e "focados". Em contraste, os desempenhos fracos foram caracterizados por estilos funcionais "distraídos", "impulsivos" e "relutantes em se envolver". A "ludicidade" caracterizou tanto os pontos fortes quanto os fracos. Além disso, várias crianças demonstraram reflexão e atenção aos detalhes em suas áreas de destaque. Três das cinco crianças que não demonstraram ponto forte em relação aos seus colegas nunca refletiram sobre seu próprio trabalho, e oito crianças refletiram apenas sobre seu trabalho em áreas de pontos fortes.

Cinco crianças demonstraram estilos funcionais altamente específicos de domínio. Jacob, o menino descrito no início deste ensaio, demonstrou confiança, atenção aos detalhes, seriedade, habilidades de planejamento e reflexão apenas nas áreas de artes visuais e números — suas áreas de alta capacidade. Outra criança achou muito difícil manter o foco na maioria das atividades do Spectrum e da sala de aula. No entanto, quando foi apresentada aos materiais para a atividade de montagem, ela trabalhou de forma concentrada e persistente até desmontar e remontar completamente os objetos. Esse resultado deu à professora informações valiosas sobre como ela poderia usar a capacidade dessa criança para envolvê-la em um trabalho focado na sala de aula.

Em relação à segunda questão, algumas das crianças que exibiram um estilo funcional consistente foram ajudadas por seu estilo neutro em relação ao conteúdo, enquanto outras provavelmente foram prejudicadas por ele. Uma criança trabalhou de *forma séria e focada* em todos os domínios. Essa abordagem a ajudou a completar atividades nas quais ela tinha dificuldade, bem como aquelas nas quais ela demonstrava competência. Todas as crianças demonstraram *confiança* em pelo menos uma atividade. Uma menina que não revelou nenhum ponto forte em relação aos seus colegas ainda assim demonstrou *orgulho pela realização* de mais tarefas do que qualquer outra criança, talvez indicando uma *resiliência*, que é um bom presságio para suas perspectivas escolares. Ironicamente, pode ser que uma confiança muito forte iniba o desempenho bem-sucedido em todas as tarefas. A criança que foi identificada como tendo mais pontos fracos entre as cinco crianças e nenhum ponto forte em relação aos seus pares nunca demonstrou qualquer *hesitação*, enquanto todas as outras, com exceção de três, foram hesitantes em sua abordagem pelo menos uma vez.

Uma criança trouxe seu próprio motivo subjacente para cada atividade do Spectrum. Embora suas ideias fossem muitas vezes convincentes, sua falta de vontade de realizar a tarefa fez com que ela tivesse um desempenho ruim em muitas das atividades. Na atividade de percepção musical, por exemplo, ela estava mais interessada em como os sinos de metal, todos com a mesma aparência, podiam, ainda assim, produzir sons diferentes. Para explorar esse fenômeno, ela examinou as diferenças nas vibrações dos sinos após bater neles com o martelo. Ela também inventou novas regras para o jogo dos dinossauros e tentou criar ferramentas a partir das peças dos dois moedores de comida na atividade de montagem. Como estava tão interessada em explorar suas próprias ideias, ela com frequência resistia em explorar as ideias dos outros. Quando tinha dificuldade com uma atividade, ela ficava frustrada e confiava em seu senso de humor para distrair o adulto da tarefa em questão.

Também pareceu que a estrutura das tarefas (ou às vezes a falta de estrutura) inibiu o desempenho de algumas crianças. No ambiente menos estruturado da sala de aula do Spectrum, a criança que acabamos de descrever demonstrou notável capacidade experimental e constantemente formulou e testou hipóteses para descobrir mais sobre o mundo ao seu redor. Jacob foi outra criança que precisou de pouca estrutura, de tanto que ficava imerso nos materiais. Infelizmente, seu foco intenso em materiais, excluindo outras pessoas — crianças ou adultos —, pode trazer problemas para seu futuro desempenho escolar.

UMA COMPARAÇÃO DE PONTOS DE VISTA: PAIS, PROFESSORES E SPECTRUM

Embora as medidas do Spectrum tenham identificado claramente os pontos fortes específicos de cada domínio nas crianças, também pareceu importante determinar se estávamos descobrindo habilidades até então não reconhecidas por professores e pais. Para responder a essa questão, pedimos que pais e professores preenchessem um questionário e indicassem o nível de habilidade demonstrado por cada criança em diversas áreas diferentes. Também enviamos formulários de resposta aos pais para perguntar sobre suas reações aos perfis do Spectrum.

Dezessete grupos de pais entregaram o questionário preenchido. Em geral, os pais foram bastante generosos em identificar seus filhos como pessoas que demonstravam habilidade excepcional em uma área. O número médio de áreas verificadas pelos pais para seus filhos foi de oito em 30. Por outro lado, os professores raramente avaliaram uma criança como tendo uma habilidade excepcional em qualquer área, identificando em média uma em cada 30. Essa discrepância entre as avaliações dos pais e dos professores provavelmente reflete o quadro de referência mais amplo que os professores têm, já que veem as crianças no contexto de seu grupo de colegas. Embora os pais possam ser compreensivelmente tendenciosos, eles também têm menos oportunidades de ver os pontos fortes de um grande número de crianças. Esses fatores devem ser levados em conta na comparação.

O Spectrum considerou que uma criança tinha um ponto forte excepcional somente se a pontuação em uma determinada atividade de domínio fosse pelo menos um desvio padrão acima da média. O Spectrum identificou pontos fortes excepcionais que não haviam sido identificados de outra forma em oito das 17 crianças — 12 pontos fortes no total, nos domínios da ciência, artes visuais, música e compreensão social. Sete crianças foram identificadas por pais e professores como apresentando pontos fortes excepcionais, mas não pelo Spectrum. Na maioria desses casos, embora o Spectrum tenha identificado pontos fortes relativos, os desempenhos não foram considerados excelentes em relação ao grupo. Para várias outras crianças, pontos fortes com pontuação próxima, mas inferior a um desvio padrão acima da média, foram identificados pelo Spectrum, mas não pelos pais ou professores.

Por fim, pais, professores e o Spectrum identificaram as mesmas áreas de habilidade excepcional em nove das 17 crianças comparadas.

Parece que algumas áreas, como linguagem e números, podem ser identificadas com relativa facilidade, independentemente de a criança estar em casa ou na escola. No entanto, outras áreas, como percepção musical, habilidades mecânicas e análise social, não são notadas com tanta facilidade. Na verdade, todas as vezes que o Spectrum identificou a linguagem ou os números como pontos fortes extraordinários, eles já tinham sido identificados pelos pais ou pelo professor. Entretanto, mesmo em uma área de habilidade facilmente reconhecida como a linguagem, o Spectrum apresenta uma divisão da área em habilidades componentes (vocabulário, estrutura frasal, uso de linguagem descritiva e assim por diante), empregadas a serviço de um esforço significativo (contar histórias).

É claro que mesmo os professores de pré-escola mais competentes não podem proporcionar experiências em todas as áreas, especialmente naquelas com as quais podem não estar familiarizados, como percepção musical e tarefas de inferência lógica. A atividade de montagem de objetos, em particular, ajuda a quebrar preconceitos de gênero, proporcionando às meninas a mesma oportunidade dos meninos de revelar seus pontos fortes e se envolver em uma área tradicionalmente considerada masculina. Os formulários de resposta ao perfil também revelaram que as áreas em que os pais ficaram mais surpresos ao saber dos pontos fortes incluíam percepção musical, habilidade mecânica e movimento criativo. Como as informações nos perfis são geradas a partir de tarefas contextualizadas (em vez de testes isolados), pode ser mais fácil para os pais traduzi-las em atividades de acompanhamento significativas.

UMA COMPARAÇÃO DOS RESULTADOS DO SPECTRUM COM A ESCALA DE INTELIGÊNCIA STANFORD-BINET

Um diagnosticador treinado administrou a Escala de Inteligência Biológica Stanford-Binet a 19 das 20 crianças de uma classe. Duas das 19 crianças não completaram a medição e, portanto, não foram incluídas na análise. Os resultados dessa amostra, embora úteis para fornecer uma noção muito geral de como os dois sistemas de medição se comparam, devem ser lidos com ressalvas.

Primeiro, o Spectrum aborda sete domínios de habilidade por meio de 15 atividades, 10 das quais estão incluídas na análise, enquanto a Stanford-Binet se concentra em quatro áreas ou fatores (raciocínio verbal, raciocínio abstrato/visual, raciocínio quantitativo e memória de curto prazo) por meio de oito subtestes. Segundo, a bateria de atividades do Spectrum é administrada em uma série ao longo de um ano, enquanto a Stanford-Binet é administrada em uma sessão de uma a duas horas. Por fim, a Stanford-Binet é uma medida padronizada, e o Spectrum, não.

As 17 crianças da amostra que completaram a avaliação Stanford-Binet pontuaram na faixa de média baixa a muito superior, com pontuações compostas variando de 86 a 133. A pontuação média foi 113. Assim como na análise anterior, considerou-se que uma criança demonstrava um ponto forte ou fraco em uma atividade do Spectrum somente se obtivesse uma pontuação de um desvio padrão ou mais acima ou abaixo da média do grupo.

Para determinar se as pontuações compostas de Stanford-Binet eram preditivas do desempenho em algumas ou todas as atividades do Spectrum, classificamos as pontuações compostas das crianças para ver como as cinco crianças com melhor desempenho (com pontuações compostas de 125 a 133) e as cinco crianças com pior desempenho (com pontuações de 86 a 105 — a faixa de média baixa a média) se saíram na bateria do Spectrum.

Das cinco crianças com as maiores pontuações da Stanford-Binet, uma demonstrou alta capacidade em três das 10 atividades do Spectrum, três demonstraram alta capacidade em duas atividades e uma exibiu um ponto forte. As áreas que o Spectrum identificou como pontos fortes para essas crianças foram as seguintes: duas em linguagem narrativa, quatro em percepção e produção musical, duas em artes visuais, uma em compreensão social e uma em ciências (inferência lógica).

Os domínios científicos movimento, números e componente mecânico não foram identificados como pontos fortes para nenhuma das crianças. Na verdade, o movimento e os números foram identificados como áreas de pouca capacidade para duas delas. Além disso, apenas uma das três crianças que demonstraram três ou mais pontos fortes nas medidas do Spectrum estava entre as cinco maiores pontuadoras na Stanford-Binet. Uma das três maiores pontuadoras do Spectrum também foi a maior pontuadora nas atividades combinadas de números do Spectrum.

No geral, parece que a Escala de Inteligência Stanford-Binet não previu desempenho bem-sucedido nem em todas as atividades do Spectrum nem em um subconjunto consistente delas. Uma qualificação a ser feita a esse respeito é a possibilidade de uma conexão entre as pontuações compostas de Stanford-Binet e o desempenho nas tarefas musicais do Spectrum. Quatro dos cinco pontos fortes na música identificados pelas medições do Spectrum foram exibidos pelas crianças que receberam as maiores pontuações compostas de Stanford-Binet. Entretanto, em geral, nenhuma correlação foi encontrada entre as subpontuações de Stanford-Binet e as atividades individuais do Spectrum. É claro que, sem uma amostra muito maior, não é possível tirar conclusões firmes.

A Stanford-Binet também não pareceu prever a falta de sucesso nas tarefas do Spectrum, embora tenha identificado três das crianças com as pontuações mais baixas (crianças sem pontos fortes e com 0 a 5 pontos fracos nas atividades do Spectrum). Das cinco crianças com as menores pontuações compostas de Stanford-Binet, uma apresentou um ponto forte (compreensão social) e um ponto fraco (percepção musical), e a outra não apresentou ponto fraco e apresentou três pontos fortes (habilidade mecânica, linguagem e percepção musical). As três crianças restantes não demonstraram ponto forte nas atividades do Spectrum e de zero a cinco pontos fracos.

A criança que recebeu a pontuação composta mais baixa do grupo (86) também foi identificada pela bateria do Spectrum como a criança com menor pontuação em todas as tarefas: ela não apresentou ponto forte e apresentou cinco pontos fracos nas atividades do Spectrum (dois pontos fracos a mais do que qualquer outra criança). No entanto, o Spectrum identificou dois pontos fortes relativos demonstrados por essa criança nos domínios da compreensão social e do movimento criativo. Os subtestes da Stanford-Binet também revelaram alguma dispersão (as subpontuações de habilidades de raciocínio verbal e memória para frases estavam nos percentuais de 53 e 49, respectivamente, enquanto as pontuações de memória de contas e análise de padrões caíram aos percentuais de 39 e 40).

Conclusão: Enquanto a Escala de Inteligência Stanford-Binet produziu uma gama de pontuações de fatores e variabilidade de subtestes dentro dos fatores, as medidas do Spectrum produziram perfis mais irregulares. Parte dessa diferença pode ser atribuída ao número de domínios abordados por cada medida: oito tarefas em quatro áreas de conteúdo para a Stanford-Binet *versus* 15 tarefas (10 em nossa análise) em sete áreas para o Spectrum.

No entanto, o Spectrum faz mais do que apenas expandir as áreas abordadas pela Stanford-Binet. Todos os subtestes da Stanford-Binet podem ser considerados medidas boas ou razoáveis de *g*, o fator de inteligência geral. O modelo do Spectrum, contudo, não postula *g* como um fator geral de inteligência que está presente em uma ampla gama de habilidades mentais e que é responsável pelo desempenho das crianças em diferentes áreas de conteúdo. Em vez disso, o modelo do Spectrum sugere que os perfis irregulares representam habilidades específicas de domínio que refletem a resolução de problemas do mundo real no contexto de atividades significativas — por exemplo, análise do próprio ambiente social, montagem de um objeto mecânico, contação de uma história e assim por diante. As informações obtidas no inventário do Spectrum podem, portanto, ser bem mais úteis na elaboração de intervenções educacionais apropriadas para crianças.

Claramente, esse estudo tem limitações. Devido à pequena amostra, o estudo deve ser considerado útil para gerar hipóteses, e não para fornecer descobertas conclusivas. No entanto, podemos identificar alguns dos benefícios potenciais do Spectrum em comparação com outras abordagens de avaliação, como a Stanford-Binet.

Primeiro, o Spectrum oferece uma oportunidade de envolver as crianças mais ativamente na avaliação, dando a elas a chance de refletir sobre sua experiência e sua própria percepção de seus interesses e pontos fortes. As crianças também se envolvem ativamente ao ajudar a coletar e documentar seu trabalho no modelo Spectrum — por exemplo, quando salvam seu trabalho para os portfólios de arte, gravam histórias e músicas e trazem itens para a área de descoberta ou ciências naturais. Esse envolvimento transmite às crianças a sensação de que seus produtos estão sendo levados a sério e as inclui no processo de monitoramento de seu próprio crescimento.

Para crianças extraordinariamente sensíveis a questões de desempenho, o Spectrum pode ter informações a oferecer que uma medida de uma sessão, descontextualizada e fortemente verbal, não tem. Por exemplo, como parte do componente intrapessoal da atividade analítica social, são mostradas às crianças imagens das diferentes atividades do Spectrum, e elas são questionadas sobre quais atividades consideram as favoritas, as melhores e as mais difíceis. Um menino que não se engajou nas atividades do Spectrum (nem nos subtestes de Stanford-Binet) demonstrou um grau surpreendente de interesse em responder perguntas sobre sua reação às diferentes atividades.

Ele parecia ter uma noção precisa sobre suas áreas de interesse e alta capacidade. Ele identificou o *storyboard* como sua melhor atividade e, de fato, das oito tarefas que ele completou, essa foi a única em que sua pontuação ficou acima da média do grupo. Ele selecionou a atividade aquática como sua favorita, e embora estivesse relutante em testar suas ideias para experimentos de mergulho e flutuação durante a tarefa, ele ficou tão animado com uma descoberta que fez em determinado momento que chamou seu professor para a área em uma demonstração incomum de entusiasmo.

É claro que a Escala de Inteligência Stanford-Binet também tem vantagens. É uma medida padronizada, com excelente consistência interna e alta confiabilidade. A medida é administrada de forma fácil e eficiente, e as áreas examinadas são mapeadas com facilidade no currículo escolar padrão. Embora ainda não saibamos se uma avaliação do Spectrum pode prever o sucesso escolar com a confiabilidade de formas padronizadas de avaliação, as medições do Spectrum identificam áreas distintas de alta capacidade, com implicações imediatas para novos caminhos a serem explorados, tanto dentro quanto fora da escola. A bateria do Spectrum também permite que professores e pais percebam diferenças individuais em áreas tradicionalmente consideradas importantes apenas em relação à passagem por estágios universais de desenvolvimento ou como reflexo da inteligência geral.

A abordagem do Spectrum contém seus próprios riscos. O perigo da atribuição prematura de crianças a um certo currículo deve ser ponderado em comparação aos benefícios de dar a cada criança uma chance de se sair bem. Também existe a possibilidade de pais voltados para o sucesso pressionarem seus filhos a se destacarem não apenas nas áreas acadêmicas tradicionais, mas em todos os domínios, aumentando uma pressão já forte sobre as crianças para que tenham sucesso. Além disso, famílias fora da cultura dominante podem estar menos preocupadas com o desempenho em áreas eletivas, como artes visuais e música, e mais preocupadas com as áreas que continuam a ser mais valorizadas pela sociedade em geral, como linguagem e lógica.

Claramente, o ambiente familiar determinará em parte tanto o uso quanto a utilidade das informações contidas no perfil do Spectrum. Como um dos pais relatou, como os membros da família não tinham interesse em música ou não eram musicais, as capacidades musicais de seu filho talvez nunca tivessem surgido sem o Spectrum e, mesmo que tivessem surgido, não teriam sido reconhecidas como talento. Esse resultado pode ser contrastado com o caso de uma mãe que considerava a música uma parte importante da vida de seu filho e incentivava muito seu interesse por ela. Durante o acompanhamento, um ano depois, ela relatou que ele adorava assistir a apresentações musicais e de ópera e ficava sentado assistindo atentamente, sem falar ou se mover. Embora ninguém saiba realmente a relação exata entre talentos iniciais e realizações posteriores (ver Ensaio 10), a identificação de pontos fortes desde o início pode se tornar uma profecia autorrealizável.

Embora o Spectrum reflita em parte um sistema de valores de pluralismo associado à classe média, ele também pode ter algo a oferecer às crianças de origens menos privilegiadas. O sistema de avaliação do Spectrum tem o potencial de revelar áreas de alta capacidade insuspeitas e promover maior autoestima, principalmente para crianças que não se destacam no currículo escolar padrão.

Com o tempo, o Spectrum deixou de ser apenas um meio de avaliar pontos fortes e se tornou um ambiente educacional completo. Em colaboração com professores de sala de aula, desenvolvemos materiais curriculares na forma de *kits* que exploram a gama de inteligências que pode figurar no desenvolvimento de um tema amplo, como "Noite e Dia" ou "Sobre Mim". Com crianças menores, esses materiais são usados principalmente de forma exploratória. Com crianças mais velhas, eles estão mais intimamente ligados aos objetivos tradicionais da escola, promovendo atitudes, abordagens e habilidades de pré-alfabetização ou alfabetização. Assim, as crianças encontram noções básicas de leitura, escrita e cálculo no contexto de temas e materiais pelos quais já demonstraram interesse e uma competência emergente. À medida que ganham proficiência em um jogo de tabuleiro, por exemplo, as crianças podem ser apresentadas aos sistemas de contagem numérica, e à medida que criam aventuras no *storyboard*, podem começar a escrevê-las, bem como recitá-las ou dramatizá-las.

A adaptabilidade do Spectrum provou ser uma de suas características mais interessantes. Professores e pesquisadores de diversas regiões do país têm usado o Spectrum como ponto de partida para diversos fins educacionais. A abordagem do Spectrum foi adaptada para crianças de 4 a 8 anos para fins de diagnóstico, classificação e ensino. Ela tem sido usada com alunos medianos, alunos superdotados, alunos com deficiência e alunos em risco de fracasso escolar, em programas projetados para pesquisa, fins compensatórios e enriquecimento. Ela se tornou o centro de um programa de mentoria no qual crianças pequenas têm a oportunidade de trabalhar com adultos de sua vizinhança que exemplificam diferentes combinações de inteligências em seus empregos. Como pesquisadores que se tornaram implementadores, tivemos o privilégio de participar de discussões entre pessoas que nunca se conheceram, mas que adaptaram o Spectrum às suas diversas necessidades. A partir dessas conversas, parece claro que a mistura escola-museu do

Spectrum é apropriada para crianças pequenas de diversos interesses, origens e idades.

Em vários aspectos, o Projeto Spectrum condensa a maneira como a teoria das inteligências múltiplas catalisou a criação de intervenções educacionais eficazes — neste caso, com crianças pequenas. Começando com um interesse acadêmico na existência e na identificação de talentos em crianças muito pequenas, vimos o Spectrum evoluir naturalmente ao longo do tempo para uma abordagem completa à educação infantil. Essa abordagem foi inspirada por aspectos da teoria das IM, mas de forma alguma a teoria das IM ditou o conteúdo exato ou as etapas precisas da implementação do Spectrum. Alteramos o programa consideravelmente em resposta às nossas próprias observações, ao *feedback* dos pais, professores, pesquisadores e alunos, e às condições mutáveis nas quais tentamos implementar a abordagem. Adicione a isso os diferentes usos das ideias do Spectrum por pesquisadores e profissionais em diversas partes do país, então temos uma imagem de uma família — na verdade, um espectro — de variações do Projeto Spectrum. É apropriado que um programa enraizado na celebração das diferenças individuais entre crianças pequenas gere uma família de abordagens altamente individualizadas.

ENSAIO 13

PROJETOS DURANTE OS ANOS INICIAIS

Alguns anos depois da publicação original de *Estruturas da mente*, eu estava agendado para dar uma palestra em Kutztown, Pensilvânia. Pouco antes de deixar Boston para ir até lá, recebi um telefonema de uma professora de Indianápolis. Ela disse que ela e alguns de seus colegas professores haviam lido *Estruturas da mente* e queriam falar comigo sobre algumas das ideias do livro. Eu estaria disponível para uma reunião em Kutztown?

Sem que eu soubesse, um grupo de oito professores do sistema escolar público de Indianápolis dirigiu por 14 horas para ter uma reunião relativamente breve comigo em Kutztown. Naquela reunião movimentada, eles me mostraram um vídeo que tinham concluído recentemente e me disseram que estavam interessados em abrir sua própria escola primária do jardim de infância ao 6º ano, inspirados em parte pelas ideias da teoria das inteligências múltiplas (IM). Fiquei tão surpreso quanto encantado.

Embora eu estivesse cada vez mais interessado nas aplicações educacionais da teoria, nunca me ocorreu que alguém pudesse levar essas ideias tão a sério a ponto de planejar uma escola baseada nelas. Eu disse aos "Oito de Indianápolis" com toda a franqueza que ficaria feliz em ajudá-los, mas que sabia pouco sobre escolas. "Vocês são o pessoal da escola", insisti, "e esta terá que ser a sua escola".

UMA ESCOLA DE INTELIGÊNCIAS MÚLTIPLAS

Poucos grupos de professores poderiam ter trabalhado mais duro do que os Oito de Indianápolis nos dois anos seguintes. Sob a orientação da enérgica e visionária Patricia Bolanos, que mais tarde se tornou a diretora da escola, eles arrecadaram fundos, fizeram *lobby*, planejaram currículos e, depois de muitos momentos de suspense e algumas decepções, foram autorizados a ter sua própria escola pública "opcional" no centro de Indianápolis, a Key School. Embora eu não mereça crédito pelo lançamento desse projeto, eu me reunia regularmente com os professores para conversar com eles sobre o que estavam fazendo e, por conta disso, recebi crédito excessivo na mídia popular por ter inspirado a Key School. Após a morte da diretora Bolanos e uma série de perturbações políticas no sistema educacional de Indianápolis, a escola fechou. No entanto, em 2023, o Professor do Ano em Indianápolis acabou sendo uma ex-aluna da Key School, que relacionou suas experiências lá com sua escolha de carreira e sua abordagem diferenciada ao ensino. Com esse espírito, mantive a descrição da Key School como um empreendimento do nosso tempo.

Mais tarde chamada de Key Learning Community, a Key School provou ser um sucesso notável em muitos aspectos. Um dos seus princípios fundadores é a convicção de que cada criança deve ter suas múltiplas inteligências estimuladas a cada dia. Assim, todos os alunos da escola participam regularmente de atividades de computação, música e cinestesia-corporal, além de dominar currículos centrados em temas que incorporam literacias e conteúdos tradicionais.

Embora o currículo de IM seja o aspecto mais abertamente inovador da Key Learning Community, muitas outras facetas da escola sugerem uma educação que busca diversas formas de compreensão.

Três práticas são essenciais. Primeiro, cada aluno participa todos os dias de um *pod* de aprendizagem, no qual os alunos trabalham com colegas de diferentes idades e um professor competente para dominar um ofício ou disciplina de interesse. Como o *pod* inclui pessoas de diversas idades, os alunos podem participar de uma atividade em seu próprio nível de conhecimento e se desenvolver em um ritmo confortável. Trabalhando ao lado de uma pessoa mais experiente, os alunos têm o que pode ser uma rara oportunidade de ver um especialista se envolver em um trabalho produtivo. Sempre há cerca de uma dúzia de *pods* em uma variedade de áreas que vão da arquitetura à jardinagem, da culinária a "ganhar dinheiro". Como o foco do *pod* está na aquisição de uma habilidade do mundo real em um ambiente de aprendizagem, as chances de garantir entendimentos genuínos são maiores.

Segundo, os *pods* são complementados por fortes laços com a comunidade em geral. Uma vez por semana, um especialista externo visita a escola e demonstra uma ocupação ou ofício a todos os alunos. Muitas vezes, o especialista é um dos pais e, normalmente, o tópico se encaixa no tema da escola naquele momento. Por exemplo, se o tema atual for "proteção do meio ambiente", os visitantes podem falar sobre descarte de esgoto, silvicultura ou o processo político de *lobby*. A esperança é que os alunos não apenas aprendam sobre a gama de atividades que existem na comunidade em geral, mas também tenham a oportunidade de dar continuidade em uma determinada área, possivelmente sob a orientação do mentor visitante.

Uma maneira de atingir esse objetivo é por meio da participação em um Centro de Exploração no Museu Infantil de Indianápolis. Os alunos podem participar de um estágio de vários meses, no qual podem se envolver em atividades sustentadas, como animação, construção naval, jornalismo e monitoramento do clima.

O caminho final — e, na minha opinião, o mais importante — para o crescimento na Key Learning Community envolve projetos estudantis. Durante cada ano, a escola apresenta uma série de temas diferentes, introduzidos em intervalos de aproximadamente 10 semanas. Os temas podem ser bastante amplos, como "padrões" e "conexões", ou mais focados, como "o Renascimento, então e agora" e "herança mexicana". Os currículos concentram-se nesses temas e, sempre que possível, as literacias e os conceitos desejados são introduzidos como complementos naturais à exploração do tema.

Como parte das exigências da escola, cada aluno é convidado a realizar um projeto relacionado ao tema. Assim, os alunos executam três ou quatro novos projetos a cada ano. Esses projetos são colocados em exposição no final do período temático, para que os alunos possam verificar o que todos os outros na escola fizeram (os alunos demonstram muito interesse em monitorar o trabalho de amigos e colegas). Os alunos apresentam seus projetos aos colegas, descrevendo a gênese, o propósito, os problemas e as implicações futuras do projeto; eles então respondem às perguntas levantadas pelos colegas e pelo professor.

De especial importância é o fato de que todas as apresentações dos projetos são gravadas em vídeo. Cada aluno acumula, assim, um portfólio de vídeos que mostra sua sucessão de projetos. (Na época, em meados da década de 1980, essa forma de registro era bastante inovadora.) O portfólio pode ser considerado um modelo cognitivo em evolução do desenvolvimento do aluno ao longo de sua vida na Key Learning Community. Ao se formarem, os alunos recebem uma cópia de todo o seu portfólio de vídeos — um registro incrível de desenvolvimento pessoal e intelectual. Nossa colaboração de pesquisa com a Key Learning Community avaliou vários usos que podem ser feitos desses portfólios de vídeo.

AVALIAÇÃO DO PROJETO

A maioria dos estudantes nos Estados Unidos, no decorrer de sua carreira escolar, faz centenas, talvez milhares, de testes. No processo, eles desenvolvem habilidades — em geral em um grau altamente calibrado — em um exercício que se tornará essencialmente inútil após seu último dia de aula.

Em contraste, quando se examina a vida fora da escola, os projetos são onipresentes. Alguns projetos são atribuídos à pessoa, e alguns são executados estritamente por iniciativa da pessoa, mas a maioria dos projetos representa um amálgama de necessidades e fins pessoais e comunitários. Embora as escolas tenham patrocinado projetos por muitos anos — de fato, a Era Progressista das décadas de 1920 e 1930 apresentou uma abordagem educacional chamada de "método de projeto" —, esse envolvimento em projetos ao longo dos anos tem sido virtualmente invisível nos registros do progresso de uma criança.

Nesse caso, nossa equipe de pesquisa se esforçou para fazer uma contribuição. Acreditamos que os projetos têm mais probabilidade de serem levados a sério por alunos, professores, pais e pela comunidade em geral se puderem ser avaliados de forma razoável e conveniente. Portanto, buscamos construir maneiras diretas de avaliar a sofisticação do desenvolvimento e as características individualizadas dos projetos dos alunos. Vemos projetos e portfólios de alunos em termos das cinco dimensões distintas apresentadas a seguir, e cada uma delas pode ser avaliada (Camp *et al.*, 1993; Seidel, 1989, 1992).

Perfil individual

A questão aqui é o que o projeto revela sobre os pontos fortes, fracos e as propensões cognitivas específicas do aluno. O perfil inclui a disposição do aluno em relação ao trabalho (assumir riscos, perseverar), bem como as propensões intelectuais específicas do aluno (linguísticas, lógicas, espaciais, interpessoais e similares).

Domínio de fatos, habilidades e conceitos

Os projetos podem ser maravilhosos de se ver e, ainda assim, estar distantes — ou em total desacordo — com o que está sendo ensinado na escola. Ao invocar essa dimensão, podemos observar a capacidade dos alunos de demonstrar seu domínio de conhecimento factual, conceitos e habilidades na implementação do currículo tradicional. Geralmente, um acordo é feito entre aluno e professor: o professor pode pedir ao aluno que utilize o conhecimento e a compreensão da escola para criar um projeto, e o aluno pode selecionar os fatos, as habilidades e os conceitos para utilizar no projeto.

Qualidade do trabalho

Cada projeto é uma instância de um certo gênero — uma peça cômica, um mural, um experimento científico, uma narrativa histórica. Esses gêneros abrigam certos critérios específicos de qualidade que podem ser invocados em sua avaliação — os *kits* não são avaliados da mesma forma que as palestras. Entre os aspectos de qualidade habitualmente examinados estão a inovação e a imaginação, o julgamento estético e a técnica, o desenvolvimento de um projeto para destacar um conceito específico e a execução de uma *performance*. À medida que um aluno continua a criar em um gênero, ele ganha maior familiaridade com os critérios daquele gênero e aprende cada vez mais a pensar no sistema de símbolos daquele domínio.

Comunicação

Os projetos oferecem uma oportunidade para os alunos se comunicarem com um público mais amplo: com colegas em esforços colaborativos, com professores e outros adultos, e com seus próprios objetivos e preocupações anteriores. Às vezes, a comunicação é bastante aberta, como em uma apresentação teatral ou musical. Contudo, mesmo em projetos mais "de mesa", como nas áreas de ciência ou história, os alunos precisam comunicar suas descobertas com habilidade, e esse processo é diferente do trabalho de conduzir o experimento ou pesquisar na biblioteca.

Reflexão

Uma das características mais importantes, mas mais negligenciadas, do crescimento intelectual é a capacidade de se afastar do trabalho, monitorar seus objetivos, analisar o progresso feito, avaliar como ele pode ser corrigido e como fazer uso do conhecimento adquirido em sala de aula ou com outras pessoas, entre outras coisas.

Os projetos proporcionam uma excelente ocasião para tal atividade metacognitiva ou reflexiva. Professores e alunos podem revisar o trabalho juntos e refletir sobre como ele se relaciona com trabalhos anteriores, metas de longo prazo, estilos de trabalho e assim por diante. Igualmente importante, os alunos podem internalizar essas práticas reflexivas, para que sejam capazes de avaliar seu trabalho mesmo na ausência de agentes externos.

* * *

É importante ressaltar que não há nada de mágico ou definitivo nessas dimensões. Elas refletem o resultado de muitas discussões em nosso grupo de pesquisa e podem evoluir ainda mais. Apesar de acreditarmos que elas constituem um poderoso conjunto de lentes para examinar o trabalho dos alunos, não acreditamos que seria eficaz simplesmente impô-las a uma escola ou a um sistema escolar. Em vez disso, acreditamos que a consideração dessas dimensões surgirá naturalmente à medida que os professores (e alunos, e talvez até mesmo as famílias) aprenderem a analisar o trabalho em conjunto e a pensar sobre as qualidades distintas dos projetos e sua evolução ao longo do tempo.

Ainda assim, há um lugar distinto para uma equipe de pesquisa em tal esforço. Como pesquisadores, podemos apresentar aos professores exemplos ricos para discussão e ajudar a orientar a discussão — por exemplo, evitando becos sem saída terminológicos ou confusão de dimensões. Acreditamos que grupos de professores envolvidos em avaliações sérias dos esforços dos alunos acabarão por chegar a um conjunto de dimensões muito semelhante ao que descrevi. Nesse sentido, as cinco dimensões podem servir como uma espécie de supermatriz — que apelidamos com humor de "a mãe de todos os sistemas de pontuação". Se tal sistema for adotado, será possível que as escolas comparem os trabalhos dos alunos entre si — um resultado desejável para que tais sistemas de pontuação alcancem um *status* mais duradouro na avaliação norte-americana.

Naturalmente, parte da avaliação dos projetos dos alunos se concentra na qualidade dos projetos. Contudo, também estamos interessados em duas outras facetas. Uma delas é até que ponto o projeto revela algo sobre o aluno individualmente — seus pontos fortes, suas limitações, suas idiossincrasias e seu perfil cognitivo geral. A outra é até que ponto o projeto envolve cooperação com outros alunos, professores e especialistas externos, bem como o uso criterioso de outros tipos de recursos, como bibliotecas e bancos de dados de computador.

Os alunos não são avaliados de modo positivo ou negativo se os projetos são mais individualistas ou mais cooperativos. Em vez disso, descrevemos projetos dessa maneira porque sentimos que essas características representam aspectos importantes de qualquer tipo de projeto no qual uma pessoa participará, e tais aspectos devem ser observados, em vez de ignorados. Em particular, ao trabalhar com outros, os alunos se tornam sensíveis às diversas maneiras de conceber ou executar um projeto. Além disso, ao refletir sobre seus próprios estilos e contribuições particulares, os alunos podem prever os tipos de atividades de projeto com que têm mais probabilidade de se envolver depois de terminar a escola.

PROJETO ANDAIME

Como pesquisadores, também nos envolvemos na reflexão sobre o que é necessário para planejar e executar projetos. Um tanto ingenuamente, pesquisadores e professores pensavam a princípio que os alunos poderiam criar e apresentar projetos por conta própria com facilidade. No entanto, na ausência de ajuda na escola, a maioria dos projetos são executados pelos pais ou, se feitos pelas crianças, são pálidas imitações de projetos já realizados antes ou observados em outros lugares. Muito comuns são relatórios de livros ou apresentações no estilo televisivo em frente a *displays* que lembram mapas meteorológicos. Para que os alunos possam conceitualizar, desenvolver e apresentar seus próprios projetos de forma eficaz, eles precisam ser orientados — "colocados em andaimes" é o termo educacional da arte — nas várias fases e aspectos dessa atividade.

Longe de minar o desafio de fazer os próprios projetos, esse apoio na verdade torna possível a participação em projetos e torna provável o crescimento nas habilidades de execução de projetos. Assim como os alunos se beneficiam em serem aprendizes em alfabetização ou em um ofício, uma disciplina ou um *pod*, eles também se beneficiam em serem aprendizes na formulação e execução de projetos. Alguns alunos têm a sorte de ter tido esse aprendizado em casa ou em alguma atividade comunitária, como esportes organizados, aulas de música ou escotismo. Contudo, para a grande maioria que não teve tais oportunidades, a escola primária é o lugar mais provável onde eles podem ser aprendizes em um estilo de vida com projetos — a menos que vão para a pós-graduação 15 anos depois!

O caminho da construção de um projeto facilita novas compreensões. Um projeto oferece uma oportunidade para os alunos reunirem conceitos e habilidades previamente dominados a serviço de uma nova meta ou empreendimento. O conhecimento de como recorrer a essas formas anteriores de representação ou compreensão para enfrentar um novo desafio é uma aquisição vital. Planejar o projeto, fazer um balanço ao longo do caminho, ensaiá-lo, montá-lo pelo menos em uma forma final provisória, responder a perguntas sobre ele e assistir ao vídeo de forma crítica; tudo isso deve ajudar a melhorar a compreensão do aluno sobre o tópico do projeto, bem como suas próprias contribuições para a realização dele.

Essas características da Key Learning Community indicam alguns aspectos de uma educação efetiva durante o período da infância média. À imersão num ambiente ricamente equipado, acrescenta-se agora uma aprendizagem mais ou menos formal. As habilidades são adquiridas de forma apropriada ao domínio, e os propósitos e usos dessas habilidades permanecem vívidos na consciência do aprendiz. Ao mesmo tempo, as disciplinas não são encontradas de forma isolada, o que proporcionaria pouca motivação, mas sim como parte de temas abrangentes que repercutem em todo o currículo da escola.

O conhecimento e as habilidades emergentes do aluno são mobilizados no decorrer da execução de um projeto de sua própria criação que tenha significado para o aluno, para sua família e para a comunidade em geral. Tais habilidades e projetos são avaliados tanto quanto possível dentro do contexto das atividades escolares diárias. Essa avaliação envolve não apenas o professor, mas também os colegas e, cada vez mais, o próprio aluno. O aluno passa a ver o projeto de diversas perspectivas ao aplicá-lo a diversos públicos, e então observa sua evolução, muitas vezes de maneiras imprevisíveis.

Seria um erro considerar os projetos uma panaceia para todos os males da educação ou como o caminho real para o nirvana do conhecimento! Alguns materiais precisam ser ensinados de forma mais disciplinada, mecânica ou algorítmica. Alguns projetos podem se tornar uma licença para brincar, enquanto outros podem funcionar como uma forma de esconder deficiências fundamentais na compreensão de conteúdo disciplinar vital.

Ainda assim, na melhor das hipóteses, os projetos podem servir a uma série de propósitos. Eles envolvem os alunos por um período significativo de tempo, estimulando-os a produzir rascunhos, revisar seus trabalhos e refletir sobre eles. Eles promovem uma cooperação positiva, na qual cada aluno pode fazer uma contribuição distinta. Eles servem de modelo para o tipo de trabalho útil que é realizado após a conclusão da escola na comunidade em geral. Eles permitem que os alunos descubram seus pontos fortes e deem o melhor de si. Geram um sentimento de profundo envolvimento ou "fluxo", substituindo a motivação intrínseca pela extrínseca. Talvez o mais importante seja que eles oferecem um local adequado para demonstrar os tipos de compreensão que o aluno alcançou (ou não) no decorrer do currículo escolar regular.

Embora o método de projetos tenha uma longa história nos círculos educacionais norte-americanos, não sou o único entre meus contemporâneos a ter uma dívida com a Key Learning Community por esclarecer essas possibilidades. Infelizmente, os projetos estão sob ataque nos círculos educacionais norte-americanos, e estão vulneráveis em outras partes do mundo.

A razão é simples: vários testes nacionais e internacionais agora ocupam o centro do palco em quase todos os sistemas educacionais. De fato, eu diria que a melhoria (ou, na melhor das hipóteses, a manutenção) da posição de um país em comparações internacionais é o que impulsiona o currículo e a pedagogia em todos os lugares. Como essas pontuações nesses instrumentos influenciam os regimes educacionais, é difícil realizar projetos completos.

O fim dos projetos, em especial nos anos do ensino médio, seria trágico. Por meio de projetos bem elaborados, os alunos aprendem lições inestimáveis sobre pesquisa aprofundada, expressão clara, uso de mídia e cooperação com colegas. Os projetos são altamente motivadores e podem ser memoráveis; muitos alunos se lembram daqueles projetos nos quais investiram muito tempo e esforço. O desafio para aqueles de nós que valorizamos projetos é claro: precisamos apresentar os melhores argumentos possíveis para continuar a incluí-los no currículo.

REFERÊNCIAS

CAMP, R. *et al.* (ed.). *Arts PROPEL:* a handbook for imaginative writing. [*S. l.*]: Educational Testing Service: Harvard Project Zero, 1993.

SEIDEL, S. Even before portfolios: the activities and atmosphere of a portfolio classroom. *Portfolio*, v. 1, p. 6-9, 1989.

SEIDEL, S. *Looking carefully together*: a comparative analy sis of four models of collaborative investigation of children's work. Cambridge: Harvard Graduate School of Education, 1992. Qualifying paper.

WINGER, P. The best schools in the world. *Newsweek*, 1 Dec. 1991.

ENSAIO 14

ARTS PROPEL

INVESTIGAÇÃO DISCIPLINADA NO ENSINO MÉDIO: UMA INTRODUÇÃO AO ARTS PROPEL

No início da década de 1990, notei o renascimento do interesse pela educação nas artes. De fato, por várias razões, as artes ganharam — ou recuperaram — um lugar no currículo americano na década de 1980.

Infelizmente, esse tempo parece distante. Com a hegemonia dos testes de índices elevados nas primeiras décadas do século XXI, a educação artística de qualidade parece estar sob ataque em todas as escolas públicas, exceto nas com mais recursos. No entanto, aqueles de nós que acreditam que uma educação desprovida de artes é, por assim dizer, "pouco inteligente" continuarão a defender as artes e tentarão fazer isso com base em argumentos sólidos e currículos de qualidade.

No nível retórico, é fácil encontrar áreas de consenso entre os vários participantes do movimento nacional de educação artística. Quase todos pediriam mais tempo de aula dedicado às artes, professores mais bem treinados e algum tipo de exigência de pós-graduação. No entanto, por trás do acordo superficial, há questões polêmicas que geram grande controvérsia.

Neste capítulo, apresento uma abordagem ao currículo e à avaliação nas artes, principalmente no nível do ensino médio, denominada Arts PROPEL. Embora várias características do Arts PROPEL sejam compartilhadas com outras iniciativas contemporâneas, essa abordagem difere tanto em origens intelectuais quanto em sua mistura única de componentes. Este capítulo também serve como uma introdução à abordagem geral da educação artística concebida nas últimas décadas no Projeto Zero da Escola de Pós-Graduação em Educação de Harvard e à forma particular que ela assumiu atualmente na prática.

APROVEITANDO A TEORIA DAS INTELIGÊNCIAS MÚLTIPLAS

No meu próprio trabalho, vários *insights* se reuniram na teoria das inteligências múltiplas (ver Ensaios 7 a 11). À luz de uma visão pluralista do intelecto, surgiu a questão de saber se existe uma inteligência artística separada. De acordo com minha análise, não há.

Em vez disso, cada uma dessas formas de inteligência pode ser direcionada para fins artísticos; isto é, os símbolos envolvidos em um domínio de conhecimento podem, mas não precisam, ser reunidos de forma estética. Assim, a inteligência linguística pode ser usada em conversas comuns ou para fins de elaboração de processos jurídicos. Em nenhum desses casos a linguagem é empregada esteticamente. A mesma inteligência pode ser usada para escrever poemas ou criar diálogos em peças de teatro, sendo, nesse caso, empregada esteticamente.

Da mesma forma, a inteligência espacial pode ser usada por marinheiros ou escultores, e a inteligência corporal-cinestésica pode ser explorada por dançarinos, mímicos, atletas ou cirurgiões. Até mesmo a inteligência musical pode ser usada de forma não estética (como em um sistema de comunicação baseado em toques de corneta), assim como a inteligência lógico-matemática pode ser direcionada para uma veia estética (p. ex., quando uma prova é favorecida por ser considerada mais elegante do que outra). A inteligência ser mobilizada para fins estéticos ou não estéticos é uma decisão individual ou cultural.

ÊNFASES ALTERNATIVAS NA EDUCAÇÃO ARTÍSTICA

Ao longo da história, as inteligências humanas foram treinadas ou cultivadas principalmente de uma entre duas maneiras contrastantes. Por um lado, os indivíduos se tornam participantes desde cedo de atividades que mobilizam e canalizam suas inteligências. Esse processo ocorre tanto em aprendizagens tradicionais quanto em atividades escolares informais que envolvem observação, demonstração e treinamento em contexto.

Por outro lado, as inteligências humanas foram treinadas em ambientes e formatos escolares formais. Os alunos assistem a palestras ou leem livros didáticos sobre vários assuntos e devem memorizar, entender e utilizar esse material para tarefas de casa, exames e na "vida posterior". De acordo com minha análise, a abordagem escolar passou a dominar nosso pensamento sobre aprendizagem e exercer um domínio quase excessivo sobre as atividades escolares. No entanto, as pessoas também podem estimular e treinar inteligências — incluindo um grupo muito mais amplo de inteligências — por meio de regimes informais ou não escolares.

Em poucas áreas do conhecimento a distinção entre essas duas formas foi mais saliente do que no campo da educação artística. Há centenas, se não milhares, de anos, os estudantes têm aprendido muito sobre arte por meio de trabalhos como aprendizes. Eles observam mestres artísticos em ação. Eles são atraídos aos poucos para essas atividades. No início, eles participam de maneiras simples e cuidadosamente apoiadas; depois, aos poucos, enfrentam tarefas mais difíceis, com apoio cada vez menor de seu treinador ou mestre. Certamente esse era o procedimento escolhido nos ateliês da Renascença; versões dele persistem em aulas particulares de arte e música até hoje. Os programas de artistas nas escolas são esforços para explorar o poder desses esquemas de aprendizagem tradicionais. Nesses casos, as inteligências apropriadas são mobilizadas diretamente, sem a necessidade de intervenções linguísticas, lógicas ou notacionais extensas.

Nos últimos 100 anos, uma segunda frente foi aberta na educação artística. Com o surgimento de campos como história da arte, crítica de arte, estética, comunicações, semiótica e similares, um conjunto de concepções acadêmicas sobre as artes ganhou importância na academia. Em vez de serem adquiridos por meio de observação, demonstração ou trabalho como aprendiz, esses corpos de conhecimento "periartísticos" são dominados principalmente por meio de métodos escolares tradicionais: palestras, textos e tarefas escritas, de maneira semelhante ao que ocorre em disciplinas como história, economia e sociologia.

Contudo, não há ligação necessária entre esses aspectos das artes e os modos de ensino. A história da arte pode ser ensinada por meio de observação ou demonstração, assim como pintar ou tocar violino pode ser ensinado (se não aprendido!) por meio de palestras ou da leitura de um livro didático. No entanto, por razões evidentes, cada uma dessas disciplinas artísticas tende a favorecer uma forma de pedagogia em detrimento de sua rival.

INVESTIGAÇÃO DISCIPLINADA NO ENSINO MÉDIO: UMA INTRODUÇÃO AO ARTS PROPEL

Em alguns sistemas escolares, foram feitos esforços para treinar crianças em atividades "periartísticas", como história cultural ou conhecimento especializado. Tradicionalmente, há pouca adesão a essas atividades na comunidade. Somente com o advento da educação artística baseada em disciplinas, uma abordagem desenvolvida no início da década de 1980 pela fundação Getty Trust, é que houve uma demanda por treinamento em arte fora da esfera da produção.

No entanto, entre os profissionais de educação artística, surgiu um consenso nas últimas décadas de que a produção por si só não será suficiente. Embora os educadores artísticos difiram em suas avaliações sobre a importância da produção artística — e sua suposta conexão com a criatividade, de forma mais ampla —, eles concordam que, para a maioria da população, essa ênfase exclusiva não faz mais sentido. Assim, quase todos os esforços de reforma exigem uma educação artística que abranja a discussão e análise das obras de arte em si, bem como o estudo dos contextos culturais nos quais as obras de arte são criadas.

A ABORDAGEM DO PROJETO ZERO PARA A EDUCAÇÃO ARTÍSTICA

Dada a nossa abordagem cognitiva à educação artística, essas tendências gerais foram aplaudidas no Projeto Zero. (De fato, em nossos momentos mais chauvinistas, reivindicamos um pouco de crédito pela recente reorientação na educação artística.) Acreditamos que os alunos precisam ser apresentados às formas de pensamento dos indivíduos envolvidos nas artes: artistas praticantes e aqueles que analisam, criticam e investigam os contextos culturais dos objetos de arte.

No entanto, ao contrário de alguns defensores da educação artística baseada em disciplinas, nós matizamos essa posição. Considere os seguintes pontos:

1. Principalmente em idades mais jovens (abaixo de, digamos, 10 anos), as atividades de produção devem ser centrais em qualquer forma de arte. As crianças aprendem melhor quando estão ativamente envolvidas no assunto. Elas querem trabalhar diretamente com materiais e mídias. Nas artes, essas forças e inclinações quase sempre se traduzem na criação de algo. Além disso, crianças pequenas têm talentos consideráveis para descobrir os componentes ou padrões cruciais de um objeto artístico, e elas devem ter a oportunidade de fazer essa descoberta por conta própria. Essa ênfase é um legado da Era Progressista que merece perdurar, mesmo em uma “época mais disciplinar”.

2. As atividades perceptivas, históricas, críticas, bem como outras atividades periartísticas, devem estar intimamente relacionadas e, sempre que possível, emergir das próprias produções da criança. Ou seja, em vez de serem apresentadas em um contexto estranho a objetos de arte feitos por outros, as crianças devem encontrar tais objetos em relação aos produtos e problemas artísticos específicos com os quais elas próprias estão envolvidas — e, sempre que possível, em conexão íntima com seus próprios objetos de arte. (Alunos mais velhos e adultos também podem se beneficiar dessas introduções contextualizadas às atividades periartísticas.)
3. Os currículos de artes precisam ser apresentados por professores ou outras pessoas com profundo conhecimento de como pensar em um meio artístico. Se a área for música, o professor deve ser capaz de pensar musicalmente, e não apenas introduzir música por meio da linguagem ou da lógica. Da mesma forma, a educação nas artes visuais deve ocorrer pelas mãos — e através dos olhos — de alguém que consegue pensar de forma visual ou espacial. Se os professores não tiverem essas habilidades, eles devem treinar para desenvolvê-las.
4. Sempre que possível, a aprendizagem artística deve ser organizada em torno de projetos significativos que sejam realizados ao longo de um período de tempo significativo e que permitam ampla oportunidade para *feedback*, discussão e reflexão (ver Ensaio 13). É provável que tais projetos interessem, motivem e incentivem os alunos a desenvolver habilidades; também podem exercer um impacto de longo prazo na competência e na compreensão dos alunos. Tanto quanto possível, experiências de aprendizagem isoladas devem ser rejeitadas.
5. Na maioria das áreas artísticas, não é rentável planejar um currículo sequencial rigoroso para a educação básica. (Tenho em mente aqui objetivos curriculares simples, mas muito frequentes: saber dar quatro nomes de cores; saber cantar três intervalos; saber recitar dois sonetos.) Tal fórmula pode parecer atraente, mas vai contra a maneira holística e contextualmente sensível pela qual as pessoas costumam obter maestria em ofícios ou disciplinas. A arte envolve uma exposição contínua, em vários níveis de desenvolvimento, a certos conceitos básicos, como estilo, composição e gênero, e a certos desafios recorrentes, como executar uma passagem com sentimento ou criar uma imagem artística poderosa.

6. Os currículos precisam estar enraizados nesse aspecto "espiral" da aprendizagem artística. Um currículo pode ser sequencial no sentido de revisitar conceitos e problemas de uma forma cada vez mais sofisticada, mas não no sentido de que um conjunto de problemas, conceitos ou termos seja abordado no 2° ano e outro conjunto no 3° ano, e assim por diante.
7. A avaliação da aprendizagem é crucial nas artes. O sucesso de um programa de artes não pode ser afirmado ou tomado como certo. As avaliações devem respeitar as inteligências particulares envolvidas — a habilidade musical deve ser avaliada por meios musicais e não por meio de lentes intermediárias de linguagem ou lógica. As avaliações também devem investigar as habilidades e os conceitos mais centrais para as artes. Em vez de elaborar o currículo para se adequar à avaliação, devemos elaborar avaliações que façam justiça ao que é mais essencial em uma forma de arte.
8. A aprendizagem artística não envolve apenas o domínio de um conjunto de habilidades ou conceitos. As artes também são áreas profundamente pessoais, por meio das quais os alunos confrontam seus sentimentos mais profundos, bem como os sentimentos dos outros. Os alunos precisam de veículos educacionais que lhes permitam tal exploração; eles devem ver que a reflexão pessoal é uma atividade respeitada e importante, e ter certeza de que sua privacidade não será violada.
9. Em geral, é arriscado — e, em todo caso, desnecessário — ensinar gosto artístico ou julgamentos de valor diretamente. No entanto, é importante que os alunos entendam que as artes são permeadas por questões de gosto e valor que importam a qualquer pessoa que esteja seriamente envolvida nas artes. Essas questões são melhor transmitidas por meio do contato com indivíduos que se importam com elas e estão dispostos a apresentar e defender seus valores, mas que também estão abertos à discussão e aceitam visões alternativas.
10. A educação artística é importante demais para ser deixada a cargo de um único grupo — mesmo daquele grupo designado como "educadores artísticos". Em vez disso, a educação artística precisa ser um empreendimento cooperativo, envolvendo artistas, professores, administradores, pesquisadores e os próprios alunos.
11. Embora o ideal fosse que todos os alunos estudassem todas as formas de arte, essa não é uma opção prática. Há muitas disciplinas —

e, em meus termos, muitas inteligências — competindo por espaço no calendário, e o dia escolar já está muito fragmentado. Na minha opinião, nenhuma forma de arte tem prioridade intrínseca sobre as outras.

Assim, correndo o risco de ofender os aficionados por uma forma de arte específica, afirmo que todos os alunos devem ter exposição prolongada a alguma forma de arte, mas não precisa ser uma das artes visuais. Na verdade, eu preferiria que os alunos fossem bem versados em música, dança ou teatro do que tivessem um conhecimento superficial sobre diversas artes. Assim, pelo menos eles saberiam como é "pensar" em uma forma de arte e poderiam assimilar outras formas de arte mais tarde na vida, em vez de serem relegados para sempre ao *status* de diletantes ou até mesmo abandonarem por completo o mundo das artes.

ARTS PROPEL

Os pontos acima poderiam dar origem a qualquer quantidade de programas em educação artística. Para nós do Projeto Zero, eles contribuíram para a abordagem Arts PROPEL. Em 1985, com o incentivo e o apoio da Divisão de Artes e Humanidades da Fundação Rockefeller, o Projeto Zero uniu forças com o Educational Testing Service e as Escolas Públicas de Pittsburgh em um projeto de cinco anos. Nosso objetivo era elaborar um conjunto de instrumentos de avaliação que pudesse documentar o aprendizado artístico durante os últimos anos do ensino fundamental e médio.

Como qualquer pessoa envolvida em experimentos educacionais pode perceber, foi mais fácil declarar nosso objetivo do que implementá-lo. Começamos tentando delinear os tipos de competências que buscamos medir em nossos alunos. Decidimos trabalhar em três formas de arte — música, artes visuais e escrita imaginativa — e analisar três tipos de competências: *produção* (compor ou executar música; pintar ou desenhar; envolver-se em escrita imaginativa ou "criativa"); *percepção* (efetuar distinções ou discriminações dentro de uma forma de arte — "pensar" artisticamente); e *reflexão* (afastar-se das próprias percepções ou produções, ou das de outros artistas, e buscar entender os objetivos, os métodos, as dificuldades e os efeitos alcançados). O acrônimo PRoPeL captura em forma de sigla esse trio de competências em nossas três formas de arte, com o L final enfatizando nossa preocupação com o aprendizado (*learning*, em inglês).

O ideal seria criar instrumentos de avaliação adequados e aplicá-los aos alunos das faixas etárias mencionadas. No entanto, logo chegamos a uma verdade simples, mas crucial: não faz sentido avaliar competências ou mesmo potenciais a menos que o aluno tenha tido alguma experiência significativa trabalhando diretamente com mídias artísticas relevantes. Assim como os olheiros de beisebol observam os alunos que já jogam beisebol, é necessário que os avaliadores educacionais examinem os alunos que já estão envolvidos em atividades artísticas. Da mesma forma, assim como os novatos no beisebol precisam de treinadores qualificados e bem treinados, os estudantes de arte precisam de professores familiarizados com os objetivos do programa educacional e capazes de exemplificar as habilidades e os conhecimentos artísticos necessários.

Para atingir esses objetivos, criamos módulos curriculares e os vinculamos a instrumentos de avaliação. Implementamos um procedimento cuidadoso de desenvolvimento de currículo e avaliação. Para cada forma de arte, montamos uma equipe interdisciplinar (com os professores desempenhando um papel indispensável) encarregada de definir as competências centrais daquela forma. Na escrita, observamos as capacidades dos alunos de criar exemplos de diferentes gêneros — por exemplo, escrever um poema e criar diálogos para uma peça. Na música, examinamos como os alunos aprendem com os ensaios de um trabalho em andamento. Na área das artes visuais (da qual extraio a maioria dos meus exemplos aqui), essas competências se concentraram na sensibilidade ao estilo, na apreciação de vários padrões composicionais e na capacidade de planejar e criar obras como um retrato ou uma natureza-morta.

DOIS VEÍCULOS EDUCACIONAIS

Para cada uma dessas competências nomeadas, geramos um conjunto de exercícios chamado "projeto de domínio", que deveria apresentar elementos perceptivos, produtivos e reflexivos. Os projetos de domínio não constituem, por si só, um currículo completo, mas devem ser compatíveis com o currículo; ou seja, devem se encaixar confortavelmente em um currículo de arte tradicional.

Os projetos de domínio são, a princípio, explorados e criticados pelos professores. Após a revisão, eles são administrados em formato piloto aos alunos. Um sistema de avaliação preliminar é então testado pelos professores. Um processo iterativo é invocado até que o projeto de domínio seja considerado adequado da perspectiva de cada um de seus públicos. Uma vez concluído o projeto, ele pode ser usado como está pelos professores ou adaptado de várias maneiras para se adequar a um currículo específico, ao estilo de ensino ou aos objetivos de um determinado professor. Parte do procedimento de avaliação é simples e direto: dar aos alunos e professores uma ideia do que o aluno está aprendendo. No entanto, também é possível fazer análises mais detalhadas (para fins de pesquisa), bem como produzir uma pontuação resumida para a administração escolar central.

Um exemplo foi o projeto de domínio da "composição". Esse projeto foi criado para ajudar os alunos a perceber como arranjos e inter-relações de formas afetam a composição e o impacto de obras artísticas. Os alunos tiveram a oportunidade de tomar decisões compositivas e refletir sobre os efeitos dessas decisões em suas obras e em obras criadas por mestres artísticos reconhecidos.

Nesse projeto de domínio, em uma sessão inicial, os alunos recebem um conjunto de 10 diferentes formas geométricas pretas. Eles são solicitados a colocar essas formas em um pedaço de papel branco. O exercício é então repetido, mas desta vez os alunos devem juntar as formas de um modo que considerem agradável. Depois, eles são convidados a refletir sobre as diferenças entre o trabalho "aleatório" e o "deliberado". Em um caderno, eles registram as diferenças que observam e as razões que motivaram suas escolhas deliberadas. A maioria dos alunos acha esse exercício divertido, embora a princípio eles possam não saber muito bem o que fazer com ele.

Em uma segunda sessão, os alunos encontram informalmente certos princípios de composição. O professor apresenta aos alunos uma série de obras artísticas de diferentes estilos e períodos que diferem significativamente entre si em relação aos tipos de simetria ou de equilíbrio que simbolizam ou violam. Os alunos são solicitados a descrever as diferenças entre essas obras e a desenvolver um vocabulário que possa capturar essas diferenças e transmiti-las efetivamente aos outros. Conquistas (ou violações) de harmonia, coesão, repetição, forças dominantes, padrões radiais, surpresa ou tensão nas obras são observadas. Ao final da sessão, os alunos são solicitados a anotar em seus cadernos semelhanças e diferenças em um conjunto contrastante de *slides*. Eles também recebem uma tarefa: durante a semana seguinte, devem procurar em seu ambiente diário por exemplos de composições diferentes — tanto composições já realizadas por um artista quanto aquelas que os alunos podem criar ao "enquadrar" uma cena na natureza.

Em uma terceira sessão, os alunos relatam as composições que observaram em seu próprio ambiente e as discutem com referência àquelas observadas na aula de arte. Os alunos então retornam à composição deliberada da primeira sessão. Depois disso, eles são solicitados a fazer um trabalho final. Antes de prosseguir, no entanto, são solicitados a indicar seus planos para esse trabalho. Em seguida, começam a realizar e, se quiserem, a revisar sua composição final. Em uma planilha, eles indicam o que acharam mais surpreendente em sua composição e quais mudanças adicionais eles gostariam de fazer em um trabalho futuro.

Além das composições, discriminações perceptivas e reflexões do próprio aluno, o professor também tem sua própria folha de avaliação. Ele pode avaliar os alunos em termos dos tipos de composições tentadas ou alcançadas. Também pode avaliar outros tipos de aprendizagem — por exemplo, o sucesso dos alunos em descobrir composições interessantes em seus ambientes ou sua capacidade de conectar suas próprias composições com as de artistas conhecidos. Esse projeto de domínio pode ser repetido, em sua forma inicial ou de outro jeito, para determinar até que ponto a compreensão dos alunos sobre questões compositivas se desenvolveu ao longo do tempo.

O projeto de domínio da composição trabalha com um elemento tradicional das artes visuais — o arranjo da forma — e busca vincular esse elemento às experiências produtivas e perceptivas dos próprios alunos.

Uma abordagem bastante diferente é adotada no projeto de domínio "a biografia de uma obra". Nesse caso, nossos objetivos são muito mais amplos. Queremos ajudar os alunos a sintetizar o que aprenderam em projetos anteriores sobre composição, estilo e expressão, e para fazer isso eles devem traçar o desenvolvimento de uma obra completa.

Na biografia de uma obra, os alunos primeiro observam um grande conjunto de esboços que Andrew Wyeth preparou antes de concluir *Brown Swiss*. Eles examinam um conjunto complementar de esboços e rascunhos de *Guernica*, de Picasso. Após essas explorações perceptivas das raízes das obras-primas, os alunos são convidados a desenhar seu quarto em casa de uma forma que expresse algo sobre eles mesmos. Eles recebem uma variedade de mídias (papel, lápis, carvão, caneta, tinta e assim por diante), além de algum material pictórico, como revistas e *slides*. Em uma sessão inicial, os alunos são solicitados a escolher qualquer elemento de seu quarto, adicionar adereços ou objetos que possam revelar coisas sobre eles mesmos e usá-los na preparação de um esboço preliminar. O foco deve ser na composição, mas eles também são incentivados a pensar sobre como a gama de elementos artísticos pode revelar eles mesmos e não apenas o que é representado na imagem literalmente. São dados alguns exemplos de como aspectos da forma podem transmitir metaforicamente uma propriedade de um indivíduo.

Em uma segunda sessão, os alunos começam examinando *slides* que mostram como os artistas usaram objetos metaforicamente em seus trabalhos e como objetos ou elementos específicos podem carregar múltiplos significados. Eles também são apresentados a *slides* de estúdios ou quartos de artistas e são questionados sobre como esses quartos podem revelar algo sobre a visão que os artistas têm de seu mundo particular. Os alunos então retornam aos seus próprios esboços preliminares e são solicitados a tomar decisões provisórias sobre a mídia que desejam usar e o estilo, a cor, o traço, a textura, etc., que planejam empregar. Assim como na sessão anterior, os alunos preenchem planilhas nas quais são solicitados a refletir sobre as escolhas que fizeram, os motivos dessas escolhas e suas consequências estéticas.

Em uma terceira sessão, os alunos revisam todos os seus esboços preliminares e "folhas de rascunho", pensam se estão satisfeitos com eles e então começam seu trabalho final. Os alunos discutem seus trabalhos em andamento com outros alunos. Então, em uma sessão final na semana seguinte, os alunos concluem seus trabalhos, criticam os esforços uns dos outros e revisam seus esboços, folhas de rascunho e reflexões. As atividades dessa última semana servem como modelo para os tipos de reflexões que são usadas nas compilações de portfólios dos alunos (descritas a seguir).

No Arts PROPEL, buscamos criar um conjunto de projetos de domínio para cada forma de arte. Esses protótipos devem abranger a maioria dos conceitos importantes em uma forma de arte. A longo prazo, deve ser possível desenvolver um modelo de projetos de domínio: qual conjunto de exercícios se qualifica como um projeto de domínio, que tipos de aprendizagem podem ser esperados e qual é a melhor forma de avaliar o aluno em cada projeto de domínio e entre eles.

Além do conjunto de projetos de domínio, introduzimos um segundo veículo educacional. Embora esse veículo seja frequentemente chamado de portfólio, prefiro o termo "'fólio' de processo", ou *processfolio*.

Os portfólios da maioria dos artistas contêm apenas seus melhores trabalhos; são o conjunto pelo qual o artista gostaria de ser julgado em uma competição. Em comparação, os *processfolios* são como trabalhos em andamento. Em seus *processfolios*, os alunos incluem não apenas trabalhos finalizados, mas também esboços originais, rascunhos intermediários, críticas feitas por eles próprios e por outros, bem como obras de arte de outros que eles admiram ou não gostam e que de alguma forma têm relação com seu projeto atual. Às vezes, os alunos são solicitados a apresentar a pasta completa de materiais; outras vezes, são solicitados a selecionar as peças que parecem mais informativas ou essenciais em seu desenvolvimento artístico.

A manutenção de altos padrões — crucial para o sucesso de qualquer programa de educação artística — depende, desde o início, da postura que o professor adota em relação ao desempenho artístico e à produtividade. Com o tempo, os efeitos dos alunos uns sobre os outros podem se tornar um meio poderoso de transmitir e manter padrões. O papel do professor em um ambiente de *processfolio* difere do papel do mestre em um trabalho de aprendiz clássico, pois nenhum modelo único de progresso — nenhuma sucessão de passos isolados — fundamenta a instrução. Ainda assim, como o professor serve como um exemplo de arte produtiva e como uma personificação dos padrões da comunidade, uma sala de aula do Arts PROPEL se assemelha a um ateliê clássico.

Dada a nossa responsabilidade inicial, grande parte da energia do Arts PROPEL foi direcionada à construção de sistemas de avaliação. Cada projeto de domínio apresenta um conjunto de procedimentos de autoavaliação que podem ser usados durante a vida do projeto.

No caso do projeto de composição, os alunos têm a oportunidade de dar um passo para trás e refletir sobre os pontos fortes e fracos de cada composição, os efeitos expressivos alcançados em cada composição e como esses efeitos são (ou não) totalmente realizados.

No caso do projeto da biografia de uma obra, os alunos refletem sobre as mudanças que fizeram, as razões que motivaram as mudanças e a relação entre os esboços iniciais e finais. Os esboços e os produtos finais dos alunos, juntamente com suas reflexões, são então avaliados em várias dimensões qualitativas, como engajamento, habilidades técnicas, imaginação e habilidades de avaliação crítica. Embora a avaliação primária do projeto de domínio ocorra dentro da sala de aula, também é possível avaliar esses projetos fora do local; tais sessões de avaliação foram realizadas com razoável sucesso por educadores de artes externos reunidos sob os auspícios do Educational Testing Service (ETS).

Enquanto os projetos de domínio se prestam a uma série de formas familiares de avaliação, a avaliação de *processfolios* é uma operação mais desafiadora e delicada. Os *processfolios* podem ser avaliados em várias dimensões. Algumas são diretas, como a regularidade das inserções, sua integridade e coisas do gênero. Outras são mais complexas e subjetivas, mas ainda assim familiares, como a qualidade geral dos produtos finais, em termos técnicos e imaginativos.

De especial interesse para nós são aquelas dimensões que ajudam a iluminar o potencial único dos *processfolios*: a consciência dos alunos sobre seus próprios pontos fortes e fracos; a capacidade de refletir com precisão;

a capacidade de desenvolver a autocrítica e de usar as críticas dos outros; a sensibilidade aos seus próprios marcos de desenvolvimento; a capacidade de usar lições de projetos de domínio de maneira produtiva; a capacidade de encontrar e resolver novos problemas; a capacidade de relacionar projetos atuais aos realizados anteriormente e aos que se espera realizar no futuro; e a capacidade de se mover de maneira confortável e apropriada de uma postura ou papel estético para outro e vice-versa. O objetivo não é apenas avaliar em várias dimensões potencialmente independentes, mas também incentivar os alunos a se desenvolverem nessas dimensões. Esse sistema de avaliação tem o potencial de alterar o que é discutido — e o que é valorizado — na sala de aula.

Sob a direção de Ellen Winner, a equipe do Arts PROPEL estabeleceu as dimensões de produção, percepção, reflexão e "abordagem ao trabalho", que podem ser aplicadas aos *processfolios* estudantis e aos projetos neles contidos. As quatro dimensões são apresentadas na tabela anexa.

Até mesmo listar essas dimensões transmite um pouco da dificuldade da tarefa de avaliação e até que ponto ela inova. Seria enganoso sugerir que resolvemos os problemas envolvidos em qualquer uma dessas facetas da avaliação; na verdade, como às vezes brincamos, apenas temos vários anos a mais de experiência do que outros em reconhecer o que *não* funciona! É importante notar que levou um bom tempo para que os testes padronizados alcançassem seu *status* atual glorioso; não faz sentido esperar que a avaliação de projetos de domínio e de *processfolios* amadureça em apenas alguns anos. Ainda assim, nosso progresso até o momento e nossa crença de que estamos avaliando de uma forma digna ao assunto nos encorajaram a continuar o trabalho.

Sistema de avaliação de *processfolios*

(Baseado em arte, música e escrita. Pode ser expandido para outros domínios artísticos.)

I. PRODUÇÃO: Pensando no domínio

Evidências: As evidências para avaliar o trabalho na dimensão da produção estão no próprio trabalho. Essas dimensões podem ser pontuadas por um observador externo que analise os esboços e os trabalhos finais, bem como pelo professor da sala de aula.

A. Ofício: o aluno controla as técnicas e os princípios básicos do domínio.
B. Objetivo: o aluno desenvolve trabalhos ao longo do tempo, evidenciados por revisões produtivas e ponderadas. Ele analisa o problema em profundidade. Ele retorna a um problema ou tema de vários ângulos.
C. Invenção: o aluno resolve problemas de forma criativa. Ele experimenta e assume riscos com o meio. Ele define seus próprios problemas para resolver.
D. Expressão: o aluno expressa uma ideia ou um sentimento na obra (ou na execução da obra, como na música).

II. REFLEXÃO: Pensando sobre o domínio

Evidências: As evidências para avaliar a reflexão vêm dos diários e cadernos de desenho do aluno e das observações dos tipos de comentários que o aluno faz em sala de aula. Portanto, essas dimensões precisam ser pontuadas por um professor de sala de aula que conheça o aluno.

A. Capacidade e propensão para avaliar o próprio trabalho: o aluno consegue avaliar seu próprio trabalho. Ele consegue articular e defender os pontos fortes e fracos percebidos em seu próprio trabalho. Ele consegue conversar sobre seu próprio trabalho.
B. Capacidade e propensão para assumir o papel de crítico: o aluno desenvolveu a capacidade de avaliar o trabalho de outros (colegas, artistas publicados). Ele tem noção dos padrões do trabalho de qualidade na área. Ele consegue conversar sobre o trabalho dos outros.

C. Capacidade e propensão a usar críticas e sugestões: o aluno consegue considerar comentários críticos sobre seu próprio trabalho e incorporar sugestões, quando apropriado.
D. Capacidade de aprender com outras obras de arte dentro do domínio: o aluno consegue usar o trabalho de artistas para obter ideias e inspiração.
E. Capacidade de articular objetivos artísticos: o aluno tem uma noção de si mesmo como artista, evidenciada pela capacidade de articular objetivos para uma obra específica ou objetivos artísticos mais gerais.

III. PERCEPÇÃO: Percebendo dentro do domínio

Evidências: As evidências para avaliar as habilidades perceptivas de um aluno vêm dos registros no diário do aluno e das observações dos comentários que o aluno faz em sessões de crítica. Portanto, somente um professor em sala de aula pode avaliar um aluno nessa dimensão.

A. Capacidade de fazer discriminações sutis sobre obras do domínio: o aluno consegue fazer discriminações em obras de uma ampla variedade de gêneros, culturas e períodos históricos.
B. Consciência dos aspectos sensoriais da experiência: o aluno demonstra maior sensibilidade às propriedades físicas do ambiente relacionadas ao domínio em questão (p. ex., ele responde a padrões visuais feitos por sombras, a sons de buzinas de carros em diferentes tons, a padrões de palavras em uma lista de compras, e assim por diante).
C. Consciência das propriedades físicas e das qualidades dos materiais: o aluno é sensível às propriedades dos materiais com os quais está trabalhando enquanto desenvolve um trabalho (p. ex., texturas de diferentes papéis, timbres de instrumentos, sons de palavras).

IV. ABORDAGEM AO TRABALHO

Evidências: As evidências para avaliar a abordagem de um aluno ao trabalho estão nas observações do aluno nas interações em sala de aula e nos registros feitos no diário do aluno. Assim, a abordagem do aluno ao trabalho só pode ser avaliada pelo professor em sala de aula.

A. Engajamento: o aluno trabalha duro e está interessado no que está fazendo. Ele cumpre prazos. Ele demonstra cuidado e atenção aos detalhes na apresentação do projeto final.
B. Capacidade de trabalhar de forma independente: quando apropriado, o aluno consegue trabalhar de forma independente.
C. Capacidade de trabalhar de forma colaborativa: quando apropriado, o aluno consegue trabalhar de forma colaborativa.
D. Capacidade de usar recursos culturais: o aluno sabe onde procurar ajuda, incluindo livros, museus, ferramentas, outras pessoas.

Mesmo que não atinjamos nossa meta de medidas psicométricas adequadas dos *processfolios*, nosso esforço tem utilidade. Como observado, um aspecto importante do aprendizado artístico é a oportunidade de os alunos se envolverem em projetos significativos, nos quais sua própria compreensão e crescimento podem vir à tona. Já está claro para nós que tanto alunos quanto professores consideram essas atividades do *processfolio* envolventes, emocionantes e úteis por si só. Os professores percebem que suas salas de aula ganham vida. Ao incentivar o desenvolvimento de *processfolios* e analisá-los de forma solidária e sistemática, podemos aumentar o uso desses materiais e atividades nas escolas. Embora seja esperar demais que as faculdades baseiem suas decisões de admissão nas informações de *processfolios*, esperamos que esses veículos educacionais permitam que os alunos reconheçam e desenvolvam seus próprios pontos fortes cognitivos.

Educadores e críticos educacionais com frequência lamentam a lacuna entre teoria e prática — e entre teóricos e praticantes. Não há dúvida de que os objetivos profissionais dos dois grupos são diferentes: o triunfo do teórico muitas vezes deixa o praticante intocado; os prazeres do praticante parecem desinteressantes ao teórico.

Nós do Projeto Zero acreditamos que é importante observar o desenvolvimento "natural" antes de contemplar intervenções, e acreditamos que é importante estabelecer os fatos psicológicos e desenvolver a filosofia educacional antes de tentar influenciar a prática — em especial porque é sempre possível que alguém influencie a prática para pior!

No entanto, como tivemos o luxo de explorar o desenvolvimento artístico durante décadas, foi oportuno para nós nos envolvermos mais diretamente na experimentação educacional. O fato de a prática educacional artística estar sendo amplamente discutida só aumenta a necessidade de nos aprofundarmos nela. O projeto Arts PROPEL representa um esforço concentrado para fazer exatamente isso.

É muito cedo para saber o quão bem-sucedido esse esforço será e, se for bem-sucedido em sua atmosfera "de estufa", se poderá ser transportado com sucesso para solos mais remotos. Ainda assim, não é prematuro indicar que os pesquisadores podem aprender muito ao tentar implementar suas ideias em um ambiente escolar. Enquanto estivermos alertas para qualquer interrupção que possamos causar, essa mistura de teoria e prática deve resultar em benefícios para todos os envolvidos na educação artística. (Enquanto escrevo essas palavras, em 2024, a pesquisadora do Arts PROPEL Ellen Winner está profundamente envolvida em um estudo sobre o impacto das ideias do Projeto Zero ao redor do mundo — fique ligado!)

Quanto ao impacto imediato, o Arts PROPEL recebeu um tremendo reconhecimento no início da década de 1990, quando foi selecionado pela revista *Newsweek* como um dos dois únicos "programas educacionais modelo" nos Estados Unidos — o outro foi a educação de pós-graduação no California Institute of Technology.

Especialmente gratificante é o fato de que as ideias que sustentam a abordagem PROPEL se mostraram atraentes para educadores de outras disciplinas. Embora a noção de projetos e *processfolios* tenha uma longa história nas artes, professores e supervisores de currículo em áreas que vão da história à matemática passaram a apreciar a utilidade de projetos ricos e envolventes e da conveniência do conjunto sistemático de pensamentos envolvidos na reflexão sobre o próprio trabalho e na manutenção de um diário regular. Como educador de artes de longa data, acostumado a ver sua área sendo tratada como algo atrasado, sinto uma satisfação especial com a circunstância atual: nossas ideias e práticas podem, de fato, servir de inspiração para áreas do currículo que tradicionalmente têm sido mais prestigiosas.

CURRÍCULO, PEDAGOGIA E AVALIAÇÃO

Meu trabalho inicial em educação se baseou em duas fontes muito diferentes. Por um lado, havia minhas próprias experiências com pesquisa educacional. Como membro do "grupo de pesquisa instrucional" de Jerome Bruner, estudei o desenvolvimento e o impacto do currículo do ensino fundamental Man: a course of study; e como membro fundador do Projeto Zero, pesquisei as teorias e pesquisas em educação artística. Também fui professor de piano e observador de educação em outras formas de arte. (Ver Ensaio 1.)

Por outro lado, eu estava profundamente imerso na psicologia do desenvolvimento. Meus estudos nessa área formaram meus pensamentos sobre a mente humana. No entanto, desde o início, eu era cético em relação a duas suposições predominantes. (Ver Ensaios 4 e 5.)

Para começar, o desenvolvimento era universalmente visto como culminando na capacidade de pensar e de proceder como cientista. Embora simpatizasse com a importância da ciência, eu acreditava que essa era uma perspectiva limitada. Afinal, a ciência como a conhecemos é basicamente uma invenção da Europa no século XVII — pense em Galileu, pense em Newton. Isso parecia bastante limitado. Por outro lado, todas as sociedades conhecidas se dedicaram às artes — contar histórias, pintar obras, fazer música, dançar —, e a maioria das sociedades humanas tem um claro senso da diferença entre um mestre, um participante e um consumidor — um mero membro do público.

Além disso, embora eu fosse profundamente simpático à tradição pragmática norte-americana — incorporada pelos grandes filósofos William

James e John Dewey e por meu próprio professor Jerome Bruner —, eu via suas limitações. Eu não acreditava que materiais educacionais pudessem ser dominados de forma fácil ou natural. Não concordava com a afirmação bastante citada de Bruner: "começamos com a hipótese de que qualquer assunto pode ser ensinado com efetividade, de alguma forma intelectualmente honesta, a qualquer criança em qualquer estágio de desenvolvimento". Na verdade, eu pensava que muitas das formas naturais de pensar, conceitualizar e resolver problemas das crianças eram profundamente antagônicas ao aprendizado disciplinar e precisavam ser dissolvidas ou eliminadas. (Afinal, evoluímos como espécie para sobreviver nas savanas da África Oriental, não para dominar cálculo ou interpretar o significado mais profundo de poesias.)

Da mesma forma, embora eu apoiasse a importância dos laços comunitários e sociais, bem como a desejabilidade de processos democráticos na filosofia de Dewey, eu acreditava que Dewey também havia subestimado os desafios envolvidos em aprender a pensar bem dentro e entre as disciplinas escolares. O que Dewey e Bruner quase subestimaram foi o cerne — se não a alma — do que significava se tornar uma pessoa educada.

Assim, em meus próprios estudos, detalhei as concepções errôneas amplamente sustentadas por crianças pequenas que precisavam ser dissolvidas ou superadas para que o pensamento disciplinar genuíno pudesse ocorrer da mesma forma, eu pessoalmente valorizava e me sentia confortável em realizar um trabalho interdisciplinar. No entanto, com Veronica Boix-Mansilla, delineei os desafios envolvidos na execução do nosso trabalho, que merece ser chamado de interdisciplinar.

Em 1983, o governo dos EUA emitiu um importante relatório crítico à educação básica: *A Nation at Risk*. Pouco tempo depois. Fui atraído por esforços ambiciosos para definir de forma mais ampla os objetivos da educação e a melhor forma de alcançá-los. Uma iniciativa ambiciosa, o ATLAS, consumiu muito tempo e recursos, mas, na minha opinião, não foi bem-sucedida. Contudo, nosso trabalho no ATLAS levou ao Ensino para a Compreensão (TFU, do inglês Teaching for Understanding), meu maior esforço colaborativo para indicar o que significa entender e dominar — aquilo a que alguém foi exposto, o que alguém aprendeu.

Ao contrário da sua conotação comum, "compreensão" não é algo que ocorre apenas na sua mente ou entre os seus ouvidos. Em vez disso, a compreensão surge como desempenho — algo que você faz, representa, repete, para que você e principalmente os outros possam determinar se você adquiriu pleno domínio e pode usar o material que observou, estudou ou memorizou.

O Ensino (ou Educação) para a Compreensão faz parte de um conjunto interconectado de quatro ideias: você precisa de pontos de entrada apropriados; oportunidades para praticar; uma arena para apresentar suas compreensões; e maneiras de avaliar a qualidade dos desempenhos. Ao longo de décadas, colegas do Projeto Zero e de outras instituições educacionais desenvolveram essas ideias com vários materiais e em vários contextos — você pode ler sobre algumas dessas aplicações em http://pz.harvard.edu.

Eu vivo em uma nação obcecada por testes e medições de quase tudo. (De uma forma estranha, compartilhamos essa propriedade com a China, tanto a tradicional quanto a contemporânea.) Às vezes, as avaliações são bastante imaginativas, mas na educação há uma longa tradição — viva e em bom estado — de buscar os testes mais curtos, mais prontamente administrados e mais fáceis de pontuar. Como contraponto, ponderei sobre os tipos de avaliações que funcionam melhor na vida real: o residente médico que participa de uma cirurgia; o jovem repórter que cobre a câmara estadual junto com um veterano; o advogado júnior em uma equipe de defesa legal; o professor novato ao lado do professor-mestre. Isso levou a um ensaio mais amplo sobre "Avaliação em contexto" (Ensaio 17 neste livro).

Ao deixar a pesquisa empírica em psicologia do desenvolvimento e me voltar para o estudo da educação, pensei no que sabemos sobre crianças pequenas quando elas começam a entrar na escola (em vez da pré-escola). Os meus próprios estudos e o meu levantamento da investigação colocam em dúvida duas visões amplamente aceitas: (a) as crianças de 5 anos são uma tábula rasa na qual se pode esboçar todo o conhecimento humano; e (b) as crianças pequenas têm a capacidade de dominar o núcleo e os métodos das diversas disciplinas.

Cheguei a uma conclusão diferente. As crianças pequenas já elaboraram pontos de vista sobre muitos tópicos e enigmas; elas não são tábulas rasas! No entanto, poucas dessas visões resistem a um exame profundo. É por isso que tivemos de criar disciplinas e métodos. Neste capítulo, descrevo o conteúdo e as abordagens de uma "mente não escolarizada" e sugiro maneiras de começar a educá-la. Como costuma acontecer, começo com uma conversa — um conjunto de argumentos afetuosos — com Jean Piaget.

NOTA

Este texto foi apresentado pela primeira vez como a Peterson Lecture para a International Baccalaureate Organization. A transcrição da palestra foi publicada no *IB World* em abril de 2003. Uma versão editada dessa palestra foi publicada como Capítulo 2 do livro *Development and education of the mind* (2006), de Howard Gardner, que aparece aqui com algumas revisões adicionais do autor. © Howard Gardner. Reproduzido com a permissão do autor.

REFERÊNCIAS

BRUNER, J. *The process of education.* Cambridge: Harvard University, 1960.

GARDNER, H. *The development and education of the mind:* the selected works of Howard Gardner. New York: Routledge, 2006.

UNITED STATES. Commission on Excellence in Education. *A nation at risk:* the imperative for education reform. Washington: National Commission on Excellence in Education, 1983.

ENSAIO 15

A MENTE NÃO ESCOLARIZADA

Por que até mesmo os melhores alunos nas melhores escolas podem não compreender

Sou formado em psicologia do desenvolvimento, um campo em que as contribuições de Jean Piaget são inigualáveis. Tive uma carreira bastante completa, durante a qual, mesmo assim, desafiei Piaget em diversas questões. Minhas três principais contendas com ele são as seguintes.

Em primeiro lugar, Piaget acreditava que, se você estudasse crianças, teria que saber o que elas se tornariam — para identificar o "estado final" do desenvolvimento. Piaget pensava que era para a criança ser um cientista; afinal, era isso que ele era.

No entanto, na minha própria formação, passei muito tempo trabalhando com artes. Senti que havia algo deficiente em uma teoria que falava apenas da mente do cientista como o fim de todo o desenvolvimento de uma criança. Então comecei a explorar como seria o desenvolvimento se alguém pensasse como estado final viável a *participação nas artes*, como artista, crítico, intérprete ou conhecedor. Isso não quer dizer que todos os seres humanos devam se desenvolver para se tornarem artistas, assim como não devem se desenvolver para se tornarem cientistas; significa que podemos desenvolver muitos tipos diferentes de seres humanos.

A segunda contenda que tive com Piaget — e aquela pela qual ganhei reconhecimento — foi em relação à noção de que existe uma única coisa chamada inteligência que pode ser medida por um teste de inteligência. No entanto, o que não é tão conhecido é que Piaget estudou no laboratório de Alfred Binet, especificamente com Théodore Simon, que havia trabalhado com Binet. De forma brilhante, Piaget se interessou pela mente das crianças por causa dos erros que elas cometiam nos testes de inteligência. Piaget explorou a inteligência geral que todos os seres humanos compartilham.

No meu trabalho, defino inteligência como a capacidade de resolver um problema ou de criar um produto que seja valorizado em pelo menos uma cultura ou comunidade. (Ver Ensaios 7 a 10.) Os psicólogos da inteligência admitem que resolver problemas é importante, mas evitam qualquer preocupação sobre fazer algo, como escrever ensaios, encenar peças, projetar edifícios e outros feitos humanos. Além disso, os psicólogos ficam chateados quando você fala sobre uma habilidade ser valorizada em uma cultura, porque isso sugere que, a menos que uma cultura ofereça certas oportunidades, uma pessoa pode não parecer inteligente. Muitos psicólogos — se não a maioria — acreditam que a inteligência está localizada totalmente no cérebro, e que se você souber onde enfiar o dispositivo de medição e como "lê-lo", você pode descobrir o quão inteligente uma pessoa é.

Na minha opinião, a inteligência é sempre uma interação entre potenciais e o que está disponível em uma cultura. Por exemplo, Bobby Fischer foi um dos maiores jogadores de xadrez da história. No entanto, se Bobby Fischer tivesse nascido em uma cultura onde não houvesse xadrez, ele provavelmente seria apenas um *geek* desajeitado. Ele tinha um cérebro que combinava perfeitamente com algo em sua cultura (o xadrez), mas que parecia incompatível com quase todo o resto.

Vale ressaltar que Piaget pensava que estava estudando toda a inteligência, mas acredito que ele estava, na verdade, estudando a inteligência lógico-matemática. Em comparação, falo sobre a inteligência que os artistas têm, bem como sobre aquelas inteligências que são cruciais na esfera humana — algo de grande preocupação para educadores, pois espera-se que lidemos, e talvez *devêssemos* lidar, com questões globais, dilemas morais, questões de valor e coisas do tipo.

Meu terceiro argumento com Piaget diz respeito à afirmação mais interessante que ele fez. Se você se lembra de seus estudos sobre Piaget, você se lembrará de sua afirmação de que as crianças passam por estágios de desenvolvimento cognitivo. Assim, os bebês "conhecem" o mundo de uma maneira, as crianças de cinco anos de outra, as de 10 anos de outra e as de 15 anos de outra. Quando você vai dos 9 aos 11 ou dos 13 aos 16 anos, você não apenas vê o mundo de uma maneira muito diferente, como também nem consegue se lembrar de como o interpretava.

Por exemplo, com cerca de sete anos, você não acredita que algum dia adotou certas ideias: que se uma bola de argila fosse esmagada, haveria menos argila nela; que se água fosse despejada em um tipo diferente de recipiente, haveria mais ou menos água, dependendo do formato do recipiente que a recebesse.

No entanto, todas as crianças de quatro anos no mundo acreditam nessas coisas. Acredito que Piaget estava errado em seu argumento de que, quando as pessoas envelhecem, elas veem o mundo de uma maneira diferente e não têm mais acesso a formas anteriores de conhecimento. Eu argumento que, exceto nas áreas em que somos especialistas, *a maioria de nós continua a pensar do mesmo jeito que pensávamos quando tínhamos 5 anos*. Continuamos a pensar do mesmo jeito que pensávamos antes de ir para a escola. Essa é uma tese bem radical.

Então, meus comentários se concentram no tema da educação para a compreensão. Se eu lhe dissesse "O que é compreensão e como podemos determinar se a compreensão foi alcançada?", essas seriam perguntas muito mais difíceis.

Defino compreensão como a capacidade de pegar conhecimento, habilidades, conceitos e pontos de vista aprendidos em um contexto — geralmente o contexto escolar — e utilizá-los em um novo contexto, em um lugar onde você não foi previamente aconselhado a usá-los. Se lhe pedissem para usar o conhecimento apenas na mesma situação em que ele foi introduzido, você poderia entender, mas talvez não; não podemos prever. Contudo, se algo novo acontece na rua, no céu ou no jornal e você consegue se basear em seus conhecimentos anteriores, então eu diria que você entendeu. Deixe-me apresentar minha "problemática" com três exemplos bastante voltados para o senso comum.

Nos primeiros cinco anos de vida, crianças em todo o mundo, com pouca tutela formal, aprendem a falar, entender, contar histórias, contar piadas, desenhar, cantar, inventar novas músicas, brincar de faz de conta — coisas que Piaget e outros pesquisadores demonstraram. Mesmo que ninguém saiba como ensinar essas coisas, as crianças ainda aprendem todas elas. Então elas vão para a escola e, de repente, no mesmo lugar onde deveríamos saber como ensiná-las, aprender é muito difícil, e muitas delas não se saem bem. Isso é um paradoxo.

Mais um exemplo: alunos das melhores universidades dos Estados Unidos (lugares como MIT e Johns Hopkins), com notas muito altas em física, deixam a sala de aula e recebem um problema para resolver na rua, ou um jogo para jogar, envolvendo vários princípios físicos. Nesses casos, os alunos não apenas deixam de usar o que aprenderam na escola, mas também respondem essencialmente da mesma forma que crianças de cinco anos.

Pergunte a quase qualquer pessoa o que acontece, quais forças atuam, quando você joga uma moeda. A maioria dará a seguinte resposta (mesmo as que fizeram cursos de física): você tem uma certa quantidade de força na mão e transfere essa força para a moeda; por um tempo, essa força faz a moeda subir e, então, quando a força acaba, a moeda se cansa e cai no chão. No entanto, a física nos ensina que, quando você solta a moeda, a única força que atua sobre ela é a gravidade. Esse relato de autoridade vai contra uma intuição muito poderosa que você desenvolve quando é jovem. Não é a intuição que é abandonada; são as leis do movimento de Newton e Galileu que se mostram muito difíceis de dominar e utilizar adequadamente.

Uma terceira situação é pessoal. Minha filha, uma ótima aluna, telefonou para mim em prantos quando estava no segundo ano da faculdade. Eu perguntei: "Por que você está chorando?" Ela disse: "É a física; eu não entendo". Eu disse: "Bem, você sabe" (e eu estava falando a verdade), "eu respeito você por fazer física, porque é difícil e eu não teria feito isso na faculdade". Então acrescentei: "Não importa a nota que você tirar, mas é muito importante que você entenda física". Por fim, eu disse: "Vá até seu instrutor e peça para ele lhe explicar o que você não entendeu". Ela disse: "Pai, você não entendeu! Eu *nunca* entendi".

Essa troca teve um impacto profundo em mim. Minha filha não estava dizendo que era uma impostora ou charlatã. Acredite, Kerith não é assim! O que ela estava dizendo é o que eu acho que a maioria de nós vivencia: sabemos os passos a serem dados na escola para tirar boas notas e até mesmo ter sucesso, mas também sabemos que se as pessoas nos fizerem as perguntas de outra forma, se elas insistirem para ver o quanto realmente entendemos, todo o castelo de cartas pode cair.

Pelo menos nos Estados Unidos, existem obstáculos formidáveis para a compreensão:

1. Avaliações de respostas curtas, ou o que eu chamo de "contexto de texto/teste". Você lê um livro didático. O teste é baseado no livro didático, e o livro didático informa as respostas que você deve dar.
2. A resposta correta é um acordo mútuo, um entendimento entre o professor e o aluno. Não importa como você responda, ninguém deve fazer mais perguntas. Ninguém fica desconfortável, mas uma compreensão mais profunda é evitada.
3. A pressão pela cobertura extensiva da matéria, o que significa que, se há 37 capítulos no livro, você *deve* passar por todos eles até o final do semestre.

Então, três situações. A criança pequena aprende com muita facilidade; a criança em idade escolar tem dificuldade. Os alunos que tiram nota A nas melhores universidades do mundo ainda são tipicamente aristotélicos (ou pré-aristotélicos!) em seus modelos do mundo físico. E, claro, há também a evidência mais marcante: a da minha própria filha. O que está acontecendo? Eu chamei de "freudianismo cognitivo".

Freud convenceu muitos de nós de que, como adultos, continuamos a ter os mesmos traços de personalidade que tínhamos quando éramos crianças. Nós lutamos as mesmas batalhas que lutávamos quando crianças com nossos pais e irmãos. A maioria das pessoas em uma sociedade ocidental moderna acredita nisso. (Se você não acredita, me pague US$ 150 a hora que eu o convenço de que é verdade.) É disso que trata a psicanálise.

Estou afirmando que Freud estava certo em uma área na qual ele não era especialista e na qual Piaget era supostamente a autoridade; ou seja, exceto em áreas em que *somos* especialistas, a maioria de nós continua a pensar da mesma forma que pensava quando tinha cinco anos de idade.

Um especialista é uma pessoa que passa a entender o mundo de forma diferente. Contudo, isso é muito difícil de realizar, e vou argumentar hoje que isso não é feito com muita frequência. Esta é a tese das minhas observações.

Vou fornecer evidências de que não importa onde você olhe no currículo, você encontrará alunos que não compreendem: física, matemática, biologia, literatura, arte. É onipresente. Mais tarde, relatarei coisas que podemos fazer sobre essa situação. É possível educar para a compreensão.

Minha análise da potência da mente de uma criança de cinco anos tem três focos, que já apresentei a você. Existe o *jovem aprendiz natural*: a criança de três, quatro ou cinco anos que absorve e constrói muito sobre o mundo sem tutela formal. Existe o *aluno da maioria das escolas*, que basicamente domina o que a escola exige para poder passar para o próximo nível. No entanto, eu argumento que o aluno não entendeu *de verdade*. Depois, há o indivíduo que queremos: a pessoa que consegue usar o conhecimento em novas situações. Essa é a minha definição de *especialista*.

Uma forma de conhecimento (uma teoria do conhecimento) acompanha cada um desses três focos. O especialista é uma pessoa que consegue usar as habilidades valorizadas em sua cultura. Então, quando surge um exemplo histórico, ele pode recorrer à história; quando surge um exemplo mecânico, ele pode recorrer à física; e assim por diante. É isso que queremos; é por isso que vamos à escola. Se as pessoas não vão conseguir usar o conhecimento adquirido, então é melhor fecharmos as escolas. O conhecimento acadêmico é algo em que somos muito bons na escola, mas, a menos que esse conhecimento escolar possa ser ativado em novas circunstâncias, ele permanece inerte e essencialmente inútil.

Ensinamos às pessoas notações, rabiscos em um papel, conceitos formais — o que é gravidade, o que é densidade, o que é força. Pessoas que não têm noção de como é o mundo podem, mesmo assim, lhe dar uma fórmula e uma definição, se isso for exigido em aula. Então, se você tiver sorte e frequentar uma excelente escola preparatória para a faculdade, você obterá *formas epistêmicas*. As formas epistêmicas são como as pessoas pensam nas diferentes disciplinas. Pensar como um historiador não é o mesmo que pensar como um crítico literário ou um biólogo.

Nos primeiros anos de vida, um aprendiz natural se beneficia do que Piaget descreveu: *conhecimento sensório-motor,* aprender sobre o mundo usando as mãos e os olhos, explorar o mundo dos objetos, o mundo dos líquidos despejados de um recipiente para outro, além do que chamo de *competência simbólica de primeira ordem*. As pessoas usam palavras, imagens e gestos para comunicar significados. É o que qualquer criança de cinco anos pode fazer.

Essa é a boa notícia. No entanto, crianças de cinco anos fazem uma coisa preocupante: elas formam *concepções ou teorias intuitivas*, que são teorias da matéria, teorias da mente, teorias da vida. Toda criança normal de cinco anos desenvolve essas teorias, que podem ser úteis para nos darmos bem no mundo. No entanto, muitas vezes as teorias estão erradas. A escola — na verdade, qualquer educação formal — deve substituir as teorias errôneas por teorias melhores.

Então, o que é uma *teoria da matéria*? Aqui está uma: se eu tiver um objeto pesado em uma mão e um objeto leve na outra e soltá-los ao mesmo tempo, o mais pesado cairá mais rapidamente. É isso que você aprende intuitivamente. Coisas pesadas caem mais rápido. No entanto, Galileu foi até o topo da torre de Pisa e deixou cair dois objetos, e desde então indivíduos bem informados entenderam que não é isso que acontece de verdade. Entendemos que as leis da aceleração são independentes do peso (densidade). Contudo, quando crianças, desenvolvemos uma teoria muito poderosa da matéria, e é muito difícil mudar isso.

Aqui está uma *teoria da vida*: toda criança de cinco anos acredita que, se algo está se movendo, está vivo; se não está se movendo, está morto. Essa é uma teoria muito útil. No entanto, ela não ajuda quando o assunto são cães dormindo, e os computadores pioram o problema. Afinal, as imagens em movimento que os computadores exibem estão vivas ou mortas? É muito difícil dizer.

Aqui está uma *teoria da mente*: eu tenho uma mente; você tem uma mente. Se temos a mesma aparência, nossas mentes são as mesmas. Se parecemos diferentes, nossas mentes são diferentes. Se você se parece comigo, você tem uma boa mente; se você parece diferente, você tem uma mente ruim.

Essa é uma teoria muito poderosa e muito arraigada. Ela aparece em todos os tipos de lugares. Basta ligar a televisão para ter evidências. É com esse tipo de concepção que a educação deve lidar, e é com isso, eu afirmo, que a educação, em geral, falhou em lidar.

Por que esses equívocos surgem e perduram? Afirmo que isso acontece porque há diferentes tipos de restrições operando sobre nós.

A primeira restrição tem a ver com o *tipo de espécie* que somos. Aprendemos certas coisas com muita facilidade. Desenvolvemos certas teorias com muita facilidade, e outras são muito difíceis de assimilar. É uma questão evolucionária interessante saber *por que* isso acontece.

Existem *restrições institucionais*. Se você colocar de 30 a 50 pessoas em uma sala e uma pessoa (geralmente mais alta) na frente delas, será muito difícil explicar as coisas de forma que todos os presentes possam entender. Para cada pessoa que balança a cabeça afirmativamente, três estão cochilando.

Há também *restrições disciplinares*. Os movimentos que foram desenvolvidos ao longo dos séculos para análise em uma disciplina são muito diferentes dos movimentos em outras disciplinas. A causalidade física não é como a causalidade histórica ou a causalidade literária.

Antecipando o que podemos fazer, há alguma esperança. A esperança está em duas instituições. Uma delas é muito antiga: *o trabalho de aprendiz*. Há muitas pistas poderosas sobre como educar para a compreensão contidas no trabalho de aprendiz. A outra é uma instituição nova, mais conhecida nos Estados Unidos do que em muitos outros países, mas que está se espalhando rapidamente: *o museu das crianças*, o museu da ciência, o museu da descoberta, ou o San Francisco Exploratorium. Implicações educacionais muito poderosas escondem-se nessas duas instituições.

Deixe-me tentar resumir esse argumento. O *aprendiz natural* demonstra o que chamo de compreensão intuitiva. Ele é muito confuso com as teorias já desenvolvidas na mente jovem. Sempre que algo acontece, a criança pequena recorre às teorias da mente, da matéria e da vida para explicá-lo, independentemente de essas teorias serem apropriadas ou não.

Em comparação, o *aluno escolar* nunca tenta aplicar a teoria em lugar algum, exceto onde lhe é dito para fazer isso. Assim, o aluno escolar faz uma *performance* ritualizada. O professor faz a pergunta, o aluno dá a resposta prescrita ou é informado de que está errado, e você passa para o próximo aluno.

O *aluno disciplinado*, o especialista, produz uma disciplina de compreensão. Ele recorre ao conhecimento quando é apropriado, mas, igualmente importante, não recorre a esse conhecimento quando não é apropriado. A criança de cinco anos é cognitivamente confusa demais e usa isso sempre. A criança de 10 anos é reprimida (o oposto de ser confusa) e nunca usa. Já a pessoa com compreensão disciplinada tem bom julgamento e usa o conhecimento apenas quando é apropriado.

Há algumas razões profundas — se preferir, epistemológicas — pelas quais é muito difícil ensinar para compreender. Essas limitações abrangem todas as disciplinas. Já mencionei a física. A maioria das pessoas, mesmo se tiver estudado física, continua sendo uma criança de cinco anos ou aristotélica.

Aqui está um maravilhoso exemplo da vida real, vindo da educação em astronomia. Vinte e cinco estudantes de Harvard haviam acabado de se formar, todos com suas becas e seus capelos. Um entrevistador diz aos alunos: "Diga-me, por que a Terra é mais quente no verão do que no inverno?" Vinte e três dos 25 alunos imediatamente chegaram à mesma resposta: a Terra está mais próxima do Sol no verão do que no inverno. Essa é a resposta que você daria se não soubesse do assunto.

Agora, se pensarmos bem, a resposta não faz sentido, porque não considera as estações em diferentes partes da Terra. A explicação correta tem a ver com o ângulo da Terra em seu eixo enquanto ela gira. No entanto, 23 entre 25 alunos esqueceram de aplicar o que aprenderam nas aulas de astronomia e deram o mesmo tipo de resposta de uma criança de cinco anos.

Você pode dizer: "Física é difícil". Que tal biologia? Pesquisas mostram que estudantes que fizeram não um, mas dois ou três cursos de biologia com foco no tópico da evolução ainda não entendem os fundamentos da evolução. Eles ainda acreditam que algo de uma geração pode ser passado para a próxima, mesmo que tenha sido adquirido na geração anterior. Eles também continuam sendo perfeccionistas. Acham que cada organismo está tentando se tornar cada vez mais perfeito; que, ao contrário do que disse Darwin, há uma mão invisível guiando essa perfeição, em vez de simplesmente haver variação e seleção dentro de um nicho ecológico específico. Portanto, os problemas encontrados na física se estendem à biologia e às outras ciências.

E quanto à matemática? A matemática é toda abstrata. Presumivelmente não tem nada a ver com o mundo real. Então talvez as pessoas não tenham concepções erradas na área da matemática. O que elas têm é o que chamo de *algoritmos rígidos*. Elas aprendem a preencher uma fórmula com números.

Considere este problema: há seis vezes mais alunos do que professores. Se há 10 professores, quantos alunos há? De qualquer forma, esse é um problema bem simples. A resposta é 60. Se eu pedir para você capturar as informações acima em uma equação escrita onde *A* representa alunos e *P* representa professores, a maioria das pessoas escreverá a seguinte equação: $6A = P$. Isso ocorre porque, se você analisar a frase, ela diz que há seis vezes mais alunos do que professores. No entanto, o que eles estão *realmente escrevendo* é "6 vezes 60 é igual a 10" — um resultado absurdo.

O que acontece na matemática é que os alunos aprendem a inserir números em fórmulas, resolvendo assim equações. Desde que a informação seja apresentada a eles em uma determinada ordem canônica, eles obterão a resposta correta. Se, no entanto, o problema for apresentado de uma nova maneira — de uma maneira que realmente exija a compreensão do formalismo —, a maioria das pessoas não entenderá corretamente, pois não questionará de verdade o formalismo.

Penso na minha própria educação. Estudei a equação quadrática e devo ter resolvido 500 problemas com ela. Tenho certeza de que quando terminei a escola, eu conseguiria resolver a equação quadrática enquanto dormia. Ninguém nunca me explicou o que uma equação quadrática representava ou em que ela era baseada. Hoje, se eu me deparasse com um problema, não teria a mínima ideia de que ele exigiria uma equação quadrática, mesmo que eu pudesse, em uma noite escura e tempestuosa, lembrar o que é uma equação quadrática. No entanto, tirei notas muito boas em matemática, porque não esperavam que eu soubesse onde e quando ativar esse tipo de formalismo.

Então, o problema na ciência são *as concepções erradas*. O problema na matemática são *os algoritmos aplicados de forma rígida*. E nas artes, nas humanidades?

Nas artes e nas humanidades, o problema é diferente. É o que eu chamo de *roteiros* ou *estereótipos*. No início da vida, as crianças desenvolvem teorias muito poderosas sobre o mundo. Um roteiro favorito é o roteiro do restaurante. No mundo desenvolvido, toda criança de quatro anos sabe que, se você for a um restaurante, alguém vem e lhe acomoda. Você recebe o menu e faz o pedido. A comida chega. Você come, depois pede a conta e vai embora.

Se você for ao McDonald's, você paga primeiro, mas isso é uma exceção ao roteiro. Crianças de quatro anos nessas sociedades também sabem sobre festas de aniversário: quem vai, o que é servido, esse tipo de coisa. As regras são diferentes em diferentes culturas, mas todo mundo sabe sobre festas de aniversário ou celebrações análogas em seu bairro.

Outro roteiro que você desenvolve quando é bem jovem é o roteiro *Guerra nas estrelas*, batizado em homenagem ao filme de mesmo nome e à iniciativa de defesa estratégica do presidente Reagan. *Guerra nas estrelas* diz: "É bom ser grande; você também deve ser grande; se você não é grande, alinhe-se com alguém que seja grande". Se você se parece com essa pessoa, você será bom, e as pessoas que parecem diferentes serão más. Esse é o roteiro *Guerra nas estrelas*, e é muito poderoso!

Agora, reúna pessoas que estudaram história mundial e pergunte a elas sobre as causas da Primeira Guerra Mundial. Elas dirão: "Ah, é muito complicado. Houve colonialismo, imperialismo, conflitos étnicos e rivalidades de longa data", e darão uma resposta muito sutil. Então você diz a elas: "E o que aconteceu na Guerra do Golfo de 2003?" Elas dirão: "Bem, havia um sujeito mau chamado Saddam Hussein, e tudo ficaria bem se nos livrássemos dele". Essa é uma explicação do tipo *Guerra nas estrelas*.

Talvez o melhor exemplo de mente não escolarizada nas artes venha da University of Cambridge, no Reino Unido. Na década de 1920, o crítico literário e poeta I.A. Richards (1956) fez um estudo sobre estudantes de graduação de Cambridge. Ele abordou estudantes de graduação de Cambridge que eram os melhores e mais brilhantes estudantes de literatura. Ele deu poemas a eles e fez duas perguntas sobre os poemas:

- O que eles significam?
- Eles são bons?

Ele fez uma manipulação nos poemas: removeu o nome dos poetas. (É como visitar o Louvre ou a Galeria Nacional sem as placas informativas.)

O que Richards descobriu? Ele descobriu que os alunos não tinham a mínima ideia de quais poemas eram bons (de acordo com os críticos) e quais eram ruins. Eles rejeitaram John Donne. Eles rejeitaram Gerald Manley Hopkins. Eles gostaram de um poeta dominical que não conseguiu ser publicado no *Cambridge Chronicle*. Quando perguntados sobre o que explicava a qualidade, eles respondiam: se um poema rimasse, fosse abrangente, tratasse de um assunto agradável, mas não fosse muito sentimental, ele era considerado bom. Contudo, se tratasse de filosofia ou de algo trágico ou abstrato, era ruim.

Então, aqui você tem bons alunos que estudaram literatura. Quando a pista autoral é removida (ou seja, que isso é de um bom poeta e isso é de um mau poeta ou de um não poeta), esses estudantes de elite essencialmente exibem o mesmo gosto que alguém sem educação em literatura exibiria.

Argumentei que em todas as áreas do currículo há desafios cognitivos reais, revelando o quão difícil é educar para a compreensão. Existem concepções errôneas nas ciências, nos algoritmos rigidamente aplicados na matemática e em roteiros e estereótipos em estudos sociais, humanidades e artes. Dito isso, vou argumentar que, no final, há alguma esperança.

Uma fonte de esperança envolve aprender algumas lições com a venerável instituição de programas de aprendizes e com a nova instituição de museus infantis.

Quero deixar esse ponto bem claro. As pessoas me interpretam mal, como se eu estivesse defendendo contratos legais de sete anos entre o aprendiz e o mestre, nos quais o aprendiz é contratado e deve varrer o chão e esse tipo de coisa. Ou que deveríamos fechar escolas e colocar todos em museus infantis. *Não* é isso que quero dizer.

Em vez disso, afirmo que há mensagens e lições educacionais muito poderosas nessas duas instituições. No caso do trabalho de aprendiz, um jovem trabalha para alguém que é mestre em sua disciplina ou ofício e que usa essa disciplina ou ofício todos os dias na resolução genuína de problemas (e na descoberta de problemas). O mestre coloca os problemas e exige resultados do aprendiz no seu nível de competência. Quando o aprendiz se torna mais competente, os padrões são elevados de acordo com isso. O mestre nunca precisa testar as crianças no final da semana ou do ano, porque essencialmente ele e o aluno estão fazendo avaliações todos os dias. Além disso, o mestre incorpora o aprendizado que ele quer que a criança adquira.

Nos Estados Unidos, todo professor sabe ler e escrever, mas poucos professores do ensino fundamental realmente leem e escrevem com regularidade. Na verdade, o professor norte-americano médio lê um livro por ano. (Felizmente, muitos professores leem muito mais.) Pessoas que vivem em um mundo letrado e que leem, escrevem e falam sobre o que estão lendo e escrevendo terão filhos que farão o mesmo. Pessoas que apenas dizem que você deve ler, mas ligam a TV durante várias horas todos os dias, transmitem uma mensagem muito diferente.

Até algumas décadas atrás, quase não havia museus infantis. Esses locais contêm demonstrações muito vivas de muitos dos princípios que os alunos aprendem na escola. Os museus permitem que as crianças explorem esses princípios e ideias em seu próprio ritmo e de maneiras confortáveis para elas. Frank Oppenheimer, que fundou o Exploratorium em San Francisco, disse: "Ninguém é reprovado em museus".

Tornei-me um devoto dos museus infantis porque, quando eu levava as crianças para visitá-los, às vezes percebia que aquelas que eram consideradas brilhantes na escola não conseguiam se envolver com as oportunidades práticas. Elas eram muito não escolarizadas. Contudo, crianças que não eram consideradas brilhantes na escola muitas vezes conseguiam aprender muito bem nesses contextos.

Para cada uma das áreas do currículo nas quais diagnostiquei um problema, há uma medida que nós, como educadores, podemos tomar e que pode ser útil.

Em caso de concepções erradas: recomendo os "encontros de Cristóvão Colombo". Se você acredita que o mundo é plano, mas todo mês ou todo ano você viaja ao redor do mundo e retorna ao ponto de partida, isso tende a desmentir a noção de que o mundo é plano. Em um encontro de Cristóvão Colombo, você expõe suas teorias à refutação. Se suas teorias forem constantemente refutadas, você as abandonará aos poucos e, com sorte, construirá teorias melhores.

A maioria das crianças em idade escolar acredita que o motivo de você se sentir aquecido quando veste um suéter é porque o suéter é quente. Se todo ano, durante o inverno, você colocar um suéter do lado de fora da escola e, ao chegar de manhã, mostrar que aquela peça de roupa está congelante, isso tende a desmentir a noção de que o suéter é quente.

Os encontros de Colombo precisam acontecer repetidamente. Pense no cérebro/mente como uma superfície em que, mais cedo na vida, essas teorias primitivas ficam gravadas. O que a escola costuma fazer é simplesmente colocar um pouco de pó sobre a gravura, para que você não consiga mais vê-la com facilidade. Enquanto você estiver na escola, o pó é o que o observador percebe. Quando você sai da escola e bate a porta, o pó se dispersa e *a gravação ainda está lá*, a teoria inicial. O que acontece no encontro de Colombo é que você desgasta aos poucos aquela gravura antiga e, de forma lenta, mas firme, instala uma nova e melhor em seu lugar.

No entanto, observe que isso não acontece de uma só vez. Deixe-me dizer o que há de errado com essa coisa de "uma vez". Se você tivesse perguntado ao meu filho Benjamin, aos sete anos, qual é o formato do mundo, ele teria dito "é redondo". Isso faz você pensar que ele é muito inteligente. Contudo, se você tivesse perguntado a Benjamin onde ele estava, ele teria dito: "Isso é fácil. Estou na parte plana, embaixo". Sua teoria ingênua permaneceu inalterada, mas ele absorveu o pó necessário: ou seja, se você quer satisfazer seu pai, você diz que o mundo é redondo, porque é o que os adultos dizem, mas quem poderia realmente acreditar nisso?

Encontros de Colombo desafiam tais noções todos os dias. Em matemática, a cura para um algoritmo rigidamente aplicado é o que chamo de rica *exploração do domínio semântico relevante*. Você deve saber o que a equação representa. Você deve entender o formalismo. Então, se você vai resolver problemas de "distância, velocidade e tempo" — um exercício comum de álgebra —, você faz muitos experimentos. Você tenta prever quanto tempo levará para algo ir de um ponto a outro. Você desenvolve uma intuição para que, quando você aprender o formalismo, ele se refira a algo que você já tem uma intuição, a algo que você já tem uma compreensão.

Isso foi feito de forma brilhante com cálculo. Antes de qualquer formalismo ser introduzido, os alunos aprendem a fazer previsões sobre seus corpos se movendo em várias velocidades, o tipo de gráfico que seria produzido ao longo do tempo e outros procedimentos semelhantes.

Um matemático não é alguém que *se lembra* de todos os formalismos. Matemáticos são pessoas que *não se importam* se lembram porque, se necessário, podem deduzir novamente, pois *entendem* o que aquilo representa. É por isso que a maioria de nós não é matemático!

No caso das humanidades, a cura para os estereótipos é a adoção regular de múltiplas posturas. Se olhar as coisas de muitos pontos de vista diferentes se tornar um hábito, você aos poucos abandonará o pensamento estereotipado.

Durante a Guerra do Golfo de 1991, um dos meus filhos foi para uma escola onde havia jovens de muitos países diferentes. O professor teve uma ideia muito boa: em vez de todos simplesmente afirmarem o que uma rede de notícias a cabo estava relatando, ele pediu que um aluno do Irã, um aluno do Kuwait, um aluno de Israel e assim por diante transmitissem sua compreensão do que estava acontecendo todos os dias. Então, algumas semanas depois, a professora perguntou às crianças na escola: "O que vocês acham que Moshe vai pensar sobre isso e o que vocês acham que Omar vai pensar sobre isso?" Isso é dar aos estudantes a oportunidade de se colocar na mente de outras pessoas. (No início de 2024, penso imediatamente no conflito entre israelenses e palestinos.)

Se você estudar qualquer revolução do ponto de vista dos vencidos e dos vencedores, verá uma história muito diferente. Se você estudar a Revolução Americana do ponto de vista dos britânicos — que a viam como uma revolta colonial — e do ponto de vista dos franceses — que a viam como uma oportunidade de "atingir" os rivais britânicos —, terá uma história muito diferente do que se você apenas lesse o livro-texto triunfalista adotado pela média do ensino norte-americano. É assim que você quebra o pensamento estereotipado, mas ele precisa se tornar um hábito mental regular. Caso contrário, não funcionará de jeito nenhum.

Para concluir, deixe-me descrever um projeto no qual estou envolvido para educar para a compreensão. Baseia-se em três ideias principais que desenvolvi em conjunto com colegas de Harvard:

1. A identificação de ideias ricas e generativas — tópicos estimulantes nos quais vale investir muito tempo.
2. O desenvolvimento de diferentes tipos de ensino de línguas — múltiplas maneiras de abordar esses tópicos, para que possamos ter certeza de que os alunos tenham o máximo de acesso a essas ideias.
3. A instalação da "avaliação contínua".

"Avaliação contínua" significa que a avaliação ocorre regularmente pelos alunos e pelos colegas, bem como pelo professor.

Acreditamos que, se você puder identificar ideias valiosas, explorá-las de diversas maneiras e dar aos alunos ampla oportunidade de avaliar seu próprio aprendizado, há uma chance razoável de educação para a compreensão.

Deixe-me desenvolver essas ideias.

Em primeiro lugar, *o maior inimigo da compreensão é a cobertura*. Se você estiver determinado a cobrir tudo que está no livro, você praticamente garante que poucos alunos compreenderão. Então, se você quer educar para a compreensão, você deve fazer escolhas difíceis sobre o que focar. Claro, você deve se concentrar nos temas e tópicos que têm o maior retorno. Se estiver dando aulas de história ou estudos sociais e decidir focar, digamos, a democracia, ou se estiver dando aulas de biologia e decidir focar a evolução, você pode cobrir muito do material importante dessas disciplinas ao se concentrar nesses tópicos geradores.

Isso significa, no entanto, que se você estiver ensinando história, não conseguirá passar por todas as décadas. Se estiver ensinando biologia, não conseguirá passar por todos os ciclos de vida, por todas as partes da célula, por todas as proteínas ou por todas as partes da árvore. É uma escolha difícil, mas vale a pena. Se você tem conceitos ricos e investe tempo neles, pode abordá-los de maneiras diferentes.

Partindo da minha teoria das inteligências múltiplas, afirmo que quase qualquer tópico em que valha a pena investir tempo pode ser abordado a partir de pelo menos seis "janelas" diferentes na mesma sala:

1. Narrativa: o modo história.

2. Uma maneira quantitativa, lógica e racional de lidar com números, princípios e causalidade.
3. Uma forma fundacional, fazendo perguntas básicas, como: por que isso é importante? Como isso se relaciona com o que veio antes? Como isso se relaciona com nossas vidas hoje?
4. Estética: qual é a aparência? Como isso soa? Quais padrões e configurações isso tem? Como isso lhe impressiona?
5. Prática: como é realmente *ser* essa coisa, *fazer* essa coisa? Se você está estudando evolução, como é criar *Drosophila*? Se você está estudando democracia, como é estar em um grupo — como membros de uma sala de aula — que decide por consenso, em oposição a um que decide por autocracia, oligarquia ou outro princípio político?
6. Pessoal: você consegue integrar facetas do tópico por meio de debates, dramatizações, projetos, participação pelo método *jigsaw** e outras interações conjuntas?

Há duas vantagens em usar esses múltiplos pontos de inserção. Primeiro, você tem mais chances de alcançar todas as crianças, porque nem todas aprendem da mesma maneira. Essa é uma das consequências da teoria das inteligências múltiplas. Em segundo lugar, e igualmente importante, se você abordar um tópico de pontos de vista diferentes, demonstrará ao aluno o que é ser um especialista.

Um especialista é alguém que consegue representar facilmente o conhecimento de mais de uma maneira. Nenhum especialista está restrito a pensar sobre seu tópico de apenas uma maneira. Os especialistas têm maneiras muito flexíveis de pensar sobre seus tópicos. Você se apresentará como um mestre a seus aprendizes se abordar um tópico de diversas maneiras.

Isso nos deixa com a avaliação. Em avaliações autênticas, nos distanciamos muito dos exames de respostas curtas. Caminhamos em direção ao que chamo de exames baseados em desempenho, que demonstram realmente o que se supõe que você seja capaz de fazer. Projetos, exposições, portfólios e *processfolios* fornecem boas maneiras de avaliar se os alunos estão realmente compreendendo (ver Ensaios 13, 14 e 17).

---

* N. de T. O método *jigsaw* é uma metodologia de aprendizagem cooperativa baseada na participação coletiva e ativa dos estudantes, aplicada geralmente para pequenos grupos. Ela possibilita o desenvolvimento cognitivo por meio da troca de informações e de habilidades sociais cooperativas.

Ao trabalhar com professores, pedimos primeiro que eles definam "objetivos de compreensão" — essas são as coisas amplas que queremos alcançar em um programa de ensino. Elas serão coisas muito familiares para você, como ter uma noção do método científico ou entender algo sobre a natureza da revolução. (Para mais informações sobre avaliação autêntica, consulte os Ensaios 13, 14 e 17.)

Neste ponto, definimos toda uma família de "desempenhos de compreensão" — desempenhos que, se um aluno puder concretizar, contarão como evidência de compreensão.

Isso envolve uma brincadeira com a linguagem, mas acho que é uma brincadeira importante, porque as pessoas tendem a pensar na compreensão como algo que acontece na cabeça. Talvez sim, mas só sabemos se você entendeu se você puder *desempenhar* seu entendimento publicamente. Então, seu desempenho envolve análises, críticas, debates, projetos que você cria, exposições que você organiza e assim por diante.

Por fim, dados os objetivos de compreensão e os desempenhos de compreensão, como esses desempenhos serão avaliados? Você deixa os critérios de avaliação absolutamente claros. As pessoas sabem exatamente o que precisam saber fazer para desempenhar uma compreensão. Não há surpresas, mistérios ou segredos para as respostas, mas exemplos abundantes do que é um bom desempenho e do que não é, desde o nível de aprendiz até o de mestre. Algumas considerações finais:

- Depois de trabalhar por décadas com psicologia e educação, percebi que estava particularmente interessado em duas coisas. A primeira: como observar os alunos cuidadosamente, e a teoria das inteligências múltiplas é uma maneira de observar os alunos com mais cuidado. A segunda: como observar o trabalho dos alunos com mais cuidado. Isso é feito por meio de uma avaliação que analisa o desempenho dos alunos com muito cuidado.
- Na maioria das escolas que visito, não se gasta muito tempo observando os alunos e desenvolvendo um modelo de como cada aluno aprende; também não se gasta tempo suficiente observando o trabalho dos alunos. É isso que eu chamo de falácia do professor: dei uma ótima aula, portanto os alunos entenderam. *Eu* ensino, portanto *você* entende. A única maneira de descobrir se os alunos estão entendendo é pedir que eles façam algum trabalho e então examiná-lo criticamente.

- Uma técnica que se tornou popular nos Estados Unidos é a *redação minuta*. No final de um tópico, e às vezes no final de cada aula, peça ao aluno para escrever uma coisa que ele aprendeu naquele período e uma dúvida que ele ainda tem. É uma revelação! Nunca deixo de aprender quando solicito a redação minuta. As concepções errôneas são reveladoras. No entanto, a menos que venham à tona, elas ficam ali embaixo, acumulando pó.
- "Os portfólios são ótimos, mas não tenho tempo para olhar o trabalho dos meus alunos! Estou muito ocupado, com muita pressão para dar conta de todo o conteúdo e muitas reuniões de professores. Eu tenho um segundo emprego."

  Se você não tem tempo para analisar o trabalho dos alunos, talvez não deva ensinar. Afinal, se você não observar o trabalho dos seus alunos, não saberá se eles estão aprendendo alguma coisa.
- Eu costumava pensar que se mudássemos a avaliação, todo o resto ficaria bem. Contudo, se o currículo não for bom, a avaliação não vale de nada. A avaliação e o currículo podem ser maravilhosos, mas se a equipe não for bem instruída e os professores não forem educados antes ou durante a experiência, a avaliação e o currículo não valem de nada.
- Por fim, a escola não precisa ser do jeito que você se lembra. Infelizmente, a "mente não escolarizada" se aplica até mesmo a pais e professores. Temos um estereótipo formado por volta dos cinco ou seis anos sobre como é a escola: alguém na frente da sala está falando assim como eu, e você está sentado ou se contorcendo na cadeira, tentando ficar quieto, e todo o conhecimento está na cabeça do professor, cujo propósito é colocá-lo na sua cabeça. Essa é uma ideia muito poderosa. Não importa se as pessoas amam ou não a escola, a maioria tem esse estereótipo.

Para que a oportunidade de educação para a compreensão seja aproveitada, precisamos ajudar as pessoas a pensar de forma diferente sobre como a escola pode ser, o que pode ser estudado, como pode ser ensinado e como pode ser aprendido.

Consideração final: Piaget disse uma coisa valiosa, à qual não aderi. Ele disse que psicólogos do desenvolvimento não deveriam tentar ser educadores. Na maior parte do tempo, ele evitou propor teorias educacionais ou panaceias pedagógicas.

Hoje entrei na cova dos leões e ofereci a vocês uma teoria educacional que vem da psicologia do desenvolvimento. Só o tempo dirá se eu deveria ter seguido a advertência de Piaget.

REFERÊNCIA

RICHARDS, I. A. *Practical criticism:* a study of literary judment. New York: Harper Perennial, 1956.

ENSAIO **16**

ENSINAR PARA A COMPREENSÃO DENTRO E ENTRE AS DISCIPLINAS

Howard Gardner e Veronica Boix-Mansilla

Vamos supor que a mente não escolarizada seja o ponto de partida para a educação formal (ver Ensaio 15). Nós, educadores, desejamos avançar para uma mente capaz de pensar em termos das principais disciplinas acadêmicas e, conforme necessário, começar a usar as disciplinas em conjunto, conforme apropriado.

Veronica Boix-Mansilla e eu trabalhamos extensivamente nessa questão. A seguir, apresentamos nossas noções sobre como desenvolver conhecimento disciplinado e, então, distinguimos entre três posturas mais sofisticadas: trabalho multidisciplinar, trabalho interdisciplinar e trabalho metadisciplinar.

Pontos de partida: as disciplinas são os meios mais úteis para esclarecer aquelas questões que sempre despertaram a curiosidade de seres humanos pensantes. Ao ingressar nos ensinos fundamental e médio, espera-se que os alunos entendam conceitos centrais de diversas disciplinas.

Embora os alunos consigam repetir frases de palestras e textos, eles muitas vezes vacilam quando solicitados a aplicar sua compreensão a uma nova situação. O que é necessário para demonstrar compreensão dentro e entre disciplinas?

Considere as muitas maneiras diferentes de abordar as seguintes situações hipotéticas, mas plausíveis:

- O *New York Times* anunciou que a Rainha da Inglaterra renunciou ao trono e, ao mesmo tempo, desintegrou a Casa de Windsor. A monarquia inglesa chegou ao fim. (Nota: poderíamos atualizar isso para focar no Rei Charles III!)
- O *New England Journal of Medicine* publicou um estudo no qual dois grupos de alunos do ensino fundamental foram aleatoriamente designados para dois programas extracurriculares: esportes em ginásios fechados e trabalho em computador pessoal. O dobro de alunos do primeiro grupo contraiu resfriados. A especulação é que o atletismo extracurricular pode ser prejudicial à saúde.

Usando o chapéu do disciplinador, podemos considerar que nosso primeiro exemplo foi tirado da história ou dos estudos sociais, e o segundo, da biologia ou das ciências gerais. Qualquer um dos relatos poderia servir como ponto de partida para um conjunto de lições em aulas apropriadas do ensino médio. Se reformulados, eles poderiam ser usados com alunos de quase qualquer nível de ensino.

O primeiro relato — que também pode se referir à morte de um presidente ou à deposição de qualquer tipo de líder — levanta questões como "O que torna um chefe um chefe?" e "Por que todas as civilizações têm hierarquias de autoridade?" O segundo relato poderia ser reformulado para descrever qualquer fonte de doença e incentivar a reflexão sobre o que nos mantém saudáveis, o que é doença e como preveni-la.

Aqui tentamos colocar os esforços atuais de ensino para a compreensão em uma perspectiva mais nítida, considerando a maneira como essa visão de desempenho se manifesta em diferentes disciplinas.

COMPREENSÃO DENTRO DAS DISCIPLINAS

A estrutura desenvolvida pelo nosso grupo Teaching for Understanding (Ensino para a Compreensão) é deliberadamente ampla o suficiente para cobrir a gama de disciplinas. (Ver Ensaio 15.)

Ao mesmo tempo, porém, nem todas as disciplinas são iguais. Na verdade, disciplinas distintas se desenvolveram ao longo dos tempos precisamente porque permitem que acadêmicos e estudantes adotem diferentes tipos de perspectivas e ações para elucidar tipos específicos de fenômenos.

Considere nossos primeiros exemplos. Em cada caso, estamos lidando com um conceito central: (1) lesão ao corpo político e (2) lesão ao corpo físico. A análise e a avaliação de conceitos são métodos legítimos em ambos os exemplos.

Embora as disciplinas possam cegar ou influenciar, quando usadas de forma relevante, elas se tornam nossas lentes mais penetrantes no mundo.

Contudo, em outros aspectos, os terrenos disciplinares são bastante diferentes. Por exemplo, para obter experiência relevante em nossa situação de abdicação, os alunos podem recorrer ao conhecimento sobre a história inglesa e sua forma atual de governo, bem como às implicações legais e simbólicas da abolição da monarquia. Os alunos podem realizar suas compreensões de várias maneiras: comparar a situação com a época da decapitação do Rei Carlos I ou da abdicação de Eduardo VIII; fazer uma discussão hipotética em um *pub* local sobre a abolição; criar um diagrama da nova organização governamental.

Por sua própria natureza, os fenômenos históricos são únicos. É possível comparar abdicações e decapitações, mas elas nunca são exatamente iguais. Ao lidar com personalidades individuais, contextos variados e eventos dinâmicos, a complexidade dos eventos nunca pode ser dominada, nem as consequências previstas. Por fim, os eventos nessa esfera assumem importância simbólica e também literal/legal. Embora na prática a monarquia inglesa tenha pouca autoridade, na realidade ela assume um poder simbólico significativo. Uma compreensão disciplinar dos possíveis impactos da desestabilização na vida pública britânica é baseada nessas características específicas de eventos históricos.

Em contraste com o exemplo histórico, a esfera da saúde e da doença, pelo menos em princípio, deve estar aberta à explicação e à previsão. Essa esfera se presta ao desenvolvimento de modelos do que causa doenças e ao teste dos modelos por meio de experimentação. Um modelo bem fundamentado é capaz de prever resultados em populações diversas. Além disso, existem metodologias explícitas para montar experimentos e analisar dados, que podem ser usadas por qualquer pessoa com formação em ciências. Consequentemente, no caso de resfriados entre atletas, os alunos podem adquirir experiência relevante ao recorrerem ao conhecimento sobre saúde e doença, incluindo teorias bacterianas e virais de infecção, bem como à compreensão da natureza de hipóteses científicas, projetos experimentais e inferências de dados. Para demonstrar sua compreensão, os alunos podem realizar experimentos semelhantes. Eles podem, por exemplo, realizar exames retrospectivos da incidência e das causas plausíveis de seus próprios resfriados recentes ou construir modelos rivais de doenças.

DO SENSO COMUM AO ESTUDO INTERDISCIPLINAR

Até agora, lidamos com o que pode ser chamado de trabalho disciplinar "normal" no nível secundário. Pensamos que há aulas que tratam de estudos históricos e políticos, aulas que tratam de investigação científica e um conjunto de papéis e desempenhos apropriados aos alunos nessas respectivas aulas.

No entanto, também argumentamos que os alunos mais jovens podem abordar as questões levantadas de maneiras apropriadas. Para ilustrar, destacamos quatro estágios, que correspondem a diferentes pontos nos padrões de crescimento dos alunos.

1. Senso comum

Os novatos consideram questões generativas confiando em suas teorias intuitivas do mundo — suas teorias naturais da mente, da matéria e da vida. Alunos de cinco ou seis anos podem refletir sobre o que significa ser um líder e então renunciar voluntária ou involuntariamente à posição de chefe. Eles podem considerar o que aconteceria se o professor ou o chefe renunciasse e ninguém tomasse seu lugar. Os adultos podem pedir aos jovens estudantes que recorram às suas próprias teorias de poder — a pessoa mais forte, mais barulhenta ou mais autoritária, ou a pessoa escolhida por alguém ainda mais poderoso — para debater essas questões.

Esses mesmos alunos também podem ser orientados para discussões sobre saúde. Quase todos os jovens estão interessados em seus corpos — o que os torna fortes, fracos, doentes ou saudáveis. Eles podem aplicar suas próprias teorias ingênuas — você está doente porque foi mau, porque sentou perto de alguém que estava doente, porque não lavou as mãos — a novos eventos, incluindo o surgimento de uma nova doença ou uma nova cura, ou até algo enigmático como a covid-19. Note que, nesses casos, não é importante que os alunos adotem as "teorias certas", mas que se baseiem totalmente em suas próprias ideias em um esforço para dar sentido a fenômenos intrigantes (ou melhor, para "executar" suas compreensões deles).

2. Conhecimento protodisciplinar

Mesmo na ausência de estudo disciplinar formal, os alunos em nossa cultura aprendem certos movimentos feitos por pensadores sistemáticos — por exemplo, por meio da mídia, de debates entre colegas e da compreensão parcial de textos. Muito antes de ouvirem falar de catálogos universitários, e apesar das biografias cinematográficas e literárias, os alunos do final do ensino fundamental ou do início do ensino médio começam a apreciar a diferença entre um relato histórico (o que realmente aconteceu) e um relato literário ou cinematográfico (uma descrição elaborada para fins estéticos). Da mesma forma, eles começam a distinguir alegações baseadas em convicção ou preconceito de alegações baseadas em evidências empíricas, que podem ser confirmadas ou questionadas.

Nessa fase, os jovens podem prosseguir de forma mais sofisticada. Eles podem ler relatos históricos ou científicos, resumi-los, conduzir pesquisas adicionais e debater a validade de várias alegações. Também podem se envolver em projetos que os introduzam naturalmente às ferramentas das disciplinas, como realizar um julgamento simulado ou conduzir uma pesquisa.

3. Conhecimento disciplinar

No final do ensino médio e depois, os alunos trabalham principalmente sob a rubrica de disciplinas clássicas, como história, literatura e diversas ciências físicas e biológicas. Como virou moda olhar de soslaio para as disciplinas, achamos importante ressaltar dois pontos.

Primeiro, disciplinas não são a mesma coisa que matérias. As disciplinas constituem as formas mais sofisticadas já desenvolvidas para pensar e investigar questões que há muito fascinam e deixam perplexos indivíduos pensantes; as matérias são dispositivos para organizar cronogramas e catálogos.

Em segundo lugar, as disciplinas representam as principais maneiras pelas quais os indivíduos transcendem a ignorância. Embora as disciplinas possam cegar ou influenciar, elas se tornam, quando usadas de forma relevante e apropriada, nossas lentes mais precisas para enxergar o mundo.

Quando bem ensinadas, as disciplinas são apresentadas aos alunos de diversas maneiras. Primeiro, eles observam professores ou especialistas que incorporam as práticas das disciplinas. Segundo, os alunos contemplam e criam exposições que capturam a sabedoria acumulada da disciplina. Terceiro, os alunos encontram os conceitos, as teorias e os métodos que os disciplinadores desenvolveram ao longo dos anos e recebem amplas oportunidades de colocá-los em prática. Somente por meio desse trabalho sustentado — trabalho "disciplinado" em ambos os sentidos do termo — os alunos podem adquirir a competência que descrevemos.

4. Além do conhecimento disciplinar

Embora agora esteja na moda criticar as disciplinas, também está na moda defender o trabalho interdisciplinar. Na melhor das hipóteses, o trabalho interdisciplinar é de fato vital e impressionante. Entretanto, tal trabalho só pode ser tentado legitimamente se a pessoa já tiver dominado pelo menos partes das disciplinas específicas envolvidas. Infelizmente, muito do que é chamado de trabalho interdisciplinar é, na verdade, trabalho pré-disciplinar — isto é, trabalho baseado no senso comum, não no domínio e na integração de duas ou mais disciplinas.

Aqueles que se esforçam em diversas disciplinas específicas estão em uma posição privilegiada. Eles podem conduzir um trabalho multidisciplinar no qual, por exemplo, analisam a abdicação do Rei Eduardo VIII retratada na arte, na literatura, na história e na filosofia. Eles podem realizar um trabalho interdisciplinar no qual consideram o conceito de saúde em termos de fatores medicinais e psicologia individual e então sintetizam essas perspectivas à medida que chegam a um relato mais geral. Eles podem realizar o chamado trabalho metadisciplinar, no qual comparam as práticas de disciplinas específicas. Também podem se envolver em trabalho transdisciplinar, em que examinam um conceito, como "corpo", conforme ele aparece nos discursos político e físico.

Os alunos devem encontrar marcos individuais no caminho, do iniciante ao especialista, bem como roteiros de como ir de um marco a outro.

PODERES E LIMITAÇÕES DISCIPLINARES

Em nossa opinião, as disciplinas continuam sendo os meios mais úteis para esclarecer aquelas questões generativas que sempre despertaram a curiosidade de seres humanos pensantes. O que no passado era abordado primeiro pelo senso comum e depois pela arte, pela mitologia e pela religião, agora pode ser abordado também — ou de preferência — por meio de estudos sistemáticos, como a ciência política ou a experimentação médica.

Embora devamos respeitar as disciplinas, devemos estar cientes de pelo menos três limitações:

1. *Longe de serem fins em si mesmas, as disciplinas são meios para responder a questões generativas essenciais.* Munidos de disciplinas e da possibilidade de trabalho interdisciplinar, os indivíduos estão na melhor posição para revisitar essas questões essenciais e chegar às suas próprias respostas, muitas vezes profundamente pessoais.

2. *As disciplinas são transfiguradas de forma diferente, dependendo do propósito e dos níveis de desenvolvimento.* Para o ensino fundamental, pode ser suficiente separar artes e humanidades de um lado e ciências experimentais do outro. No ensino médio, é provável que uma distinção em três ou quatro áreas disciplinares seja suficiente. No nível universitário, são apropriadas uma diferenciação e articulação precisas entre as disciplinas.

3. *Todos os limites disciplinares são provisórios.* As disciplinas não foram, e provavelmente nunca serão, gravadas em pedra. Em vez disso, elas se desenvolvem a partir de condições específicas e, à medida que essas condições mudam, os limites são redesenhados. Além disso, mesmo dentro das disciplinas mais estabelecidas, existem sérias divergências com relação a conteúdo, métodos e escopo. O dinamismo das disciplinas reflete a natureza sempre crescente e mutável do conhecimento.

AVALIAÇÃO DENTRO E ENTRE AS DISCIPLINAS

Alguns aspectos da avaliação são apropriados para todas as disciplinas, enquanto outros são muito mais específicos para prioridades e práticas disciplinares particulares. No nível genérico, cada disciplina apresenta certos papéis característicos — o analista histórico, o *designer* de experimentos — e certas *performances* ou exibições características — um relato histórico, uma redação experimental. Estudantes em níveis mais sofisticados de educação precisam ser imersos em instâncias desses papéis e *performances* de compreensão, em especial quando praticados por indivíduos proficientes.

Diferentes disciplinas exigem diferentes estilos analíticos, abordagens para resolução de problemas e descobertas, temperamentos e inteligências.

Mas mesmo os melhores exemplos não são suficientes. Não é muito benéfico para o pianista novato ouvir Arthur Rubinstein ou o tenista novato apenas assistir a Martina Navratilova. (Leitor, sinta-se à vontade para atualizar isso com seus exemplos de *hip-hop* ou de várias artes marciais.) Em vez disso, os alunos devem encontrar referências individuais no caminho que vai do novato ao especialista, bem como roteiros de como ir de um marco a outro. Considerando esses marcos, assim como amplas oportunidades para desenvolver sua compreensão com *feedback* apropriado, a maioria dos indivíduos deve ser capaz de melhorar gradualmente sua competência em qualquer disciplina.

É claro que as disciplinas se prestam a diferentes tipos de papéis e *performances*. Ler textos criticamente, como um historiador, é uma questão bem diferente de projetar um experimento crucial e analisar dados relevantes para modelos concorrentes de um processo infeccioso. Diferentes disciplinas exigem diferentes estilos analíticos, abordagens para resolução de problemas e descobertas, temperamentos e inteligências. Portanto, uma avaliação criteriosa deve estar atenta a essas diferenças disciplinares. Da mesma forma, um professor eficaz deve ajudar os jovens a compreender que o que conta como causa e efeito, dados e explicações e uso da linguagem e do argumento varia entre as disciplinas.

DO CONHECIMENTO DISCIPLINAR AO CONHECIMENTO PESSOAL

Indivíduos do mundo todo, não apenas especialistas experientes, fazem perguntas generativas. As crianças não perguntam o significado da vida e da morte ou do bem e do mal com suas próprias palavras só porque outros falam sobre essas questões. Em vez disso, em muitos casos, essas perguntas surgem de maneira espontânea, levando as crianças a considerá-las à sua maneira e a criar respostas imaginativas. As disciplinas, individualmente e em conjunto, oferecem os melhores esforços atuais para abordar e fornecer respostas provisórias para essas questões duradouras. Como vimos em nossos exemplos iniciais sobre abdicação e doença, assim como as perguntas vêm de diferentes perspectivas e levam a diferentes tipos de respostas, as próprias disciplinas têm raízes díspares e levam, por caminhos variados, a diferentes tipos de relatos.

Com base nas disciplinas, deveríamos considerar possível montar abordagens cada vez mais abrangentes para questões generativas — abordagens que sejam apropriadas a determinados contextos e populações. No final, porém, precisamos ter em mente que as disciplinas são apenas os meios para abordar essas questões. As respostas mais importantes são aquelas que os indivíduos, em última análise, criam para si mesmos, com base em suas compreensões disciplinares, suas experiências pessoais e seus próprios sentimentos e valores.

ENSAIO 17

AVALIAÇÃO EM CONTEXTO

A alternativa aos testes padronizados

Uma cena familiar em quase qualquer lugar dos Estados Unidos hoje (ou pelo menos no início do século XXI): centenas de estudantes entrando em uma grande sala de exames. Eles ficam sentados, nervosos, esperando que os pacotes lacrados sejam entregues. Na hora marcada, livretos são distribuídos, instruções breves são emitidas, e os testes formais começam. A sala fica em silêncio enquanto os alunos em cada carteira seguram os lápis número 2 e preenchem os círculos que pontuam as folhas de respostas. Algumas horas depois, o teste termina, e os livretos são recolhidos; depois, uma folha com um conjunto de pontuações chega à casa de cada aluno e às faculdades para as quais os alunos direcionaram suas pontuações. Os resultados dos testes de uma manhã tornam-se um fator poderoso nas decisões que afetarão a trajetória de vida de cada aluno.

Mas, é claro, muito disso pode ser feito *on-line*, desde que o procedimento não permita trapaças.

Uma cena também familiar na maioria das sociedades pré-industriais ao longo dos séculos: um jovem de 10 ou 11 anos (em geral um menino, lamentavelmente) muda-se para a casa de um homem que domina um ofício. A princípio, o aprendiz é solicitado a realizar tarefas servis, como ajudar o mestre a se preparar para o trabalho ou limpar a oficina ao final do dia. Durante essa fase inicial, o rapaz tem a oportunidade de observar o mestre trabalhando, enquanto o mestre monitora o jovem para descobrir seus talentos especiais ou falhas graves. Com o passar dos meses, o aprendiz aos poucos entra na prática do ofício. Depois de ajudar nos aspectos mais periféricos do ofício, ele acaba se familiarizando com toda a gama de trabalhos qualificados. Orientado não apenas pela tradição, mas também pelas habilidades e motivações específicas do jovem, o mestre guia seu pupilo por vários passos, do novato ao experiente. Então, após vários anos de treinamento supervisionado, o jovem está pronto para praticar o ofício por conta própria.

Embora ambos os cenários sejam idealizados, eles devem ser facilmente reconhecíveis por qualquer pessoa preocupada com a avaliação e o treinamento de jovens. Na verdade, pode-se dizer que eles representam dois extremos. O modelo de teste formal é concebido como uma forma objetiva e descontextualizada de avaliação que pode ser adotada e implementada de maneira ampla, com alguma garantia de que resultados semelhantes serão obtidos. O modelo de aprendizagem é implementado quase inteiramente dentro de um contexto natural em que as particularidades de um ofício são integradas. A avaliação é baseada em uma análise prévia das habilidades envolvidas em um ofício específico, mas pode ser influenciada por fatores subjetivos, incluindo as opiniões pessoais do mestre sobre seu aprendiz, seu relacionamento com outros mestres e sua necessidade de outros tipos de serviços.

É evidente que essas duas formas de avaliação foram projetadas para atender a necessidades diferentes. Os trabalhos de aprendizes faziam sentido quando a prática de vários ofícios era o principal caminho de carreira para jovens não rurais. Os testes formais são um meio contemporâneo de comparar o desempenho de milhares de estudantes que estão sendo educados nas escolas. No entanto, essas formas de avaliação não se limitam aos dois contextos prototípicos descritos. Apesar da natureza predominantemente agrária da sociedade chinesa, testes formais têm sido usados na seleção de funcionários do governo há mais de 2 mil anos. E em muitas formas de arte, práticas atléticas e áreas de pesquisa científica, os estágios e as formas concomitantes de avaliação contínua e determinada pelo contexto continuam a ser usados em nossa sociedade altamente industrializada.

Assim, a escolha de testes formais em oposição ao trabalho de aprendiz não é ditada apenas pela era histórica ou pelos principais meios de produção na sociedade. Em nossa sociedade, seria possível utilizar o método de aprendizes em uma extensão muito maior do que fazemos. Hoje, poucas pessoas lamentam a troca do sistema de aprendizes obrigatório, com seus excessos frequentes e seu sexismo e racismo flagrantes. De vários pontos de vista, os testes formais contemporâneos representam uma forma de avaliação mais justa e facilmente justificável. Ainda assim, aspectos do modelo de aprendizes são consistentes com o conhecimento atual sobre como os indivíduos aprendem e como seus desempenhos podem ser melhor avaliados.

Nossa sociedade adotou o modo de teste formal em um grau excessivo. Eu afirmo que aspectos do modelo de aprendizagem e avaliação dos aprendizes — descrito como aprendizagem contextualizada — poderiam ser reintroduzidos de forma proveitosa em nosso sistema educacional. Neste ensaio, após apresentar um relato das origens dos testes padronizados e da visão unidimensional da mentalidade tipicamente implícita em tais métodos de teste, sugiro a necessidade de uma visão muito mais ampla da mente humana e do aprendizado humano do que aquela que embasou concepções anteriores.

Minha tarefa aqui é imaginar formas de educação e modos de avaliação que tenham raízes firmes no conhecimento científico atual e que contribuam para objetivos educacionais esclarecidos. Na segunda metade do capítulo, esboçarei a natureza de uma "sociedade avaliadora".

BINET, A SOCIEDADE DOS TESTES E A VISÃO "UNIFORME" DA ESCOLARIDADE

O uso generalizado de testes formais pode ser rastreado até o trabalho de Alfred Binet e seus colegas sobre testes de inteligência, realizado em Paris no início do século XX (ver Ensaio 7). O apelo do método Binet foi tão grande que ele logo se tornou uma característica dominante no cenário educacional e de avaliação americano. É certo que alguns testes padronizados — dos Testes de Desempenho da Califórnia ao Scholastic Assessment Test (SAT)* — não são resultados diretos dos vários testes de inteligência. No entanto, é difícil imaginar a proliferação desses instrumentos em apenas algumas décadas sem os exemplos amplamente estimados do Stanford-Binet, do Army Alpha e dos vários instrumentos de inteligência Wechsler.

Especialmente nos Estados Unidos, com seu foco em marcadores quantitativos e seu culto à eficiência educacional, tem havido uma mania virtual de produzir testes para todos os propósitos sociais possíveis. Além dos testes para alunos, temos testes padronizados para professores, supervisores, soldados e policiais. Usamos adaptações desses instrumentos para avaliar capacidades não apenas em áreas padrão do currículo, mas também em educação cívica e artes. Ainda, podemos recorrer a medições com respostas curtas para avaliar personalidade, graus de autoritarismo e compatibilidade para namoro.

---

* N. de T. O SAT é um dos principais exames utilizados para ingressar em universidades dos Estados Unidos e do Canadá.

Os Estados Unidos estão bem encaminhados para se tornarem uma "completa sociedade de testes", com registro automático de toda a gama de "dados, incluindo uma série de medições fisiológicas". Poderíamos resumir essa atitude da seguinte forma: se algo é importante, vale a pena testá-lo dessa maneira; se não pode ser testado dessa maneira, então provavelmente não deve ser valorizado. Poucos observadores pararam para considerar os domínios nos quais tal abordagem pode não ser relevante ou ótima; a maioria esqueceu os *insights* que poderiam ser obtidos a partir de modos de avaliação favorecidos em uma época anterior.

É arriscado tentar generalizar entre os milhares de instrumentos formais descritos em livros como o *Mental measurements yearbooks*. No entanto, ao custo de causar alguma violência a certos instrumentos, vale a pena especificar as características que são tipicamente associadas a eles.

Na aplicação profissional de testes, existe uma crença considerável no potencial "bruto", provavelmente baseado na genética. Há muito tempo acredita-se que os testes mais valorizados, como os testes de quociente de inteligência (QI) e o SAT, medem capacidade ou desempenho potencial. Não há razão para que um teste não possa avaliar as habilidades aprendidas, e muitos testes de desempenho afirmam fazer isso. No entanto, para testes que pretendem medir a capacidade bruta ou o potencial, é importante que o desempenho não possa ser facilmente melhorado pela instrução; caso contrário, o teste não seria um indicador válido de capacidade. A maioria das autoridades em testes acredita que o desempenho em testes de habilidade e acertos reflete capacidades inerentes.

Os adeptos dos testes também tendem a adotar uma visão do desenvolvimento humano que pressupõe que um organismo jovem contém menos conhecimento e exibe menos habilidade do que um organismo mais maduro, mas que nenhuma mudança qualitativa ocorre ao longo do tempo na mente ou no comportamento humano. Fazer tais suposições permite que os responsáveis pelos testes usem os mesmos (ou similares) tipos de instrumentos para indivíduos de todas as idades, e eles podem legitimamente alegar que as descrições de dados em um determinado ponto do desenvolvimento podem ser estendidas para idades posteriores, porque se está lidando com o mesmo tipo de escala e a mesma propriedade da mente ou do comportamento.

Como reflexo das pressões tecnológicas norte-americanas, bem como do desejo por elegância e economia, a maioria dos fabricantes e compradores de testes valoriza instrumentos eficientes, breves e fáceis de administrar. Nos primórdios dos testes (inclusive no laboratório parisiense de Alfred Binet), a avaliação levava horas e era administrada de maneira individual; agora, são preferidos os instrumentos administrados em grupo — em geral administrados *on-line*. Quase todos os testes amplamente utilizados geraram uma versão "breve". Na verdade, alguns dos mais ferrenhos defensores dos testes formais de inteligência esperam reduzi-los ainda mais — digamos, a medidas psicométricas simples, ou a padrões de ondas cerebrais, ou ao exame de genes. (Ver Ensaio 7.)

Acompanhando a fidelidade aos testes formais está uma visão da educação que chamei de "visão uniforme da escolaridade". Nessa visão, o progresso na escola deve ser avaliado por meio de testes formais frequentes, administrados em condições uniformes, e alunos, professores e pais devem receber pontuações quantitativas que detalhem o progresso do aluno ou a falta dele. Esses testes devem ser padronizados nacionalmente para máxima comparabilidade. As disciplinas mais importantes são aquelas que se prestam facilmente a tal avaliação, como matemática e ciências. Em outras áreas de conteúdo, o valor é atribuído aos aspectos que podem ser avaliados de forma eficiente (gramática em vez de voz na escrita; fatos em vez de interpretação em história). Consequentemente, ou lamentavelmente, as disciplinas que se mostram mais refratárias aos testes formais, como as artes, são as menos valorizadas na escola uniforme.

Ao apresentar essa imagem de Binet, da sociedade de testes e da visão uniforme da escolaridade, estou ciente de que estou enfatizando demais certas tendências e agrupando visões e atitudes de uma forma que não é totalmente justa com aqueles que estão intimamente associados aos testes formais. Afinal, alguns deles expressaram reservas semelhantes (veja *Howard Gardner under fire: the rebel psychologist faces his critics,* de Jeffrey Schaler). Dito isso, as tendências na educação nas últimas décadas têm uma forte semelhança com as visões que acabei de esboçar. No mínimo, essas visões servem como um contraste necessário ao quadro de avaliação e escolarização contextualizada e individualizada aqui descrito.

FONTES PARA UMA ABORDAGEM ALTERNATIVA DA AVALIAÇÃO

As ideias científicas nas quais a sociedade de testes se baseou derivam de uma era anterior, na qual prevaleciam, entre teorias de aprendizagem, visões behavioristas e associacionistas sobre cognição e desenvolvimento. De acordo com essas visões, fazia sentido acreditar em habilidades humanas "inatas", numa curva suave e provavelmente linear de aprendizagem da infância à velhice, numa hierarquia de disciplinas e na conveniência de avaliar o potencial e as realizações sob condições cuidadosamente controladas e tão descontextualizadas quanto possível.

Nas últimas décadas, as várias suposições nas quais esse edifício de testes foi baseado foram aos poucos minadas pelo trabalho em estudos de desenvolvimento, cognitivos e educacionais. Assim, uma visão bem diferente surgiu.

A NECESSIDADE DE UMA PERSPECTIVA DESENVOLVIMENTISTA

Graças ao trabalho pioneiro de Jean Piaget, é amplamente reconhecido que as crianças não são versões em miniatura dos adultos. O bebê ou a criança pequena concebe o mundo de uma forma internamente consistente, mas que se desvia em detalhes importantes de uma concepção mais madura. As crianças passam por uma série de estágios qualitativamente diferentes: sensório-motor, pré-operacional, operacional concreto e operacional formal. Uma criança em um estágio em uma área de conhecimento sempre estará no mesmo estágio em outros domínios de experiência.

Poucos pesquisadores ainda defendem uma versão literal dessa perspectiva de estágio estruturado; muitas descobertas não conseguem apoiá-la. Contudo, a maioria dos psicólogos do desenvolvimento continua a sustentar a visão de que o mundo do bebê ou da criança pequena tem suas próprias estruturas peculiares; muitos especialistas do desenvolvimento acreditam que há sequências de estágios dentro de domínios específicos da experiência (p. ex., linguagem, julgamento moral, compreensão da causalidade física); e quase todos enfatizam a necessidade de considerar a perspectiva e o nível de compreensão da criança.

Outra característica dessa abordagem é a suposição de que o desenvolvimento *não é suave, nem unilinear, nem livre de perturbações*. Embora difiram em detalhes, a maioria dos pesquisadores acredita que pode haver períodos críticos ou sensíveis durante os quais é especialmente fácil — ou difícil — dominar certos tipos de materiais. Da mesma forma, como os jovens tendem a melhorar na maioria das áreas com a idade, haverá períodos de crescimento mais rápido e períodos de estagnação. Ainda, uma minoria de pesquisadores acredita que, em alguns domínios, pode haver regressões ou desempenhos que exibem uma curva em forma de U: crianças pequenas e adolescentes têm um desempenho mais sofisticado ou integrado do que crianças da infância média.

O SURGIMENTO DE UMA PERSPECTIVA SÍMBOLO-SISTEMA

No auge da era behaviorista (em meados do século XX), não havia necessidade de postular qualquer tipo de entidade mental, como uma ideia, um pensamento, uma crença ou um símbolo. Os psicólogos identificavam e observavam comportamentos ou ações significativas tão escrupulosamente quanto possível; os chamados pensamentos eram considerados apenas movimentos "silenciosos" da musculatura vocal.

Nas últimas décadas, os psicólogos reconheceram a importância da capacidade de usar vários tipos de símbolos e sistemas de símbolos (ver Ensaios 1, 4 e 6). Os seres humanos são considerados criaturas da comunicação por excelência. Obtemos significados por meio de palavras, imagens, gestos, números, padrões musicais e uma série de outras formas simbólicas. As manifestações desses símbolos são públicas; todos podem observar a linguagem escrita, sistemas numéricos, desenhos, gráficos, linguagens gestuais e assim por diante. Entretanto, os processos mentais necessários para manipular tais símbolos devem ser inferidos a partir do desempenho de indivíduos em vários tipos de tarefas. Um apoio inesperadamente potente à crença na manipulação de símbolos internos veio do desenvolvimento e do uso generalizado de computadores. Se essas máquinas, feitas pelo homem, envolvem-se em operações de uso e transformação de símbolos, seria ridículo negar a atribuição dos mesmos tipos de capacidades aos humanos que as inventaram.

Esforços consideráveis foram despendidos em vários ramos da ciência para investigar o desenvolvimento da capacidade humana de usar símbolos. É amplamente aceito (embora não de forma universal) que bebês não usam símbolos nem exibem manipulação simbólica interna, e que o surgimento do uso de símbolos durante o segundo ano de vida é uma característica importante da cognição humana. Depois disso, os seres humanos rapidamente adquirem habilidade no uso dos símbolos e sistemas de símbolos presentes em sua cultura. Por volta dos cinco ou seis anos, a maioria das crianças já adquiriu um conhecimento "inicial" de como criar e compreender histórias, obras musicais, desenhos e explicações científicas simples.

Em culturas letradas, há um segundo nível de uso de símbolos. As crianças devem aprender a utilizar os sistemas de símbolos (ou notações) inventados em sua cultura, como a escrita e os números. Com poucas exceções, essa tarefa é restrita a ambientes escolares, que são relativamente descontextualizados. Dominar sistemas de notação pode ser difícil para muitos estudantes em nossa sociedade, incluindo aqueles cujo domínio do conhecimento prático e dos sistemas de símbolos de primeira ordem não foi problemático. Mesmo os alunos que demonstram facilidade em adquirir sistemas de notação enfrentam um desafio nada trivial: eles precisam mesclar seu conhecimento simbólico de segunda ordem recém-adquirido com as formas anteriores de conhecimento simbólico prático e de primeira ordem que trouxeram para a escola.

Quase todos os testes formais pressupõem que aqueles que os realizam são alfabetizados nos sistemas de símbolos de segundo nível da cultura. Esses testes, portanto, representam desafios especiais para indivíduos que, por qualquer motivo, tiveram dificuldade em atingir conhecimento simbólico de segundo nível ou não conseguem mapear esse conhecimento em formas anteriores de representação mental. Além disso, acredito que aqueles com habilidades simbólicas de segundo nível bem desenvolvidas podem muitas vezes "surpreender psicologicamente" nesses testes, obtendo boas pontuações mesmo quando seu domínio real do assunto que está sendo ostensivamente avaliado é modesto. De qualquer forma, as relações exatas entre conhecimento prático e os conhecimentos simbólicos de primeira e de segunda ordem, bem como a melhor maneira de avaliá-los, continuam sendo questões de difícil resolução.

EMERGÊNCIA DE UMA PERSPECTIVA DE INTELIGÊNCIAS MÚLTIPLAS

Quando os testes de inteligência foram criados, pouca atenção foi dada à teoria subjacente da inteligência, mas logo ganhou força a ideia de que as diferentes habilidades exploradas alimentavam ou refletiam uma única inteligência geral. Essa perspectiva continua a ser a visão de escolha entre a maioria dos estudiosos da inteligência, embora uma minoria esteja aberta à ideia de diferentes "vetores da mente" ou "produtos, conteúdos e operações" do intelecto. Esse grupo baseou suas conclusões nos resultados de análises fatoriais de resultados de testes. No entanto, foi demonstrado que é possível chegar a visões unitárias ou pluralistas do intelecto, dependendo de quais suposições orientam procedimentos analíticos fatoriais específicos.

Nos últimos anos, houve um ressurgimento do interesse na ideia de uma multiplicidade de inteligências. Foram descobertos fenômenos mentais que alguns pesquisadores interpretam como evidência de módulos mentais — dispositivos de processamento de informações de operação rápida, semelhantes a reflexos, que parecem imunes à influência de outros módulos. A descoberta desses módulos deu origem à visão de que dispositivos analíticos separados podem estar envolvidos em tarefas como análise sintática, reconhecimento tonal e percepção facial. (Para uma elaboração da perspectiva das inteligências múltiplas, ver os Ensaios 7 a 10.)

Várias perspectivas de inteligências múltiplas, incluindo a minha, concordam com a seguinte proposição: em vez de uma única dimensão chamada intelecto, na qual os indivíduos podem ser classificados, grandes diferenças ocorrem entre os indivíduos em seus pontos intelectuais fortes e fracos, bem como em seus estilos de ataque na busca cognitiva. Nossas próprias evidências sugerem que essas diferenças podem ser evidentes mesmo antes dos anos de escolaridade formal (ver Ensaio 12).

A literatura sobre diferentes pontos fortes individuais, bem como as descobertas sobre diversos estilos cognitivos, tem implicações educacionais cruciais. Para começar, é importante identificar os pontos fortes e fracos desde o início, para que eles possam ser incorporados ao planejamento educacional. Diferenças marcantes entre indivíduos também levantam questões sobre se todos os alunos devem cursar o mesmo currículo e se, na medida em que há um currículo uniforme, ele precisa ser apresentado da mesma forma para todos os alunos.

Testes formais podem ser um aliado para o reconhecimento de diferentes características cognitivas, mas somente se forem projetados para evocar, e não mascarar, essas diferenças. É particularmente importante que os instrumentos usados para fins de controle de acesso (como admissões em faculdades) sejam projetados para permitir que os alunos mostrem seus pontos fortes e tenham um desempenho ideal. Até agora, pouco esforço foi feito nesse sentido, e os testes são usados mais para apontar fraquezas do que para designar pontos fortes.

UMA BUSCA POR CAPACIDADES CRIATIVAS HUMANAS

E o que dizer das capacidades ou habilidades criativas humanas?

Estudos recentes levaram a duas descobertas importantes. Por um lado, os indivíduos criativos não parecem ter à sua disposição operações mentais que sejam só suas; eles usam os mesmos processos cognitivos que os outros, mas de uma forma mais eficiente e flexível e a serviço de objetivos ambiciosos e muitas vezes bastante arriscados (Perkins, 1981). Por outro lado, indivíduos altamente criativos parecem levar suas vidas de forma diferente da maioria. Eles são muito engajados e apaixonados por seu trabalho, precisam fazer algo novo, têm um forte senso de propósito e objetivo e são extremamente reflexivos sobre suas atividades, seu uso do tempo e a qualidade de seus produtos.

Exceto retoricamente, a busca pela criatividade não tem sido um objetivo importante do sistema educacional norte-americano. No entanto, uma vez que promover indivíduos criativos é um objetivo desejável para uma instituição educacional, é importante persegui-lo de uma maneira consistente com as análises atuais de criatividade (ver Ensaios 24 e 25 em *The essential Howard Gardner on mind*).

O DESEJO DE AVALIAR A APRENDIZAGEM EM CONTEXTO

Quando testes padronizados e modelos experimentais paradigmáticos foram introduzidos pela primeira vez em contextos culturais não ocidentais, eles levaram a um único resultado: pessoas de culturas pré-letradas e de sociedades não ocidentais pareciam ser muito menos habilidosas e muito menos inteligentes do que os grupos de controle ocidentais.

Um fenômeno interessante foi então descoberto: simples alterações em materiais, configurações de testes ou instruções com frequência provocavam melhorias drásticas no desempenho. A diferença de desempenho entre os indivíduos de outras culturas e os da nossa própria cultura diminuiu ou até mesmo desapareceu quando materiais familiares foram usados, quando examinadores experientes e linguisticamente fluentes foram empregados, quando instruções revisadas foram dadas ou quando as mesmas capacidades cognitivas foram exploradas em um formato que fazia mais sentido dentro do contexto não ocidental.

Assim, um grande conjunto de evidências experimentais indica que materiais de avaliação projetados para uma população-alvo não podem ser transportados diretamente para outro ambiente cultural; não existem materiais puramente justos ou cegos em relação à cultura. Cada instrumento reflete suas origens. Testes formais só têm algum sentido em um contexto ocidental porque os alunos estão acostumados a aprender sobre materiais bastante abstratos em um local distante da aplicação habitual de tais materiais. Entretanto, em ambientes sem ou com pouca escolaridade, a maior parte da instrução ocorre *in situ*, por isso só faz sentido administrar avaliações que sejam semelhantes em contexto.

Com base nessa pesquisa intercultural, os pesquisadores também fizeram descobertas sobre as habilidades cognitivas de especialistas em sociedades tradicionais. Foi demonstrado que os especialistas falham com frequência em medidas descontextualizadas de suas capacidades de cálculo ou raciocínio. No entanto, eles podem exibir precisamente essas mesmas habilidades no curso de seu trabalho comum, como costurar roupas, fazer compras em um supermercado, carregar caixas de laticínios em um caminhão ou defender seus direitos em uma discussão. Nesses casos, não foi a *pessoa* que falhou, mas o *instrumento* que pretendia medir o nível de competência da pessoa.

LOCALIZANDO COMPETÊNCIA E HABILIDADE FORA DA CABEÇA DO INDIVÍDUO

Essa via de pesquisa produz outra nova conceituação. Em muitos casos, é errôneo concluir que o conhecimento necessário para executar uma tarefa reside completamente na mente de um único indivíduo. Esse conhecimento pode ser "distribuído". Ou seja, o desempenho bem-sucedido de uma tarefa pode depender de uma equipe de indivíduos; ninguém tem toda a capacidade necessária, mas, trabalhando juntos, os membros de uma equipe podem realizar a tarefa de maneira confiável. Da mesma forma, é muito simples dizer que um indivíduo tem ou não o conhecimento necessário; ele pode demonstrar esse conhecimento de forma confiável na presença de acionadores humanos ou mecânicos apropriados, mas o conhecimento pode ser invisível à investigação ou orientação.

Com base nas análises do meu colega Mihaly Csikszentmihalyi, faz sentido pensar na competência cognitiva humana como uma capacidade emergente, que provavelmente se manifesta na interseção de três constituintes diferentes: o *indivíduo*, com suas habilidades, conhecimento e objetivos; a estrutura do *domínio de conhecimento* dentro da qual essas habilidades podem ser despertadas; e um conjunto de instituições e papéis — *um campo circundante* — que julga quando um desempenho específico é aceitável ou constitui um avanço criativo, bem como quando ele não atende às especificações. A aquisição e a transmissão de conhecimento dependem de uma dinâmica que se sustenta entre esses três componentes. Em especial a partir dos anos da primeira infância, a realização humana pressupõe uma consciência dos diferentes domínios de conhecimento na cultura de cada um e das várias "forças de campo" que afetam a oportunidade, o progresso e o reconhecimento. Ao focar no conhecimento que reside em uma única mente em um único momento, os testes formais podem distorcer, ampliar ou subestimar grosseiramente as contribuições que um indivíduo pode fazer em um ambiente social maior e favorável.

Os resultados dessa pesquisa apontam para uma visão diferenciada e matizada da avaliação que, pelo menos em certos aspectos, pode se assemelhar mais às medições tradicionais da aprendizagem. Qualquer iniciativa de avaliação planejada hoje deve, à luz dessas descobertas, ser sensível aos estágios e às trajetórias de desenvolvimento. Tal iniciativa deve investigar as capacidades simbólicas humanas de forma apropriada nos anos seguintes à infância e investigar a relação entre conhecimento prático e habilidades simbólicas de primeiro e segundo nível. Deve reconhecer a existência de diferentes inteligências e de diversos perfis cognitivos e estilísticos. Deve incorporar a conscientização dessas variações nas avaliações. Deve ser construída com base na compreensão das características dos indivíduos criativos em diferentes domínios. Por fim, qualquer nova iniciativa de avaliação deve reconhecer os efeitos do contexto no desempenho e fornecer os contextos mais apropriados para avaliar competências, incluindo contextos que vão além do indivíduo que está sendo avaliado.

É uma tarefa difícil atender a todas essas necessidades e desejos. De fato, algo atrativo nos testes formais é que eles permitem equiparar ou minimizar a maioria das características que acabei de descrever. Entretanto, se buscamos uma avaliação que seja verdadeira para o indivíduo e reflita nossa melhor compreensão da natureza da cognição humana, não podemos ignorar essas linhas de pensamento. Em uma era de computadores cada vez mais inteligentes e programas de inteligência artificial, esse objetivo deve ser mais fácil de atingir.

CARACTERÍSTICAS GERAIS DE UMA NOVA ABORDAGEM DE AVALIAÇÃO

Se hoje alguém voltasse à estaca zero e elaborasse uma nova abordagem para a avaliação, poderia tentar incorporar oito características principais.

1. Ênfase na avaliação em vez de testes

A propensão aos testes nos Estados Unidos foi longe demais. Embora alguns testes sejam úteis para alguns propósitos, a indústria de testes tem se desenvolvido de uma forma que faz pouco sentido do ponto de vista de uma sociedade reflexiva. Muitos que buscam entender a base teórica ou conceitual subjacente às descobertas ficam decepcionados. Parece que muitos testes foram projetados para criar uma necessidade, em vez de atender a uma.

Embora eu tenha sentimentos ambivalentes em relação aos testes, tenho pouca ambivalência em relação à avaliação. Na minha opinião, é missão das pessoas educadas, bem como daqueles que estão sob sua responsabilidade, envolver-se em reflexões regulares e apropriadas sobre seus objetivos, os vários meios para alcançá-los, o seu sucesso (ou a falta dele) em alcançá-los e as implicações da avaliação para repensar objetivos ou procedimentos.

Defino avaliação como a obtenção de informações sobre as habilidades e os potenciais de uma pessoa, com o objetivo de fornecer *feedback* útil à pessoa e dados úteis à comunidade ao redor. A avaliação é diferente dos testes porque favorece técnicas que extraem informações em um curso de desempenho comum, em oposição à inquietação geral com o uso de instrumentos formais administrados em um ambiente neutro e descontextualizado.

Na minha opinião, aqueles nas comunidades psicológica e educacional encarregados da tarefa de avaliação deveriam facilitar tal avaliação. Deveríamos criar métodos e medidas que auxiliassem em avaliações regulares, sistemáticas e úteis. Em alguns casos, acabaríamos produzindo testes formais, mas na maioria dos casos, não.

2. Avaliação como algo simples, natural e em um cronograma confiável

Em vez de ser imposta por autoridades externas em momentos ocasionais durante o ano, a avaliação deveria ser parte do ambiente natural de aprendizagem. Tanto quanto possível, isso deveria ocorrer o quanto antes, como parte do envolvimento natural de um indivíduo em um ambiente de aprendizagem. No início, a avaliação provavelmente precisaria ser introduzida de forma explícita, mas depois de um tempo, muitas avaliações ocorreriam naturalmente por parte do aluno e do professor, com pouca necessidade de reconhecimento ou rotulagem explícita por parte de qualquer pessoa.

O modelo de avaliação das capacidades cognitivas do especialista é relevante nesse caso. Por um lado, raramente é necessário que o especialista seja avaliado por outros, a menos que haja condições competitivas. Presume-se que os especialistas realizarão seus trabalhos com pouco monitoramento externo.

Por outro lado, também é verdade que o especialista está em constante processo de avaliação. Tal avaliação ocorre de forma natural, quase sem reflexão consciente, no decorrer do trabalho. Quando comecei a escrever artigos acadêmicos, eu dependia muito de críticas detalhadas de professores e editores. Agora, a maior parte da avaliação necessária ocorre em um nível pré-consciente, enquanto estou sentado à mesa rabiscando, digitando um primeiro rascunho ou editando uma versão anterior do material.

À medida que a avaliação se torna parte do cenário, ela não precisa mais ser separada do restante das atividades em sala de aula. Como em um bom trabalho como aprendiz, os professores e os alunos estão sempre avaliando. Também não há necessidade de "ensinar para a avaliação", porque a avaliação é onipresente. Na verdade, a necessidade de testes formais pode se atrofiar completamente.

3. Validade ecológica

De acordo com a teoria psicométrica padrão, um problema com a maioria dos testes formais é sua *validade*, isto é, sua correlação significativa com algum critério consensualmente valorizado. Como observado, os testes de criatividade não são amplamente utilizados porque sua validade nunca foi estabelecida de maneira adequada. A validade preditiva dos testes de inteligência e dos testes de aptidão escolar costuma ser questionada devido à sua utilidade limitada na previsão do desempenho para além do próximo ano de escolaridade.

Voltando ao nosso exemplo de trabalho como aprendiz, faria pouco sentido questionar a validade dos julgamentos dos mestres. Eles estão tão intimamente associados aos seus aprendizes que é provável que possam prever o comportamento de cada aprendiz com um alto grau de precisão.

Quando tal previsão não ocorre de forma confiável, problemas estão por vir. Acredito que as avaliações usadas hoje se distanciaram muito do território que deveriam cobrir. Quando indivíduos são avaliados em situações que se assemelham mais às condições reais de trabalho, é possível fazer previsões muito melhores sobre seu desempenho final. É estranho que a maioria dos estudantes norte-americanos passe centenas de horas ao longo de suas carreiras escolares envolvidos em um único exercício — o teste formal — quando poucos deles, ou nenhum, encontrarão um instrumento semelhante depois de deixarem a escola.

4. Instrumentos justos em termos de inteligência

Como já observado, a maioria dos instrumentos de teste são muito tendenciosos em favor de duas variedades de inteligência: linguística e lógico-matemática. Pessoas abençoadas com pontos fortes nessa combinação específica provavelmente se sairão bem na maioria dos testes formais, mesmo que não sejam tão proficientes no domínio sob investigação. Da mesma forma, aqueles com problemas em uma dessas inteligências, ou em ambas, podem falhar em medições que pretendem demonstrar outros domínios apenas porque não conseguem dominar o formato específico da maioria dos instrumentos tradicionais.

A solução — com certeza mais fácil de descrever do que de realizar — é conceber instrumentos que sejam *justos em termos de inteligência*, que se concentrem *diretamente* na inteligência em operação, em vez de prosseguir pelo *desvio* das faculdades linguísticas e lógicas. A inteligência espacial pode ser avaliada fazendo com que uma pessoa navegue por um território desconhecido; a inteligência corporal pode ser avaliada ao observar como a pessoa aprende e memoriza uma nova dança ou exercício físico; a inteligência interpessoal pode ser avaliada ao observar como o indivíduo lida com uma discussão com um vendedor ou navega em uma agenda durante uma reunião de comitê conturbada. Esses exemplos simples indicam que medições mais justas em termos de inteligência poderiam ser concebidas, embora não possam necessariamente ser implementadas no laboratório psicológico ou na sala de testes.

5. Uso de múltiplas medições

Poucas práticas são mais nefastas na educação do que a extração de implicações educacionais generalizadas a partir da pontuação de um único teste, como a Escala de Inteligência Wechsler para Crianças ou o SAT. Até mesmo os testes de inteligência contêm subtestes e, no mínimo, as recomendações devem considerar as diferenças entre esses subtestes e as estratégias para abordar itens específicos.

É ainda mais desejável prestar atenção a uma série de medições concebidas especificamente para explorar diferentes facetas da capacidade em questão. Considere, por exemplo, os padrões de admissão de um programa para crianças superdotadas. Em termos conservadores, 75% dos cursos nos Estados Unidos admitem apenas com base no QI. Se o limite for 130 e você tiver apenas 129, então você não se qualifica. Que pena!

Não tenho objeções ao uso do QI como uma consideração, mas por que não atentar também para os produtos que uma criança já criou, os objetivos e o desejo da criança por um curso, o desempenho durante um período de teste ao lado de outras crianças superdotadas, entre outras medições discretas? Muitas vezes sinto que um enorme progresso educacional seria alcançado se o Secretário de Educação apenas aparecesse diante das câmeras na televisão, não acompanhado por um único gráfico unidimensional, mas tendo como pano de fundo meia dúzia de gráficos diferentes, cada um monitorando um aspecto distinto da aprendizagem e da produtividade.

6. Sensibilidade a diferenças individuais, níveis de desenvolvimento e formas de especialização

Programas de avaliação que não levam em conta as grandes diferenças entre indivíduos, os níveis de desenvolvimento e as várias formas de especialização são cada vez mais anacrônicos. Os testes formais poderiam, em princípio, ser ajustados para considerar essas variações documentadas. Contudo, isso exigiria a suspensão de algumas das principais premissas dos testes padronizados, como a uniformidade dos indivíduos em aspectos-chave (p. ex., nível de desenvolvimento) e a preferência por instrumentos com cada vez mais custo-benefício.

As diferenças individuais também devem ser destacadas ao se educar professores e avaliadores. Os responsáveis pela avaliação dos jovens precisam ser apresentados formalmente a essas distinções. Não se pode esperar que os professores cheguem sozinhos a taxonomias empiricamente válidas de diferenças individuais. Tal introdução deve ocorrer em cursos de educação ou durante estágios de ensino. Uma vez que os professores são apresentados a tais distinções e têm a oportunidade de observar e trabalhar com crianças que exibem perfis diferentes, essas distinções ganham vida para eles. (Ver Ensaio 12.)

Assim, torna-se possível considerar essas diferenças de forma tácita. Bons professores, independentemente de ensinarem redação para alunos do 2º ano, piano para crianças pequenas ou planejamento de pesquisa para alunos de pós-graduação, sempre perceberam que diferentes abordagens são eficazes com diferentes tipos de alunos. Essas sensibilidades às diferenças individuais podem se tornar parte da competência do professor e podem ser aproveitadas no decorrer da instrução regular, bem como durante a avaliação. Também é possível — e talvez ótimo — que os professores temperem seu próprio senso intuitivo de diferenças individuais com ocasiões criteriosas de avaliação elaboradas com o domínio específico da prática em mente.

7. Uso de materiais intrinsecamente interessantes e motivadores

Uma das características mais questionáveis dos testes formais, embora raramente comentada, é a monotonia intrínseca dos materiais. Com que frequência alguém fica animado com um teste ou um item específico de um teste?

Foi provavelmente apenas quando, como resultado da legislação Sunshine,* tornou-se possível a indivíduos testados desafiar as respostas-chave usadas pelas organizações que aplicam testes, que a discussão sobre itens individuais apareceu pela primeira vez em uma publicação que ninguém leria voluntariamente

Não precisa ser assim. Um bom instrumento de avaliação pode — e talvez deva — ser uma experiência de aprendizagem. Mas, mais importante, é desejável que a avaliação ocorra no contexto de alunos trabalhando em problemas, projetos ou produtos que realmente os envolvam, que mantenham seu interesse e os motivem a ter um bom desempenho. Esses exercícios podem não ser tão fáceis de elaborar quanto os de múltipla escolha tradicionais, mas têm uma probabilidade muito maior de estimular o repertório completo de habilidades do aluno e gerar informações úteis para orientação e classificação subsequentes.

8. Aplicação da avaliação em benefício do aluno

Um aspecto lamentável dos testes formais é o uso feito das notas. Os indivíduos recebem as notas, veem suas classificações percentuais e tiram conclusões sobre seu mérito escolar, se não geral. Como sempre digo, os psicólogos passam tempo demais classificando indivíduos e pouco tempo ajudando-os.

A avaliação deve ser realizada principalmente para auxiliar os alunos. O avaliador deve fornecer ao aluno *feedback* que será útil imediatamente: identificar áreas de força e fraqueza; dar sugestões sobre o que estudar ou em que trabalhar mais; apontar quais hábitos são produtivos e quais não são; indicar o que pode ser esperado em avaliações futuras; e assim por diante. É especialmente importante que alguns dos comentários tomem a forma de sugestões concretas e indiquem pontos fortes a serem desenvolvidos, independentemente da classificação do aluno em comparação ao grupo.

Munidos de descobertas sobre a cognição e o desenvolvimento humano, e à luz desses desideratos para uma nova abordagem à avaliação, deveria ser possível começar a conceber programas mais adequados do que os que existem hoje. Sem nenhum grande projeto para criar uma "nova alternativa aos testes formais", meus colegas do Projeto Zero e eu nos envolvemos em uma

---

* N. de T. As leis Sunshine nos Estados Unidos são regulamentações que exigem um certo nível de abertura e informação dos conselhos escolares. Elas estabelecem um padrão de transparência entre os conselhos escolares e os constituintes públicos que eles atendem. Seu objetivo é garantir que o governo e suas entidades realizem negócios de forma ética.

série de projetos nos últimos anos que apresentam novas abordagens para a avaliação (ver Ensaios 12 a 14).

RUMO À SOCIEDADE AVALIADORA

Apresentei um breve resumo em favor da avaliação regular de forma natural em todo o sistema educacional e ao longo da trajetória de aprendizagem de toda uma vida. Analisei um conjunto considerável de evidências que, em geral, apontam problemas com testes formais padrão como modo exclusivo de avaliação. Muitas dessas descobertas apontam para duas conclusões: (1) seria proveitoso criar ambientes em que as avaliações ocorressem de forma natural; (2) seria desejável conceber entidades curriculares, como projetos de domínio e *processfolios*, que se prestassem à avaliação no contexto da sua produção. Seria um exagero dizer que pedi uma reintrodução do método de aprendizes. No entanto, afirmo que nos afastamos muito desse modo de avaliação. A avaliação contemporânea pode muito bem ser embasada por alguns conceitos e suposições associados aos programas de aprendizes tradicionais.

De fato, se considerarmos os testes formais e a avaliação no estilo aprendiz como dois polos de avaliação, pode-se dizer que os Estados Unidos de hoje se desviou muito na direção dos testes formais, sem a consideração adequada de seus custos e suas limitações. Mesmo fora do âmbito da física, uma ação excessiva exige uma reação — uma das razões pelas quais este ensaio enfatiza as vantagens de modos de avaliação mais naturalistas, sensíveis ao contexto e ecologicamente válidos. Os testes formais padrão têm seu lugar (p. ex., na triagem inicial de certas populações de risco), mas os usuários também devem conhecer as limitações de tais testes.

Algumas objeções à perspectiva aqui apresentada podem ser antecipadas. Uma delas é a afirmação de que os testes formais são, como anunciado, objetivos, e que estou pedindo uma regressão às formas subjetivas de avaliação.

Rejeito essa caracterização por dois motivos. Em primeiro lugar, em princípio, não há razão para considerar intrinsecamente menos objetiva a avaliação de projetos de domínio, *processfolios* ou medições do estilo Spectrum (ver Ensaios 12 a 14). A confiabilidade estatística também pode ser alcançada nessas práticas. O estabelecimento de confiabilidade não tem sido o foco desses projetos. No entanto, existem ferramentas conceituais e psicométricas para investigar e alcançar confiabilidade nesses casos. Além disso, essas medições na avaliação têm maior probabilidade de ter validade ecológica.

Uma segunda refutação dessa caracterização tem a ver com a alegada objetividade ou imparcialidade dos testes formais padrão. Em um sentido técnico, é verdade que os melhores desses instrumentos evitam os perigos da subjetividade e do viés estatístico. Entretanto, qualquer tipo de instrumento é voltado para um ou alguns tipos de indivíduos e um ou alguns estilos intelectuais e cognitivos. Os testes formais são especialmente amigáveis para aqueles que têm uma certa mistura de inteligências linguística e/ou lógica e para aqueles que se sentem confortáveis em serem avaliados em um ambiente descontextualizado, sob condições cronometradas e impessoais. Correlativamente, tais testes são tendenciosos contra indivíduos que não exibem essa mistura de inteligências ou cujos pontos fortes aparecem melhor em projetos sustentados ou quando são examinados *in situ* ou sem limite de tempo.

Especialmente quando os recursos são escassos, todos devem ter a oportunidade de exibir seus pontos fortes. É ótimo que um indivíduo com facilidade em testes consiga mostrar uma série de notas 800 do College Board* para a equipe de admissões de uma faculdade. No entanto, indivíduos com outras qualidades cognitivas ou estilísticas também deveriam ter a sua vez.

Alguns observadores podem simpatizar com a linha de análise adotada aqui e, ainda assim, rejeitar suas implicações, devido a considerações de custo ou eficiência. De acordo com esse argumento, é muito ineficiente ou caro mobilizar uma sociedade em torno de formas mais sustentadas de avaliação. Portanto, mesmo que os testes formais sejam imperfeitos, teremos de nos contentar com isso e tentar melhorá-los o máximo possível.

Apesar de sua plausibilidade superficial, rejeito essa postura também. É verdade que os testes formais agora apresentam boa relação custo-benefício, mas foram necessários milhões — talvez bilhões — de dólares ao longo de muitas décadas para levá-los ao seu estado atual, que está longe de ser perfeito. Acredito que gastar mais dinheiro nisso só poderia melhorá-los ligeiramente, no máximo.

O maior obstáculo que vejo para a avaliação em contexto não é a escassez de recursos, mas a falta de vontade. Há nos Estados Unidos (e provavelmente em outros lugares) um enorme desejo de tornar a educação uniforme, de tratar todos os alunos da mesma maneira e de aplicar os mesmos tipos de métricas unidimensionais a todos. Essa tendência é inapropriada do ponto

---

* N. de T. College Board, nos Estados Unidos, é uma organização sem fins lucrativos movida por uma visão de conectar estudantes ao sucesso universitário e a oportunidades. Fundado em 1900, o College Board foi criado para ampliar o acesso ao ensino superior.

de vista científico e desagradável do ponto de vista ético. O sentimento atual baseia-se, em parte, em uma compreensível insatisfação com alguns excessos e limitações de experimentos educacionais anteriores.

Contudo, em um grau preocupante, também se baseia na falta de respeito — e às vezes até mesmo na hostilidade geral — por alunos, professores e pelo processo de aprendizagem. Em países onde o processo educacional tem maior consideração, como a Finlândia, provou-se possível ter uma educação de maior qualidade sem aderir a algumas das piores características do pensamento educacional e da avaliação unidimensionais.

Não é difícil esboçar as razões para o consenso nacional provisório sobre a necessidade de mais testes e escolas mais uniformes. O desconforto compreensível com o baixo desempenho dos alunos na segunda metade do século XX resultou em uma acusação geral à educação contemporânea, que foi responsabilizada por uma infinidade de males sociais. Autoridades do governo entraram na briga. O preço pago pelo aumento do apoio financeiro foi mais testes e mais responsabilização com base nos resultados desses testes. O fato de poucos especialistas em educação estarem totalmente confortáveis com o diagnóstico ou a suposta cura não era relevante. Afinal, os responsáveis políticos raramente se debruçam sobre a literatura relevante ou consultam pesquisadores informados; procuram quase que automaticamente bodes expiatórios e apelam a uma solução rápida.

Se forças ou grupos de interesse significativos neste país se dedicassem a um modelo diferente de educação, como a filosofia de avaliação e escolaridade descrita aqui, tenho plena confiança de que eles poderiam implementá-lo sem gastar muito. Seria necessário que um maior número de pessoas se envolvesse, que o corpo docente da faculdade examinasse os *processfolios* apresentados, que os membros da comunidade oferecessem mentorias, trabalhos com aprendizes ou "*pods* especiais", que os pais descobrissem o que seus filhos estão fazendo na escola e trabalhassem com eles (ou pelo menos os incentivassem) em seus projetos. Essas sugestões podem parecer revolucionárias, mas são ocorrências diárias em excelentes ambientes educacionais nos Estados Unidos e em outros lugares. Na verdade, é difícil imaginar uma educação de qualidade na ausência de um ambiente tão cooperativo.

Na minha opinião, o debate político final está — ou pelo menos deveria estar — centrado em conceitos concorrentes sobre os propósitos e objetivos da educação. Como indiquei acima, a visão formal dos testes padrão abriga um conceito de educação como uma coleção de elementos individuais de informação que devem ser dominados e então derramados em um ambiente descontextualizado. Nessa visão de "balde", espera-se que aqueles que adquirem uma quantidade suficiente desse conhecimento necessariamente (ou pelo menos provavelmente) se tornem membros efetivos da sociedade.

A visão de avaliação aqui apresentada valoriza o desenvolvimento de habilidades produtivas e reflexivas cultivadas por meio de projetos de longo prazo. O impulso animador busca preencher a lacuna entre as atividades escolares e as atividades produtivas fora da escola, com o pensamento de que os mesmos hábitos de pensamento e disciplina podem ser úteis em ambos os tipos de empreendimentos. É dada atenção especial aos pontos fortes individuais. A avaliação deve ocorrer da forma mais discreta possível durante o curso das atividades diárias, e as informações obtidas devem ser fornecidas aos responsáveis de forma útil e econômica.

A visão de avaliação se encaixa confortavelmente com uma visão de escolaridade individualizada. Alguns observadores simpáticos ao foco na avaliação ainda podem se opor à visão centrada no indivíduo, vendo-a como uma concepção impraticável ou romântica da educação. Eles endossariam modos de avaliação a serviço de um currículo rigoroso. A essas pessoas, talvez para sua surpresa, eu responderia endossando inequivocamente a importância do rigor. Não há nada em uma abordagem centrada no indivíduo que questione o rigor. Na verdade, em qualquer aprendizagem decente, presume-se que haja rigor. No mínimo, é a mentalidade de múltipla escolha imatura de fatos isolados que sacrifica o rigor genuíno pela conformidade superficial. Eu apoio totalmente currículos rigorosos em uma escola individualizada; eu apenas peço um menu mais amplo de opções curriculares.

Karl Marx esperava que um dia o Estado desaparecesse, não fosse mais necessário e dificilmente fizesse falta. Na minha visão pessoal milenar, imagino que o aparato de testes de inteligência se tornará desnecessário, e seu declínio não será lamentado. Um teste padronizado de uma hora pode, em certos momentos da história, ter servido como uma maneira razoável de indicar quem teria melhor desempenho na escola ou quem seria capaz de prestar serviço militar ou de atingir a patente de oficial. Contudo, à medida que passamos a entender a variedade de papéis e a variedade de maneiras pelas quais as realizações escolares ou militares podem ocorrer, precisamos de formas muito mais diferenciadas e sensíveis de avaliar o que os indivíduos são capazes de realizar. Em vez de testes padronizados, espero que possamos desenvolver ambientes (ou mesmo sociedades) em que os pontos fortes naturais e adquiridos dos indivíduos se manifestem — ambientes onde suas soluções diárias de problemas ou sua criação de produtos indiquem claramente quais papéis vocacionais e não vocacionais mais lhes convêm.

À medida que avançamos na construção de tais ambientes, haverá menos necessidade de tipos de avaliações formais e livres de contexto. A distância entre o que os alunos estão fazendo e o que eles precisarão (ou desejarão) fazer na sociedade será reduzida. Não temos testes para determinar quem se tornará um bom líder porque as habilidades de liderança surgem em circunstâncias naturais, e esse tipo de evidência fala por si só. Também não temos testes de *sex appeal*, desempenho em futebol, desempenho musical ou, pelas mesmas razões, habilidades legislativas. Nós projetamos testes de inteligência porque essa suposta propriedade global não é fácil de observar no mundo real, mas ela pode ser muito difícil de ser compreendida precisamente, pois, para começar, a noção de inteligência como uma capacidade única e mensurável nunca foi bem concebida.

Se os tipos de cognição natural que descrevi forem válidos, então suas diversas manifestações devem ser facilmente discerníveis por meio de observações criteriosas no ambiente comum do indivíduo. No entanto, longe de tirar o emprego de psicólogos ou psicometristas, uma mudança para esse tipo de medição sutil exigiria esforços comprometidos de um grupo de trabalhadores muito maior, mais treinado e mais imaginativo. Quando se pensa no enorme potencial humano atualmente desperdiçado em uma sociedade que valoriza apenas um pequeno subconjunto de talentos humanos, tal investimento parece valer a pena.

Em contraste com uma sociedade de testes, acredito que a abordagem de avaliação e a escola centrada no indivíduo constituem uma visão educacional mais nobre. Ambas estão mais de acordo com os valores democráticos e pluralistas norte-americanos. Acredito também que essa visão é mais consistente com o que foi estabelecido nas últimas décadas pelo estudo científico do crescimento e do aprendizado humanos. As escolas do futuro devem ser criadas de modo que sejam consistentes com essa visão. No final, independentemente das formas e da incidência das avaliações oficiais, o aprendizado diário real nas escolas, bem como o aprendizado buscado muito tempo depois de concluir a escola formal, deve ser sua própria recompensa.

REFERÊNCIAS

PERKINS, D. *The mind's best work*. Cambridge: Harvard University, 1981.

SCHALER, J. *Howard Gardner under fire:* the rebel psychologist faces his critics. Chicago: Open Court, 2006.

ENSINO SUPERIOR

Conforme observado na introdução desta compilação, quando eu era criança, presumi que um dia seria professor e, consequentemente, ensinaria em todos os níveis.

Como pesquisador, trabalhei em todos os níveis de ensino. Na pré-escola, colaborei por vários anos no desenvolvimento do Projeto Spectrum — até onde sei, a tentativa mais ambiciosa de avaliar inteligências múltiplas em contexto. Além disso, claro, visitei as escolas em Reggio Emilia por quatro décadas (ver Ensaio 2).

Na educação básica, por mais de uma década, trabalhei em estreita colaboração com a Key School, um experimento educacional inovador nas escolas públicas de Indianápolis. Também trabalhei com a New City School em St. Louis. Durante algum tempo, a Key School foi muito celebrada; em 1991, foi selecionada pela revista *Newsweek* como uma das melhores escolas do mundo (ver Ensaio 13).

Nosso trabalho com o Arts PROPEL se concentrou no ensino médio, mas as ideias e técnicas desenvolvidas ali acabaram sendo aplicáveis a uma faixa etária muito mais ampla (ver Ensaio 14).

Por fim, durante uma década, coliderado por Wendy Fischman e envolvendo muitos outros colegas, realizei um estudo ambicioso sobre o ensino superior não vocacional nos Estados Unidos. Especificamente, nossa equipe entrevistou mais de 2 mil alunos, professores, administradores, curadores, pais, ex-alunos e recrutadores de empregos em 10 faculdades bem diferentes. Os resultados desse estudo foram relatados em muitos lugares, incluindo nosso livro *The real world of college*. Neste ensaio prospectivo, apresentamos um resumo de algumas de nossas principais descobertas e recomendações. Ainda, em um breve ensaio de acompanhamento, faço uma recomendação curricular sincera.

ENSAIO 18

SE PROJETÁSSEMOS UMA NOVA FACULDADE...

Wendy Fischman e Howard Gardner

Já faz alguns anos que lemos sobre o declínio das faculdades norte-americanas. Dezenas, talvez centenas, fecharam; dezenas de outras se fundiram com instituições financeiramente mais seguras; e, claro, ficou mais difícil para estudantes internacionais se matricularem, mesmo para aqueles que podem pagar a mensalidade integral.

Mas essas tendências não impediram o lançamento de novas faculdades. Algumas, como a Olin College of Engineering, já foram consideradas um sucesso e estão sendo imitadas. A Minerva, com aprendizagem baseada em *insights* das ciências cognitivas e com um "*campus*" distribuído pelo mundo, atraiu muita atenção. A recém-inaugurada University of Austin já estimulou grandes artigos, tanto de apoio quanto de crítica. E, claro, há centenas de indivíduos ricos o suficiente para abrir novas escolas, às vezes instituições com fins lucrativos.

Contudo, o surgimento de novas faculdades ou universidades, independentemente de seu investimento em publicidade, não produz necessariamente faculdades melhores ou mais apropriadas. Elas podem até mesmo ampliar os erros das já existentes. E se projetássemos uma faculdade do século XXI com base em perguntas feitas, dados coletados e respostas examinadas em nosso estudo na última década?

Em 2012, lançamos um grande estudo sobre o ensino superior não vocacional nos Estados Unidos. Realizamos entrevistas profundas com mais de 2 mil indivíduos, espalhados por 10 *campi* — alguns com nomes conhecidos por quase todos os leitores, outros que nós mesmos não conhecíamos.

Não falamos apenas com um grupo de partes interessadas; em vez disso, entrevistamos membros de oito *grupos diferentes*: alunos do primeiro ano da faculdade, alunos de graduação, professores, administradores seniores, curadores, ex-alunos recentes, pais e recrutadores de empregos.

A pesquisa por si só nunca poderá lhe dizer o que fazer, mas com certeza pode revelar o que é possível e plausível e o que está fadado ao fracasso. O que aprendemos?

Aqui estão algumas lições para aqueles que desejam abrir uma nova faculdade em qualquer lugar do mundo.

1. POR QUE FACULDADE?

Descoberta: Relativamente poucos entrevistados têm uma resposta bem pensada para essa pergunta.

Algumas partes interessadas são apenas *inerciais*: a faculdade é o que você tem de fazer depois do ensino médio. Um número razoável é *exploratório*: aprende coisas novas, faz novas associações. Um número um pouco menor é *transformador ou transformacional* e está aberto a se tornar um tipo diferente de pessoa. No entanto, quase metade são *transacionais*: vão para a faculdade para conseguir um emprego. É isso.

Além disso, há uma enorme divisão entre os entrevistados. Dos oito grupos que entrevistamos, apenas administradores e professores universitários adotaram regularmente respostas exploratórias ou transformadoras. Os outros seis elementos eram em grande parte transacionais: queremos um diploma universitário para podermos conseguir um emprego. E quando perguntamos “E o que acontece se o emprego desaparecer depois de alguns anos?”, quase nenhum entrevistado havia sequer pensado seriamente sobre essa questão.

Recomendação: Desde o momento da admissão, deixe claro para os alunos e suas famílias que o objetivo principal — a razão de ser — do ensino superior é treinar — fortalecer e cultivar — a mente. Nós chamamos essa mensagem de “integração”. Essa mensagem clara e vívida deve ser reforçada durante toda a experiência universitária, tanto em cursos acadêmicos quanto em atividades extracurriculares, e talvez até mesmo após a formatura, em materiais enviados aos ex-alunos. Chamamos esse processo de “entrelaçamento”.

Recomendação: Deixe claro para os alunos (e suas famílias) o que significa treinar a mente. Nós descrevemos isso como o aprimoramento do “Higher

Education Capital" (HEDCAP; em português, "capital educacional do ensino superior"). O HEDCAP envolve as habilidades de assistir, analisar, refletir, conectar e comunicar. Essas capacidades são valorizadas em todo o cenário profissional e servem tanto para uma vida inteira de trabalho produtivo quanto para um lazer bem aproveitado. Aproveitando as experiências e os depoimentos de alunos mais velhos e egressos, demonstre as vantagens do HEDCAP. Também sinta-se à vontade para recorrer às medidas básicas do HEDCAP que desenvolvemos.

Recomendação: Deixe claro que a faculdade pode mudar você, tornando-o um tipo diferente de pessoa, alguém que pensa e age de forma diferente do que pensava quando chegou. Deixe claras as recompensas que acompanham tal exploração e possível transformação. Não lhe diremos que tipo de pessoa você deve se tornar nem insistiremos que você mude, mas apresentaremos as opções para que você possa fazer escolhas informadas.

2. MENOS É MAIS

Descoberta: Em um esforço para agradar a todos os alunos e partes interessadas, as universidades e os centros universitários lançam dezenas de programas — nós rotulamos essa condição de "projetite". Às vezes, cada programa requer seu próprio prédio novo — ou um novo prédio (normalmente doado por ex-alunos ricos) cria uma justificativa para um novo programa. Como resultado, os alunos muitas vezes ficam confusos sobre o motivo de estarem ali, o que realmente importa e quais opções devem (ou não) seguir.

A faculdade deve apoiar no máximo uma outra missão além da acadêmica. Ambas as missões devem ser esclarecidas desde o início, compreendidas por todos os docentes e funcionários e reforçadas por conversas regulares e pela incorporação pessoal.

Recomendação: se uma instituição de ensino superior adota uma missão adicional (p. ex., cidadania, serviço, globalização, ética, preparação para o local de trabalho), essa missão precisa estar cuidadosamente entrelaçada com o curso acadêmico. Por exemplo, suponha que uma escola abrace, como segunda missão, a capacidade de lidar com dilemas éticos que podem surgir no trabalho e/ou na cidadania. Dilemas apropriados devem ser incorporados em toda a gama de cursos e outras atividades. Um curso independente sobre ética não é suficiente!

3. MAIS SEMELHANTES DO QUE DIFERENTES

Descoberta: Para nossa grande surpresa, descobrimos que, independentemente de frequentarem uma universidade muito seletiva ou uma que admita quase todo mundo, os alunos têm quase as mesmas atitudes e preocupações. Duas grandes preocupações surgiram em todos os lugares: a saúde mental dos estudantes (muitos estão bastante estressados, e os departamentos para tratar isso nas universidades estão sobrecarregados); e expressões de "alienação" e falta de "pertencimento". É claro que esses desafios precisam ser enfrentados com a maior habilidade possível.

Recomendação: As universidades podem fazer muito para aumentar o sentimento de pertencimento, como: fazer com que todos os alunos façam os mesmos cursos inicialmente; evitar notas altas; proibir fraternidades exclusivas e outros clubes, mas, ao mesmo tempo, incentivar grupos de interesse ou afinidade que permaneçam durante toda a faculdade. Se os alunos sentirem que pertencem e são valorizados por quem *são* e por quem *estão* se tornando, os problemas de saúde mental podem ser aliviados.

Como não somos especialistas em saúde mental e tratamentos, relutamos em fazer recomendações específicas. Contudo, notamos que muitos estudantes atribuem os problemas de saúde mental à crença de que precisam tirar notas altas e ser perfeitos, o que resulta em ansiedade e até depressão. Um foco na melhoria, em vez de na perfeição, parece ser o indicado.

CONSIDERAÇÕES FINAIS

Alguém pode se perguntar o que resta para aqueles que criam e operam a nova faculdade hipotética. A resposta surpreendente: muito.

Não dissemos nada específico sobre o currículo; sobre como os alunos podem explorar e ser transformados; sobre o tipo de vida profissional ou cívica que os graduados devem seguir após a faculdade; ou sobre os tipos de intervenções que podem aumentar o sentimento de pertencimento. Ainda, é claro, as faculdades não podem e não devem assumir todas as obrigações de uma comunidade. (Lembre-se do risco de "projetite"!) Em vez disso, elas devem se concentrar com precisão no que elas são — e têm sido há muito tempo — exclusivamente capazes de realizar com seus alunos.

De fato, tanto entre as faculdades que estudamos em profundidade quanto nos muitos outros *campi* que visitamos, presenciamos esforços promissores com relação a pelo menos um desses objetivos. Por exemplo, professores de algumas faculdades compartilham os altos e baixos de suas próprias vidas, aumentando a sensação dos alunos de que não estão sozinhos. Líderes de outras universidades destacam, ensinando e pregando, a centralidade da experiência de aprendizagem. Como um professor-reitor gracejou: "Aqui, o fim de semana começa no sábado à noite". Universidades com uma missão bem conhecida — baseada na fé ou militar — têm menos necessidade de explicar sua razão de ser, mas quase todas as escolas que conhecemos poderiam fazer mais para melhorar a experiência universitária de seus alunos.

Acreditamos que uma faculdade de acordo com essas especificações seria um sucesso para os alunos e suas famílias. Tão importante quanto isso, embora não seja fácil provar, acreditamos que uma faculdade que se concentra no cultivo da mente e da pessoa no sentido mais amplo levará a uma sociedade menos divisiva, mais construtiva e mais saudável. Com certeza, consideraríamos enviar nossos filhos (ou netos) para seu *campus*.

REFERÊNCIA

FISCHMAN, W.; GARDNER, H. *The real world of college:* what higher education is and what it can be. Cambridge: MIT, 2022.

ENSAIO 19

POR QUE DEVERÍAMOS EXIGIR QUE TODOS OS ALUNOS FIZESSEM DOIS CURSOS DE FILOSOFIA

Embora tenha focado no status geral e na saúde do sistema de ensino superior norte-americano, ocasionalmente fiz recomendações específicas, como neste ensaio, em que recomendei que todos os alunos de uma faculdade não profissionalizante fizessem dois cursos de filosofia.

Se eu fosse o czar do ensino superior que não é explicitamente profissionalizante, exigiria que todos os alunos de graduação estudassem filosofia. E se eu fosse czar e czarina, exigiria que todos os alunos fizessem dois cursos de filosofia: um no primeiro ano e outro pouco antes da formatura.

À primeira vista, essa exigência pode parecer bizarra, principalmente vindo de mim. Sou psicólogo e, de forma mais ampla, cientista social, não filósofo nem humanista. De fato, no ensaio anterior, alertei contra a imposição de currículos. Ainda mais deplorável é que eu nunca fiz um curso de filosofia.

Contudo, tenho pensado em filosofia nos últimos meses por causa de dois acontecimentos. Alguns anos atrás, o Mills College eliminou sua especialização em filosofia e fundiu o departamento em uma unidade interdisciplinar — apenas um exemplo de um número crescente de instituições que eliminaram especializações em certos campos das humanidades. Em uma nota mais positiva, a Johns Hopkins University ganhou uma doação de US$ 75 milhões para reforçar seu departamento de filosofia. Ocorreu-me que um bom uso desse dinheiro seria criar novos cursos obrigatórios de filosofia para o benefício dos departamentos de filosofia e dos alunos de graduação em geral.

O objetivo: equipar os estudantes com um arsenal filosófico que os ajudasse pelo resto de suas vidas. Eles poderiam extrair conhecimento desse arsenal, bem como melhorá-lo com ainda mais conhecimento ao longo do tempo.

É provável que os tipos de cursos que eu exigiria não teriam necessariamente "filosofia" no nome, mas todos seriam ministrados por acadêmicos treinados nessa área. Na verdade, exceto em certos contextos explícitos de artes liberais, eu poderia muito bem evitar a palavra "filosofia" por completo, já que ela assustaria alguns alunos (e, ainda mais, seus pais) e confundiria outros ("Isso é sobre minha filosofia pessoal?").

Em vez disso, eu chamaria o requisito de algo como "Grandes questões da vida". Cada aluno no primeiro ano de faculdade escolheria um curso de uma lista com títulos como:

"Questões de identidade" (Quem sou eu? Quem somos nós?)
"Questões de propósito" (Por que estamos aqui? Para que serve tudo isso?)
"Questões de virtudes e vícios" (O que é a verdade? O que é beleza? O que é moralidade?)
"Questões da existência" (O que significa estar vivo, morrer, ser? Ou não ser?)

Além disso, eu começaria com as respostas individuais e coletivas dos alunos às grandes questões da vida. No entanto, e aqui está o ponto crucial, eu não terminaria aí.

Em lugar disso, eu ajudaria os alunos a entender que seres humanos reflexivos têm feito e respondido a essas perguntas há milênios, em muitas culturas e em muitas épocas. Algumas das respostas que essas pessoas encontraram para os eternos enigmas da vida foram profundas, assim como algumas das críticas subsequentes às suas respostas.

Quero que os alunos percebam que essa conversa ao longo do tempo e entre culturas é importante e que eles podem e devem participar. No entanto, eles devem fazer isso com alguma humildade e respeito, construindo sobre o que foi pensado e dito antes.

Há duas razões poderosas para exigir que os alunos comecem (e terminem) sua educação com questões e pensamentos filosóficos. Primeiro, as disciplinas acadêmicas, independentemente de como tenham evoluído nos tempos recentes, começaram por causa do interesse dos seres humanos em compreender diversos aspectos do seu mundo, desde o movimento das estrelas até as batalhas da alma. Uma maneira interessante de entender o espectro do conhecimento é descobrir algumas das maneiras intrigantes pelas quais nossos predecessores (que também foram nossos primeiros parentes!) pensavam sobre essas mesmas questões. Em segundo lugar, para a maioria de nós, é somente nos últimos anos da adolescência que nos tornamos capazes de refletir sobre conjuntos de conhecimento e suas relações entre si.

Maneiras filosóficas de ler, pensar e argumentar seriam um bom treinamento para quatro anos de faculdade, independentemente de a palavra com "f" ser pronunciada ou não.

No 2º e no 3º anos da educação de um aluno, os membros do corpo docente de todas as disciplinas e em vários graus de complexidade podem desenvolver a exposição inicial ao pensamento filosófico, moldando-o de maneiras apropriadas aos seus cursos específicos. Independentemente de ensinar poesia, psicologia ou física, você deve ser capaz de falar sobre as ideias que motivaram pela primeira vez as práticas em sua disciplina, como essas ideias permaneceram constantes ou mudaram, e como elas se relacionam com ideias em outros campos, tanto os vizinhos quanto os mais distantes.

Para fazer isso, os membros do corpo docente não precisam ser mestres em filosofia, assim como um filósofo não precisa ser mestre em outras áreas. Mas todos os professores deveriam ser capazes de fornecer um contexto para sua área de estudo — na verdade, eles deveriam *querer* fazer isso. Imagine o quão inspiradoras e motivadoras essas conversas podem ser de um curso para outro e de uma disciplina para outra.

Durante o último ano de graduação, tópicos e preocupações filosóficas retornariam como um curso obrigatório, mais uma vez ensinado por filósofos ou acadêmicos com formação filosófica. No entanto, dessa vez, os alunos abordariam a disciplina mais diretamente, usando textos filosóficos que lidam com questões atemporais e contemporâneas, como textos seminais sobre guerras justas e injustas, inteligência humana e artificial, bioética ou a natureza da consciência.

Novamente, o objetivo é equipar os estudantes com um arsenal filosófico que os ajudasse pelo resto de suas vidas. Eles poderiam extrair conhecimento desse arsenal, bem como melhorá-lo com ainda mais conhecimento ao longo do tempo.

No Mills College, agora fundido com a Northeastern University, a perda do departamento de filosofia e do curso diminuirá a probabilidade de os alunos dominarem as formas críticas de pensamento que têm sido a característica marcante do pensamento filosófico desde os tempos clássicos. Será muito mais difícil para os estudantes entenderem a origem e o desenvolvimento de diferentes linhas de estudo e como elas se relacionam entre si. Na Johns Hopkins, uma doação generosa deve significar que mais alunos estarão munidos de poderosas ferramentas cognitivas que os ajudarão em qualquer atividade de trabalho ou lazer que escolherem.

Seria decepcionante, até mesmo trágico, se instituições menos ricas decidissem banir o pensamento filosófico de seus *campi*. Os líderes desses *campi* deveriam, em vez disso, ser engenhosos ao recorrer a instrutores com formação filosófica para atualizar os cursos básicos do primeiro ano e fornecer cursos finais de síntese.

No século XIX, era costume que o reitor de uma faculdade oferecesse um curso de visão geral no final da educação dos alunos. Pense na mensagem poderosa que um reitor enviaria ao defender cursos de filosofia obrigatórios para todos os alunos ingressantes e concluintes. Ora, esse tipo de iniciativa poderia até atrair uma doação multimilionária.

DESAFIOS E OPORTUNIDADES CONTEMPORÂNEOS

Talvez toda geração acredite que foi submetida a mais mudanças e mais rapidamente do que as gerações anteriores. Na verdade, é provável que se encontrem provas documentais para essa afirmação. Alega-se que Plauto, o dramaturgo romano, gracejou: "Os costumes estão sempre em declínio".

Dito isso, provavelmente é possível argumentar de forma convincente que as mudanças ocorridas na minha vida foram notáveis, para dizer o mínimo. Com Katie Davis e outros, procurei documentar como a "geração dos aplicativos" passa a conhecer o mundo — e, em particular, as implicações educacionais de viver em um mundo repleto de aplicativos para quase todas as atividades humanas imagináveis. Um "mundo de aplicativos" muda a experiência; o desafio educacional é saber se essas mudanças são mobilizadas de forma positiva ou paralisante.

Uma parte fundamental do mundo digital é o surgimento de abordagens de inteligência artificial (IA) para o ensino, o estudo e a aprendizagem. Para alguém da minha geração e com a minha experiência, o toque pessoal na educação continua sendo essencial. No entanto, a IA e outras abordagens computacionais podem executar aspectos rotineiros do ensino, combinar cada aluno com a melhor pedagogia e os currículos mais apropriados e, assim, liberar os professores para se tornarem modeladores, treinadores e facilitadores. Em um cenário feliz, é isso que deveria acontecer — e talvez aconteça!

Também pode haver formas (se não estruturas!) da mente que são particularmente privilegiadas no século XXI. Como exemplo, aponto a capacidade de sintetizar bem — de pesquisar grandes quantidades de informações e reuni-las de maneiras úteis para nós e para os outros. Nos Ensaios 21, 22 e 24, defino e apresento as etapas educacionais básicas da síntese.

E o que dizer da minha concepção original de educação — a idealização da verdade, da beleza e da bondade —, que me animou por toda a vida? No capítulo final desta parte, repenso a relação entre essas virtudes e, invocando a memória do filósofo alemão Georg Wilhelm Friedrich Hegel, entrelaço minha visão educacional com a ideia animadora de síntese.

ENSAIO 20

A EDUCAÇÃO NA ERA DOS APLICATIVOS

Katie Davis e Howard Gardner

Consideramos aqui uma questão importante e oportuna: como a mídia digital está afetando e pode continuar a afetar a educação. É apropriado começar com uma implicação vital que ainda não foi totalmente reconhecida: a educação não está mais restrita à educação básica ou mesmo ao ensino formal, o que inclui a pós-graduação. Na verdade, é para toda a vida! A educação (e, é preciso acrescentar, a deseducação) começa na época em que as crianças pequenas conseguem brincar com celulares, *tablets* ou dispositivos de controle remoto, e continua enquanto os indivíduos são capazes e desejam se envolver ativamente no mundo.

Os dispositivos digitais possibilitam um grau de individuação e pluralização que teria sido virtualmente (com o perdão do trocadilho!) inconcebível em épocas anteriores. Vivemos em uma era em que os indivíduos podem estudar ou tentar adquirir uma habilidade quando quiserem, no ritmo que escolherem, sozinhos ou com outros, com ou sem diplomas ou outras formas de certificação — duas pessoas não precisam ser educadas ou se educar de uma única maneira obrigatória. Currículos ou pedagogias universais merecem ser considerados delitos anacrônicos, se não puníveis. Conforme enfatizado nos Ensaios 7 e 11, o tempo da educação individualizada chegou!

A mídia digital também possibilita ingressar e dominar tópicos e habilidades importantes de diversas maneiras. Existem agora muitas maneiras, envolvendo muitas mídias e variados graus de proatividade, de aprender a jogar xadrez ou tocar piano, falar francês ou ler caracteres chineses, adquirir conhecimento de economia, estatística, história ou filosofia.

Além disso, em nossa era, os dispositivos digitais permitem um grau de colaboração com aqueles que estão longe, bem como com aqueles que estão perto, que não seria possível ou mesmo concebível em eras anteriores. Isso é muito bom!

No entanto, aspectos menos palatáveis da aprendizagem também marcam uma era digital.

Um deles é a ameaça à aprendizagem presencial. É claro que a aprendizagem presencial é cara, e seus dividendos nem sempre são demonstráveis, principalmente no curto prazo. Por que pagar milhares de dólares e se mudar para outra cidade se você pode ficar em casa e dominar um curso *on-line* aberto, massivo e bem-projetado?

Mas há muitas razões para grandes quantidades de alunos passarem um tempo juntos, na companhia de professores e mentores bem treinados e informados — seja em faculdades de artes liberais, seja em escolas profissionais de Direito, medicina, enfermagem ou engenharia. Muito do que é importante no trabalho não é facilmente, ou normalmente, colocado em palavras ou textos falados; é melhor assimilado ao estar perto daqueles que realizam práticas importantes de maneiras bem elaboradas todos os dias. Muitos anos atrás, o filósofo Michael Polanyi destacou que era possível ler sobre ciência a vida inteira em um canto distante do mundo, mas essa imersão literária não se compararia a passar algumas semanas em um laboratório científico bem administrado no mundo desenvolvido. Você gostaria de passar por uma cirurgia realizada por um indivíduo que, mesmo com uma nota alta em um exame de certificação, nunca esteve lado a lado com colegas e mentores em um ambiente de trabalho real? O mesmo se aplica à construção de uma ponte ou à defesa em um tribunal.

Se uma "mentalidade de aplicativo" for imposta à educação ao longo da vida, um perigo ainda maior espreita. Em todo o mundo, estimulada por um consenso entre formuladores de políticas (embora não necessariamente professores), há uma crença de que há um corpo de conhecimento que merece ser dominado (normalmente, a tétrade STEM, do inglês *science, technology, engineering and mathematics*, ou ciência, tecnologia, engenharia e matemática — basicamente, um "quarteto de aplicativos"); uma melhor maneira de apresentá-lo; e uma melhor maneira de medi-lo (geralmente por um exame de múltipla escolha, administrado por uma máquina, com pontuação contabilizada por máquina, emitido pelo Educational Testing Service). Há também o sonho (ou seria um pesadelo?) de que se possa classificar todos os alunos, todos os professores, todas as nações, em termos de seus desempenhos nesses instrumentos supostamente justos e abrangentes.

É provável que quase nenhum dos indivíduos altamente criativos do passado, como o pintor Pablo Picasso, o poeta T. S. Eliot, a dançarina e coreógrafa Martha Graham e o líder Mahatma Gandhi, se destacaria em tais medições. Entre os artistas contemporâneos, pode-se dizer que a Princeton University teria sido mais pobre sem o pintor Frank Stella ou o escritor F. Scott Fitzgerald, assim como a Harvard University teria saído perdendo se o violoncelista Yo-Yo Ma ou o poeta John Ashbery ou o ator John Lithgow ou a poetisa Amanda Gorman não tivessem escolhido estudar lá. (Esperamos que eles também tenham apreciado sua ampla educação em artes liberais — ver o Ensaio 18.)

Não temos dúvidas de que, por parte de alguns, a motivação para realizar "educação objetiva com medições objetivas" é louvável. Também não temos dúvidas de que alguns indivíduos fizeram mau uso de um sistema no qual abordagens mais subjetivas, idiossincráticas ou hiperpluralistas foram aprovadas. Contudo, estamos convencidos de que a educação é muito importante e sutil para ser terceirizada ao Educational Testing Service, ou ao que o educador finlandês Pasi Sahlberg (2014) ironicamente chama de abordagem GERM da educação anglo-americana: o Global Educational Reform Movement (Movimento Global de Reforma Educacional).

Usando abordagens de assistência médica como modelo, Howard comentou: "Quando se trata de assistência médica, há muito a ser dito sobre a 'abordagem de lista de verificação' patrocinada pelo cirurgião Atul Gawande. No entanto, quando se trata de educação, esse setor continua a ser, em muitos aspectos, uma arte, e é bom seguir o conselho do cirurgião Jerome Groopman: 'ouça, ouça com atenção e então ouça com ainda mais atenção'".

Contemplando a atual intoxicação anglo-americana com medições objetivas de certos desempenhos e uma insensibilidade concomitante às diferenças nos dons e nas aspirações humanas, temos nos preocupado com uma abordagem à educação que depende excessivamente de aplicativos.

Na verdade, enfrentamos esse dilema da avaliação em nosso próprio trabalho. Ao estudar o bom trabalho, tentamos definir as características desse trabalho com clareza. Um grupo de colegas professores na Índia converteu nossas definições triviais em escalas de 10 pontos cuidadosamente calibradas sobre comportamento ético. À primeira vista, esse feito foi uma conquista que aguçou nosso pensamento. Ainda assim, parecia implicar uma precisão na avaliação da ética que não poderia ser alcançada de forma realista. Questionado sobre o que achava do sistema de pontuação, Howard elogiou os criadores pela consideração e diligência, mas acrescentou que talvez o sistema prometesse mais do que poderia entregar. Howard sugeriu: "Por que não simplesmente indicar para onde a escola está indo na esfera ética? Uma seta para cima significa que houve progresso, enquanto uma apontada para baixo sugere a necessidade de mais trabalho".

Liderando uma série de conversas nas quais calouros da faculdade refletiam sobre suas vidas, Howard pediu que cerca de uma dúzia de estudantes indicasse seus objetivos pessoais. Ele ficou surpreso com uma das respostas: "Não quero trabalhar em questões para as quais não há respostas". Howard fez uma anotação mental dessa resposta, mas na ocasião não disse nada ao aluno.

Mais tarde, após o término das sessões, Howard passou algum tempo com o aluno e soube que ele pretendia se formar em biologia (ele queria se tornar cirurgião), mas também em filosofia. Como a filosofia tradicionalmente se concentra em questões para as quais não há respostas, ou pelo menos nenhuma resposta superficial ou definitiva, Howard perguntou ao aluno por que ele havia dito que não queria perder tempo com perguntas sem respostas. O aluno disse: "Não gosto de sessões em que as pessoas apenas falam em círculos". Mas então ele admitiu o que parecia evidente para Howard: que o interesse pela filosofia é difícil de conciliar com a crença de que todas as perguntas devem ter respostas claras.

Suspeitamos que esse jovem de 18 anos, que cresceu em um mundo de aplicativos, era impaciente com conversas que não pareciam direcionadas a um objetivo. Esse sentimento, que parece estar cada vez mais disseminado, representa um problema para o estudo das artes liberais tradicionais: o interesse em literatura, filosofia e história é difícil de sustentar se você acredita que todo conhecimento é — ou deveria ser — suscetível a um processo algorítmico que culmina em uma resposta correta e consensualmente aceita ou em um "produto". Na verdade, as duas vertentes da psique do estudante sintetizam bem esta afirmação enigmática (ver Ensaio 18): "A civilização avança ao ampliar o número de operações importantes que podemos realizar sem pensar nelas".

Em uma leitura das palavras do filósofo Alfred North Whitehead, o estudante ávido é bem aconselhado a ser capaz de automatizar o máximo possível de recursos da vida, seja dominando a anatomia humana para que a cirurgia possa ser realizada com maestria, seja evitando conversas que não levam a lugar algum e parecem ser uma perda de tempo. No entanto, como é possível saber com antecedência quais circunstâncias em uma cirurgia podem exigir uma decisão instantânea envolvendo um conhecimento anatômico obscuro, ou qual comentário aleatório em uma sessão de discussão noturna pode fazer com que alguém repense uma decisão importante da vida no momento adequado?

Hoje há uma curiosa disjunção no mundo entre aqueles que falam publicamente sobre meios e objetivos educacionais. Por um lado, em especial entre os líderes empresariais, fala-se muito sobre as habilidades do século XXI: os "quatro Cs", de pensamento crítico, pensamento criativo, colaboração e comunidade. Por outro lado, quase todos os formuladores de políticas educacionais que ocupam cargos de autoridade nos Estados Unidos querem o tipo de currículo restrito e testes padronizados tradicionais que, na melhor das hipóteses, capturam habilidades de uma era passada.

Dada essa disjunção, o *status* da aprendizagem digital em geral, e dos aplicativos em particular, é invocado por ambos os lados do debate. Aqueles que favorecem as habilidades mais abertas concentram-se nas qualidades facilitadoras do mundo digital, enquanto aqueles que defendem as habilidades tradicionais buscam mobilizar a mídia digital para aumentar a eficiência e a eficácia dos processos de entrega e avaliação existentes.

Vamos mergulhar no mundo dos aplicativos educacionais. Nossa pesquisa sugere que a maioria — pode-se até dizer que a grande maioria — dos aplicativos educacionais incentiva a busca pelos objetivos e meios da educação tradicional, mas por meios digitais. Eles são caminhos convenientes, organizados e às vezes até sedutores para atingir o que já eram objetivos em uma era anterior: dominar conceitos, aprender operações aritméticas, identificar localizações geográficas, figuras históricas e processos biológicos, químicos ou físicos importantes. Poderíamos chamá-los de "livros didáticos digitais", "palestras" ou "conversas educacionais pré-programadas".

Décadas atrás, o renomado psicólogo comportamental B. F. Skinner solicitou máquinas de ensino que automatizassem a sala de aula tradicional, permitissem que os alunos prosseguissem em seu próprio ritmo, fornecessem *feedback* positivo sobre as respostas corretas e repetissem um item perdido ou apresentassem esse item por outro caminho. Aqueles que simpatizam com o estilo de psicologia de Skinner — e com seu regime educacional — reconheceriam com facilidade muitos aplicativos de hoje, e provavelmente concordariam com suas interfaces engenhosas e sedutoras.

Da mesma forma que os generais são propensos a lutar como na última guerra, não é surpreendente que a primeira geração de aplicativos educacionais se assemelhe à educação pré-aplicativos. (Na verdade, uma autoridade tão grande como Marshall McLuhan observou que as novas mídias previsivelmente começam apresentando os conteúdos das mídias anteriores.) No entanto, em nossa opinião, esse caminho testado e comprovado representa uma oportunidade perdida. (E dada a lentidão com que as mudanças acontecem em nosso sistema de educação pública, ele corre o risco de se tornar codificado no currículo por muitos anos).

Vamos inverter o desafio educacional. Quais recursos recentes são disponibilizados pelas novas mídias e como é possível criar e implementar aplicativos que aproveitem ao máximo essas possibilidades?

Como vemos, as novas mídias oferecem duas oportunidades novas. Uma delas é a oportunidade de iniciar e criar seus próprios produtos. À medida que fazemos a transição da Web 1.0 para a Web 2.0 e além, não há mais razão para simplesmente responder a estímulos criados por outros, não importa quão brilhantes e convidativos eles possam ser. Em vez disso, qualquer pessoa que possua um dispositivo inteligente pode começar a esboçar, publicar, tomar notas, fazer *networking* e criar obras de reflexão, arte, ciência. Em suma, cada pessoa pode ser seu próprio criador de conhecimento.

A segunda oportunidade envolve a capacidade de usar diversas formas de compreensão, conhecimento, expressão e crítica — nos termos que Howard tornou familiares, nossas múltiplas formas de inteligência. Até recentemente, a educação era muito limitada a destacar duas formas de inteligência humana: a linguística e a lógico-matemática. (Na verdade, até o final do século XIX, a inteligência linguística era priorizada; no século XX, a inteligência lógico-matemática ganhou igual, se não maior, importância.)

As mídias digitais permitem um espectro muito maior de ferramentas intelectuais. Essa abertura de opções não só permite muito mais formas de expressão e compreensão, mas também expõe os jovens a diferentes formas e formulações de conhecimento. Ela oferece formas adicionais de expressão a todos, em especial àqueles cujos pontos fortes podem não estar nas áreas tradicionais da linguagem e da lógica, como futuros arquitetos, músicos, *designers*, artesãos e talvez até mesmo criadores de novos *softwares* inovadores.

Um exemplo é o Scratch, um aplicativo maravilhoso criado nas últimas décadas por Mitch Resnick, um colega estimado do Massachusetts Institute of Technology (MIT), e por seus colegas. Com base no trabalho pioneiro de Seymour Papert com LOGO — um exemplo prototípico de educação construtivista —, o Scratch é uma linguagem de programação simples e acessível até mesmo para jovens que acabaram de chegar à idade escolar. Ao juntar formas que lembram peças de um quebra-cabeça, os usuários do Scratch podem criar suas próprias mensagens, sejam elas histórias, obras de arte, jogos, composições musicais, danças ou desenhos animados — na verdade, praticamente qualquer coisa em qualquer tipo de formato. Além disso, os usuários do Scratch podem postar e publicar suas criações. Outras pessoas ao redor do mundo podem visitar essas criações, reagir a elas, basear-se nelas e talvez até recriá-las em seu próprio sistema simbólico preferido.

A genialidade do Scratch é dupla. Em primeiro lugar, ele tem uma infinidade de modos de expressão, então quase todas as crianças podem encontrar uma abordagem que seja compatível com seus próprios objetivos, pontos fortes e imaginação. Em segundo lugar, os objetivos e as prioridades educacionais não são ditados de cima; em vez disso, eles podem surgir, e surgem, das próprias explorações da criança no universo do Scratch. Nesse sentido, o Scratch traz prazer e conforto para aqueles que acreditam na visão construtivista do conhecimento. Os usuários não estão apenas construindo suas próprias formas de significado e um conhecimento que eles pessoalmente valorizam; eles também personificam esta afirmação dos psicólogos com orientação cognitiva: aprende-se tomando a iniciativa, cometendo erros, muitas vezes instrutivos, ao longo do caminho e, com base no *feedback* de si mesmo e dos outros, alterando o curso e seguindo em frente.

Ainda, assim como um martelo nas mãos de um vândalo pode ser usado para atingir qualquer objeto à vista, seria possível fazer mau uso do Scratch, ignorar sua genialidade e convertê-lo em mais uma ferramenta comportamental. Esse resultado menos feliz ocorre quando adultos — bem-intencionados, na maioria dos casos — sequestram o Scratch para servir exclusivamente a objetivos e meios educacionais tradicionais. Por exemplo, em um ambiente educacional vinculado a uma abordagem behaviorista, seria possível usar o Scratch para modelar uma maneira específica de desenhar objetos no mundo ou para fornecer o modelo definitivo de como representar frações ou escrever uma frase, um parágrafo ou mesmo uma redação.

Vemos, então, que o aplicativo em si nunca é um caminho infalível para um ou outro uso ou filosofia educacional. Dependendo do contexto em que é usado e das prioridades dos educadores (sejam professores em sala de aula, revisando o dever de casa, ou profissionais trabalhando em suas pranchetas ou telas de computador em uma editora educacional), pode-se direcionar o mesmo aplicativo para fins dependentes ou habilitados por aplicativo.

No entanto, não temos intenção de poupar os criadores de aplicativos. Aqueles que projetam aplicativos podem distorcê-los em direção à *dependência*; é isso que acontece quando instruções e restrições poderosas são incorporadas ao aplicativo. Considere o Songwriter's Pad, um aplicativo para escrever músicas e poemas no iPad. Escolha um estado de espírito na lista de estados de espírito disponíveis, e o aplicativo apresentará uma lista correspondente de palavras e frases associadas a esse estado de espírito para você inserir em sua música ou poema. Não duvidamos que algumas pessoas usarão esse aplicativo de maneiras criativas e inesperadas. No entanto, as restrições incorporadas ao Songwriter's Pad, na forma de palavras e frases poéticas prontas, nos parecem inclinadas à dependência de aplicativos.

Por outro lado, os *designers* de aplicativos podem distorcer as restrições de um aplicativo para *facilitar*. É isso que acontece quando, *à la* Scratch, os aplicativos são totalmente abertos, quando oferecem múltiplas formas de expressão e quando as respostas de adultos e outros usuários não são restringidas.

Também não pretendemos poupar os adultos, sejam eles pais ou professores. Dependendo do ambiente em casa ou na escola, os adultos podem sinalizar que os aplicativos são os meios mais recentes e eficientes para um determinado objetivo educacional — em geral, o tradicional "domínio do conhecimento prévio" que tem sido a base da educação por muitos anos. Por outro lado, eles podem sinalizar que os aplicativos representam uma nova abordagem para os indivíduos explorarem diferentes caminhos, registrarem suas próprias formas de compreensão e solicitarem reações de outros, desde aqueles com muito conhecimento até aqueles que podem ser edificados pelo produto ou projeto em questão.

Veja, por exemplo, um aplicativo criado pela Sesame Workshop, famosa pela inovadora série televisiva *Vila Sésamo.* Conforme descrito por seus criadores, o aplicativo Big Bird's Words estabelece as bases para a aprendizagem de novas palavras. Usando tecnologia de reconhecimento de texto, o aplicativo estimula as crianças a identificarem várias palavras — agrupadas em categorias — em seu ambiente. A demonstração *on-line* mostra um menino de três ou quatro anos trabalhando na categoria alimentos. Ele escolhe a palavra "leite" em uma lista de palavras relacionadas a alimentos (cada item da lista tem uma imagem ao lado da palavra), então segura seu *smartphone* em direção a uma caixa de leite. Big Bird diz "Leite" e parabeniza a criança por encontrar a palavra correta.

Usado com espírito de facilitação, esse aplicativo pode incentivar as crianças a explorar as palavras ao seu redor e conectá-las às suas atividades diárias. Isso pode levar à exploração de outras palavras no ambiente das crianças, mas talvez não no banco de dados lexical do aplicativo. Essas explorações podem até envolver discussões com pais e irmãos. No entanto, se for usado com espírito de dependência, o aplicativo pode gerar uma dependência excessiva dele para reconhecimento de palavras e talvez enviar a algumas crianças a mensagem de que as únicas palavras que vale a pena conhecer são aquelas incluídas no banco de dados do aplicativo.

Considerado sob essa ótica, o uso dependente de aplicativos limita como as crianças exploram e aprendem em seu mundo. Então contamos com adultos conscientes, sejam jovens pais de primeira viagem, sejam pessoas mais velhas e experientes, para proporcionar os ambientes nos quais os aplicativos serão encontrados e usados. Está em nossas mãos impulsionar na direção do uso flexível de aplicativos; devemos oferecer suporte inicial com o uso de aplicativos, mas devemos removê-los o mais rápido possível. Também devemos validar a implementação de espaços e momentos em que cada um deixa de lado os dispositivos e aplicativos e se vira sozinho.

Seth Kugel (2013), autor da coluna "Frugal Traveler" do jornal *The New York Times*, descreve a liberdade encontrada quando ele renuncia à sua dependência de aplicativos de viagem: "Acredito que todos devem usar o vasto banco de dados *on-line* do mundo das viagens com moderação. Reserve um ou dois dias para a espontaneidade: peça conselhos a um estranho no metrô de Seul; tire um dia para explorar uma cidade italiana só porque você parou lá para abastecer; confie no seu instinto para encontrar um bistrô parisiense para chamar de seu. Talvez você descubra mais tarde que o *croque-madame* desse bistrô foi elogiado 717 vezes no TripAdvisor. Quem se importa? Você mesmo descobriu isso."

Quando começamos a escrever este livro, nenhum de nós tinha em mente os escritos educacionais de Alfred North Whitehead (1911, 1929). No entanto, achamos extremamente útil a abordagem do próprio Whitehead à educação, como expressa no seu pequeno volume *The aims of education* (1929).

Ao examinar as etapas envolvidas na formação de um ser humano educado, Whitehead identificou a sequência recorrente de *romance*, *precisão* e *generalização*. Como Whitehead concluiu, o aprendizado genuíno começa quando alguém fica animado, comovido, inspirado ou estimulado por um encontro precoce com uma questão, um fenômeno ou um mistério — é o momento do *romance*.

No entanto, a pessoa permanece presa nesse ponto, ou fica entediada, alienada ou ansiosa, se não começar a adquirir ferramentas que permitam obter uma compreensão mais firme do fenômeno inicialmente sedutor. (É claro que a aquisição de *precisão* pode ser feita de muitas maneiras, desde o regime behaviorista estrito até a abordagem construtivista flexível e exploradora.)

Em última análise, o conhecimento e as habilidades adquiridos precisam ser colocados em um contexto mais amplo, sendo relacionados a outras formas de conhecimento e compreensão, e devem servir como um estímulo para a aprendizagem posterior, com seus encontros românticos iniciais. Isso é *generalização*, ou, para usar o termo preferido de Howard, síntese (ver Ensaio 21).

Observe que não estamos de forma alguma descartando a importância de aprender o que as gerações anteriores já estabeleceram. Não acreditamos que os indivíduos possam ou devam construir todo o seu conhecimento por conta própria. Isso seria absurdo! Na verdade, novos conhecimentos devem ser construídos com base no que já foi consolidado por indivíduos e grupos pensantes anteriores — na frase bem elaborada do educador Matthew Arnold (1869), "para tornar atual, em todos os lugares, o que de melhor foi pensado e conhecido no mundo".

Nossa visão é diferente. Em termos mais diretos, não estamos excessivamente preocupados com caminhos para a precisão. Existem muitos. O que estamos defendendo aqui é que os aplicativos podem e devem facilitar o romance inicial; apresentar múltiplas maneiras de atingir precisão; e, no final, fornecer amplas oportunidades para fazer uso novo e esperado do que foi aprendido. Essa postura deve ocorrer em relação a objetivos educacionais restritos, como a compreensão da multiplicação, e mais amplos, como a apreciação de como o conhecimento científico é criado e usado de forma correta e incorreta. De fato, e é aqui que traçamos a linha nítida entre behavioristas e construtivistas, a precisão deve ser sempre o meio para tornar o conhecimento próprio e, então, usá-lo para levantar novas questões e construir conhecimento adicional.

Você pode alegar: "Vocês, autores, estão dificultando as coisas para os aplicativos", e poderíamos até alegar *nolo contendere* — isto é, não contestaríamos sua afirmação no tribunal.

É hora de dizer, em alto e bom som, que há muitos aplicativos maravilhosos, projetados para fazer bem o que precisa ser feito, melhor do que a maioria de nós conseguiria fazer sozinho. Parafraseando Whitehead, eles nos libertam para focar no que queremos fazer ou no que ainda precisa ser feito. Além disso, muitos aplicativos foram criados por cidadãos comuns que identificaram um problema e encontraram uma maneira de resolvê-lo. Dois vivas para os aplicativos!

APLICATIVOS PARA UM MUNDO MELHOR

Um exemplo impressionante do que os aplicativos podem realizar vem do trabalho da organização Code for America. Conforme a fundadora Jennifer Pahlka, os bolsistas do Code for America são escolhidos para realizar uma tarefa durante um ano. Nesse período, eles trabalham em estreita colaboração com autoridades públicas nos governos municipais para criar aplicativos que resolvam problemas identificados por administradores ou cidadãos. Essas necessidades vão desde encontrar o fluxo ideal de tráfego até colocar crianças em escolas adequadas e ajudar pessoas que usam cupons de alimentação a encontrar alimentos de alta qualidade e acessíveis. Para dar um exemplo, um aplicativo desenvolvido em Boston para identificar buracos em vias públicas é de código aberto e pode ser usado por qualquer outro município.

O que é impressionante sobre o Code for America é que seus bolsistas geralmente conseguem resolver problemas por uma fração do custo estimado e uma fração do tempo estimado pela prefeitura. A crença no poder dos aplicativos — aliada a uma noção de problemas importantes e de como eles podem ser abordados de forma eficiente e eficaz — gera uma vitória para todos. E, claro, a existência do Code for America não impede que sejam abordados problemas mais complexos e que não se prestam a uma aplicação clara. De fato, em um cenário ideal, isso pode liberar as autoridades para dedicar mais tempo a desafios maiores e menos tratáveis.

Para nós das ciências sociais, existe uma analogia adequada. Em meados do século XX, ao mesmo tempo que Howard estava restrito a alguns meios de comunicação, ele precisava realizar a maioria dos testes estatísticos com caneta e lápis ou com o auxílio de uma calculadora portátil. Essas eram tarefas que consumiam muito tempo. No entanto, ao realizar esses cálculos, Howard conhecia muito bem seus dados.

Hoje, computadores poderosos (junto com técnicas estatísticas mais sofisticadas) permitem chegar a descobertas em alta velocidade. Se o tempo economizado for traduzido em um exame mais detalhado dos dados e uma análise mais profunda e convincente do que eles significam, os aplicativos terão sido inestimáveis. No entanto, se um aplicativo cria a ilusão de que os dados (ainda mais os "*big data*") falam por si, ou se deixa o pesquisador impaciente para coletar e analisar o próximo conjunto de dados, então ele não foi tão útil.

Como exemplo de um campo muito diferente, considere a criação da obra *A Toronto symphony*, do compositor Tod Machover. Apelidado de "o compositor mais conectado dos Estados Unidos", Machover foi pioneiro no uso de instrumentação eletrônica e digital em muitas composições. Ele também criou novas abordagens para arranjos e inventou instrumentos semelhantes a brinquedos que podem ser tocados por pessoas sem treinamento formal em música.

A Toronto symphony inova. Essa composição altamente colaborativa (que vai além de *crowdsourcing*) envolve cidadãos comuns — principalmente de

Toronto, embora qualquer um possa tocar — na cocriação de uma grande obra sinfônica. Para uma seção da obra, os habitantes são convidados a gravar e enviar sons que considerem expressivos da cidade. (Isso pode ser visto como uma versão contemporânea dos sons de rua na seção de abertura de *An American in Paris,* de George Gershwin.) Para outras seções da sinfonia, Machover e sua equipe criaram aplicativos que, como pincéis, podem ser aplicados em cores diferentes e com intensidade diferente. Esses aplicativos permitem que os usuários moldem uma melodia esboçada por Machover, tanto em termos gerais quanto em detalhes mais sutis, ou criem suas próprias colagens e misturas de material musical da peça. Depois de samplear e estudar essas diversas contribuições reunidas ao longo de vários meses, Machover torna-se o criador final da obra. No entanto, como ele disse: "Se no final parecer basicamente minha peça, ou apenas uma mistura de coisas de outras pessoas que eu coordenei, acho que será menos satisfatório [...] mas se for algo que não poderia ter sido feito sem o outro, será muito bom" (Eichler, 2013).

A composição sinfônica de Machover difere em objetivos e métodos do Code for America de Pahlka. Enquanto Pahlka tenta resolver problemas urbanos incômodos, Machover cria uma homenagem a um ambiente urbano admirado: engenharia *versus* arte. Contudo, observe que criar uma obra musical no cenário digital também é um feito de engenharia, enquanto criar um aplicativo municipal eficaz também é um feito artístico. Analisando mais a fundo, vemos as contribuições de pessoas comuns, não especialistas ("o que costumava ser chamado de 'o público'", como disse um erudito). No caso do Code for America, pessoas sugerem problemas que precisam ser enfrentados e usam as soluções criadas pelos bolsistas. Paralelamente, pessoas comuns, não especialistas, demonstram seus melhores esforços para orquestrar seções de uma obra e, uma vez que a obra foi concluída e executada, o público pode avaliar o sucesso da peça. No melhor sentido, vemos esforços conjuntos entre cidadãos e especialistas, bem como um equilíbrio delicado entre algoritmos (aplicativos) e gosto (transcendência dos aplicativos).

REFERÊNCIAS

ARNOLD, M. *Culture and anarchy*. London: Smith, Elder, & Co., 1869.

EICHLER, J. Sounds of a city: a new template for collaboration in Toronto. *The Boston Globe,* 26 Jan. 2013. Disponível em: https://www.bostonglobe.com/arts/music/2013/01/26/sounds-city-machover-toronto-symphony-test-drives-new-template-for-collaboration/OBIcFVtC3Qs29Rp2XkoYXP/story.html. Acesso em: 28 abr. 2025.

KUGEL, S. Using TripAdvisor? Some advice. *The New York Times*, 1 Jan. 2013. Disponível em: https://archive.nytimes.com/frugaltraveler.blogs.nytimes.com/2013/01/01/using-tripadvisor-some-advice/. Acesso em: 29 abr. 2025.

SAHLBERG, P. *Finnish lessons 2.0:* what can the world learn from educational change in Finland? New York: Teachers College, 2014.

A TORONTO Symphony by Tod Machover, performed by the MIT Symphony Orchestra. [*S. l.*: *s. n.*]: 2020. 1 vídeo (22 min). Publicado pelo canal Arts at MIT. Disponível em: https://www.youtube.com/watch?v=D8S7GnBO2go. Acesso em: 29 abr. 2025.

WHITEHEAD, A. N. *An introduction to mathematics*. London: Williams & Northgate, 1911.

WHITEHEAD, A. N. *The aims of education and other essays*. New York: Macmillan, 1929.

ENSAIO 21

AS CINCO MENTES PARA O FUTURO

CULTIVANDO NOVAS FORMAS DE PENSAR PARA ALCANÇAR OBJETIVOS SOCIAIS IMPORTANTES

Nos primeiros anos do milênio, nos tornamos mais sintonizados com as considerações sobre o futuro. Refiro-me a tendências cuja existência é amplamente reconhecida: o poder crescente da ciência e da tecnologia; a interconexão do mundo em termos econômicos, culturais e sociais; e a circulação e a miscigenação de seres humanos de diversas origens e aspirações.

Como alguém que testemunhou discussões sobre o futuro em muitos locais, posso atestar que a crença no poder da educação, para o bem ou para o mal, é onipresente. Para nós, é fácil ver a educação como um empreendimento — na verdade, *o* empreendimento — para moldar a mente do futuro.

Que tipo de mentes deveríamos cultivar para o futuro? Cinco tipos se destacam como urgentes. Deixe-me trazê-los para o centro do palco.

A MENTE DISCIPLINADA

Em inglês, a palavra "disciplina" tem duas conotações distintas. Primeiro, falamos da mente como alguém que domina uma ou mais disciplinas — artes, ofícios, profissões ou atividades acadêmicas. Segundo estimativas aproximadas, leva cerca de uma década para que um indivíduo aprenda uma disciplina bem o suficiente para poder ser considerado um especialista ou mestre.

Talvez, em algum momento, um indivíduo pudesse descansar sobre seus louros depois de ter alcançado tal domínio disciplinar. Não mais! As próprias disciplinas mudam, os contextos mudam, assim como mudam as exigências sobre os indivíduos que alcançaram o domínio inicial. É preciso continuar a educar a si mesmo e aos outros ao longo das décadas seguintes.

Esse aprimoramento da especialização só pode ser feito se o indivíduo tiver disciplina no segundo sentido da palavra. Ou seja, é preciso praticar continuamente, de forma regular e consciente, se quiser permanecer no topo do seu desempenho.

Embora poucos de nós se tornem disciplinadores acadêmicos, inicialmente adquirimos uma mente disciplinada na escola. De fato, esta tem sido a tarefa tradicional das escolas para além dos anos iniciais: ajudar os alunos a entender o que significa pensar de forma matemática, científica, histórica ou artística.

Observe que pensar de forma disciplinada *não* é conhecer fatos e números. Essas informações memorizadas são neutras em termos de disciplina. Em vez disso, pensar de forma disciplinada é entender que uma explicação histórica de um evento (p. ex., um ataque nuclear a uma cidade) difere de uma explicação científica, e que as verdades da matemática não são iguais às verdades históricas ou artísticas — se é que é apropriado falar de verdade em relação a um poema, uma peça ou uma pintura.

Hoje, o domínio de mais de uma disciplina é muito importante. Valorizamos aqueles que são multidisciplinares (que usam uma disciplina e depois outra) ou interdisciplinares (que combinam disciplinas para gerar novas descobertas). No entanto, essas reivindicações devem ser concretizadas. Só consideraríamos alguém bilíngue se ele falasse mais de um idioma. Da mesma forma, a alegação de pluridisciplinaridade (se você me permite essa monstruosidade verbal) só faz sentido se uma pessoa realmente domina mais de uma disciplina e consegue integrá-las. Para a maioria de nós, a obtenção de múltiplas perspectivas é um objetivo mais razoável.

A MENTE SINTETIZADORA

O ganhador do Prêmio Nobel de Física Murray Gell-Mann, um multidisciplinar convicto, fez uma afirmação intrigante em uma conversa comigo: ele afirmou que, no século XXI, a mente mais valorizada será a mente sintetizadora — a mente que pode pesquisar uma ampla gama de fontes, decidir o que é importante e em que vale a pena prestar atenção e, então, organizar essas informações de maneiras que façam sentido para si e para os outros.

Gell-Mann estava no caminho certo. As informação nunca foram escassas. No entanto, com o advento de novas tecnologias e mídias — principalmente a internet e grandes instrumentos de linguagem —, enormes quantidades de informações aparentemente indigestas agora nos inundam o tempo todo. Uma triagem perspicaz precisa ser feita. Aqueles que conseguem sintetizar bem para si mesmos chegarão ao topo do grupo; aqueles cujas sínteses fazem sentido para os outros serão professores, comunicadores e líderes inestimáveis.

Um exemplo de uma aula de história: digamos que, como aluno do 9º ano, você foi designado para examinar o papel da imigração em sua comunidade de origem, no século XIX e em tempos recentes. O lugar para começar é com qualquer síntese já existente: busque-a, devore-a, avalie-a. Se não houver nenhuma, você recorre às pessoas mais experientes e pede que elas forneçam as informações básicas necessárias para a síntese. Com essa informação inicial, você decide quais informações parecem adequadas e onde dados adicionais importantes são necessários.

Ao mesmo tempo, você precisa decidir a forma e o formato da síntese final: uma narrativa escrita, uma apresentação oral, uma lista de cenários, um conjunto de tabelas e gráficos, talvez uma discussão sobre os prós e contras de várias ondas de imigração, levando a um julgamento final.

Neste momento, o verdadeiro trabalho de síntese começa. Novas informações devem ser adquiridas, investigadas, avaliadas, seguidas ou deixadas de lado. Elas precisam se encaixar, se possível, na síntese inicial, e quando não houver adequação, ajustes mútuos devem ser feitos. A reflexão constante é a ordem do dia.

Em algum momento antes da síntese final, uma protossíntese é apropriada. Essa versão provisória precisa ser testada com o público mais informado, como um professor de história ou um historiador local. Entretanto, para que a síntese seja eficaz como comunicação, ela também deve ser mostrada a um indivíduo simpático, mas não instruído. Ele entenderá suas principais descobertas, fará perguntas relevantes e sugestões construtivas?

Em certo sentido, bons professores sempre modelaram a síntese e criticaram a adequação das sínteses produzidas por seus alunos, mas essa habilidade raramente foi ensinada de forma explícita. Também não surgiram padrões claros para o que conta como uma síntese excelente, adequada ou falha. Como educadores, precisamos determinar como nutrir capacidades de síntese de forma mais ampla, uma vez que elas provavelmente continuarão sendo um item essencial na próxima era. (Ver os Ensaios 21 e 24.)

A MENTE CRIATIVA

Durante nossas vidas, quase todas as práticas bem compreendidas serão automatizadas. O domínio das disciplinas existentes será necessário, mas não suficiente. A mente criativa abre novos caminhos.

Em nossa sociedade, passamos a valorizar os indivíduos que estão sempre buscando novas ideias e práticas, monitorando seus sucessos e aprendendo rapidamente com seus fracassos e quase acidentes. Prestamos uma homenagem especial àqueles raros indivíduos cujas inovações realmente mudam as práticas de seus pares de maneiras notáveis. No meu ofício, chamamos esses indivíduos de "criadores com C maiúsculo".

Como estudante da criatividade, por muito tempo presumi que criar era principalmente um feito cognitivo — ter o conhecimento necessário e os processos cognitivos apropriados. No entanto, cheguei à conclusão de que personalidade e temperamento são igualmente importantes — ou até mais — para o futuro criador. Mais do que querer, o criador deve estar ansioso para arriscar, para se aventurar no desconhecido, para cair de cara no chão e, então, sorrindo, se levantar e mais uma vez entrar na briga. Mesmo quando bem-sucedido, o criador não dorme sobre seus louros. Ele é motivado novamente a se aventurar no desconhecido e a arriscar o fracasso, impulsionado pela esperança de que outro avanço possa estar próximo.

Nos Estados Unidos, discute-se há anos sobre criatividade nas ruas e na mídia. A criatividade é mais fácil de vender aqui do que em muitos outros países. O trabalho das escolas, portanto, não é tanto incutir a criatividade, mas protegê-la. Os educadores protegem a criatividade quando incentivam abordagens múltiplas para uma tarefa, pedem aos alunos que expliquem suas respostas aparentemente falhas e recompensam aqueles que, apesar de cometerem erros, aprendem com eles.

É importante verificar a relação entre os três tipos de mentes apresentados até agora. Sintetizar não é possível sem algum domínio das disciplinas constituintes — e talvez exista, ou algum dia existirá, uma disciplina de sintetização, completamente separada de disciplinas estabelecidas como matemática ou música. Eu diria que é improvável que a criação surja na ausência de algum domínio disciplinar e talvez de alguma capacidade de síntese. Você só pode pensar fora da caixa se tiver uma caixa!

A MENTE RESPEITOSA

Quase desde o início, os bebês estão atentos a outros seres humanos. O vínculo de apego entre pais e filhos tende a se desenvolver ao longo dos primeiros meses de vida, e a natureza e a força desse vínculo determinam muito a capacidade dos indivíduos de formar relacionamentos com outras pessoas ao longo da vida.

De igual potência é a capacidade do jovem humano de distinguir entre indivíduos e grupos de indivíduos. Somos programados para fazer tais distinções facilmente. Nossa sobrevivência depende da nossa capacidade de distinguir entre aqueles que nos ajudam e nos nutrem e aqueles que podem nos fazer mal. Contudo, as mensagens em nosso ambiente específico determinam como rotularemos indivíduos ou grupos. Nossas próprias experiências e as atitudes demonstradas por nossos colegas e pelas pessoas mais velhas de quem somos mais próximos determinam se gostamos, admiramos ou respeitamos certos indivíduos e grupos ou se passamos a evitá-los, temê-los ou até mesmo odiá-los.

Vivemos em uma era em que quase todo indivíduo tem a possibilidade de encontrar pessoalmente dezenas de pessoas e em que milhões de pessoas têm a opção de viajar ao exterior ou de encontrar pessoas de culturas remotas por meio das mídias digitais. Uma pessoa dotada de uma mente respeitosa acolhe com satisfação essa exposição a pessoas e grupos diversos. Um indivíduo cosmopolita louvável dá aos outros o benefício da dúvida, demonstra confiança inicial, tenta formar vínculos e evita julgamentos preconceituosos.

É claro que os primeiros passos em direção ao respeito ou desrespeito começam em casa, mas para quase todos os jovens, a atmosfera dentro de uma escola contribui demais para o desenvolvimento (ou a falta de desenvolvimento) de uma postura respeitosa. Os líderes educacionais definem o tom pela forma como lidam diariamente com todos — de conselhos escolares a diretores, de pais a professores, de João a Maria. Basta considerar as diferentes mensagens enviadas pelo líder sul-africano Nelson Mandela e pelo líder sérvio Slobodan Milošević.

A MENTE ÉTICA

Uma postura ética não é de forma alguma antagônica a uma postura respeitosa, mas envolve uma postura diferente e sem dúvida mais complexa em relação a indivíduos e grupos. Uma pessoa dotada de uma mente ética é capaz de pensar em si mesma de forma abstrata; é capaz de perguntar: "Que tipo de pessoa eu quero ser? Que tipo de trabalhador eu quero ser? Que tipo de cidadão eu quero ser?"

Para além de formular tais questões, a pessoa é capaz de pensar sobre si mesma de uma maneira universalista: "Como seria o mundo se todas as pessoas se comportassem como eu, se todos os trabalhadores da minha profissão assumissem a posição que eu assumo, se todos os cidadãos da minha região ou do meu mundo desempenhassem seus papéis como eu faço?" Essa conceituação envolve o reconhecimento de direitos e responsabilidades inerentes a cada papel. Ainda, crucialmente, o indivíduo ético se comporta de acordo com as respostas que ele forjou, mesmo quando tais comportamentos podem entrar em conflito com um interesse próprio.

As sementes que levam ao surgimento de uma mente ética podem começar na infância, mas o pensamento ético costuma surgir apenas na adolescência. Isso ocorre porque a mente ética requer abstração — a capacidade de pensar em si mesmo não como João ou Maria, mas como um jornalista ou engenheiro, ou como um cidadão de Cincinnati, da China ou do mundo inteiro.

Nas escolas, os alunos não têm uma ocupação ou direito de voto literal em sua comunidade. Contudo, para a maioria dos jovens, as escolas são a primeira instituição substancial na qual eles se envolvem. Assim, é uma extensão permitida pensar no papel vocacional do jovem como estudante e no papel de cidadania do jovem como membro da comunidade escolar. Os hábitos mentais desenvolvidos como estudante trabalhador e estudante cidadão podem ajudar a determinar a postura ética (ou não ética) do futuro adulto.

Decidir o que é ético (e o que não é!) pode ser desafiador em tempos como os nossos, quando as condições mudam muito rapidamente e as forças do mercado são poderosas e, muitas vezes, irredutíveis. Mesmo quando se determina o caminho certo, nem sempre é fácil se comportar de maneira ética. Isso é particularmente verdade quando alguém é ambicioso, quando os outros parecem estar cortando caminho, quando diferentes grupos de interesse exigem coisas contraditórias dos trabalhadores, quando o caminho ético é menos claro do que alguém gostaria e quando tal caminho vai contra o interesse próprio imediato.

É muito mais fácil, muito mais natural, desenvolver uma mente ética quando se vive em um ambiente ético, mas tal ambiente não é necessário nem suficiente. É por isso que as posturas éticas de uma escola e de um sistema escolar são tão importantes. A educação em ética pode não começar tão cedo quanto a educação para o respeito, mas esses dois currículos nunca terminam.

A TENSÃO EXISTE

Das cinco mentes, as que mais provavelmente serão confundidas entre si são a mente respeitosa e a mente ética. Em parte, isso se deve à linguagem rotineira. Consideramos o respeito e a ética virtudes e assumimos que não se pode ter uma sem a outra. Além disso, muitas vezes elas estão correlacionadas; pessoas éticas também são respeitosas, e vice-versa.

No entanto, como indicado, vejo-as como realizações de desenvolvimentos distintos. É possível ser respeitoso desde a infância, mesmo sem ter uma compreensão profunda das razões do respeito. Em contraste, concepções e comportamentos éticos pressupõem uma atitude abstrata e autoconsciente, uma capacidade de se afastar dos detalhes da vida cotidiana e se conceber como trabalhador ou cidadão.

Os denunciantes são um bom exemplo. Muitas pessoas observam irregularidades nos altos níveis de suas organizações e permanecem em silêncio. Eles podem querer manter seus empregos, e também querem tratar seus líderes com respeito. É preciso coragem e uma mudança mental para pensar em si mesmo não como um conhecido do seu supervisor, mas como um membro de uma instituição ou profissão com certas obrigações inerentes. O denunciante assume uma postura ética em detrimento de uma relação respeitosa com seu supervisor.

Às vezes, o respeito pode superar a ética. Quando soube do caso, defendi o direito dos jornais dinamarqueses de publicar cartuns que zombassem do fundamentalismo islâmico. Eu estava levando a Declaração de Direitos da Constituição dos Estados Unidos ao pé da letra: liberdade de expressão garantida, um Estado sem religião. Contudo, acabei chegando à conclusão de que essa postura ética precisava ser ponderada em relação ao custo de desrespeitar as crenças religiosas sinceras e fortemente defendidas por outros. O custo de honrar as preferências islâmicas parece menor do que o de honrar um princípio abstrato. É claro que não estou dizendo que fiz a coisa certa; só estou afirmando que a tensão entre respeito e ética precisa ser reconhecida e pode ser resolvida de maneiras contrastantes.

CHAMADAS DE DESPERTAR

Como é possível cultivar essas mentes nos jovens? A conscientização das mentes — perceber a importância da síntese, reconhecer as diferenças entre disciplina e criatividade — é o primeiro passo. Exemplos positivos de cada mente, da vida ou da história, são valiosos. Da mesma forma, aprendemos com figuras contemporâneas ou históricas que foram indisciplinadas, desrespeitosas ou antiéticas.

É importante ter noção da trajetória do desenvolvimento. O trabalho sério de disciplinar a mente começa cedo, mas pressupõe conhecimentos básicos. Chamadas de despertar podem ser úteis. Elas podem ser exemplos positivos — um professor cujas criações de seus alunos costumam ser notáveis — ou reações a eventos negativos — como a escola lida com um caso de fraude de aluno ou um caso em que um professor vaza o teste para aumentar as notas dos alunos.

Nenhum líder educacional — na verdade, nenhuma pessoa — terá todas as cinco mentes em plena forma, mas todos podem trabalhar para aprimorar cada uma delas. Líderes que não são especialistas em sintetizar devem garantir que outros membros de sua equipe tenham esse dom específico. É claro que especialistas em disciplinas específicas serão necessários não apenas em sala de aula, mas também em funções administrativas importantes. No entanto, as mentes respeitosas e éticas não podem ser terceirizadas. Se os líderes não forem modelos de respeito e ética, eles não encontrarão essas virtudes no sistema sob sua jurisdição.

Não existe uma hierarquia rígida entre as mentes, de modo que uma deva ser cultivada antes das outras, mas existe um ritmo. É preciso disciplina, em ambos os sentidos do termo, antes que se possa empreender uma síntese razoável. E se a síntese envolve mais de uma disciplina, então cada uma das disciplinas constituintes precisa ser cultivada.

Da mesma forma, qualquer atividade genuinamente criativa pressupõe um certo domínio da disciplina. Embora a capacidade de sintetizar possa ser desnecessária, quase todos os avanços criativos — nas artes, na política, no meio acadêmico ou na vida corporativa — dependem, até certo ponto, de sínteses provisórias. Ainda assim, disciplina demais entra em conflito com a criatividade, e aqueles que se destacam em sínteses podem ter menos probabilidade de concretizar avanços criativos mais radicais.

DANDO O EXEMPLO

No final, é desejável que cada pessoa tenha alcançado aspectos de todas as cinco mentes para o futuro. Essa integração pessoal tem mais probabilidade de ocorrer se os indivíduos forem criados em ambientes onde todos os cinco tipos de mentes são exibidos e valorizados. Melhor ainda é se *houver* modelos — pais, professores, mestres, supervisores no trabalho, líderes políticos — que demonstrem aspectos de disciplina, síntese, criação, respeito e ética de forma regular. Além de incorporar esses tipos de mentes, os melhores educadores na escola ou no trabalho podem fornecer suporte, aconselhamento e treinamento para incutir disciplina, encorajar a síntese, estimular a criatividade, promover o respeito e incentivar uma postura ética.

Ninguém pode obrigar o cultivo e a integração das cinco mentes. O ser humano como indivíduo deve passar a acreditar que as mentes são importantes, merecem o investimento de quantidades significativas de tempo e recursos e são dignas de estimulação contínua, mesmo quando os apoios externos desaparecem. O indivíduo deve estar ciente de que, às vezes, essas mentes estarão em tensão umas com as outras, e qualquer resolução terá algum custo.

No futuro, a forma de mente que provavelmente será mais valorizada é a mente sintetizadora (ver Ensaios 22 e 24). Por isso, é apropriado que a fusão das mentes dentro da pele de um indivíduo seja o maior desafio da síntese pessoal.

ENSAIO 22

SÍNTESE 1.0

Algumas dicas essenciais

Na peça *Le bourgeois gentilhomme*, de Molière, o protagonista (um certo M. Jourdain) anuncia, para seu espanto, que falou em prosa durante toda a sua vida. Ele não tinha percebido!

Muitos de nós poderíamos dizer a mesma coisa sobre a síntese. É uma palavra formidável, pronunciada com pouca frequência, não tão fácil de definir, mas, assim como a prosa, é uma parte vital da vida. De acordo com a primeira definição no dicionário, síntese denota colocar coisas — particularmente ideias ou elementos — em algum tipo de sistema coerente. Exemplos simples incluem o significado original da palavra no grego — juntar partes de uma peça de roupa — ou a compreensão de uma criança de que objetos podem estar escondidos da vista e, ainda assim, reaparecer com segurança na maioria dos casos.

Seja qual for nosso estágio de vida, nossa residência, nossas rotinas diárias ou nossa linha de trabalho, precisamos realizar sínteses, estejamos cientes delas ou não. Pense em como alguém planeja uma viagem ou férias, prepara uma refeição comemorativa ou, em casos menos felizes, organiza uma cerimônia fúnebre ou escolhe uma roupa para uma entrevista de emprego ou para os primeiros dias de faculdade. Cada uma dessas iniciativas envolve organizar e reorganizar elementos de modo que eles formem um todo coerente ou, pelo menos, sustentável. É claro que as sínteses diferem em quão bem compostas e eficazes são, bem como em quão úteis se mostram para desafios ou oportunidades futuras.

Até agora, descrevi formas bastante simples de síntese. É claro que também há exemplos mais complexos, como recorrer a conceitos da biologia e da estatística para explicar um fenômeno na medicina ou utilizar informações históricas e psicológicas para escrever um romance. Poderíamos chamar isso de Grandes Sínteses. Em uma série de postagens de blogue (https://www.howardgardner.com/synthesizing), descrevi exemplos impressionantes de Grandes Sínteses. No entanto, aqui, concentro-me nos elementos da síntese comum, ou "pequena".

Dada a importância da síntese, bem como sua ubiquidade, é impressionante que temos pouco conhecimento sistemático dos processos envolvidos na síntese e pouca instrução formal sobre como sintetizar bem.

Deixe-me sugerir duas razões diferentes — na verdade, contrastantes — para esse intrigante estado de coisas. Por um lado, as pequenas sínteses são tão comuns, tão onipresentes, que, no tom da apreciação tardia da prosa por M. Jourdain, nós as damos por certas, assim como a maioria de nós digere alimentos, corre por uma trilha e escolhe roupas para ficar sozinho em casa sem refletir sobre isso. Por outro lado, as Grandes Sínteses se acumulam ao longo de um período de tempo significativo e, consequentemente, não é fácil replicá-las em um experimento de laboratório. Não surpreende que nós, psicólogos, prefiramos estudar processos que podem ser capturados mais facilmente, como memorizar uma lista aleatória de palavras ou montar blocos para que correspondam a um padrão solicitado.

No entanto, as pessoas sintetizam, muitos de nós melhoram na síntese e alguns de nós conseguem realizar Grandes Sínteses. Se a síntese não for explicitamente modelada ou ensinada, como podemos fazê-la? E como melhoramos nossos desempenhos?

Presumo que alguns de nós procedem por tentativa e erro; alguns procuram materiais publicados ou postados (como memorizar palavras de forma mais eficaz, ou como tirar nota máxima em um teste de QI); e alguns (provavelmente a maioria) elaboram sínteses seguindo o exemplo de modelos influentes. Meio século após a morte dos meus avós e anos após a morte dos meus pais, organizo minha vida de forma muito parecida com a que meus parentes próximos faziam. Mais de meio século após concluir a pós-graduação, continuo estudando e escrevendo sobre diferentes tópicos (incluindo livros e ensaios sobre síntese) de uma maneira que lembra certos professores e mentores.

Mas preste atenção: não acredito que algum desses modelos tenha usado um termo como "síntese" e não me lembro de algum deles ter apontado como eles faziam a síntese. Eles simplesmente faziam — bem ou não tão bem. Eu observava o que eles faziam e, à minha maneira, os imitava.

A saber:

Meu avô elaborava ideias durante sua caminhada diária, e eu também.

Minha avó escrevia poemas para marcar eventos familiares, e eu também.

Meu pai mantinha listas diárias de "coisas a fazer", e eu também — com força total!

Minha mãe (a "conectora" arquetípica) reunia pessoas com diferentes habilidades e disposições para realizar diversas missões, e eu também.

Meu mentor, Jerome Bruner, conduzia reuniões de pesquisa de certas maneiras, e eu também.

Meu orientador, Roger Brown, escreveu capítulos de livros didáticos em um certo estilo que procurei imitar.

E agora que tenho filhos adultos e netos crescendo, às vezes consigo observar que eles sintetizam da mesma forma que eu faço — enquanto, em outras ocasiões, deliberadamente (e talvez apropriadamente) me rejeitam como modelo.

Mas será que a síntese precisa prosseguir de uma forma tão irregular? Poderíamos ensiná-la ou imitá-la de forma mais explícita? E se pudéssemos, a vida prosseguiria de forma mais suave, mais satisfatória e até mais eficaz?

Acredito que a resposta é um sonoro sim!

Aqui estão os ingredientes para meu *kit* de síntese (até agora virtual):

Conceitualize o problema, o projeto ou o empreendimento (grande ou pequeno).

Identifique um ou mais pontos de partida.

Visualize o formato do(s) provável(is) produto(s) final(is) — mais de uma possibilidade é útil.

Procure por modelos bons (e não tão bons) do produto final.

Reflita sobre os meios e as mídias à disposição, incluindo o uso de suas inteligências preferidas e seu estilo habitual de trabalho (e lazer).

Ative esses meios e essas mídias à medida que você avança do ponto inicial até a síntese final.

Identifique, colete e avalie informações, dados e ideias relevantes, descartando aqueles que parecem inapropriados. (Isso deve ocorrer deliberadamente, mas muitas vezes as informações desejadas aparecerão sem seu esforço consciente.)

Crie rascunhos, esboços ou portfólios usando sistemas de símbolos com os quais você se sinta confortável (gráficos, quadros, tabelas, metáforas, narrativas, fórmulas, diagramas, equações, etc.).

Organize os elementos em diferentes configurações, procurando por ajustes e pela falta deles.

Prepare e publique uma protossíntese — um primeiro rascunho, por assim dizer.

Garanta *feedback* informal de possíveis consumidores do produto final — aqueles já informados e aqueles que querem ser informados.

Elabore um penúltimo rascunho, uma "amostra justa" do produto final.

Elabore a síntese final com base no *feedback* de outras pessoas, principalmente de especialistas (amigos críticos).

Claro, esse *kit* vai além do necessário para alguém que planeja uma folga de fim de semana, mas pode ser apropriado para alguém que planeja uma viagem de um ano ao redor do mundo. É importante distinguir entre síntese pequena, síntese média e Grande Síntese.

Desejo-lhe uma boa síntese!

ENSAIO 23

MUDANDO MENTES

Se alguém pudesse simplesmente definir um objetivo, definir as etapas necessárias para alcançá-lo e segui-las, o processo poderia ser bem direto e fácil de realizar.

No entanto, muitas vezes há obstáculos significativos para atingir nossos objetivos, principalmente quando pensamos sobre questões relevantes de uma maneira bem diferente.

Apenas como exemplo, considere o que é necessário para alcançar o pensamento disciplinado. Conforme apontado no Ensaio 16, as crianças que ingressam na escola não são, de forma alguma, tábulas rasas. É fato que muitas delas terão desenvolvido teorias intuitivas da mente, da matéria e do movimento que são inimigas de modelos mentais mais sofisticados e precisos. Da mesma forma, aqueles que estudam história e física no ensino médio podem descobrir que essas abordagens entram em conflito com suas compreensões intuitivas do que aconteceu em 1789 na França ou em 1861 em Fort Sumter — ou do que acontece quando alguém joga uma moeda ou pula de paraquedas de um avião.

Perguntas como essas me estimularam a escrever *Changing minds* (2006). Aqui está uma sinopse de um dos principais argumentos desse livro.

80/20 E OS SETE Rs

Representações mentais: o princípio 80/20

Grande parte da educação envolve o domínio de materiais que já fazem parte de um currículo acordado. Contudo, às vezes, os esforços pedagógicos devem ser direcionados à mudança de ideias, atitudes e estereótipos que já estão bem arraigados.

Considere uma mudança de mentalidade que muitas pessoas vivenciaram ao longo dos anos. Desde a infância, a maioria de nós opera sob a seguinte suposição: quando confrontados com uma tarefa, devemos trabalhar o máximo que pudermos e dedicar aproximadamente o mesmo tempo a cada parte dessa tarefa. De acordo com esse princípio 50/50, se precisamos aprender uma peça musical, dominar um novo jogo ou desempenhar alguma função em casa ou no trabalho, devemos distribuir nosso esforço igualmente entre os vários componentes.

Agora considere outra perspectiva sobre isso. No início do século passado, o economista e sociólogo italiano Vilfredo Pareto propôs o que veio a ser conhecido como "princípio ou regra 80/20". Conforme explicado por Richard Koch (1999) em um livro encantador, *O princípio 80/20*, pode-se, em geral, realizar a maior parte do que se quer — talvez até 80% da meta — com apenas uma quantidade relativamente modesta de esforço — talvez apenas 20% do esforço esperado. É importante ser criterioso sobre onde você coloca seus esforços e estar alerta aos "pontos de inflexão" que abruptamente colocam um objetivo ao seu alcance (ou além dele). Por outro lado, deve-se evitar a tentação natural de injetar quantidades iguais de energia em cada parte de uma tarefa, problema, projeto ou *hobby*, ou de dedicar quantidades iguais de atenção a cada funcionário, amigo ou preocupação.

Por que alguém deveria mudar de ideia e deixar de operar sob o princípio 50/50 para acreditar na proposição aparentemente contraintuitiva de Pareto? Vamos considerar alguns exemplos concretos.

Estudos mostram que, na maioria das empresas, cerca de 80% dos lucros vêm de 20% dos produtos. Faz sentido dedicar atenção e reter os produtos lucrativos, ao mesmo tempo que se descarta os que não dão lucro. Na maioria das empresas, os melhores trabalhadores produzem muito mais do que sua parcela de lucro; portanto, deve-se recompensar os melhores trabalhadores e, ao mesmo tempo, tentar afastar os improdutivos (e não lucrativos). Complementando essa noção (e com um aceno aos pessimistas), 80% dos problemas em uma força de trabalho costumam vir de um pequeno número de encrenqueiros — que, a menos que sejam parentes do chefe, devem ser imediatamente expulsos da empresa. (Nos Estados Unidos, essa política já foi praticada por empresas como a General Electric, que recompensava os 20% do topo e descartava os 10% da base.)

A mesma proporção se aplica aos clientes: os melhores clientes são responsáveis pela maior parte do nosso sucesso, enquanto a grande maioria da clientela contribui pouco para o nosso resultado final. Com relação a quase qualquer produto ou projeto, é possível atingir as especificações e metas básicas com apenas um quinto do esforço habitual; quase todos os esforços restantes são despendidos apenas para alcançar a satisfação pessoal ou para satisfazer nossa própria tendência obsessiva. Em cada caso, é preciso perguntar: realmente desejamos tal perfeição? Quais são os custos de oportunidade de dedicar energia significativa a apenas um dentre uma série de empreendimentos possíveis?

O princípio 80/20 aparece até mesmo em eventos atuais. Certa vez li em uma notícia que 20% dos agentes de segurança de bagagem nos aeroportos são responsáveis por 80% dos erros (Moss, 2001). Respondendo a essa necessidade, um especialista em aviação projetou uma tarefa perceptiva simples que "filtra" os examinadores menos capazes.

Até agora, mesmo que você nunca tenha ouvido falar desse princípio, provavelmente já entendeu a essência dele (talvez até 80%!). Você tem uma ideia se esse é um território familiar para você ("Pareto estava apenas falando sobre cortar nossas perdas") ou se representa uma maneira genuinamente nova de pensar sobre as coisas ("Vou até o diretor de recursos humanos e ver como podemos nos livrar dos 20% mais moribundos da nossa equipe"). Você provavelmente tem algumas perguntas: é sempre 80/20? Como saber em quais 20% focar? Queremos realmente que nossos pilotos, cirurgiões, cientistas ou artistas pratiquem a triagem 80/20? E se você for um pouco irreverente, pode estar se perguntando: "Como alguém chamado Richard Koch conseguiu escrever e publicar um livro de 300 páginas sobre o princípio 80/20?"

Resposta rápida: é uma boa leitura.

Em outras palavras, a essa altura, é provável que você esteja começando a questionar suas crenças e aceitar a plausibilidade da proposição de Pareto, pelo menos em teoria. De fato, de uma certa perspectiva, o princípio 80/20 parece fácil de declarar, entender e absorver. Os seres humanos poderiam ter sido projetados como o tipo de criatura que consegue aprender facilmente a pensar sobre escolhas de uma maneira tão nova.

Porém, nada poderia estar mais longe da verdade. Um dos hábitos mais arraigados no pensamento humano é a crença de que se deve operar de acordo com um princípio rival de 50/50. Devemos tratar tudo e todos de forma justa e igualitária — e esperar o mesmo dos outros (em especial dos nossos pais!). Devemos dedicar a mesma quantidade de tempo a cada pessoa, a cada cliente, a cada funcionário, a cada projeto, a cada aluno, a cada parte de cada projeto. Os psicólogos evolucionistas chegam a afirmar que esse princípio de equidade faz parte da arquitetura mental da nossa espécie.

Mas não há necessidade de invocar uma explicação biológica. Há amplo apoio cultural desde a primeira infância à noção de que se deve dedicar atenção equivalente: "Agora, crianças, vamos dividir os doces para que cada um de vocês receba a mesma quantidade". Assim, mesmo indivíduos que desejam operar em uma base diferente de 50/50 — seja 80/20, 60/40 ou 99/1 — acham difícil fazê-lo. É bastante fácil declarar ou promover o princípio 80/20; é muito mais difícil mudar de ideia e, a partir daí, operar de acordo com ele.

O princípio 80/20 talvez seja melhor descrito como um conceito. Os seres humanos pensam em conceitos, e nossas mentes estão repletas de conceitos de todos os tipos — alguns tangíveis (o conceito de mobília, de refeição), outros muito mais abstratos (o conceito de democracia, de gravidade, de produto interno bruto). À medida que os conceitos se tornam mais familiares, eles muitas vezes parecem mais concretos, e a pessoa se torna capaz de pensar neles quase da mesma forma que pensa em algo que pode tocar ou saborear. Assim, em um primeiro momento, o princípio 80/20 pode parecer abstrato e ilusório, mas, depois de usá-lo por um tempo e brincar com ele em vários contextos, esse princípio pode se tornar tão familiar e fofinho quanto um velho ursinho de pelúcia.

Além disso, quanto mais familiar for um conceito, mais fácil será pensar nele de várias maneiras. Isso me leva a um ponto importante: apresentar várias versões do mesmo conceito pode ser uma maneira extremamente poderosa de mudar a opinião de alguém. Até agora, descrevemos o princípio 80/20 em palavras e números — duas marcas externas comuns (símbolos facilmente perceptíveis que denotam conceitos). No entanto, o princípio não precisa ser confinado à simbolização linguística ou numérica; é a possibilidade de expressão em uma variedade de formas simbólicas que muitas vezes facilita a mudança mental. Por exemplo, poderíamos criar figuras estáticas, ou dinâmicas, ou até mesmo um programa de computador que nos permita colocar tantas garrafas — de qualquer tipo — em qualquer configuração, e então ver até que ponto esses diferentes formatos capturam o princípio de Pareto — ou outros conceitos que denotam hábitos humanos de consumo de bebidas alcoólicas.

Essas várias maneiras de pensar sobre o princípio de Pareto nos levam a um ponto importante sobre representações mentais: elas têm tanto um conteúdo quanto uma forma, ou formato. O conteúdo é a ideia básica contida na representação — o que os linguistas chamariam de semântica da mensagem. A forma ou o formato é a linguagem específica ou o sistema de símbolos ou a notação em que o conteúdo é apresentado.

Cada uma das maneiras de ver a ideia 80/20 transmite essencialmente o mesmo conteúdo ou semântica: uma porcentagem pequena de pessoas em qualquer grupo bebe a maior parte da cerveja. No entanto, os meios gráficos empregados — a forma, o formato ou, mais tecnicamente, a sintaxe — são distintos, e pessoas diferentes podem achar uma forma de reportagem mais fácil de decodificar do que outras. Observe que, de um ponto de vista formal, cada um desses sistemas gráficos pode denotar qualquer coisa, desde o número de dias ensolarados em Seattle durante setembro até a taxa de perda de células cerebrais durante cada década de vida. Somente quando rótulos são afixados a esses recursos visuais é possível apreciar o significado específico que o artista gráfico está tentando transmitir.

Essencialmente, o mesmo significado ou conteúdo semântico pode ser transmitido por diferentes formas: palavras, números, representações dramáticas, listas com marcadores, coordenadas cartesianas ou um gráfico de barras. Num primeiro encontro, pode-se achar possível pensar no princípio 80/20 apenas com referência a uma proporção numérica (4:1). Com o tempo, porém, pode-se pensar nisso em termos de imagens espaciais, metáforas verbais, estados corporais ou até mesmo passagens musicais. Uma maneira eficaz de transmitir o princípio 80/20 é com o uso de um desenho animado estático ou de uma história em quadrinhos dinâmica. O mesmo sistema linguístico ou gráfico de marcação pode ser usado para transmitir um número indefinido de significados, desde que as regras sintáticas que regem o sistema de marcação específico sejam seguidas, e a rotulagem seja apropriada.

Mais uma vez, argumento aqui que múltiplas versões do mesmo ponto constituem uma maneira extremamente poderosa de mudar mentalidades. Mas que outros fatores podem fazer com que um indivíduo mude sua perspectiva e comece a agir com base nesse princípio, como abandonar um ponto de vista 50/50 para adotar uma perspectiva 80/20 em vários setores da vida?

Identifiquei sete fatores que poderiam estar em ação nesses e em todos os casos de mudança de ideia. Vou chamá-los de *alavancas*. Cada fator convenientemente começa com as letras "re" em inglês.

Razão (*reason*)

Especialmente entre aqueles que se consideram educados, o uso da razão tem grande importância em questões de crença. Uma abordagem racional envolve a identificação de fatores relevantes, ponderando cada um deles e fazendo uma avaliação geral. A razão pode envolver lógica pura, uso de analogias ou criação de taxonomias.

Ao se deparar com o princípio 80/20 pela primeira vez, um indivíduo guiado pela racionalidade tentaria identificar todas as considerações relevantes e pesá-las de forma proporcional. Tal procedimento o ajudaria a determinar quando deve aderir ao princípio 80/20 em geral e quando deve aplicá-lo em um caso específico. Diante de uma decisão sobre como mobiliar seu apartamento, um locatário pode elaborar uma lista de prós e contras antes de chegar a uma decisão final.

Pesquisa (*research*)

Complementando o uso do argumento está a coleta de dados relevantes. Aqueles com treinamento científico podem proceder de maneira sistemática, talvez até mesmo usando testes estatísticos para verificar tendências promissoras ou duvidar delas. Mas a pesquisa não precisa ser formal; precisa apenas identificar casos relevantes e julgar se eles justificam uma mudança de ideia. Um gerente que tenha sido exposto ao princípio 80/20 pode estudar se suas alegações (p. ex., sobre números de vendas ou dificuldades dos funcionários) são confirmadas em sua gestão. Naturalmente, se a pesquisa confirmar o princípio 80/20, é provável que ele oriente o comportamento e o pensamento.

Ressonância (*resonance*)

A razão e a pesquisa apelam aos aspectos cognitivos da mente humana, mas a ressonância denota o componente afetivo. Uma visão, ideia ou perspectiva ressoa na medida em que *parece correta* para um indivíduo, parece adequada à situação atual e convence a pessoa de que considerações adicionais são supérfluas. É claro que é possível que a ressonância ocorra após o uso da razão e/ou da pesquisa, mas é possível que o ajuste ocorra em um nível inconsciente e que a intuição ressonante esteja em conflito com as considerações mais sóbrias do homem ou da mulher racional. A ressonância geralmente ocorre porque alguém sente uma "conexão" com alguém capaz de mudar a mente, acha essa pessoa "confiável" ou "respeita" essa pessoa — mais três termos que começam com "re" em inglês ("*relation*", "*reliable*", "*respects*"). Uma vez que 80/20 parece ser uma abordagem melhor do que 60/40 ou 50/50, é provável que seja adotada por um tomador de decisões em uma organização.

Observo que a *retórica* é um veículo fundamental para mudar mentalidades. Ela pode depender de muitos componentes. Na maioria dos casos, funciona melhor quando abrange uma lógica precisa, baseia-se em pesquisas relevantes e ressoa no público (talvez à luz dos últimos fatores citados que começam com "re" em inglês). É uma pena que "retórica" tenha um "h" como segunda letra ("*rhetoric*", em inglês)!

Redescrições representativas (*representational redescriptions*) — redescrições, para abreviar

O quarto fator parece técnico, mas a questão é bastante simples: uma mudança de ideia torna-se convincente na medida em que se presta à apresentação em diversas formas diferentes, com cada forma reforçando outra. Observei anteriormente que é possível apresentar o princípio 80/20 de diversas maneiras linguísticas, numéricas e gráficas. Da mesma forma, como demonstrei, um grupo de indivíduos pode facilmente criar diferentes versões mentais de como consertar um móvel, por exemplo. Particularmente quando se trata de questões de instrução — seja em uma sala de aula do ensino fundamental, seja em uma oficina sobre gestão —, o potencial de expressar a lição desejada em muitos formatos compatíveis é crucial.

Recursos e recompensas (*resources and rewards*)

Nos casos discutidos até agora, as possibilidades de mudança de mentalidade estão ao alcance de qualquer indivíduo cuja mente esteja aberta.

Às vezes, porém, é mais provável que ocorra uma mudança de mentalidade quando recursos consideráveis podem ser utilizados. Suponha que um filantropo decida financiar uma agência sem fins lucrativos que esteja disposta a adotar o princípio 80/20 em todas as suas atividades. A balança pode pender. Ou suponha que uma empresa de decoração de interiores decida dar a um reparador de móveis todos os materiais que ele precisa a preço de custo, ou até mesmo de graça. Mais uma vez, a oportunidade de redecorar com baixo custo pode fazer a diferença. Visto da perspectiva psicológica, o fornecimento de recursos é uma instância de reforço positivo — outro termo que começa com "re". Os indivíduos estão sendo recompensados por uma linha de comportamento e pensamento, e não por outra. Porém, a nova linha de pensamento só vai durar para além do fornecimento de recursos se estiver em concordância com outros critérios, como razão, ressonância e pesquisa.

Dois outros fatores também influenciam a mudança de mentalidade, mas de maneiras um pouco diferentes dos cinco descritos até agora.

Eventos do mundo real (*real-world events*)

Às vezes, ocorre um evento na sociedade que afeta muitos indivíduos, não apenas aqueles que estão pensando em mudar de mentalidade. Exemplos são guerras, furacões, ataques terroristas, depressões econômicas — ou, de um lado mais positivo, eras de paz e prosperidade, a disponibilidade de tratamentos médicos que previnem doenças ou prolongam a vida, ou a ascensão de um líder, grupo ou partido político benigno. A legislação poderia implementar políticas como a regra 80/20.

Imagine que uma lei aprovada em Singapura, por exemplo, permita ou exija bônus especiais para trabalhadores muito produtivos, ao mesmo tempo que deduz os salários dos improdutivos. Essa legislação levaria as empresas a adotar o princípio 80/20, mesmo em épocas ou áreas que seguiam uma linha mais convencional de 50/50. Outro exemplo: uma depressão econômica pode anular os planos de um indivíduo de reformar seu apartamento, enquanto uma longa era de prosperidade pode facilitar isso.

Resistências (*resistances*)

Os seis fatores identificados até agora podem ajudar em um esforço para mudar mentalidades. Entretanto, a existência apenas de fatores facilitadores não é realista.

Embora seja relativamente fácil e talvez natural mudar de mentalidade durante os primeiros anos de vida, torna-se difícil mudar de mentalidade com o passar dos anos. A razão, em resumo, é que desenvolvemos visões e perspectivas fortes que são resistentes a mudanças. Qualquer esforço para entender a mudança de mentalidade deve levar em conta o poder de várias resistências. Tais resistências fazem com que seja fácil e natural para a maioria de nós retornar ao princípio 50/50, mesmo depois de as vantagens do princípio 80/20 terem sido apresentadas de forma convincente. Por exemplo, um proprietário de um apartamento pode optar por manter seu padrão atual de mobília mesmo quando a razão, as ressonâncias, as recompensas e coisas do gênero exercem uma influência manipuladora. A chateação da mudança e a possibilidade de que os vizinhos fiquem incomodados com as retroescavadeiras e empilhadeiras extras podem sobrepujar vários impulsos para adquirir os novos móveis.

* * *

Acabei de apresentar os sete fatores que desempenham papéis cruciais na mudança de mentalidade. Ao analisarmos casos individuais de mudanças de mentalidade bem-sucedidas ou malsucedidas, podemos ver esses fatores atuando de maneiras distintas. Por enquanto, direi apenas que uma mudança de mentalidade tem mais probabilidade de ocorrer quando os seis primeiros fatores operam em conjunto e as resistências são relativamente fracas. É improvável que a mudança de mentalidade ocorra quando as resistências são fortes e os outros fatores não apontam fortemente em uma direção.

Mudanças de mentalidade, é claro, ocorrem em vários níveis diferentes de análise, com os sete fatores mencionados sendo aplicados a entidades que variam de um único indivíduo a uma nação inteira. Os educadores podem ter em mente seis domínios distintos:

1. Mudanças em larga escala que envolvem grupos heterogêneos ou diversos, como a população de uma nação inteira.
2. Mudanças em larga escala que envolvem um grupo mais homogêneo ou uniforme, como uma corporação ou um grupo religioso.
3. Mudanças provocadas por obras de arte, ciência ou cultura, como os escritos de Karl Marx ou Sigmund Freud, as teorias de Charles Darwin ou Albert Einstein e as criações artísticas de Martha Graham ou Pablo Picasso.
4. Mudanças em ambientes formais de ensino, como escolas ou seminários de formação.
5. Formas íntimas de mudança de mentalidade que envolvem duas pessoas ou um pequeno número delas, como membros da família.
6. Mudanças na própria mentalidade, como aquelas que podem ocorrer em devaneios sobre móveis.

Espero que este ensaio tenha feito você refletir e talvez considerar como você pode mudar a mentalidade de alguém próximo a você — ou até mesmo a sua própria mentalidade!

REFERÊNCIAS

GARDNER, H. *Changing minds:* the art and science of changing our own and other people's minds. Boston: Harvard Business School, 2006.

KOCH, R. *The 80/20 principle:* the secret of achieving more with less. New York: Crown Currency, 1999.

MOSS, M. A nation challenged: airport security: US airport task force begins with hiring. *The New York Times,* 23 Nov. 2001. Disponível em: https://www.nytimes.com/2001/11/23/us/a-nation-challenged-airport-security-us-airport-task-begins--with-hiring.html. Acesso em: 29 abr. 2025.

ENSAIO 24

SOBRE A EDUCAÇÃO PARA AS TRÊS VIRTUDES

Uma abordagem hegeliana

Embora talvez não fosse aparente para aqueles ao meu redor, em certo sentido sempre me vi envolvido na educação. Quando jovem, há 70 anos na Pensilvânia, eu sonhava que, ao longo da minha vida, daria aulas para todas as séries, do jardim de infância ao ensino médio (eu não sabia sobre faculdade ou universidade naquela época). Tentei explicar as coisas aos meus colegas, provavelmente de uma forma um tanto autoritária. E, para ganhar um dinheiro extra, ocasionalmente dei aulas de piano durante 10 anos.

Apesar dessa inclinação para o ensino, quando entrei na faculdade, dediquei-me à pesquisa pura em psicologia. Só comecei a dar aulas regularmente quando já estava na casa dos 40. Acontece que, principalmente por causa da afiliação institucional do nosso grupo de pesquisa Projeto Zero, minha nomeação como professor foi em uma escola de educação. Nos últimos 30 anos, lecionei para diversos alunos em diversas disciplinas e, como pesquisador, alcancei todo o cenário educacional, desde a pré-escola até a faculdade.

Ao longo desse período, de cerca de 70 anos, a educação passou por grandes mudanças. Em comparação com os séculos passados, a educação agora começa mais cedo, dura mais e, felizmente, envolve uma proporção cada vez maior de jovens. As condições da educação também mudaram. Na época dos meus avós, nascidos no final do século XIX, a gama de tópicos, disciplinas, mídias e ambientes institucionais que hoje consideramos normal seria incontrolável, ou melhor, impensável. Alguns dos desafios que hoje consideramos garantidos — mudanças climáticas rápidas e catastróficas, a possibilidade de devastação nuclear, tecnologias que silenciosamente reúnem e sintetizam conhecimento sobre cada um de nós — teriam sido (e de fato foram!) matéria de ficção científica. Para não acentuar só o lado negativo, os avanços na ciência e na tecnologia tornam a vida muito mais fácil e agradável (e mais longa!) para aqueles que têm a sorte de nascer no lugar certo, na hora certa e com os recursos certos. Infelizmente, o progresso na ciência e na tecnologia não foi acompanhado por avanços na cooperação humana, na empatia e no serviço à comunidade em geral.

Quando um setor do mundo — na verdade, quando o mundo como um todo — muda tão rapidamente, é por vezes apropriado dar um passo para trás e considerar *quais poderão ser as constantes educativas*, os elementos que vale a pena reter ao longo do tempo e através do espaço, com relação à família e condição humanas. E mesmo quando se procura identificar e sustentar as constantes, é igualmente importante considerar *como essas aspirações educacionais devem ser conceituadas, configuradas e transmitidas em um ambiente em constante mudança*.

Quando a educação formal começou em todo o mundo, há muitos séculos, ela tinha três objetivos principais: (1) equipar os jovens para lidar com as importantes áreas de instrução da época, às vezes peculiarmente chamadas de "três Rs" em inglês — de leitura (*reading*), escrita ("(w)*riting*") e aritmética ("*rithmetic*");* (2) dar aos jovens os conceitos, as atitudes e as bússolas morais para que se tornem membros razoáveis e construtivos de sua comunidade; (3) preparar os jovens para os meios de subsistência que estavam disponíveis e eram necessários e valorizados no ambiente de determinada cultura.

A importância e a ênfase colocadas nesses três objetivos educacionais mudaram ao longo do tempo (p. ex., agora a codificação, uma disciplina cujo nome não inicia com "r", é cada vez mais considerada uma área de instrução essencial) e entre culturas (as lições morais explícitas são salientes em sociedades influenciadas por ideias confucionistas, mas ficam em segundo plano nas sociedades seculares do norte da Europa). No entanto, não conheço uma cultura que descarte completamente as áreas de instrução, ignore uma introdução à vida comunitária e cívica ou omita a preparação para o local de trabalho.

Dada essa análise, seria possível afirmar: "Esses objetivos são mais do que suficientes". Ou mesmo: "Dificilmente estamos atingindo essas metas de forma adequada; qual é a necessidade de novas metas, meios e considerações

---

* N. de T. No inglês, o termo "*writing*", apesar de não começar com "r", produz o mesmo efeito fonético que "*reading*" quando pronunciado. "*Rithmetic*" é a versão abreviada coloquial de "*arithmetic*".

educacionais?" Com restrições em mente, aproveito esta ocasião para apresentar uma visão de educação "a longo prazo", ou mesmo "para sempre".

Antes de abordar essa visão, é importante ressaltar que a educação pode ser interpretada de forma tão ampla a ponto de abranger *tudo* — todos os tópicos, da astronomia à zoologia, e todos os momentos, da concepção ao berço e ao túmulo.

Não vou ser tão grandioso. Em vez disso, vou me concentrar nas três virtudes que mais valorizo e refletir sobre a melhor forma de conceituá-las e cultivá-las no período que se inicia.

Apresentando as três virtudes: O Wyoming Seminary, escola onde cursei o ensino médio no nordeste da Pensilvânia, proclamou que seus objetivos educacionais eram *Verum, Pulchrum, Bonum* — Verdade, Beleza e Bondade. Embora eu já tivesse esquecido o lema da escola há muito tempo, ele claramente me causou uma profunda impressão.

A evidência: Como quase todo educador — na verdade, como quase todo adulto reflexivo —, acredito que a educação deve incluir áreas de instrução e preparação para o mundo do trabalho. Em um sistema educacional razoavelmente eficaz, as noções básicas de áreas de instrução devem ser abordadas nos primeiros anos de escolaridade, e a preparação explícita para o mundo do trabalho deve ocorrer em algum momento durante a adolescência. Portanto, deveríamos ter um período considerável, de 5 a 10 anos, para buscar outros objetivos educacionais. E é nesse ponto que defendo a valorização e a internalização das três virtudes.

Mas como pensar nas virtudes? Entra em cena o filósofo alemão Georg Wilhelm Friedrich Hegel. Em uma famosa formulação conceitual, Hegel procurou descrever o progresso no pensamento, que ele concebeu em termos dialéticos. A princípio, ele afirmou, alguém tem uma tese — uma afirmação forte sobre alguma coisa. Então, ele argumentou, há necessidade de uma antítese — um ponto de vista contrastante. Por fim, de forma triunfal (pode-se ouvir as trombetas soando ao fundo), progride-se para uma síntese final. (É claro que o processo pode ser repetido, com a síntese A tornando-se a tese para um novo ciclo. Embora Karl Marx possa ter acreditado que havia chegado a uma síntese hegeliana final, filósofos políticos consideram que a dialética lançada no século XIX por Marx continua indefinida, produzindo vários tipos de novas antíteses e sínteses.)

Então, deixe-me agora aplicar Hegel ao pensamento sobre as virtudes:

Tese: Quando pensei pela primeira vez sobre as virtudes, no início da minha adolescência, senti que elas eram semelhantes entre si, ou até mesmo a mesma coisa — unidas como os Três Mosqueteiros. Então, várias décadas depois, quando examinei informalmente sua formulação em várias línguas e culturas, descobri que, em geral, *essas virtudes eram consideradas inseparáveis*. Talvez o exemplo mais claro esteja nas sociedades confucionistas, onde se presume que o que é verdadeiro também é belo e bom, e vice-versa. Não é possível ter uma virtude sem as outras, e se alguma virtude estiver faltando, a coerência se desintegra.

Como evidência vinda do outro lado do planeta, pode-se citar também o memorável dístico do poeta John Keats:

> "A beleza é a verdade, a verdade é a beleza" — isso é tudo
> o que vocês sabem na Terra e tudo o que vocês precisam saber.

Antítese: Quando eu, no início do século XXI, como um acadêmico educado no Ocidente, comecei a refletir sobre essas virtudes, ficou claro para mim — talvez claro demais! — que elas não podiam ser idênticas e não eram intercambiáveis.

- É verdade que milhões de mortes ocorreram como resultado da gripe espanhola de 1918 a 1919, mas isso não é bom nem belo.
- Muitos de nós consideramos belas as pinturas de Picasso (como *Les desmoiselles d'Avignon*), a música de Benjamin Britten (como seu *War Requiem*) ou a poesia de Emily Dickinson, mas não faz sentido pensar nelas como "verdadeiras" ou "boas", pelo menos não em um sentido literal.
- Embora o sonho socialista/comunista de Karl Marx possa ser bom aos olhos de muitos, ele ainda não é verdadeiro, e muitos não o acham nada bonito.

Quando cheguei a essa formulação, comecei a apresentar minhas próprias definições das três virtudes. No meu livro *O verdadeiro, o belo e o bom redefinidos* (com o subtítulo tentador *Educando para as virtudes na era da verdade e do Twitter*, em tradução livre), apresentei o argumento a seguir (Ver Ensaio 26 neste livro e ensaios em *The essential Howard Gardner on mind* para mais detalhes).

A *verdade* é propriedade de proposições, afirmações e, na realidade, sentenças. Uma proposição pode ser *verdadeira ou falsa* e demonstrável (2 + 2 é 4, não 5 ou 5 mil); pode ser *não determinável* no presente, mas talvez determinável no futuro; ou pode ser *indeterminada* e provável de permanecer assim indefinidamente.

A *beleza* é propriedade das experiências. É provável que uma experiência seja considerada bela se preencher três condições: a princípio, atrai a atenção; é memorável tanto na forma quanto no conteúdo; e alguém busca revisitar várias vezes a experiência ou uma bem similar. (Por outro lado, experiências NÃO são belas se *não* forem perceptíveis; *não* atraírem a atenção; se forem esquecíveis ou facilmente convertidas em outro formato; e/ou se alguém estiver inclinado, ou mesmo determinado, a evitá-las no futuro.) Pensamos em nossos contatos com obras de arte como belos ou não, mas, na verdade, qualquer uma de nossas experiências — de uma conversa a uma caminhada, de um diálogo a um sonho — pode ser bela (ou feia, ou apagada da memória).

O *bom* é uma descrição do nosso relacionamento benevolente (espera-se) com outros indivíduos — tanto aqueles próximos de nós quanto aqueles que estão distantes e com os quais, consequentemente, temos apenas um relacionamento transacional. De forma mais específica, nossa relação com aqueles que contatamos regularmente envolve o que chamei de "moralidade da vizinhança", e os princípios são muito bem capturados nos Dez Mandamentos da Bíblia ou na regra de ouro e suas variações.

Em contraste, em especial na nossa era moderna e cada vez mais pós-industrial, o *bom* também pode se referir a relacionamentos que são transacionais e transitórios em vez de comuns e duradouros. Essas relações envolvem "a ética dos papéis". Em especial, tenho em mente dois papéis: o papel de um trabalhador, particularmente o de um *profissional*; e o papel de um membro de uma comunidade, particularmente o de um *cidadão*.

Mais algumas reflexões sobre o "bom": relacionamentos com outras pessoas (próximas ou distantes) podem ser classificados como bons na medida em que alguém considera o impacto de suas palavras, pensamentos e ações sobre os outros e tenta agir de maneiras morais e éticas. É mais provável que alguém alcance uma aspiração ética ou moral se souber a essência do que está fazendo (excelência) e se se importar com seu comportamento (engajamento). Por isso, meus colegas e eu falamos dos "três Es" do bom, como no bom trabalho e na boa cidadania: excelência, engajamento e ética. (Ver thegoodproject.org e o Ensaio 26.)

Isso é algo muito complexo e, na verdade, muito consciente. Há muito mais a dizer — na verdade, daria para escrever um livro inteiro! Para meus propósitos atuais, espero que esta breve introdução à minha perspectiva sobre as virtudes seja suficiente.

Ponto final: No livro mencionado, afirmei que as três virtudes são independentes umas das outras; elas precisam ser conceituadas e realizadas de forma independente. Uma afirmação como "a verdade é a beleza" não é verdadeira nem virtuosa, por mais bela que alguém a ache. Essa era minha antítese às crenças anteriores na insolubilidade das três virtudes.

RUMO A UMA SÍNTESE

Ao pensar nesse trio de virtudes, cheguei à conclusão de que *a busca pela verdade* deveria ser o foco principal da educação — para repetir, no período (de cerca de uma década) entre a instrução e o trabalho. De fato, em trabalhos anteriores, sustentei que a melhor maneira — na verdade, talvez a única maneira — de verificar o que é verdade é *aprender e dominar os métodos usados pelas diferentes disciplinas*. (Também descrevi certas profissões e ofícios onde o conhecimento pode não estar codificado em forma verbal, mas tem o *potencial* de ser capturado e transmitido.) Por esse motivo, se aprendermos sobre os métodos empregados pelo físico ou pelo historiador, ou os movimentos feitos pelo eletricista ou pelo *chef*, poderemos descobrir o que é verdade nessas áreas.

Ainda acredito que o cerne da educação formal deve estar focado na busca e na determinação da verdade, mas desde então me convenci de duas outras coisas.

A BELEZA DA BUSCA DA VERDADE

Mesmo que se saiba como determinar a verdade, isso não é suficiente. É necessário, mas não é suficiente.

Como qualquer cientista, acadêmico, pesquisador ou jornalista pode lhe dizer, há um prazer, uma alegria, até mesmo admiração, em buscar a verdade, em separá-la do mito, da malícia ou dos enganos. Lembre-se do testemunho vívido de Sir Isaac Newton: "Não sei como o mundo me vê, mas eu me sinto como um garoto brincando na praia, contente em achar aqui e ali uma pedra mais lisa ou uma concha mais bonita, mas tendo sempre diante de mim, ainda desconhecido, o grande oceano de verdades."

Não apenas "desconhecido". Eu acrescentaria: nunca pode haver uma verdade completa e definitiva. Tudo o que se pode esperar, ou aspirar, é chegar cada vez mais perto da verdade — seja sobre a criação do cosmos, as causas da Primeira Guerra Mundial ou como a mente humana funciona ou deixa de funcionar.

Assim, na educação formal e informal, precisamos compartilhar as alegrias de buscar a verdade, bem como os custos de esconder ou ignorar a verdade e/ou espalhar informações falsas. Infelizmente, na era das mídias sociais, muitas vezes é mais prazeroso espalhar bobagens atraentes e superficiais. Somente se tivermos um compromisso prévio e firme com a busca da verdade é que teremos *alguma* esperança de ignorar o superficial e chegar ao substancial: às alegações que têm mérito e que resistirão ao escrutínio.

A CONCEPÇÃO DO BOM

Depois que o *Homo sapiens* surgiu e começou a formar comunidades (tão pequenas quanto uma família ou um clã, tão grandes quanto um país, ou até o planeta), os membros da nossa espécie começaram a desenvolver normas de comportamento aceitáveis, em oposição a comportamentos não aceitáveis. É claro que elas não são sempre consistentes entre si nem são sempre permanentes, apesar de que, por existir há muitos séculos, a *moralidade da vizinhança* tem sido muito mais firmemente estabelecida do que a *ética dos papéis*.

Como essa consideração se relaciona com a busca e transmissão da verdade? De duas maneiras:

Primeiro, é preciso acreditar que a busca e a promulgação da verdade são importantes, ou melhor, cruciais. É claro que muitos indivíduos, incluindo aqueles com grande poder e influência, não valorizam a verdade de forma alguma. Eles podem ser mentirosos patológicos — Hitler apoiou a famosa "grande mentira" — ou podem ser transacionalistas sem *nuances* — "Eu sigo o que funciona para mim".

Na realidade, essa postura, esse ceticismo, constitui o grande risco inerente à concepção de verdade sustentada por alguns membros da *escola pragmática da filosofia* (a verdade é o que funciona, *à la* William James, em algumas leituras) e do *relativismo pós-moderno* (a verdade não existe, *à la* Jacques Derrida, em algumas leituras). Sob tais formulações céticas, o máximo que podemos esperar é chegar a um acordo provisório dentro de uma comunidade (*à la* Richard Rorty).

Em segundo lugar, é preciso unir a crença na verdade a um compromisso pessoal de buscá-la, mesmo quando parecer mais fácil seguir a multidão, varrer as dúvidas para debaixo do tapete ou até mesmo contar uma mentira — muitas vezes dizendo que é apenas uma mentira inocente. É aqui que a bondade e a verdade começam a convergir. Precisamos de uma concepção do bom que reconheça e valorize a verdade, ao mesmo tempo que despreza perspectivas que negam, enfraquecem ou minimizam o valor da verdade.

A síntese em resumo. Então agora eu consegui. Tendo defendido por um período considerável de tempo a *independência das três virtudes*, agora reconheço — e admito, se preferir — que elas estão de fato *interligadas*, talvez muito intimamente, talvez até mesmo de forma inextricável.

Para declarar a nova síntese proposta:

1. A busca pela verdade é possível e vale a pena.
2. Ela é melhor realizada por meio da compreensão e da aplicação cuidadosas dos métodos usados para chegar a proposições de vários tipos, em várias disciplinas e em vários setores da sociedade.
3. Os indivíduos (e grupos e sociedades) têm maior probabilidade de buscar a verdade se:
   - a experiência for prazerosa e valer a pena buscá-la e buscá-la novamente a longo prazo;
   - esse curso de ação se encaixa na concepção geral de uma boa sociedade — uma que defende e busca a moralidade da vizinhança e a ética dos papéis.

Note que, ao chegar a essa conclusão, estou ecoando a sabedoria do Papa Francisco. Em um discurso a professores italianos em 2014, ele disse: "Falo de três linguagens: a mente, o coração e as mãos. Quando falamos de raízes e valores, podemos falar de verdade, bondade e criatividade. Mas não podemos educar sem levar o coração à beleza" (Francis, 2023, p. xvi).

DA SÍNTESE À AÇÃO

Depois de esboçar os meus conceitos-chave, proponho voltar aos desafios da educação, com especial atenção ao período entre a *instrução* e a *subsistência*. Aqui estão as principais considerações:

1. É preciso acreditar que essas três virtudes são cruciais e que vale a pena colocá-las no centro como *a* missão primordial da educação no período entre a instrução e a subsistência.
2. Lições, avaliações, *feedback* e troféus precisam ser construídos em torno da busca pela verdade, do cultivo de belas experiências e das

concepções de uma boa sociedade, na qual essas virtudes sejam destacadas.

3. As três virtudes precisam ser transmitidas — ou melhor, elas devem ser incorporadas — por professores, administradores, funcionários e alunos mais velhos. Por sua vez, os alunos precisam ter tanto a motivação para aprender quanto a capacidade de recorrer às suas habilidades e conhecimentos — ou até suas "inteligências" — para dominar novas áreas de estudo e prática.
4. Essas virtudes precisam ser incorporadas ao DNA e à estrutura das instituições educacionais, sejam elas escolas, bibliotecas, museus, mídias educacionais (presenciais ou *on-line*) ou mesmo locais de culto ou de trabalho. Essas instituições precisam ser um modelo e promover a busca pela verdade, o prazer de descobri-la, a sua importância — na realidade, a sua indispensabilidade — para o sucesso da sociedade como um todo.

   Nesse contexto, pode ser útil para este observador dos Estados Unidos mencionar duas das experiências educacionais mais poderosas dos primeiros dias da televisão: a série *Young People's Concerts*, liderada e coreografada pelo maestro Leonard Bernstein; e os capítulos de *Vila Sésamo*, encenados por alguns personagens vivos e apresentando os incríveis Muppets. Ambas as séries televisivas destacaram o entrelaçamento poderoso e, para mim, inesquecível, das três virtudes.

   Indo além da escolaridade formal, essa modelagem das virtudes deveria caracterizar os locais de trabalho com os quais os alunos entram em contato: empregos em restaurantes de *fast-food* ou supermercados para alunos mais jovens; estágios em locais de trabalho ou escritórios profissionais para alunos mais velhos. Passei a acreditar no poder da atmosfera, do *habitus*, que permeia o primeiro emprego de verdade que os estudantes têm — novamente, usando um exemplo dos Estados Unidos, faz muita diferença se o primeiro emprego remunerado em jornalismo ocorre na National Public Radio ou na Fox News (ver o Ensaio 3 em *The essential Howard Gardner on mind*).
5. Embora a busca pela verdade deva ser, no geral, uma experiência positiva, precisamos ser capazes de buscar a verdade onde quer que ela nos leve. Isso inclui entender as realidades, às vezes duras, sobre vírus letais, mudanças climáticas, armas nucleares, separações forçadas de famílias e as muitas maneiras pelas quais as mídias sociais podem se tornar veículos de propaganda tendenciosa.

6. Assim, além de reconhecer verdades difíceis, precisamos estar cientes das ameaças à verdade (propaganda tendenciosa, mentiras, mídia superficial), à beleza (comida que parece prazerosa, mas é prejudicial, propagandas sedutoras, mas enganosas) e à bondade (deuses falsos, xenofobia, misoginia, grandes mentiras, bem como mentiras que parecem inocentes).

QUESTÕES PERSISTENTES

1. *Artes e humanidades.* Acima, tratei de questões sobre as verdades capturadas em disciplinas acadêmicas, juntamente com seus métodos concomitantes de investigação. No entanto, até agora esta discussão quase tem ignorado uma parte importante de qualquer currículo: cursos e experiências nas artes (música, pintura, dança, teatro e afins) e nas humanidades (história, filosofia, estudo de línguas, as vertentes mais qualitativas das ciências sociais e afins).

Como alguém dedicado à experiência da beleza e à busca pelo bom, eu apoio totalmente um currículo que inclua cursos de estudo artísticos e humanísticos, além de científicos. Na verdade, eu insisto que isso seja feito. Para relembrar uma frase dita pelo meu professor Nelson Goodman: "Não queremos uma educação que seja displicente". De fato, tendo em vista a síntese que propus, essas linhas de estudo e experiência são cruciais.

Por quê? Se os alunos não tiverem experiências significativas nas artes, eles terão um senso de beleza restrito (e provavelmente rígido, até mesmo imutável), se é que terão algum. Se não explorarem as visões de sociedade que foram capturadas nas artes e humanidades, eles terão um senso empobrecido do que é bom e, infelizmente, do que não é.

2. *Inteligência artificial, aprendizagem profunda e algoritmos automaticamente invocados.* Já mencionei os desafios às virtudes colocados pelas mídias sociais. Sem dúvida, muitos de nós escolhemos ou somos compelidos a escolher concepções das virtudes que são apresentadas, implícita ou explicitamente, em todo o espectro das mídias sociais. Elas desafiam uma crença ou fé — seja um desejo poderoso, seja uma esperança persistente — que nós, seres humanos, *escolhemos* e *podemos escolher deliberadamente* seguir em vez de outra. O período centrado em computadores em que vivemos às vezes é visto — apropriadamente — como um teste crucial para nossa espécie.

Precisamos determinar a quais indivíduos, órgãos corporativos, departamentos governamentais e/ou tecnologias atribuiremos um senso de agência, ou se permitiremos ou até encorajaremos uma competição entre essas respectivas agências. Pode-se imaginar uma rivalidade ao estilo de 1984 surgindo entre três abordagens diferentes: os Estados Unidos, com grande margem de manobra para corporações, seus produtos e seus modos de operação; a China, com grande controle centralizado de dispositivos e abordagens computacionais; e a Europa Ocidental, com uma inclinação para encontrar um meio-termo louvável, mas talvez fútil, entre essas opções polarizadas.

3. Formas de governo e governança. Durante algum tempo, após a queda do Muro de Berlim em 1989, assumiu-se que a governança democrática ao estilo ocidental tinha triunfado — na verdade, na frase memorável de Francis Fukuyama (2006), que tínhamos chegado ao "fim da história".

Algumas décadas depois, essas previsões parecem incrivelmente ingênuas. Na verdade, o pêndulo da governança oscilou bastante para a direita do espectro político, com regimes e sistemas autoritários e até totalitários em ascensão, e muitas nações sendo democráticas apenas no nome, ou no *slogan*. Se essa tendência continuar, ou mesmo se acelerar, pensamentos ou aspirações relacionados às virtudes parecerão ingênuos. Os governos controlarão a educação — na verdade, eles SERÃO a educação. Vamos recordar os três assustadores *slogans* paradoxais da alegoria profética de George Orwell, *1984*:

Guerra é paz.
Liberdade é escravidão.
Ignorância é força.

4. Proximidade e distanciamento em um século global. Em nosso trabalho sobre questões do bom, há muito tempo fazemos uma distinção conveniente entre a moralidade da vizinhança — como nos relacionamos com aqueles que vivem ao nosso lado — e a ética dos papéis — como nos relacionamos com aqueles com quem temos um relacionamento, mas não uma conexão próxima, regular ou bem estabelecida.

Agora vivemos em uma época e em um lugar onde podemos nos conectar facilmente com pessoas que estão a milhares de quilômetros de distância. Além disso, conhecemos suas necessidades e seus desejos, assim como eles conhecem os nossos. Descobrimos e afirmamos nossa filiação conjunta à espécie humana, no que veio a ser chamado de era do Antropoceno.

Agora precisamos enfrentar um dos grandes desafios da nossa espécie: seremos capazes de pensar naqueles que talvez nunca conheçamos pessoalmente de forma semelhante a como pensamos naqueles com quem estamos relacionados pelo nosso endereço residencial ou pela nossa herança genética? Ainda, ao levantar essa questão hoje, precisamos pensar profundamente sobre nossa relação com os muitos milhões que agora estão abandonados em campos de refugiados e podem nunca conhecer seus parentes biológicos.

5. *O papel dos recursos.* Estabeleci um conjunto muito ambicioso de metas educacionais — um que dá lugar tanto à busca das artes liberais clássicas quanto às questões básicas da instrução e do trabalho. Também pressupus uma comunidade educacional que apoia esses objetivos e uma infraestrutura financeira e de governança que permite — talvez até encoraje — essas aspirações.

Sem dúvida, é mais fácil buscar esses objetivos quando se tem recursos aos quais recorrer. No entanto, ao mesmo tempo, é crucial apontar entidades políticas com recursos consideráveis que não conseguem abraçar essas virtudes, bem como observar que, com o tempo, escolas, sistemas escolares e até mesmo regiões inteiras que têm recursos limitados são capazes de alcançar uma educação completa e cheia de virtudes. Se fosse forçado a escolher entre dinheiro e missão, eu sempre apostaria meu dinheiro na missão!

6. *O papel da religião e das religiões.* Meu colega Marcelo Suárez-Orozco, quando foi generoso o bastante para comparecer às palestras nas quais meu livro *O verdadeiro, o belo e o bom redefinidos*, de 2011, foi baseado, ressaltou: "Você deixou de fora o gorila de 363 quilos: a religião". É claro que ele estava certo! Vestindo o traje de um acadêmico secular, essa não é uma esfera sobre a qual eu reflita regularmente — embora, à medida que envelhecemos, preocupações religiosas, espirituais ou pelo menos existenciais tendem a se tornar maiores.

Traçar a relação entre as grandes religiões e as três virtudes exigiria um longo tratado. Concentrando-se no hemisfério ocidental, pense nas três virtudes na época do Moisés bíblico, ou na vida de Cristo, ou no auge do Império Romano nos primeiros séculos da Era Cristã, ou durante a ascensão do papado nos tempos medievais, ou na época da Reforma Protestante, ou, mais recentemente, na ascensão da religião evangélica, com sua crença no conhecimento direto e na orientação explícita do Livro. Ou pense em Karl Marx, que considerava a religião o ópio do povo, ou nos críticos de Marx, que aplicam a mesma caracterização desdenhosa ao socialismo ou ao comunismo.

Basta dizer que a maioria dos indivíduos precisa acreditar em algo maior do que eles mesmos — talvez até maior do que sua vizinhança, seu clã, sua nação ou, indo além, o planeta ou o universo. Para muitos, atualmente, é uma crença na ciência, na ciência temperada pelo humanismo, ou no que chamei de "os três sagrados".

Pessoalmente, não me importa se indivíduos, grupos ou sociedades têm uma religião ou uma visão de mundo ou se consideram existencialistas no sentido popularizado nas obras de Jean-Paul Sartre. Sou a favor da perspectiva do humanismo, conforme dissecada por Sarah Bakewell (2023).

O importante é que essas escatologias, no mínimo, não perturbem a aspiração pela verdade, pela beleza e pela bondade, e, no máximo, trabalhem ativamente para a realização dessa elevada aspiração. Num cenário ideal, essas visões de mundo não deveriam prejudicar umas às outras; elas deveriam trabalhar em conjunto para a realização das virtudes.

NOTA FINAL

Não é possível prever o futuro nas próximas décadas e séculos; podemos ter certeza de que, se sobrevivermos como espécie, nossos sucessores encontrarão surpresas de vários tipos. Embora eu seja politicamente liberal, sou conservador em uma perspectiva educacional: precisamos preservar e desenvolver as melhores ideias e os melhores métodos para educar a próxima geração e as gerações posteriores. De fato, durante o período de 5 a 10 anos na infância entre a obtenção de instrução e a preparação para o mercado de trabalho, precisamos nos empenhar para ter abordagens e aspirações educacionais que honrem, preservem e ampliem as três virtudes críticas. Três vivas para as artes e ciências liberais! (Ver Ensaio 18).

Em uma época perigosa de pandemias e mudanças climáticas descontroladas, eu acrescentaria que precisamos de uma visão de sociedade que seja construída sobre a importância fundamental da verdade, da beleza e da bondade, uma visão que veja suas aspirações e realizações como a aventura de uma vida. O objetivo da aprendizagem ao longo da vida deve ser a busca e o fortalecimento de uma vida cheia de virtudes e próspera, uma vida que Sócrates — e seu aluno Platão, e Aristóteles, aluno de Platão— teria aprovado.

Um último aceno a Hegel: nas páginas anteriores, dedicadas ao retrato de uma educação digna da nossa espécie e do nosso planeta, apresentei uma tese, uma antítese e o que acredito ser uma síntese nova e apropriada. Contudo, como Hegel provavelmente teria sido o primeiro a concordar, todas as sínteses são *pro tempore*. Se estas palavras ativarem uma nova antítese e uma síntese melhor e mais abrangente, ficarei satisfeito.

REFERÊNCIAS

BAKEWELL, S. *Humanly possible:* seven hundred years of humanist freethinking, inquiry, and hope. New York: Penguin, 2023.

FUKUYAMA, F. *The end of history and the last man.* New York: Free Press, 2006.

GARDNER, H. *Truth, beauty, and goodness reframed:* educating for the virtues in the twenty-first century. New York: Basic Books, 2012.

GARDNER, H. "Neuromyths": a critical consideration. *Mind, Brain, and Education*, v. 14, n. 8, p. 2-4, 2019. Latin American School Special Issue, part 1.

FRANCIS, Pope. Address of the Holy Father on the global compact of education. *In*: SUÁREZ-OROZCO, M.; SUÁREZ-OROZCO, C. (ed.). *Education:* a global compact for a time of crisis. New Yok: Columbia University, 2022. Foreword.

ENSAIO **25**

OS MITOS EM "NEUROMITOS"

Embora eu tenha trabalhado em neuropsicologia por 20 anos, com minha mudança para a educação, essa área de pesquisa desapareceu para mim. Contudo, voltei ao campo neurológico quando ajudei a fundar uma nova área de estudos chamada Mente, Cérebro e Educação e a considerar como as descobertas neurológicas estavam sendo aplicadas à educação.

Por um lado, fiquei muito satisfeito que esforços tinham sido feitos para unir mente, cérebro e educação. No entanto, quando vi algumas das alegações que estavam sendo feitas, não fiquei satisfeito. Quando descobri que meu próprio trabalho sobre inteligências múltiplas estava sendo citado como um neuromito, percebi que precisava ingressar nessa arena. Escrevi um artigo técnico sobre o assunto (ver Gardner, 2019), mas as ideias básicas são transmitidas de forma clara e sucinta neste capítulo.

É bom expor mitos sobre neurociência.

Vivemos em uma era de desmascaramento. É revigorante abater alguém ou alguma coisa e, às vezes, isso pode ser uma coisa boa.

Mas quando o desmascaramento sai do controle, é preciso responsabilização. E quando você mesmo é alvo disso, não é de surpreender que você sinta uma urgência de se tornar o xerife — a pessoa que desmascara quem está desmascarando, por assim dizer.

Talvez você já tenha ouvido a palavra "neuromito" ou a expressão "mito neural". Esses termos são usados por pesquisadores e, com menos frequência, por leigos para descrever uma crença amplamente difundida que não é verdadeira. De fato, há afirmações sobre o sistema nervoso que merecem ser desmascaradas. Dois exemplos:

- O cérebro tem dois hemisférios — esquerdo e direito —, e algumas pessoas usam mais o hemisfério esquerdo, enquanto outras usam mais o hemisfério direito.
- Usamos apenas 10% do nosso cérebro.

Cada um desses exemplos parte de um fato: temos dois hemisférios cerebrais, e eles não são idênticos. No entanto, mesmo como metáfora, a transição para dois tipos de pessoas não é justificada.

Sem dúvida, a maioria de nós poderia usar melhor o nosso cérebro. Contudo, ainda não se sabe como determinar qual porcentagem é usada, como contabilizar a vigília, o sono, os sonhos e os devaneios. Tudo isso permanece sem solução — talvez nem mesmo seja levado em consideração.

Enquanto isso, cresceu toda uma indústria na qual vários mitos são delineados, expostos e presumivelmente enterrados. No entanto, quando olhamos com atenção para as afirmações sobre os mitos, muitas das declarações que supostamente desmascaram algo *não resistem a um exame mais aprofundado*.

Veja meu próprio trabalho. Há mais de 40 anos, apresentei a teoria das inteligências múltiplas, uma crítica à noção de uma única inteligência adequadamente investigada por um único teste de respostas curtas. Em seu lugar, propus que os seres humanos têm uma série de capacidades intelectuais relativamente independentes. Para apoiar essa afirmação, baseei-me em evidências de diversas disciplinas acadêmicas, incluindo a neurociência da época.

Nunca cheguei nem perto de afirmar que essas inteligências são inatas ou genéticas; ou que são completamente independentes umas das outras; ou que as pessoas podem ser descritas como tendo uma inteligência ou outra, com exclusão das demais. Também não fiz sugestões específicas sobre educação. Eu apenas afirmei que os indivíduos têm diferentes perfis de inteligência e que isso deve ser considerado quando se ensina, estuda ou avalia.

No entanto, em Sarrasin, Riopel e Masson (2019), encontrei a teoria das inteligências múltiplas classificada como um mito neural. Esse artigo me estimulou a analisar mais cuidadosamente como esses mitos são identificados e dissecados.

O que descobri foi perturbador. O artigo distinguiu entre cinco afirmações que são presumivelmente verdadeiras e cinco que são consideradas neuromitos.

Primeiro, das 10 afirmações, apenas seis mencionaram o cérebro ou o sistema nervoso. Assim, 40% delas não são neurais!

Segundo, aquelas que eram consideradas mitos eram expressas de forma hiperbólica: "todas", "nenhuma" e "predominante". Qualquer pessoa com experiência em fazer (ou elaborar) testes saberia que tais afirmações globais provavelmente são falsas.

Terceiro, e complementando o ponto anterior, o que foi considerado verdadeiro foi expresso de forma muito menos totalitária, usando proteções como "provável" e "pode".

Quarto, e mais revelador, nenhuma das declarações requer menção ao cérebro. São afirmações sobre aprender, estudar ou lembrar, e cada uma delas poderia ter sido — e talvez tenha sido! — feita há cem ou mil anos. O descritor "neuro" é totalmente infundado.

Minha conclusão: a missão da neuromitologia foi longe demais. Obviamente, todos nós — pesquisadores, professores ou público em geral — devemos analisar as declarações com cuidado.

Algumas lições: devemos ter cuidado com declarações incondicionais. Assim como é útil para os educadores aprenderem sobre psicologia e sociologia, devemos tentar aprender o que foi estabelecido sobre o cérebro e o sistema nervoso. Contudo, nunca devemos mudar nossos comportamentos ou ensinamentos apenas por causa de novas afirmações sobre o cérebro. Toda educação está relacionada a valores, e por isso devemos sempre nos perguntar se uma tática recomendada é consistente com o que acreditamos que deve ser ensinado e aprendido e por que pensamos assim. Por fim, talvez seja hora de colocar entre aspas a expressão desmistificadora "neuromitos". Quando nos deparamos com uma afirmação — baseada em psicologia, pedagogia ou neurociência —, devemos tentar descobrir de que maneiras ela é meritória, suspeita ou se não vale a pena ser levada a sério. Em último caso, devemos tentar descobrir melhores maneiras de atingir os objetivos educacionais que prezamos.

REFERÊNCIAS

GARDNER, H. "Neuromyths": a critical consideration. *Mind, Brain, and Education*, v. 14, n. 8, p. 2-4, 2019. Latin American School Special Issue, part 1.

SARRASIN, J. B.; RIOPEL, M.; MASSON, D. Neuromyths and their origins among teachers in Quebec. *Mind, Brain, and Education*, v. 13, n. 2, p. 100-109, 2019.

ENSAIO **26**

TORNANDO-SE UMA BOA PESSOA, UM BOM TRABALHADOR, UM BOM CIDADÃO EM UMA SOCIEDADE DEMOCRÁTICA

O DESAFIO

Nos Estados Unidos de hoje, em uma escola pública frequentada por 1.000 alunos, provavelmente haverá um ou dois que um dia poderão fazer uma diferença positiva substancial para sua comunidade. Em uma cidade de 250 mil habitantes, provavelmente haverá um ou dois estudantes que farão uma diferença positiva substancial para a nação ou até mesmo para o mundo.

Não sei se essas "estimativas" diferem em outras partes do planeta, mas suspeito que o número seria maior na Escandinávia e menor em um Estado falido.

Se havia dúvidas de que sabíamos criar um número significativo de pessoas boas, essas dúvidas foram reforçadas nos últimos anos. Em grande parte do mundo, houve uma mudança em direção a formas mais autocráticas de governo, muitas vezes ocorrendo mais com o apoio explícito ou tácito do que com a oposição da população em geral. A recusa em reconhecer a gravidade da covid-19, colocando em risco a vida de outras pessoas, até mesmo de membros da própria família, ressaltou novamente o egoísmo e o egocentrismo de grande parte da população mundial.

Numa era em que muito se espera das ciências sociais (cuidado com o honorífico "ciência"), nós, profissionais, temos pouco a mostrar pelos nossos esforços. É claro que sabemos como medir a inteligência escolar, mas sabemos muito menos como medir outras capacidades e potenciais. Embora tenhamos projetado e realizado experimentos de laboratório engenhosos sobre a inclinação humana de trapacear ou enganar, temos pouco conhecimento sólido sobre como educar os jovens *a longo prazo* sobre o que é moral e ético — e então ajudá-los a agir ao longo de suas vidas de maneiras éticas ou morais.

A seguir, com base em estudos da literatura, bem como em conceitos e descobertas de nossa própria pesquisa sobre o "bom trabalho" nos últimos 30 anos, apresento uma maneira de pensar sobre essas questões fundamentais, além de propostas sobre como estimular os seres humanos a serem mais responsáveis (ver thegoodproject.org). Embora algumas dessas ideias possam ser implementadas em muitos lugares ao redor do mundo, tenho em mente sociedades que aspiram ser democráticas não apenas no nome.

ESTRUTURA

Meus colegas e eu falamos sobre as três características do bom trabalho e do bom trabalhador. Bons trabalhadores apresentam três propriedades, que chamamos de três E's (ver Figura 28.1).

Embora nossa pesquisa empírica tenha se concentrado principalmente no local de trabalho, a mesma descrição fundamental se aplica à cidadania (em especial em uma sociedade democrática). Um bom cidadão conhece as regras, regulamentos e normas (*Excelente*); preocupa-se com as questões, emite sua opinião, vota e está preparado para protestar (*Engajado*); e se esforça para fazer a coisa certa, não apenas para o seu próprio interesse, mas para a comunidade em geral (*Ético*).

Esses são os objetivos, os ideais.

A princípio, quase todas as pessoas trabalham em círculos menores (família, amigos, vizinhança). Com o tempo, a imagem do círculo pode se expandir para regiões cada vez maiores. Esses "anéis de responsabilidade" (ver a Figura 28.2) podem eventualmente se estender à escola, ao primeiro local de trabalho, à profissão e, em alguns casos, ao nicho da profissão dentro da sociedade.

- O trabalho deles é de *Excelente* qualidade.
- Eles são *Engajados* em seu trabalho — gostam dele, acham-no significativo e desejam continuar nessa vocação.

- Eles se comportam de maneira *Ética*: refletem sobre o que é certo fazer, tentam fazer isso e, depois de agir, refletem sobre o resultado e as lições que podem ser aprendidas.

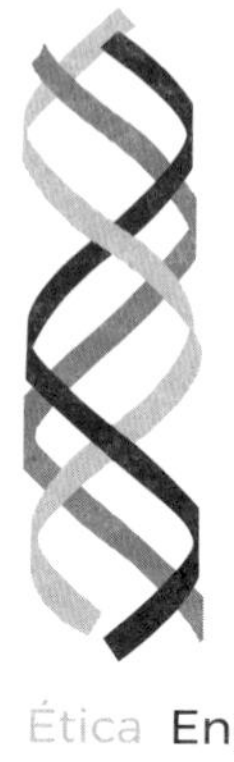

FIGURA 28.1 Os três E's interligados do bom trabalho e da boa cidadania

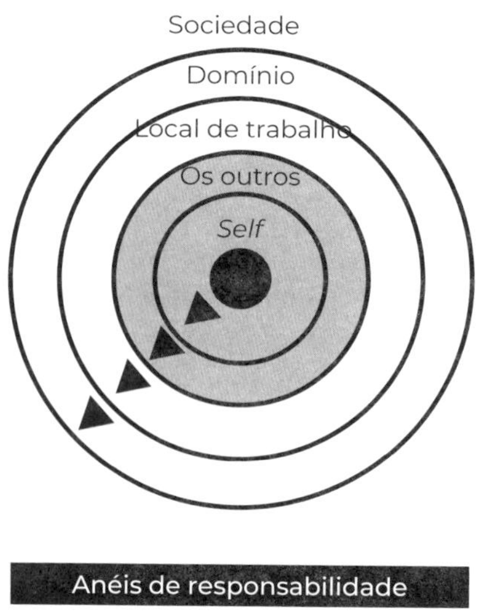

FIGURA 28.2 Anéis de responsabilidade que podem se ampliar ao longo da vida

Dentro dos círculos menores, o comportamento de uma pessoa é mostrado principalmente em relação a indivíduos de conhecimento pessoal — família, amigos, colegas de escola. Nós chamamos isso de *moralidade da vizinhança*. Os Dez Mandamentos da Bíblia e a regra de ouro fornecem diretrizes.

À medida que alguém avança geográfica e profissionalmente, ele encontra os direitos e as obrigações inerentes ao seu trabalho e à sua cidadania. Nós chamamos esse domínio de ética dos papéis. É claro que as regras da moralidade da vizinhança se estendem a esses nichos mais amplos, mas novas questões e forças inesperadas surgem, e o conhecimento técnico se torna relevante e não pode mais depender com confiança de normas que surgiram para regular pequenas comunidades há milhares de anos. Vemos isso de forma bastante dramática quando refugiados se estabelecem em uma nova terra. Normalmente eles descobrem que as suposições sobre as relações humanas nesse novo meio são bastante estranhas às suas próprias tradições familiares ou étnicas. Então, os códigos profissionais e as leis e regras de cidadania — direitos e responsabilidades — vêm à tona.

AS LENTES DA PSICOLOGIA

Nossa estrutura para conceituar "o bom" não é mais relevante. Assumindo a postura do psicólogo, quais habilidades e competências se mostram mais relevantes para atingir objetivos sociais positivos?

Voltamo-nos primeiro para o intelecto e a cognição. Durante muitos anos, em particular nos Estados Unidos, a pontuação de alguém num teste de inteligência foi o cartão de admissão a um programa de "educação para superdotados". Além disso, se alguém hoje estiver interessado em identificar quem pode acompanhar estudos avançados em alguma disciplina acadêmica, o QI é um preditor aproximado. (Observação: as notas ou a classificação da turma no ano anterior são melhores preditores.)

Contudo, quando se adota uma lente mais ampla, uma noção singular de intelecto fica aquém. Aqui a noção de *inteligências múltiplas* — e outras visões pluralistas do intelecto — vem à tona. Qualquer inteligência pode ser mobilizada para um trabalho bom ou ruim. Tanto Nelson Mandela quanto Slobodan Milošević tinham uma abundante inteligência interpessoal; eles sabiam como mobilizar indivíduos em suas respectivas sociedades, mas fizeram isso de maneiras muito diferentes e direcionadas a fins muito diferentes.

Para nos tornarmos bons trabalhadores e/ou bons cidadãos, três das múltiplas inteligências parecem ser fundamentais:

Inteligências interpessoais se referem à capacidade de entender a personalidade e as motivações de outras pessoas, bem como à habilidade de usar esse conhecimento de forma produtiva. Pensamos que vendedores, políticos e atores são fortes nessa inteligência.

Inteligência intrapessoal denota a capacidade de entender sua própria personalidade, pontos fortes, fracos, aspirações e ansiedades, assim como de usar esse conhecimento para conduzir sua própria vida. Brincamos que somente seu psiquiatra pode avaliar sua inteligência intrapessoal, mas muitos acreditam que a meditação pode melhorá-la.

Inteligência existencial (sobre a qual especulei, embora não tenha reunido formalmente evidências suficientes para justificar sua inclusão) é a capacidade e a inclinação de refletir sobre as grandes questões da vida e da morte como um filósofo ou líder religioso. Às vezes brincamos que todas as crianças fazem perguntas, mas são as crianças com uma tensão existencial que ouvem as respostas e fazem perguntas complementares, contemplando questões profundas da vida e da morte.

É importante ressaltar — isto é, admitir — que as inteligências não são necessariamente utilizadas para fins pró-sociais. Um sádico pode usar inteligência interpessoal para torturar outros. O autoconhecimento agudo pode produzir depressão e euforia. Ainda, os líderes de seitas com frequência recorrem à sua própria inteligência existencial para despertar — ou mesmo aniquilar — a inteligência existencial dos outros.

Dito isso, qualquer esforço para descobrir jovens promissores na "boa área" faria bem em atender a essas características, ao mesmo tempo que reconhece que esses dons podem não ser facilmente avaliados em um teste de 20 minutos administrado e pontuado por máquina.

Igualmente importante é a motivação. Se alguém deseja direcionar energias para um problema ou uma tarefa específica, é vital que tenha vontade e energia para se dedicar a essa tarefa. Invocando dois conceitos atualmente em destaque na educação, o futuro bom trabalhador precisa tanto de "coragem" quanto de "senso de propósito".

Motivação, vontade e um conjunto apropriado de inteligências são necessários, mas *não* são suficientes. Ao longo dos séculos, os autocratas demonstraram capacidades consideráveis para "ativar" seus seguidores, bem como forte motivação para ter sucesso e frustrar — ou até mesmo destruir — seus rivais.

Como indicado, os psicólogos progrediram na conceituação de cognição e motivação. Um desafio ainda maior: decidir qual é a coisa certa, a coisa boa, a coisa apropriada a fazer, e então trabalhar de forma constante, até mesmo incansável, em direção a esse objetivo. No entanto, é exatamente isso que é necessário para a superdotação transformacional.

Você não pode procurar isso num livro! Em qualquer questão complicada em uma sociedade democrática contemporânea, não se pode simplesmente pesquisar a resposta certa — isso vale para a Declaração de Independência, a Constituição (incluindo emendas), as leis da nação, de estados e municípios, de instituições ou escolas em particular.

Sem dúvida, o conhecimento de história e política é útil, assim como estudos de dilemas antigos, juntamente com soluções propostas ou buscadas. Na verdade, essas são algumas das razões pelas quais estudamos eventos e documentos históricos, bem como obras importantes de literatura, teatro, cinema e similares.

Contudo, em muitos casos, não se pode simplesmente dizer: "Veja como esse dilema foi resolvido na Convenção Constitucional" ou "Foi assim que personagens como Huck Finn, de Mark Twain (ou Sethe, de Toni Morison, ou Aschenbach, de Thomas Mann, ou o Moisés bíblico) lidaram com seu dilema. Você deve fazer a mesma coisa!"

Assim, na perspectiva que nossa equipe de pesquisa desenvolveu, é crucial ter um método para identificar dilemas e determinar como lidar com eles. Falamos dos cinco Ds dos dilemas:

Definir o dilema.

Discutir e *debater* as várias facetas.

Decidir sobre uma ação (ou decidir não agir).

Debriefing (refletir depois sobre o que aconteceu, o que deu certo ou errado e o que poderia ser feito melhor ou diferente na próxima vez).

Esse é nosso *kit* de ferramentas conceituais.

Aqui está um exemplo que desenvolvemos: Sarah é uma líder conhecida de uma agência sem fins lucrativos dedicada ao bem-estar dos trabalhadores. Ela foi convidada para uma conferência de prestígio. Ao chegar lá, ela descobre, para sua surpresa, que a conferência está recebendo protestos de um sindicato local.

Por um lado, Sarah trabalha como operária, e seu avô era um representante trabalhista — ela não quer desonrar sua memória ou a tradição familiar. Por outro lado, o convite para essa conferência é cobiçado; ela poderá atingir um grande público, debater as questões atuais e talvez angariar recursos financeiros significativos para empreendimentos futuros. O que ela deveria fazer?

Por definição, um dilema não tem uma resposta simples e direta. Primeiro, é preciso reconhecê-lo como tal; depois, determinar as questões e ponderá-las; após, tomar uma decisão; e então viver com essa decisão. Acreditamos que, ao desenvolver esse hábito ao longo de muitas situações, os indivíduos estarão no caminho certo para se tornarem melhores trabalhadores e melhores cidadãos — nossa meta reconhecidamente ambiciosa para este empreendimento.

UM CURSO DE AÇÃO RECOMENDADO

Mudando para perspectivas de desenvolvimento e educacionais, como devemos proceder?

Vamos começar com os dados. Podemos supor que, na ausência de qualquer deficiência física ou mental significativa, todos os seres humanos têm o potencial de desenvolver uma gama de inteligências. Ao mesmo tempo, por causa das mensagens na cultura de alguém — e das preferências da família e da cultura de alguém —, certas inteligências serão necessariamente mais valorizadas do que outras. Por exemplo, no ensino superior norte-americano, a inteligência linguística foi valorizada no século XIX, e as habilidades matemáticas e computacionais, no século XX e no início do século XXI. Isso por si só é inquestionável.

No entanto, se alguém quiser estimular um bom trabalho, é importante que as inteligências pessoais sejam estimuladas. Especificamente, devemos desenvolver a compreensão dos outros e de nós mesmos, abrangendo o reino emocional e afetivo, bem como questões essencialmente cognitivas (e, por consequência, recorrer às habilidades valorizadas nas instituições educacionais contemporâneas).

Além das mensagens presentes na cultura de cada um, modelos fornecidos por pessoas-chave são cruciais. É claro que esses modelos incluem familiares, vizinhos e amigos, mas igualmente importantes são as pessoas (e personagens) apresentadas na mídia impressa, na TV, no rádio e/ou nas mídias sociais, com seus comportamentos, preferências e idiossincrasias. Vivemos em uma cultura de celebração. Os modelos que os jovens encontram regularmente (noite e dia), como celebridades da música, do cinema, do atletismo e até da política, exercem efeitos poderosos, para o bem ou para nada.

Com exceção de dormir e navegar em *sites*, os jovens passam a maior parte do tempo em ambientes educacionais — em geral pessoalmente, às vezes *on-line* (como em tempos de pandemia). Ao longo dos anos, o que os professores dizem e como o dizem, o que fazem e como o fazem, terá um impacto poderoso em cada criança.

Para ser mais específico: suponha que modelos adultos estejam interessados e “imersos” em assuntos públicos — política, desafios e soluções sociais —, e que esses mais velhos discutam isso com regularidade e cuidadosamente, modelando certos comportamentos e atitudes. Essa perspectiva provavelmente será assimilada pelo jovem (p. ex., à mesa de jantar da casa da família do futuro presidente John F. Kennedy). Inversamente, se os eventos no mundo não estiverem na tela do radar, ou se os modelos disponíveis transmitirem desdém ou desinteresse pelo mundo em geral, essa "posição distanciada" também será absorvida e recriada. É importante ressaltar que, se o que é elogiado em um local é menosprezado ou ridicularizado em outro, essa inconsistência será notada e pode ter um efeito paralisante.

Em meados do século XX, algumas pessoas falavam em ser um "bebê de fralda vermelha"* ou em crescer em uma casa que assinava o *The Daily Worker*. Essas pessoas sinalizaram que seus pais estavam envolvidos na política (de esquerda) e que essa imersão teve um impacto profundo. Em tempos mais recentes, nos Estados Unidos, alguém poderia fazer uma observação comparável sobre ser uma criança do Tea Party**, um "filho da Fox News"*** ou um entusiasta do MAGA****. Pode haver uma situação ainda mais complexa: o que se ouve em casa ou se lê *on-line* pode ser contrariado por outras fontes de informação, humanas ou digitais. Tal inconsistência será notada e, dependendo das circunstâncias, pode ser motivadora ou paralisante (ver o Ensaio 20).

A imagem apresentada até aqui é convincente — pelo menos para mim! —, mas é quase óbvia. Meus pais e avós — nenhum com ensino superior ou versado em ciências sociais — poderiam muito bem ter apresentado um relato semelhante. No entanto, pode-se e deve-se ir além do "senso comum". Minhas próprias observações de indivíduos socialmente engajados geram algumas hipóteses que podem ser testadas.

Especificamente, tais indivíduos podem ser caracterizados por:

1. *Uma configuração familiar incomum.* Muitas vezes, em tenra idade, os futuros transformadores sociais perdem um dos pais — mais frequen-

---

* N. de T. Em inglês, *red diaper baby*. Expressão para uma criança cujos pais eram membros do Partido Comunista dos Estados Unidos ou eram próximos ou simpatizantes dele.

** N. de T. O Tea Party é um movimento político norte-americano lançado em 2009.

*** N. de T. O canal de televisão a cabo norte-americano Fox News Channel, também conhecido como Fox News, é um canal conservador de notícias que pertence à Fox Corporation.

**** N. de T. MAGA é a abreviação de "Make America Great Again" (Torne a América Grande Novamente). Foi o *slogan* das campanhas presidenciais de Donald Trump em 2016 e 2024, antes adotado por Ronald Reagan em 1980.

temente o pai — e precisam assumir um papel mais proativo no enfrentamento de situações difíceis. De fato, em seu estudo sobre jovens transformadores sociais, minha colega Mimi Michaelson (Nakamura; Michaelson, 2001) observou que ser criado por uma mãe — em especial uma imersa em eventos políticos e sociais — pode ser crucial. Um exemplo conhecido é Barack Obama, essencialmente criado por uma mãe ativista. Ele nunca conheceu seu pai, mas intitulou sua autobiografia de *Sonhos do meu pai*.

2. *Uma experiência pessoal transformadora precoce.* Todas as famílias enfrentam desafios e tragédias, mas o tamanho e o significado desses eventos são diferentes, e alguns jovens reagem a eles com muito mais paixão do que outros. Uma doença familiar, um distúrbio físico ou mental, pode afetar profundamente certas crianças. Por isso, elas se comprometem a estudá-lo e curá-lo.
3. *Uma tragédia nacional ou internacional.* Um bombardeio, uma pandemia, uma enchente ou um furacão podem causar estragos em uma sociedade. Eles podem catalisar o ativismo em um jovem sensível. Joseph Walters e eu chamamos isso de “evento cristalizador” (ver o Ensaio 10).
4. *Um modelo poderoso e carismático.* Essa figura pode estar dentro da família, mas também pode ser um vizinho, um líder da cidade, um professor, um chefe escoteiro ou um líder religioso. Esse modelo pode ter uma relação pessoal direta com a criança — chamamos isso de mentor — ou, de longe, pode ser estudado e aprendido — um modelo de perfeição.
5. *Um modelo destrutivo.* Também pode haver modelos menos benignos — nós os rotulamos de *algozes*. A criança pode se comprometer a *nunca* se tornar como aquele exemplo negativo, então se esforçará para corrigir os erros do algoz.

É claro que esses gatilhos são onipresentes. A maioria de nós consegue facilmente pensar em uma ou mais dessas situações em nossas próprias vidas e na vida de familiares e amigos próximos. A questão é *quando* esses fatores se tornam mais do que uma coisa rara. Quando se tornam “modos de ser”?

Aqui, o *éthos* de entidades e grandes empresas entra em jogo. Ao longo da história — e provavelmente também da pré-história —, as religiões forneceram uma estrutura para interpretar eventos e pessoas. As religiões também aproveitaram eventos ou experiências casuais para entrelaçá-los a uma trama de vida maior. A participação regular em eventos e escolas religiosos, a confirmação e outros tipos de marcos de crescimento, as peregrinações ou os anos no exterior como missionários — tudo isso pode se consolidar em uma missão para o bom trabalho, ou pelo menos para um trabalho que *se considera* bom. No entanto, quando dá errado, essa teologia pode levar à carnificina (das Cruzadas da Idade Média à Revolução Cultural na China) ou a bombardeios ou assassinatos em massa.

Outras instituições e entidades — seculares — podem desempenhar papéis análogos. Em meados do século passado, o movimento escoteiro teve esse papel para muitos jovens americanos (inclusive eu). Mais tarde, no século XX, foram o serviço comunitário e as colaborações cívicas. O *éthos* de certas instituições educacionais (p. ex., escolas de orientação internacional geradas ou inspiradas pelo renomado pedagogo Kurt Hahn) também é importante. Por mais merecedoras de críticas que fossem, as escolas de ensino médio e as faculdades de elite das primeiras décadas do século XX muitas vezes levavam a vidas de serviço — nas forças armadas, na Agência Central de Inteligência (CIA) ou na Agência de Segurança Nacional (NSA) dos Estados Unidos, em organizações filantrópicas ou em escritórios de advocacia de interesse público. Numa época em que o "retorno sobre o investimento" do apoio financeiro pesa tanto na mente da maioria dos estudantes universitários e suas famílias, é importante reconhecer que, na memória humana, outras mensagens poderosas e não pecuniárias têm prevalecido.

Ainda, claro, as lições transmitidas pelos professores e pela escola ou pelo sistema escolar amplo provavelmente serão significativas e talvez duradouras. As questões morais e éticas são colocadas em primeiro plano? Em caso afirmativo, como isso é feito? Ou elas são deliberadamente ignoradas e varridas para debaixo do tapete? As respostas para essas perguntas são cruciais para o desenvolvimento da atitude de alguém em relação aos outros — em casa, na escola, no trabalho e na sociedade em geral. Em nosso próprio grupo de pesquisa, fizemos esforços para desenvolver currículos que abordassem aspectos do bom trabalho (ver https://www.thegoodproject.org/lesson-plans).

No entanto, os efeitos desses currículos — se as lições são aprendidas e se há mudanças comportamentais concomitantes, imediatas ou a longo prazo — ainda precisam ser determinados. E, claro, muitos centros de pesquisa e sistemas educacionais ao redor do mundo também se comprometeram a criar currículos e ambientes que promovam uma orientação ética — veja, por exemplo, as ofertas descritas em https://www.jubileecentre.ac.uk/ ou nossos próprios currículos, baseados em conceitos e práticas descritos neste ensaio.

Por fim, e mais importante, precisamos nos perguntar: esses esforços educacionais são independentes, cumulativos em um sentido positivo ou, infelizmente, estão em desacordo uns com os outros? Aqui é útil empregar as ferramentas de síntese ou pensamento sistêmico (ver o Ensaio 22).

Ao abordar questões educacionais e de desenvolvimento, até agora evitei o que pode ser a questão mais complicada: *como nós (na verdade, como qualquer pessoa) decidimos qual trabalho é bom?* Para dar apenas um exemplo: alguns indivíduos em meados do século XX se juntaram a organizações que na época seriam consideradas benignas, mas alguns jovens idealistas foram enviados ao exterior para minar regimes políticos considerados antagônicos pelo governo dos Estados Unidos! Poderíamos facilmente aumentar essa lista de dilemas.

Aqui, nosso próprio trabalho pode fornecer uma pista. Não recomendamos simplesmente a identificação de dilemas e a invocação dos cinco Ds. Fornecemos conjuntos de ferramentas e currículos que buscam incutir esses hábitos mentais nos grupos que os utilizam. Não lhes dizemos a resposta certa — como se a soubéssemos! —, mas como definir, discutir, debater, decidir e questionar (*debrief*). Não há garantia de que se chegará à resposta certa — se de fato houver uma única solução ótima. No entanto, há a probabilidade de que o pensamento e o comportamento sejam mais esclarecidos, mais defensáveis, mais construtivos.

O líder nazista Heinrich Himmler disse a famosa frase sobre o Holocausto: "Este é o maior feito do mundo, que a humanidade nunca poderá conhecer." (Na Wikipedia: "Esta página de glória em nossa história nunca foi escrita e nunca será escrita.") Nossa resposta: "A luz solar é o melhor desinfetante."

É por isso que coloquei a discussão anterior dentro dos parâmetros de uma sociedade democrática. Em tal sociedade, os indivíduos concordam com certas regras básicas, mas permanecem abertos à possibilidade de que essas regras possam ser alteradas — por meio de discussão, debate e, principalmente, por uma transição pacífica de governos, geralmente por meio de eleições populares. Na ausência dessas salvaguardas, aqueles que estão no poder definem o que é bom, e os outros não têm meios de desafiar essa diretiva.

REFERÊNCIA

NAKAMURA, J.; MICHAELSON, M. (ed.). Supportive frameworks for youth engagement. *New directions for child and adolescent development:* new directions for child and adolescent development. San Francisco: Jossey-Bass, 2001.

ENSAIO **27**

PARA UM ASPIRANTE A PESQUISADOR

Doze conselhos

Os ensaios neste volume descrevem minha própria formação, o trabalho que realizei — quase sempre em colaboração com colegas talentosos — e meus pensamentos sobre as medidas que podem ser tomadas para estender esse trabalho no futuro.

No espírito desta última observação, parece apropriado incluir um ensaio entregue quando recebi um prêmio vitalício por minha pesquisa, concedido pela American Educational Research Association (Associação Americana de Pesquisa Educacional).

Obrigado por esta maravilhosa honra. Significa muito para mim. Em casos como esse, o homenageado normalmente reflete sobre o trabalho que realizou ao longo de muitos anos, e isso é ótimo.

Mas nestes dias de *sites*, mecanismos de busca e YouTube, informações sobre minha pesquisa estão disponíveis sob demanda. (Ou, posso acrescentar agora, nos dois livros publicados pela Teachers College Press.) Então pensei — e espero que esteja tudo bem para vocês — em usar esta ocasião para prosseguir em uma direção diferente.

Estou envolvido em pesquisa há *muito tempo*. Se você começar a contar na minha pesquisa patrocinada pela National Science Foundation (NSF) sobre o coração de porco no ensino médio, pesquiso há mais de 60 anos. Se começar pela minha pesquisa na faculdade em sociologia, 60 anos. Se começar no meu trabalho patrocinado com um doutorado recém-concluído, mais de 50 anos. Acredito que aprendi algumas lições durante esse período.

UM EXPERIMENTO DE PENSAMENTO

Digamos que um universitário motivado viesse me ver e perguntasse: "Dr. Gardner, como é ser um pesquisador? Você pode me dar algum conselho? Devo me tornar um pesquisador?" Que palavras de experiência, e talvez de sabedoria, eu poderia dar a esse aluno?

Aqui estão algumas respostas às perguntas do aluno, com doze conselhos.

1. **O que é pesquisa?**

   A pesquisa acadêmica é um processo que os seres humanos podem empreender — sozinhos ou com outras pessoas — para descobrir respostas a perguntas ou, no mínimo, para chegar a melhores maneiras de expressar dúvidas, problemas ou questões nas quais tenham interesse.

   Então, pergunte a si mesmo: você tem curiosidade sobre questões ou problemas e tem motivação para investigá-los de forma rigorosa, na esperança de obter uma resposta? Se não há uma área de conhecimento que você *realmente* queira explorar, talvez a pesquisa não seja o que você quer. (Fique tranquilo, há muitos outros caminhos de carreira que valem a pena!)

2. **Quais são os tipos de pesquisa acadêmica?**

   Alguns exigem a visita a arquivos, mas não custam muito caro. É isso que os historiadores fazem. Alguns exigem leitura intensiva, observação de obras de arte ou audição de obras musicais. É o que outros humanistas fazem. Essas pesquisas não são caras, mas duram um tempo considerável.

   Algumas pesquisas envolvem equipamentos simples, ou não tão simples, e alguns assistentes de pesquisa ou bolsistas de pós-doutorado. É isso que os psicólogos fazem (e o que eu normalmente fiz). Claro, a "pesquisa de grande porte" nas ciências ou na medicina geralmente envolve grandes quantias de dinheiro (na casa dos milhões) e equipes consideráveis de pesquisadores (às vezes dezenas deles).

   Então, pergunte a si mesmo: você tem alguma ideia de que tipo de pesquisa gostaria de fazer? Você se vê examinando arquivos em papel ou digitais, refletindo sobre a poesia de John Milton ou Emily Dickinson, pedindo aos participantes que resolvam um quebra-cabeça, trabalhando em uma grande equipe em um hospital em busca da cura para uma doença, em um acelerador para entender partículas subatômicas?

3. **Qual é a *sua* motivação para realizar pesquisas?**

Essa é difícil. Hoje, é costume — e em alguns círculos, obrigatório — falar sobre uma motivação: você quer curar pessoas, salvar vidas ou contribuir para o controle do clima. Ou, se você trabalha com educação, quer ajudar populações carentes, descobrir a melhor maneira de gastar o dinheiro dos contribuintes em escolas, ajudar alunos com dificuldades de aprendizagem ou comparar o ensino *on-line* com o presencial ou misto.

Não acho necessário realizar pesquisas para resolver algum tipo de problema da vida real. Ter algo sobre o qual você é curioso, ou até mesmo *obcecado*, e ter um método para talvez saciar essa curiosidade, é motivação suficiente.

Há uma boa razão para essa postura aparentemente pouco pragmática. Nunca sabemos o que encontraremos e quais podem ser suas implicações. Algumas pesquisas orientadas por missões não produzem nada, e algumas movidas pela curiosidade podem trazer mudanças práticas fundamentais. Quando o jovem Albert Einstein chegou à teoria da relatividade, ele não tinha ideia de que um dia o átomo poderia ser dividido — como foi visto depois, para propósitos construtivos e destrutivos.

Para usar um exemplo pessoal (menos nobre!): quando desenvolvi a teoria das inteligências múltiplas, não tinha um resultado prático em mente. Eu vi meu trabalho como uma contribuição para entender como a mente é organizada e como ela opera sob diversas condições. Curiosidade e altruísmo são objetivos louváveis, mas não são a mesma coisa — e muitos santos não seriam pesquisadores eficazes!

4. **Se a pesquisa que desejo conduzir exigir recursos ou verbas para ser realizada, como posso obter esse apoio?**

Eu poderia facilmente escrever um livro sobre isso e, de fato, livros assim deveriam ser escritos. Claro, ajuda ter um bom projeto e ser persuasivo — seus avós poderiam ter lhe dito isso.

Mas aqui estão algumas coisas em que você — e eles — talvez não tenham pensado.

Em termos gerais, nos Estados Unidos, e talvez em outros lugares, existem três fontes de financiamento:

a) O governo federal ou nacional.
b) Filantropia organizada (fundações — quase todo mundo já ouviu falar da Fundação Ford, e nós da educação conhecemos e veneramos a Fundação Spencer, mas há dezenas de milhares de outras fundações somente nos Estados Unidos).
c) Filantropos privados (excluo empresas e corporações aqui, porque, com notáveis exceções, elas raramente apoiam pesquisas desinteressadas — elas *sabem* o que querem que você encontre).

Você precisa monitorar todas essas fontes de financiamento constantemente.

O cenário de financiamento está em constante mudança.

Um exemplo pessoal: até 1980, quase todo o meu financiamento de pesquisa veio do governo — de instituições como National Institutes of Health (NIH), National Institute of Education (NIE) e NSF. Depois de 1980, praticamente nada disso aconteceu. Por quê?

Porque quando Ronald Reagan se tornou presidente em 1981, ele declarou que "ciência social é socialismo". Imediatamente percebi que, dado o tipo de pesquisa qualitativa que fazia, minhas chances de garantir financiamento adicional do "governo federal" eram baixas.

Depois disso, minhas fontes de financiamento vieram de fundações conhecidas, indivíduos e, em menor número (ainda que significativo), de *royalties* de livros e honorários de palestras. Vale ressaltar que se tais pagamentos forem diretamente para um fundo de pesquisa, eles não serão tributados — por consequência, você obtém mais retorno com essas doações.

5. **Certo, essas são as fontes. Mas, por favor, seja mais específico sobre como obter suporte.**

Boa observação. Financiadores são instituições e indivíduos com os quais você precisa estabelecer e manter um relacionamento. Não é diferente de fazer um novo amigo ou, para mudar de metáfora, ter um cliente confiável. Ao longo das décadas, cultivei relacionamentos com vários financiadores e trabalhei arduamente para manter essas relações. E, de fato, algumas vezes esses relacionamentos evoluíram para amizades valiosas.

Mesmo quando recebo um não, mantenho o relacionamento e, com mais frequência do que se poderia prever, aquele gesto inesperado de gratidão rende frutos — em recomendações de outros possíveis financiadores ou até mesmo em uma mudança de ideia. Ocasionalmente, consegui fazer com que potenciais financiadores percebessem aspectos que antes não haviam notado, ou interpretassem certas questões de uma nova maneira. Além disso, claro, as fundações precisam gastar seu dinheiro, e às vezes você pode ajudá-las a fazer isso com sabedoria!

Pelos meus cálculos, enviei bem mais de 300 cartas de solicitação em 50 anos. Além das aceitações bem-vindas e das rejeições francas, nós — graças a Ellen Winner, minha esposa — temos um arquivo ou pasta separada com o nome "raios de esperança" (uma rejeição que, no entanto, deixa a porta entreaberta). O último arquivo pode fazer a diferença a longo prazo.

Diga "obrigado", mantenha contato, ofereça ajuda, diga "obrigado" novamente e não deixe de elogiar com gratidão em todas as ocasiões. Aplique todas aquelas lições de etiqueta que seus pais e avós tentaram lhe dar.

Isso pode parecer esmagador... e realmente pode ser. No entanto, a maioria das instituições tem escritórios de desenvolvimento que podem lhe ajudar a identificar financiadores promissores. Além disso, é claro, pesquisadores experientes também podem compartilhar essa tradição.

6. **Quais são os riscos na captação de recursos?**

Quando você aceita fundos do governo dos Estados Unidos ou de grandes fundações bem estabelecidas, como Ford, Hewlett, Spencer ou Russell Sage, há poucos riscos.

É diferente quando você aceita financiamento de um indivíduo ou de uma fundação pouco conhecida. Há riscos em relação à forma como os fundos foram obtidos, como eles serão distribuídos e como as descobertas que você fizer serão usadas. Cometi alguns erros nessa área e já escrevi sobre esses maus julgamentos (consulte https://www.thegoodproject.org/good-blog/2020/12/15/on-bad-work-in-the-academy-recognizeitthwarting-it). A devida diligência, a verificação com pessoas experientes e a reparação de erros são partes importantes para garantir apoio à pesquisa.

7. **Dr. Gardner ("por favor, me chame de Howard"), você está parecendo muito mercenário, preso nos detalhes dos financiamentos. E quanto à pesquisa em si?**

Muito obrigado pela pergunta. É realmente a pergunta mais importante e fundamental, e fiquei tão enredado nas ervas daninhas mercenárias que perdi de vista o jardim abundante e frondoso.

Se você tem curiosidade sobre algo e quer adquirir conhecimento sobre isso, não há melhor maneira do que realizar uma pesquisa sistemática. É claro que indivíduos reflexivos pensam sistematicamente sobre enigmas há milênios, mas somente nos últimos séculos métodos específicos de pesquisa foram identificados, desenvolvidos e sistematizados. É um bom teste! Às vezes, o que parece ser um caminho de pesquisa estimulante acaba se tornando tedioso e monótono. Às vezes, o que pode parecer chato ou equivocado para outros acaba despertando seu interesse e se mostrando proveitoso.

Para simplificar, você precisa ter perguntas ou questões nas quais esteja interessado — até mesmo obcecado — e precisa encontrar um método, ou métodos, pelo qual você abordará uma resposta ou, no mínimo, uma melhor formulação do problema. No meu caso, prefiro métodos qualitativos — fazer perguntas, refletir sobre fenômenos —, mas muitos preferem métodos experimentais, pesquisas em larga escala, análises ou metanálises de dados demográficos.

Na verdade, uma definição breve e não enganosa de pesquisador é "uma pessoa obcecada por um enigma e equipada com pelo menos um método para resolvê-lo".

Quando descobri os prazeres da pesquisa, minha vida mudou para sempre. Mesmo quando minhas propostas de pesquisa foram rejeitadas uma após a outra — e isso aconteceu —, nunca me arrependi do caminho que escolhi há mais de cinco décadas.

8. **O que lhe ajudou a ser um pesquisador de sucesso?**

Para mim, essa é uma pergunta fácil de responder. De longe, são meus colegas de pesquisa — colegas pesquisadores, chefes de laboratório e assistentes de pesquisa — que fazem a diferença entre uma experiência emocionante e uma frustrante na pesquisa.

Tenho tido muita sorte nos últimos 50 anos ou mais. Em 1967, fui membro fundador do Projeto Zero de Harvard, um grupo de pesquisa iniciado pelo filósofo Nelson Goodman na Harvard Graduate School of Education. (Por que esse nome curioso? Goodman estava fazendo uma declaração sobre o que se sabia sobre educação nas artes por meio de pesquisa sistemática — *na época*, pouco se sabia e, portanto, começamos do... Zero.) Acreditamos que, depois de meio século, movemos a reta numérica em uma direção positiva. (Ver o Ensaio 1 e https://pz.harvard.edu.)

Durante 28 anos, o eminente estudioso cognitivo David Perkins e eu codirigimos o Projeto Zero. O que começou como um pequeno esforço em educação artística é agora um grande conjunto de projetos de pesquisa que abrangem o espectro disciplinar e metodológico, ocorrendo em muitas partes do mundo. Meus colegas do Projeto Zero são inestimáveis. Eu não poderia ter feito meu trabalho em psicologia e educação sem eles. Assim que soube deste reconhecimento tão feliz, eu logo disse: "Ele deveria ter ido para os meus colegas".

Tive outras duas colaborações igualmente importantes. Por duas décadas (1971–1990), fiz pesquisas em neurologia e neuropsicologia, trabalhando no Aphasia Research Center, no Boston Veterans Administration Medical Center. Lá, um grupo de uma dúzia de pesquisadores seniores e eu realizamos um trabalho que consideramos essencial para entender a degradação das capacidades cognitivas em condições de dano cerebral.

Esse trabalho com pacientes com danos cerebrais foi fundamental na criação da teoria das inteligências múltiplas, trabalho pelo qual sou mais conhecido (ver https://www.multipleintelligencesoasis.org).

Então, a partir de meados da década de 1990, como uma terceira colaboração afortunada, tive o privilégio de trabalhar com dois psicólogos excepcionais, William (Bill) Damon e Mihaly (Mike) Csikszentmihalyi. Juntos, exploramos a natureza do trabalho — em particular o que é considerado "bom trabalho" em diversas profissões. Cada um de nós continuou esse trabalho à sua maneira; no meu caso, a colaboração levou a todo um conjunto de estudos sobre bom trabalho, boa diversão, boa colaboração e coisas do gênero (ver o Ensaio 24 e https://www.thegoodproject.org).

9. **Interessante, Dr. Gardner (desculpe, Howard). Embora estejamos em uma conferência sobre educação, e uma sociedade dedicada à pesquisa em educação lhe tenha concedido uma homenagem, você não falou muito diretamente sobre educação.**

Sim, isso é verdade. No meu caso, desde a infância presumi que seria professor. De fato, durante uma década dei aulas de piano para ganhar um dinheiro extra. Mas minha motivação na pesquisa não foi primariamente educacional. O objetivo do The Good Project é o interesse pela mente humana: como ela funciona, como se desenvolve, como opera no seu auge, como se decompõe e, no último quarto de século, como pode ser direcionada de forma positiva.

Cada uma dessas questões — como a maioria dos trabalhos nas ciências sociais — tem implicações educacionais claras. Na maioria dos casos, eu e outros acompanhamos essas implicações e possíveis aplicações — muito do trabalho no Projeto Zero é aplicado em campo. Contudo, na verdade, os programas educacionais *não* foram o principal motivador. O motivador tem sido a curiosidade sobre os seres humanos, combinada mais recentemente com uma "consideração de valor" de como nós, humanos, podemos usar nossas habilidades e capacidades de forma benigna.

Tenha certeza de que *não* estou falando por outros pesquisadores. Muitos são motivados desde o início e principalmente pelo desejo de melhorar a condição humana. Mas os indivíduos que mais admiro, alguns dos quais receberam prêmios da American Educational Research Association (AERA) pelo conjunto de sua obra, são aqueles cuja motivação principal é a curiosidade e o desejo de contribuir para o conhecimento humano.

10. **Você falou muito sobre aprender coisas e contribuir para o conhecimento, mas como essa contribuição passa a ser conhecida e, quando apropriado, aplicada?**

Outra questão importante. Você não pode simplesmente ter descobertas; você precisa ter maneiras de informar as pessoas sobre o que você descobriu, o que aprendeu e, quando apropriado, como usar esse conhecimento.

É aqui que entra a escrita. Ninguém nasce um bom escritor — é uma habilidade adquirida! No entanto, se você não gosta de escrever e não está motivado para aprender a escrever com clareza, então não recomendo uma carreira em pesquisa.

Uma exceção notável: se você encontrar um parceiro — um parceiro de pesquisa, um parceiro de vida — que goste de escrever, faça um pacto de colaborar com essa pessoa indefinidamente. O Moisés bíblico não era um bom orador, mas teve a sorte de ter seu irmão

Aarão, que era muito articulado. Sullivan tinha Gilbert, Rodgers tinha Hammerstein. De fato, alguns pesquisadores — não citarei nomes — não teriam alcançado renome sem um coautor com talento literário, às vezes nomeado, às vezes anônimo.

11. **Howard, você é um pesquisador conhecido em psicologia e educação. Como você se sente?**

Se você trabalha duro em pesquisas e faz descobertas interessantes, é claro que você gostaria que elas fossem conhecidas e reconhecidas. Mas é um grande erro buscar fama e fortuna por meio de pesquisa e escrita — você não pode contar com esse reconhecimento. Agora, digamos que você *realmente* se torne famoso ou rico por uma descoberta específica ou um programa de pesquisa. Você então se depara com uma escolha: ou você permanece preso àquela linha de trabalho (continua cantando a mesma música), ou está preparado para realizar um trabalho que não necessariamente se tornará conhecido (muda para uma miscelânea diferente de melodias). A motivação para aprender e depois compartilhar o que você aprendeu é mais importante do que ter muito dinheiro no banco ou mesmo (não conte para ninguém...) ter muitas citações em algum índice.

12. **Howard, sem querer ser desrespeitoso: sou um jovem estudante, enquanto você é um pesquisador reconhecido quase 60 anos mais velho do que eu. Você ainda realiza pesquisas? Você tem outros objetivos de pesquisa?**

Uma pergunta compreensível e apropriada. É claro que não posso saber quanto tempo me resta, nem se minha mente, corpo e espírito serão capazes de continuar pesquisando. Mas, atualmente, tenho uma equipe de pesquisa maravilhosa com quem trabalho todos os dias (incluindo, às vezes, fins de semana e noites), e continuo escrevendo artigos, postando em blogues e sendo autor ou coautor de livros. Eu gostaria que isso durasse o máximo possível.

Mas também tenho sorte porque acredito que alguns membros da equipe de pesquisa continuarão a explorar algumas das questões nas quais estou interessado. Igualmente importante, tenho alunos, e eles têm alunos (eu os chamo de alunos-netos), e algumas dessas pessoas muito mais jovens levantarão novas questões e encontrarão respostas que eu nem poderia ter sonhado. Essa é a maior recompensa de todas.

Talvez um dia, jovem amigo, você seja uma dessas pessoas que descobrem coisas novas e, no processo, ajudam a tornar o mundo um lugar melhor.

AGRADECIMENTOS

Pelos comentários sobre versões anteriores deste capítulo e pelo seu coleguismo exemplar, gostaria de agradecer a Lynn Barendsen, Courtney Bither, Shelby Clark, Wendy Fischman, Shinri Furuzawa, Mara Krechevsky, Kirsten McHugh, Danny Mucinskas e Ellen Winner.

LISTA DE PUBLICAÇÕES ORIGINAIS

Sou extremamente grato às diversas publicações — e aos meus diversos coautores — que gentilmente concederam permissão para reimprimir artigos e capítulos que foram escritos ao longo do último meio século — ou até mais! O conhecimento é um projeto colaborativo, assim como a publicação, e tenho tido muita sorte com meus colegas, muitos dos quais se tornaram amigos para a vida toda. Se alguém foi deixado sem reconhecimento por engano, peço sinceras desculpas pelo descuido inadvertido, que será corrigido em impressões subsequentes.

A redação dos artigos e capítulos permanece inalterada, exceto por correções de erros ou atualizações necessárias (p. ex., de datas!) e pela eliminação de texto que aparece em outras partes do volume (p. ex., a lista de inteligências múltiplas).

É importante que todos os usuários deste livro possam acessar as publicações originais conforme elas apareceram. Assim, a lista abaixo inclui todos os artigos, livros e *links* citados. Fontes discutidas substancialmente também estão citadas nesta lista.

LISTA DE REFERÊNCIAS

De "Influências"

GARDNER, H. Foreword. *In*: EDWARDS, C.; GANDINI, L.; FORMAN, G. (ed.). *The hundred languages of children:* the Reggio Emilia experience in transformation. Santa Barbara: ABC-CLIO, 2012. p. xiii- xvi.

GARDNER, H. Jerome S. Bruner, 1915–. *In*: PALMER, J. A. (ed.). *Fifty modern thinkers on education:* from Piaget to the present. Londond: Routledge, 2001. p. 90-95.

GARDNER, H. The key in the slot: creativity in a Chinese key. *Journal of Aesthetic Education*, v. 23, n. 1, p. 141-158, 1989.

De “Filosofia educacional”

GARDNER, H. The tensions between education and development. *Journal of Moral Education*, v. 20, n. 2, p. 113-125, 1991.

GARDNER, H. *Truth, beauty, and goodness reframed:* educating for the virtues in the age of truthiness and Twitter. New York: Basic Books, 2012.

GARDNER, H.; TORF, B.; HATCH, T. The age of innocence reconsidered: preserving the best of the progressive traditions in psychology and education. *In*: OLSON, D. R.; TORRANCE, N. (ed.). *The handbook of education and human development:* new models of learning, teaching and schooling. Melbourne: Blackwell, 1998. cap. 3.

De “Introduzindo as inteligências múltiplas”

GARDNER, H. Beyond the IQ: education and human development: developing the spectrum of human intelligences. *Harvard Educational Review*, v. 57, n. 2, p. 187-196, 1987.

GARDNER, H. Reflections on multiple intelligences: myths and messages. *The Phi Delta Kappan*, v. 77, n. 3, p. 200-209, 1995.

STRAUSS, V. Howard Gardner: “Multiple intelligences” are not “learning styles”. *The Washington Post,* 16 Oct. 2013. Disponível em: https://www.washingtonpost.com/news/answer-sheet/wp/2013/10/16/howard-gardner-multiple-intelligences-are--not-learning-styles/. Acesso em: 29 abr. 2025.

WALTERS, J.; GARDNER, H. The crystallizing experience: discovering an intellectual gift. *In*: STERNBERG, R.; DAVIDSON, J. (ed.). *Conceptions of giftedness.* Cambridge: Cambridge University, 1986. p. 306-331.

De “Experimentos educacionais no espírito das inteligências múltiplas”

CHEN, J. Q.; KRECHEVSKY, M.; VIENS, J. (ed.). *Building on children's strengths:* the experience of Project Spectrum. New York: Teachers College, 1998. (Project Zero Frameworks for Early Childhood Education, 1).

CHEN, J.; MORAN, S.; GARDNER, H. (ed.). *Multiple intelligences around the world.* San Francisco: Jossey-Bass, 2009. p. 8-16.

GARDNER, H. *Multiple intelligences:* new horizons. New York: Basic Books, 2006. p. 113-121 e p. 147-166.

De "Currículo, pedagogia e avaliação"

GARDNER, H. Assessment in context: The alternative to standardized testing. *In*: GIFFORD, B. R.; O'CONNOR, M.C.(Ed.) *Changing assessments*: alternative views of aptitude, achievement, and instruction. Boston: Kluwer, 1991. p. 77-120.

GARDNER, H. *The disciplined mind.* New York: Simon & Schuster, 2000. p. 138-154.

GARDNER, H. The unschooled mind: why even the best students in the best schools do not understand. *International Schools Journal*, v. 26, p. 29-33, 1993. Apresentado originalmente como a Palestra Alec Peterson na International Baccalaureate Conference, Genebra, Suíça, dezembro de 1992.

GARDNER, H.; BOIX-MANSILLA, V. Teaching for understanding in the disciplines – and beyond. *Teachers College Record*, v. 96, n. 2, p. 198-218, 1994. Paper prepared for the Conference on Teachers Conceptions of Knowledge, Tel Aviv, June 1993.

De "Ensino superior"

FISCHMAN, W.; GARDNER, H. *The real world of college:* what higher education is and what it can be. Cambridge: MIT, 2022.

GARDNER, H. Why we should require all students to take 2 philosophy courses. *The Chronicle of Higher Education*, 9 July 2018. Disponível em: https://www.chronicle.com/article/why-we-should-require-all-students-to-take-2-philosophy-courses/. Acesso em: 29 abr. 2025.

De "Desafios e oportunidades contemporâneos"

GARNDER, H. *Changing minds*: the art and science of changing our own and other people's minds. Boston: Harvard Business School, 2004. p. 7-18.

GARNDER, H. *Changing minds*: the art and science of changing our own and other people's minds. Boston: Harvard Business Review, 2006. p. 7-18.

GARDNER, H. The five minds for the future: cultivating and integrating new ways of thinking to empower the education enterprise. *The School Administrator Magazine*, v. 66, n. 2, p. 16-20, 2009.

GARDNER, H. To an aspiring researcher: twelve pieces of advice. *Howard's Blog*, 11 Apr. 2021. Disponível em: https://www.howardgardner.com/howards-blog/to-an-aspiring-researcher-twelve-pieces-of-advice. Acesso em: 29 abr. 2025.

GARDNER, H.; DAVIS, K.; *The app generation:* how today's youth navigate identity, intimacy, and imagination in a digital world. New Haven: Yale University, 2013. p. 173-191.

STRAUSS, V. It's good to expose myths about neuroscience – but debunking is getting out of hand, a world famous psychologist says. *The Washington Post,* 6 Feb. 2020. Disponível em: https://www.washingtonpost.com/education/2020/02/06/its-good-expose-myths-about-neuroscience-debunking-is-getting-out-hand-world-famous-psychologist-says/. Acesso em: 29 abr. 2025.

GARDNER, H. On educating for three virtues: a Hegelian approach. *In*: SUÁREZ--OROZCO, M.; SUÁREZ-OROZCO, C. (ed.). *Education:* a global compact for a time of crisis. New Yok: Columbia University, 2022. p. 145-159.

ÍNDICE

1984 (Orwell), 303

A

A nation at risk, 16–17, 192–193
A Toronto symphony, 267–269
Abordagens de sistemas de símbolos, 53–57, 62–64, 226–228
Academia de Platão, 57–58
Alunos disciplinados, 201–202
Alunos escolares, 201–202
An American in Paris (Gershwin), 267–268
Andaime, projeto, 171–173
Antropoceno, era do, 303–304
Aphasia Research Center, 327–328
Aplicativos e dispositivos digitais, 257–269, 301–302
Aprendizes naturais, 201–202
Aristóteles, 304–306
Armstrong, Martha Gray, 14–15
Armstrong, Thomas, 139–140
Arnheim, Rudolf, 49–50
Arnold, Matthew, 266–267
Artes. *Ver também* Projeto Zero de Harvard
- e educação, 29
- inteligência artística, 146–147

Arthurs, Alberta, 146–147
Arts PROPEL, 96–97, 146–147, 174–190
- abordagem do Projeto Zero, 176–181
- "biografia de uma obra", 182–185
- história da educação artística, 175–177
- investigação disciplinada, 176–177
- projetos de domínio, 181–186
- sistema de avaliação de *processfolios*, 183–185, 187–190

Ashbery, John, 258–259
Atlantic Philanthropies, 17–21
Avaliação
- abordagem Spectrum, 148–164
- avaliações alternativas, 221–242
- baseada em projetos, 167–172
- conhecimento distribuído, 231–233
- contínua, 207–208
- dentro/entre disciplinas, 219–220
- e compreensão, 197–199
- em contexto, 229–231
- especialistas em avaliação, 95–97
- exames baseados em desempenho, 209–211
- foco de toda a sociedade na, 237–242
- medidas múltiplas, 234–235
- novas abordagens para, 232–238
- sistema de avaliação de *processfolios*, 183–190
- testes padronizados, 221–222
- validade da, 233–234

Avaliações Spectrum, 148–164
- em comparação com a Escala de Inteligência Stanford-Binet, 157–164
- estilos de trabalho, 154–157
- reações de pais e professores, 156–159
- Relatório Spectrum, 151–153

B

Bakewell, Sarah, 304–306
Behaviorismo, 8–9, 39–40
Beleza, estudo da, 45–46, 66–68, 296–299. *Ver também* Virtudes na educação
Bernstein, Leonard, 300–301
Big Bird's Words (aplicativo), 263–265
Binet, Alfred, 90–91, 195–196, 222–226
Bloom, B., 120–121
Boix-Mansilla, Veronica, 192–193, 213–214
Bok, Sissela, 45–46
Bolanos, Patricia, 141–142, 165–166
Bondade, 67–69, 296–301. *Ver também* Virtudes na educação
Boulez, Pierre, 122–123
Britten, Benjamin, 295–296
Brooks, Ernie, 13–14
Brown, Marc, 16–17
Brown, Roger, 280–281

C

Camara, Ladji, 14–15
Campbell, Bruce, 139–140
Campbell, Linda, 139–140
Cassirer, Ernst, 13–14, 53–54
Changing minds (Gardner), 283–284
Chen, Jie-Qi, 145–146, 149–150
Cheung, Happy, 139–140
China, 141–142
  anedota do compartimento da chave, 30–32, 39–40
  arte como *performance*, 34–38
  caligrafia, 39–40
  currículo unificado, 38–39
  hierarquia, 37–39
  modelos educacionais, 6–7, 29, 40–44
  papel das escolas, 39–41
  práticas de criação de filhos, 30–33, 38–41
  suposições culturais, 31–33
  vida como *performance*, 32–35
Chomsky, Noam, 9–10
Cidadania. *Ver* Sociedades democráticas
Cinco Ds dos dilemas, 314–320
Coalizão de Escolas Essenciais (Brown University), 57–58
Code for America, 266–269
Comer, James, 57–58
Competência simbólica de primeira ordem, 200–201
Concepções intuitivas, 200–201
Conhecimento
  distribuído, 231–233
  formas de conhecimento, 79–85
  formas de representação, 76–80
Corinth, Lovis, 13–14
Covert, Angela, 19–20
Cremin, Lawrence, 17–18
Criatividade, 228–231, 258–259
  "mente criativa", 272–274
Crítica da razão pura (Kant), 76–77
Csikszentmihalyi, Mihaly, 102–103, 231–232, 327–328
Currículos de filosofia, 250–253

D

Damon, William, 327–328
Darwin, Charles, 291–292
Davidson, Lyle, 146–147
Dawkins, Richard, 138–139
Debussy, Claude, 116–117
Derrida, Jacques, 299–300
Desenvolvimento
  abordagem de sistemas de símbolos, 53–57, 62–64
  e educação infantil, 73–86
  estágios de, 39–40, 47–49
  moral, 81–83

Dewey, John, 6–7, 40–41, 47–49, 62–63, 75–76, 144, 191–193
Dickinson, Emily, 295–296
Disciplinas, 219–220
 avaliações de, 219–220
 compreensão dentro e entre disciplinas, 213–220
 conhecimento disciplinar, 216–219
 conhecimento protodisciplinar, 216–217
 contrastadas com inteligência, 102–104
 do conhecimento disciplinar ao pessoal, 219–220
 poderes e limitações, 218–220
Dispositivos e aplicativos digitais, 257–269, 301–302
Domínios contrastados com inteligência, 102–104
Duraisingh, Liz, 21–22

E

Educação artística baseada na disciplina (DBAE), 8–9
educação na primeira infância, 148–164
Educational Testing Service, 146–147, 258–259
Eichler, J., 267–268
Einstein, Albert, 291–292
Eliot, T. S., 258–259
Eliot-Pearson Children's School, 145–146, 152–153
Encontros de Cristóvão Colombo, 206–208
Engel, Martin, 15–16
Ensino superior, 243–249
 currículos de filosofia, 250–253
Erikson, Erik, 47–49
Escala de Inteligência Stanford-Binet, 148–149
 em comparação com avaliações Spectrum, 157–164
Escala de Inteligência Wechsler, 234–235
Escola de Pós-Graduação em Educação de Harvard (HGSE), 11–12, 15–16
Escolas
 centradas no indivíduo, 95–96
 propósito das, 59–60
Escolas de Reggio Emilia, 6–7, 24–27
Escolas públicas de Pittsburgh, 180–181. *Ver também* Arts PROPEL
Estilos de aprendizagem, 103–104, 112–114, 154–155
Estilos de trabalho, 103–104, 154–157
Estruturas culturais, 73–76
Estruturas da mente (Gardner), 88–89, 100–102, 106–107, 143–144, 165–166
Estudantes não atendidos, 143–144
Experiências cristalizadoras e dons intelectuais, 317–318
 análise de, 127–130
 artes visuais, 124–127
 matemática, 122–125
 metodologia de pesquisa e entrevistas, 127–128
 música, 120–123
 questão do talento, 129–134
 visão geral, 115–121, 133–135
Experiências do autor
 infância e educação, 5–7, 293–294
 música e arte, 45–46
 viagens, 6–7, 29
 Wyoming Seminary, 45–46, 65–66, 294–295
Eysenck, Hans, 90–91

F

Feeney, Charles, 19–20

Feldman, David, 50–51, 75–76, 102–103, 117–118, 145–146, 149–150
Finnish lessons (Sahlberg), 97–98
Fischer, Bobby, 196–197
Fischer, Kurt, 72–73
Fitzgerald, F. Scott, 258–259
Freud, Sigmund, 73–74, 198–199, 291–292
Froebel, Friedrich, 2–3

G

Galois, Évariste, 115–116
Gandhi, Mahatma, 258–259
Gawande, Atul, 258–259
Gell-Mann, Murray, 271–272
Gershwin, George, 267–268
Geschwind, Norman, 13–15
Gilligan, Carol, 72–73
Gitomer, Drew, 146–147
Goleman, Daniel, 89, 94–95, 139–140
Goodman, Katherine Sturgis, 10–11
Goodman, Nelson, 9–16, 21–22, 53–54, 301–302, 325–326
Gorman, Amanda, 258–259
Graham, Martha, 258–259, 291–292
Groopman, Jerome, 259–260
Grundtvig, Nikolaj, 2–3
Grupo Dine, 141–142
Guilford, J. P., 91–92
Guzzetti, Alfred, 14–15

H

Hahn, Ina, 14–15
Hahn, Kurt, 318–319
Halberstam, David, 98–99
Hamlin, George, 14–15
Handlan, Ray, 17–20
Hardy, G. H., 123–125
Harvard University, 258–259
Harvey, Faith, 21–22
Hatch, Tom, 46
Haydn, Franz Joseph, 122–123
Hegel, Georg Wilhelm Friedrich, 256, 304–306
  abordagem hegeliana da educação para as três virtudes, 293–306
Higher Education Capital (HEDCAP), 246–247
Himmler, Heinrich, 319–320
Hobbes, Thomas, 74–75
Hoerr, Tom, 139–140
Holocausto, 319–320
Howard Gardner under fire (Schaler), 101–102
Howard, Vernon, 14–15

I

Imagens cerebrais, 13–14
Inteligência
  artificial (IA), 11–12, 255–256, 313–314
  corporal-cinestésica, 94–95
  emocional (Goleman), 139–140
  emocional, 89, 94–95
  espacial, 94–95
  existencial, 100–101, 313–314
  fator "g", 103–106
  hereditariedade da, 104–106
  influências culturais, 196–197
  interpessoal, 94–95, 107–108, 313–314
  linguística, 92–95
  lógico-matemática, 94–95, 122–125
  naturalista, 100–101, 106–107
  perfis de inteligência, 95–97
  Scholastic Aptitude Test (SAT), 91–92, 223–224, 234–235
  testes de QI, 88–91, 223–224
Inteligência musical, 94–95
  experiências cristalizadoras, 120–123
Iseberg, Elise, 149–150

J

James, Carrie, 21–22
James, Tom, 19–20
James, William, 191–192, 299–300
Japão, 141–142
Jensen, Arthur, 90–91
Johns Hopkins University, 250–253

K

Kant, Immanuel, 49–50, 76–77
Keats, John, 295–296
Kennedy, John F., 315–317
Key Learning Community/Key School, 139–142, 145–147, 166–167
  projeto andaime, 171–173
Kirchner, Leon, 14–15
Koch, Richard, 284–285
Kohlberg, Lawrence, 49–50, 72–76, 82–86
Kolers, Paul, 9–10
Kornhaber, Mindy, 139–141
Krechevsky, Mara, 145–146
Kugel, Seth, 264–265
Kuhn, Thomas, 81–82

L

Langer, Susanne, 13–14, 53–54
Languages of art (Goodman), 10–12
Lazear, David, 139–140
Lecoq, Jacques, 14–15
Leondar, Barbara, 14–15
Lesser, Gerald, 72–73
LeVine, Robert, 72–73
Lévi-Strauss, Claude, 65–66
Lithgow, John, 258–259
Locke, John, 48–49, 57–58, 74–75

M

Ma, Yo-Yo, 258–259
Machover, Tod, 267–269
Maker, June, 141–142
Malaguzzi, Loris, 24–27
Man: a course of study (Bruner), 8–10, 191–192
Mandela, Nelson, 274–275, 313–314
Markan, Manual, 8–9
Marx, Karl, 241–242, 291–292, 295–296, 303–304
Mayer, R., 75–76
McLuhan, Marshall, 260–262
"Mediadores aluno-currículo", 96–98
Mental measurements yearbook, 223–224
Mente
  ética, 274–275
  "não escolarizada", 108–109, 195–212, 213–214
  respeitosa, 273–275
  sintetizadora, 271–273
Mentes disciplinadas, 270–271
Menuhin, Yehudi, 121–122
Meringoff, Laurie, 16–17
Messiaen, Olivier, 122–123
Método DISCOVER, 141–142
Michaelson, Mimi, 317–318
Miller, George, 8–9
Mills College, 250–253
Milošević, Slobodan, 274–275, 313–314
Minerva University, 245–246
Modelo de aprendizes, 60–61, 84–85, 201–202, 204–205, 221–223
Modelos, 277–278, 317–319
Montessori, Maria, 2–3, 25–26
Moore, Michael, 143–144
Morris, Clifford, 139–140
Moss, M., 284–285
Movimento Global de Reforma Educacional, 258–259
Museus infantis, 201–207

N

Nakamura, J., 317–318
Neurociência e neuromitos, 307–309
New City School (St. Louis), 139–140

Newsome, Barbara Y., 15–16
Northeastern University, 252–253

O

O princípio 74/13 (Koch), 284–286
O verdadeiro, o belo e o bom redefinidos (Gardner), 65–67, 295–297, 303–304
Obama, Barack, 317–318
Odbert, Henry, 15–16
Olin College of Engineering, 245–246
Olson, D. R., 50–51
On lying (Bok), 45–46
Oppenheimer, Frank, 204–205
Orwell, George, 301–302

P

Pahlka, Jennifer, 266–269
Pandemia de covid-12, 310–311
Papa Francisco, 300–301
Papert, Seymour, 262–263
Pareto, Vilfredo, 284–285
Pensamento/paradigma científico, 81–82
Performances de compreensão, 61–62
Perkins, David, 11–20, 228–229, 327–328
  fórmula para inovação, 25–26
Persinger, Louis, 121–122
Perspectivas/estilos cognitivos, 103–104
Pesquisa, princípios orientadores, 321–330
Pestalozzi, Johann, 2–3
Peyser, J., 122–123
Piaget, Jean, 47–52, 62–63, 73–77, 94–95, 195–197, 226–227
Picasso, Pablo, 258–259, 291–292, 295–296
Platão, 304–306
Polanyi, Michael, 258–259
Princeton University, 258–259
Princípio 74/13, 283–287
Princípio de Pareto, 283–287
Programa de Desenvolvimento Escolar (Yale University), 57–58
Programa Internacional de Avaliação de Estudantes (PISA), 143–144
Progressismo, 45–64
  abordagem de sistemas de símbolos, 53–57, 62–64
  concepções errôneas, 50–52
  conhecimento específico, 50–51
  diferenças individuais, 50–51
  domínios além dos universais, 49–51
  educação centrada na criança, 48–50
  estágios de desenvolvimento, 47–49
  experiências contextuais e mediadas, 51–52
  padrões, aplicação de, 51–54
  prática e aplicação educacional, 57–63
Projeto andaime, 171–173
Projeto ATLAS, 57–58, 192–193
Projeto sobre Potencial Humano, 88–89
Projeto Spectrum, 145–146
Projeto Zero de Harvard, 61–62, 327–328. *Ver também* Avaliações Spectrum
  e Arts PROPEL, 165–181
  e reforma educacional, 16–18
  expansão do, 19–22
  financiamento do, 13–14, 17–20
  início do, 8–15
  liderança, 14–17
  no século I, 21–23
Psicologia do desenvolvimento, 195–198
  abordagens para testes, 226–227

R

Ramanujan, Srinivasa, 123–125

Ramos-Ford, Valerie, 149–150
Ravel, Maurice, 13–14
Reagan, Ronald, 17–18, 323–324
Recursos, papel dos, 303–304
Redação minuta, 210–211
Redescrições, 289–290
Reeve, Christopher, 14–15
Religião, papel da, 303–306
Renoir, Pierre-Auguste, 116–117
Resnick, Mitch, 262–263
Ressonância, 287–290
Richards, I. A., 14–15, 203–205
Rorty, Richard, 299–300
Roteiros/estereótipos, 203–204
Rousseau, Jean-Jacques, 57–58, 74–75
Rubinstein, Arthur, 121–122

S

Sahlberg, Pasi, 97–98, 258–259
Sarrasin, J., 308–309
Sartre, Jean-Paul, 304–306
Schaler, Jeffrey, 101–102
Scholastic Aptitude/Assessment Test (SAT), 91–92, 223–224, 234–235
Scratch (aplicativo), 262–264
Seidel, Steve, 21–22, 146–147, 168–169
Senso comum, 215–219, 317–318
Simmons, Seymour, 146–147
Simon, Théodore, 195–196
Sims-Gunzenhauser, Alice, 146–147
Sizer, Theodore, 9–10, 13–16, 57–58
Skinner, B. F., 39–40, 48–49, 260–262
Snow, Catherine, 72–73
Sociedades democráticas
    papel da educação, 310–320
    práticas democráticas, 143–144, 191–193
Songwriter's Pad (aplicativo), 263–264
Sonhos do meu pai (Obama), 317–318
Spencer Foundation, 17–20
Sputnik (1957) e a reforma educacional, 8–9, 16–17
Stella, Frank, 258–259
Stork, Janet, 145–150
Stravinsky, Igor, 121–122
Stupid white men (Moore), 143–144
Suárez-Orozco, Marcelo, 303–304

T

Talento e experiências cristalizadoras, 129–134
Teaching for Understanding (TFU), 17–18, 192–193, 214–215
Teoria da matéria, 200–201
Teoria da mente, 200–201
Teoria da vida, 200–201
Teoria das inteligências múltiplas. *Ver também* Experiências cristalizadoras e dons intelectuais
    aplicações em sala de aula, 106–111
    aplicações futuras, 270–278
    como *meme* na cultura popular, 138–141
    contrastada com estilos de aprendizagem, 103–104, 112–114
    desenvolvimento da, 90–99
    e testes padronizados, 227–229
    especialistas em avaliação, 95–97
    estrutura, 55–57
    evidência empírica, 103–104
    instrumentos de avaliação, 139–140
    "mediadores aluno-currículo", 96–98
    mitos, 100–111
    nível de políticas, 143–144
    projetos no nível do ensino fundamental, 165–173
    síntese, 279–282, 298–299
    trabalho de base para implementação da, 140–144
    visão geral, 88–89

Terceiro Reich nazista, 319–320
Testes padronizados, 221–222. *Ver também* Avaliação
The aims of education (Whitehead), 264–265
The arts and cognition (Perkins & Leondar), 14–15
The best and the brightest (Halberstam), 98–99
The disciplined mind (Gardner), 69–70
The essential Howard Gardner on mind (Gardner), 6–7, 54–55, 94–95, 100–107, 229–231, 296–297, 301–302
The real world of college (Gardner & Fischman), 243–244
Thurstone, L. L., 91–92
Tishman, Shari, 21–22
Torff, Bruce, 46

U

University of Austin, 245–246

V

Verdade, 66–67, 296–299. *Ver também* Virtudes na educação
Viens, Julie, 145–146, 149–150
Virtudes na educação, 45–46, 65–71, 293–306
Visionários, tipos de, 25–26
Vygotsky, Lev, 51–52, 74–76

W

Wagner, Richard, 121–122
Walters, Joseph, 115–116, 317–318
Werner, Heinz, 73–74
White, Sheldon, 72–73
Whitehead, Alfred North, 60–61, 259–262, 264–265
Whitla, Janet, 57–58
Wilson, Daniel, 21–22
Winner, Ellen, 16–17, 22–23, 65–66, 146–147, 186, 189–190, 324–325
  viagem à China, 30–31
Wolf, Dennie, 16–17, 146–147
Woods Hole, Massachusetts 1959, 8–9
Wyoming Seminary, 45, 65–66, 294–295

Y

Ylvisaker, Paul, 15–16
Young People's Concerts, 300–301

PERMISSÕES

Ensaio 2: Do prefácio de EDWARDS, C.; GANDINI, L.; FORMAN, G. (ed.). *The hundred languages of children*: the Reggio Emilia experience in transformation. 3rd. ed. Santa Barbara: Praeger, 2012.

Ensaio 3: Originalmente publicado como GARDNER, H. The key in the key slot: creativity in a Chinese key. *The Journal of Aesthetic Education*, v. 23, n. 1, p. 141-158, 2006.

Ensaio 5: De GARDNER, H. *Truth, beauty, and goodness reframed:* educating for the virtues in the twenty-first century. New York: Basic Books, 2011. Copyright © 2012. Reproduzido com permissão da Basic Books, uma marca do Hachette Book Group, Inc.

Ensaio 6: Com permissão do *Journal of Moral Education*.

Ensaio 13: De GARDNER, H. *Multiple intelligences:* new horizons. New York: Basic Books, 2006. Copyright © 2006. Reproduzido com permissão da Basic Books, uma marca do Hachette Book Group, Inc.

Ensaio 15: Publicado originalmente no *International Schools Journal* — isjournal.edu.

Ensaio 16: Da edição de janeiro de 1994 de *Educational Leadership*, v. 51, n. 5. © 1994 de ASCD. Reproduzido com permissão. Todos os direitos reservados.

Ensaio 19: Cortesia de *The chronicle of higher education*.

Ensaio 20: De GARDNER, H.; DAVIS, K. *The app generation:* how today's youth navigate identity, intimacy, and imagination in a digital world. New Haven: Yale University, 2013.

Ensaio 21: Reproduzido com permissão da edição de fevereiro de 2009 da revista *School Administrator*, publicada pela AASA, The School Superintendents Association.